서양 문학 속의 동양

서양 문학 속의 동양
El Oriente en el Occidente

민용태
Yong-Tae Min

고려대학교출판부
KOREA UNIVERSITY PRESS

이 조그만 연구를
나의 스승, 프란시스코 인투라인 박사께 바친다

AL MAESTRO DON FRANCISCO YNDURÁIN

Llamó doctor a un grano de arena
y se hizo mar o una sonrisa inmensa
para cuidar. Oh generosidad
el mar no tiene horizontes ya

Nunca se preocupó por la grandeza
ni por su estatura, ni por su piel
Se cuidó de su somhra y soledad
tanto que las convirtió en olas y alas

Gran Maestro cervantista, enséñame
el secreto de "Ironia" del gran Manco
¡Inmortal,ohra de un ser tan mortal!

¿A quién le importan las cosas del mar?
El conoció a la gente amada tan
chica que no cabia en el Universo

머리말

얼마 전 로스앤젤레스를 거쳐 멕시코, 칠레, 페루를 다녀온 적이 있다. 버릇이 버릇인지라 어디 가도 책방을 뒤적이는 것이 직업병 같은 것이 되어 버렸다. 예상했던 바지만 미국에서도 아르헨티나에서도 섹스에 관한 책 빼놓고는 동양에 관한 책 일색이었다. 특히《역경》과《도덕경》은 일곱 군데가 넘는 출판사에서 간행된 베스트셀러였다.

90년대 아르헨티나의 대소설가 에르네스토 사바토와 인터뷰를 할 때도 테마는 한결같이 동양 사상이나 문화에 대한 관심이었다. 심지어 한국 인삼까지 서양 의학에 대한 비판의 모델로 인기를 누리고 있는 것을 보았다. 20세기 초 슈펭글러의《서양의 석양》으로부터 비롯한 종말론적 비전에 시달리고 있는 서구인들로서는 해 뜨는 동녘에 대한 희망을 버리지 못하는 것인지도 모른다.

동양은 동양인인 우리에게도 이제 유원悠遠한 향수의 고향이 되고 말았다. 서양은 르네상스 이후 자본과 과학의 신화를 떠받들어 왔고, 오늘날 우리 동양은 서양보다 더한 환각 속에 꿈틀거리고 있다. 사실상 동양에는 아직 히피즘도 없고 20세기 말적인 피로와 권태도, 파괴 열기의 후유증 같은 복고주의도 없다. 자본주의와 공산주의를 불태우며 극히 서구적인 열병을 앓고 있는 것이 우리다.

19세기 말경부터 뒤늦게 일어나기 시작한 앵글로 색슨 계열의 자본주의와, 러시아를 중심으로 한 유럽의 마르크시즘은 동양을 정신·물질의 양면에서 식민지화하였고 우리는 우리도 무르게 자유와 민주와 선진국을 열심히 부르짖는 도깨비가 되고 말았다. 타협주의에 가까운 유로커뮤니즘Euro-communism도, 해방신학도, 프랑스의 해괴한 좌익·우익 정권도, 호메이니나 카다피의 중세 냄새 나는 '신정神政/Theocracy'도 우리에게는 도무지 관심의 대상이 못 된다. 무언가 근본적인 것에 변화가 일어날 듯한 오늘의 기상예보는 제3세계를 자처하는 동양에는 아직 먼 타산지석他山之石이다.

그러나 '미래의 충격'을 말하는 토플러나 수많은 미래학자들의 연구는 지금 인류가 종전에 알지 못하던 어떤 새로운 문제성에 봉착해 있음을 예시해 준다. 가령 컴퓨터의 발달에 따른 인간의 기억 및 지능에 대한 기능 재조정, 자본의 범람과 에너지 위기, 인구 폭증과 지구 면적, 대기 오염과 자연 보호는 종래에 생각지 못했던 테마다. 이제 기술 문명에 대한 혐오, 자본주의에 대한 회의, 공산주의에 대한 관료주의적 모순을 이야기하던 낭만주의적 비판의 시대는 지났다.

이제 우리는 우리가 배워 온 지식대로 서양을 이야기하고 동양을 굽어 살피는 관조와 탐구의 장 앞에 와 있는 것이다. 0시가 지난 밤의 조금은 피로하고 조금은 느긋한 대화처럼 우리 속에 모두 한몫씩 자리한 목소리들을 끌어내 놓고 귀를 기울일 때가 왔다. 이런 감의 이야기의 테마로 나는 '서양 문학 속의 동양'[1]을 고른다.

이것은 서양 문학 속에서 우리 것을 되찾아오겠다는 자본주의가적 착상이 아니다. 동양 영향의 입장에서 서양 문학을 보면 흡사 서양의 문화는 동양의 그것이 아니면 발전하지 않았을 것 같은 착각에 빠지기 쉽다. 그러나 그런 생각은 연구 방법론이나 초점에서 오는 결과지 사실과는 퍽 다를 때가 많다. '달'의 이미지나 '소나무'만 나와도 혹시 이것이 동양 문학의 여파가 아닌가 의심하는 버릇은 이런 연구를 해 본 사람이면 누구나 한 번씩은 경험했던 망상이다.

1 이 글에서 '동양'은 우리가 보통 말하는 동양, 즉 극동을 염두에 둔다. 중국, 일본, 한국이 중심이 된 문화다. 불교의 경우도 중국적인 禪만이 우리의 관심 대상이다. 또한 이 책에 나온 번역은 따로 역자를 밝히지 않는 경우 모두 필자가 원문에서 번역한 것임을 밝힌다.

한번은 마드리드국립도서관에서 한여름을 파묻혀 지내다가 진짜 놀라운 것을 발견한 일이 있었다. 동양 문학의 영향이 전무하다고 여겨지던 18세기 어느 시인의 책에서 'japón'(일본)이라는 말을 발견한 것이다. 복도에 나와 아무나 붙들고 자랑을 하다가 문득 그 말이 'jabón'(비누)이라는 말의 오자인 것을 발견하고 당황했던 일이 있다.

일본 하이쿠의 대가 바쇼(1644-1694)의 여행기《오쿠의 길》을 스페인어로 번역한 멕시코의 시인 옥타비오 파스는 서양이 동양에서 영감을 구했던 점을 언급하면서 그것은 늘 어떤 '다른 것'에 대한 서구인들의 끝없는 향수에서 비롯된 것이라고 이야기한다.[2] 서양이 동양을 찾고 서양이 동양을 찾는 것은 바로 '다른 것'에 대한 추구다. 이제 그 '다른 것'은 사실 동양에도 서양에도 없고 우리의 어제에 있다. 커뮤니케이션의 발달과 함께 우리는 공간의 이질성을 잃고 오직 시간의 거리 속에서만 '다른 것'을 찾아야 하는 상황 앞에 와 있다.

오늘 동양이 그토록 서양의, 아니면 선진제국의 그것을 따르려고 안간힘을 쓰는 게 현실이라면 이것은 우리의 문화 현상에도 무관한 이야기가 아니다. 그러나 우리가 새로운 것으로 수입한 그 '최현대'의 문화가 많은 경우 동양의 영향에서 비롯된 것이라고 본다면 우리는 사실상 문화를 역수입하고 있는 셈이다. 문학에서만 관찰해 보더라도 우리 시인들이 불문율처럼 너나없이 쓰고 있는 자유시 형식, 시구 사이 구두점 생략, 그림 시 따위가 바로 그 예에 속한다. 아니면 우리의 모더니스트들이 신나게 모방하던 이미지 기법도 에즈라 파운드의 중국시 번역을 중심으로 한 동양 시의 영향이 아니고 무엇인가?

그러나 나는 앞서도 말했듯이 서양 문학에 있어서 동양의 영향을 이야기하면서 내 것 되찾기 스타일의 지적 소유권 투쟁을 벌일 생각은 없다. 오히려 우리

---

2 Cfr. *Sendas de Oku*(Barcelona: 1970), Introducción.

것을 이해하는 서양인들의 눈에서 우리를 재인식하고 새로운 해석을 배우며 동·서양의 문화 비교를 통한 새로운 세기 문학의 비전을 시도해 보자는 뜻이 크다.

이 책은 1987년 고려원에서 간행된 책을 수정, 보완한 것으로 16세기 이전부터 오늘에 이르기까지 시대순으로 각 장을 배열하였다. 17, 18세기를 누벼 온 중국 철학의 영향, 19세기 후반기 이후 오늘에 이르는 일본 문화의 범람 속에 살고 있는 서양을 볼 때, 문학에서도 예외가 아님을 확인할 수 있을 것이다. 이제 이것저것에 피로의 기색이 짙어 가고 있다. 바야흐로 지금쯤은 서양이 한국을 넘볼 때가 아닌가 하는 생각이 든다. '은자의 나라'[3]가 아직까지도 은밀한 그 내부를 조금쯤 보여 줄 때가 왔다. 해가 지는 쪽이 또다시 동쪽을 그리며 꿈을 불태울 때가 반드시 오리라. 세계 속 오늘의 '한류'는 결코 우연이 아니다.

2010년 여름

민용태

3 Cfr. Elliot Graffis, William, *Corea, the Hermit Naiton*(New york:1882). 엘리엇의 이 표현이 근대에 한국을 '은자의 나라'로 일컫는 계기가 된 것 같다. 아직도 문화 면에서는 한국은 '은자의 나라'다.

차례

동·서 만남의 역사 시대

조선 사람들은 양순하고 재주가 많은 민족이다.
거기서 가져온 예술품들의 정교함과 완벽함이 그걸 입증하고 있다.
사람들은 백인들이고 식사를 많이 한다. 그래서 그런지
힘도 무척 세고 활도 잘 쏘는 위인들이다.
—《1591년 일본 연감 부록》[1]에서

동양은 오랜 옛날부터 서양인들의 꿈의 고향이었다. 해가 동쪽에서 떠서 서쪽으로 지듯 인간의 문명도 동양 어디선가 비롯되었으리라는 생각은 당연한 것이었다.

서쪽으로 간다는 것이, 많은 종교에서 이야기하듯, 죽은 뒤 영혼이 가야 하는 길(가령 '서방정토西方淨土'의 불교 사상에서도 보듯)이라면, 동으로 가는 것은 신비스러운 생명과 역사의 원천으로 가는 길을 의미했다.

알렉산더 대왕의 동양 정복의 야망도 그런 꿈의 산물이었고 630년경부터 1300년경까지 동·서양에 걸쳐 대사라센 제국을 이룩한 아랍인들의 발길도 자연히 동양으로 향할 수밖에 없었다.

동·서양 문화의 최초의 교량 역할을 한 것은 사실상 이들 아랍인들이었다. 아시아·아프리카·유럽, 좀더 구체적으로 시리아·페르시아·이집트·북아프리카·스페인까지 세력을 확장하고 있던 사라센 제국은 중국·일본·한국을 중심으

---

1 *'Appendix al annual de Japón' de 1592*, Bibliioteca de la Real Academia de la Historia(Madrid: Ms. 9/2679) citado por Chul, Park, en su 'Imagen de Corea a través de los escritos españoles del sigto XVI', inédito, pp. 19-20. 이 연구에서 유럽인들의 한국에 대한 이미지는 박철 교수의 박사논문 "Testimonios literario de la labor cultural de las misiones españolas en el Extremo, Oriente"(Madrid: 1985), inédito에 힘입었음을 감사드린다.

로 소위 관제 무역을 시작한다.

신라, 고려를 비롯한 중국·일본의 이름이나 역사가 서구에 알려진 것은 바로 이들을 통해서였다. 8세기경부터 이들 '대식국인大食國人'의 존재는 동양 사회에서 무시 못할 영향력을 발휘한다. 당나라 현종玄宗의 신년영안(754년 1일 18일)에는 한국·일본·티베트·대식국의 사신들이 참여하고 있는 것을 본다. 서쪽으로 첫 좌석이 티베트, 다음이 일본 사신들의 좌석이었고, 동쪽으로 첫 좌석이 신라, 다음이 대식국의 사절들이 자리 잡고 있었다고 하니 이들 아랍인들의 정치적인 비중이 만만치 않았던 것을 알 수 있다.[2]

서양에 알려진 한국에 대한 최초의 소식은 9세기 이란의 지리학자 이븐후르다드베Ibn Khurdādhbeh에 의해서였다고 한다. 리히트호펜Richthofen이 인용한 이란 학자는,

> 중국의 건너편에는 미지의 영토가 있다. 높은 산들이 강동으로부터 우뚝우뚝 솟아 있다. 이들 산들은 신라sila 땅까지 펼쳐져 있다. 신라는 금이 많은 나라다. 이 나라를 방문한 모슬렘 사람들은 그 원주민들과 같은 권리를 누리며 가끔 그곳에 정착한 사람들도 있다.[3]

라고 설명한다. 이즈음에 완성된《천일야화千一夜話》는 중국에서 이집트에 이르는 많은 나라에서 나온 이야기를 엮은 것으로 보카치오의《데카메론》이라든지 초서의《캔터베리 이야기》까지 광범위하게 서구 문학에 영향을 준다.[4] 한편 스페인에 있던 아랍인들에 의하여 씌어진, 같은 시대의 시가詩歌 '세헬Zejel'은 프랑스의 프로방스 지방의 음유시인trovadour에게 영향을 주는가 하면 당시 동·서양의 유행가 같은 인기를 누리면서 인도 궁전에까지 퍼진다.[5] 스페인어와 아랍어가 곁들여 씌어진 이들 시가는 중국이나 한국에서도 불렸을 가능성이 많다. 이에 대한 하나의 간접적인 증거로서는 세헬이 그토록 유

---

2 Cfr. Elliot Graffs, *op. cit.*, pp. 1–2.

3 *Ibid.*

4 李炳柱 外,《世界文化史》(서울:1977), pp. 97–103 참조.

5 R. Menéndez Pidal, *Poesía árabe y poesía, europea*(5ed., Madrid: 1963), pp. 13–98 참조.

행하던 10세기부터 14세기 사이에 신라를 잘 알던 알이드리시(1166년 사망)나 아벤 사이드(1213–1286), 아벤 할룬(1332–1406) 등 모두가 스페인계 아랍 학자들이면서 유명한 세헬 시인들이었다는 점이다. 이는 김정위 박사의 논문 〈중세 중동 문헌에 나타난 한국〉[6]과 메넨데스 피달의 〈아랍 시와 유럽 시〉[7]만 비교해 보아도 곧 알 수 있다. 여기 하나 재미있는 것은, 이들 시가의 내용이 주로 남녀의 사랑을 노래한 것이 대부분이라고 할 때 우리는 우리의 고려가요를 연상하기 마련이다. 예를 들어 우리의 〈가시리〉와 비슷한 세헬 하나를 들어 보자.

> 날러는 어찌 하라고 난 어떡하라고 버리고 가십니까, 임이여
> 날 버리고 가지 마오[8]

그러나 서양인들의 동양에 대한 꿈이 역사적으로 중요성을 띠기 시작한 것은 마르코 폴로의 등장부터다. 마르코 폴로가 1271년 고비 사막을 거쳐 중국 개평開平까지 도착한 것은 꿈을 따라온 발길이었다. 1295년 이탈리아 베네치아로 돌아가기까지 24년 동안 동양에서 보고 들은 이야기를 엮은 것이 그 유명한 《동방견문록東方見聞錄》이라면 이로부터 유럽은 가까스로 자신들의 꿈의 발을 잡은 셈이었다. 일본 사람들의 지붕은 온통 금으로 덮여 있다는 등 황당무계한 묘사들이 유럽 사람들의 꿈을 자극했고 마침내는 콜럼버스가 황금을 찾아 인도를 향해 떠나는 일까지 벌어지게 되었던 것이다. 결국 애초의 목적은 실패로 끝난 콜럼버스의 여행이었으나 그는 끝내 자기가 발견한 신대륙이 인도의 어느 곳일 것이라고 믿어 '인디아India'라고 불렀고 그 말은 중남미 대륙을 지칭하는 스페인어 이름으로 오랫동안 남아 있게 된다. 마르코 폴로의 《동방견문록》은 르네상스에 이르러 하나의 구체적인 현실로 뒤바뀐다. 한편으로는 이들 기록들이 환상과 꿈을 자극하는 청량제로 탈바꿈하고 인기 도서로 재출간되는가

---

6 Cfr. 《한국사 연구》(1977년 봄), pp. 38–40, 45–60.
7 Cfr. R. Menéndez Pidal, *op. cit.*, pp. 19, 27, 54.
8 Dámaso Alonso, Cancionero y Romancero español(Madrid: 1969), p. 23.

하면 한편으로는 귀로 듣고 꿈으로 본 동방 여행기들이 특히 포르투갈 문학에서 판을 친다.[9]

그러나 16-17세기의 포르투갈과 스페인은 동양에 대한 꿈만 먹고사는 서양이 아니었다. 1542년 포르투갈 사람들에 의해 일본이 발견되고 1546년 바스코 다 가마에 의해 동방에의 길이 트이자[10] 1549년에는 처음으로 프란시스코 사비에르가 일본에 도착, 선교 활동을 시작한다. 이 모든 활동은 중국의 연안을 자주 범했던 해적들을 소탕했다는 데 대한 감사로 중국 황제가 내준, 극동에 설치된 최초의 유럽 항구 마카오를 기점으로 이루어진다.[11]

16세기 중엽 이후 일본을 비롯한 중국, 필리핀 등지에는 포르투갈을 비롯한 스페인의 선교사, 여행가, 상인들이 쉴 사이 없이 드나든다. 1556년과 1571년 사이 스페인인들에 의해 필리핀이 점령되고 스페인 국왕 펠리페 2세의 이름을 따 '펠리페의 섬들'이라는 뜻인 오늘의 필리핀이 탄생되는 것을 정점으로 아시아는 명실 공히 서양 역사 속의 현실로 부각된다.[12] 1555년경부터 1567년까지 고아, 중국, 말레이시아, 캄보디아 등을 돌아다녔던 포르투갈의 대문호 카몽이스가 동양을 다녀간 것도 바로 이 무렵이었고, 임진왜란 때인 1593년 한국 땅에 최초로 발을 디딘 유럽인, 스페인 신부 그레고리오 세스페데스가 우리나라에 대한 기록을 남긴 것도 바로 이때였다.

멕시코의 학자 가르시아 프라도는 이 당시의 상황을 이렇게 설명한다.

> 1500년에서 1800년까지 스페인과 포르투갈의 항구들 — 1600년부터는 멕시코의 아카풀코에서 출발했지만 — 에서는 인도, 중국, 일본 등지로 끊임없이 배가 떠났고 이들 중에는 상품만 찾아가는 것이 아니라 예술적인 영감을 얻으러 여행하는 사람도 많았었다. 인도에서는 포르투갈의 바로크 건축 형식을 빌려오고 스페인의 '무데하르Mudéjar' 양식의 영향을 받고 있다. 그리고 수많은 고급 장식품들이 동안에서 이리로 건너왔다. 양탄자며 자기, 자개품, 옥이나 상아로 된 옷

---

9 Cfr. De Figueroa, Fidelinó, *Historia Literaria de PoriagaI*(Buenos Aires-México: 1948), pp. 23, 68, 86, 57.
10 *Ibid.*, pp. 61, 57.
11 *Ibid.*, p. 61.
12 Cfr. Michael and Taylor, *The Far East in the Modern World*(New York: 1956), p. 92.

걸이 등등. 머리빗, 수실이 달린 옷감류, 마닐라 스카프 같은 것이 이제는 중남미 나 스페인 할 것 없이 이쪽의 전통적인 옷차림으로 둔갑했다. 일본의 기모노나 중국의 신발 같은 것도, 우리 조상들이 실내화로 즐겨 신던 '치넬라'라는 슬리퍼도 도입된다.[13]

이처럼 서구인, 특히 중남미의 포르투갈 사람들의 민속의상에까지 파고들어간 동양 영향은 오늘날 마드리드의 정통 의상에서도 역력히 드러난다. 어깨 위에는 마닐라 스카프mantón de manila를 걸치고 머리에는 넓은 빗을 꽂은 채 손에는 반드시 부채를 들어야 제격이라는 마드리드 여인. 이 모습은 다름 아닌 서양의 얼굴에 동양의 예복을 입혀 놓은 형상일 뿐.

동양인은 예절에 밝은 사람들

16세기 중반 〈유럽에 알려진 중국에 대한 최초의 글〉이라는 보고서에서 에르난 멘데스Hernán Méndez는 "중국인들은 무척 예절에 밝은 국민이다"[14]라는 점을 강조한다. 또 1577년 일본에 있었던 예수회파 신부는 일본인들이 우리가 생각했던 야만인들이 아니라 대단한 문화인이라는 점을 강조하고 "나는 날마다 일본인들에게 무언가를 배우고 있지요. 세상에 이렇게 천성적으로 우수한 민족은 없으리라 확신합니다"라고 극찬을 아끼지 않는다. 1591년의 《일본 연감 부록》에는 한국인들이 "양순하고 재주가 많은 민족"임을 들고 그것은 "거기서 가져온 예술품들의 정교함과 완벽함"을 보아도 알 수 있다고 칭찬을 아끼지 않는다. 임진왜란 이전의 한국에 대한 이들의 지식은 대단히 빈약했던 것 같다. 한국을 섬[15]으로 생각할 정도였으니 여기저기서 전해들은 것들이

---

13 Garcia Prada, Carlos, *La poesía imaginista y el haikai*(Madrid), pp. 97–98.

14 Méndez, Hernán, *Información de algunas cosas acerca de las costumbres* y leyes del Reino de la China que un hombre que allá estuvo captivo Seis años conton en Salaca, en el Colegio de la compañía de Jesús(Primera relación publicada en Europa del Reino de China impresa en Coimbra en 1561). Texto seleccionado y publicado por Carlos Sanz. 여기 번역은 이 글에 나오는 모든 인용과 함께 원어에서 필자가 졸역한 것임을 밝혀 둔다.

15 Cfr. Chul, Park, *op. cit.* 또한 朴泰根, 〈한국이 서양에 알려진 최초의 기록들〉, 《문학사상》(1977. 2), pp. 208–220. 이 두 학자는 한국이 초기 방문객들에게 '섬'으로 알려진 사실을 자세히 기록하고 있다. 특히 박씨는 몽골족의 침입으로 조선이 강화도에 나가 있던 것이 거기 볼모로 잡혀간 왕자에 의해 잘못 전해진 것이 아닌가

얼마나 부정확하고 왜곡되었는지를 알 수 있다. 그러나 이 임진왜란을 고비로 그레고리오 세스페데스가 여기를 1년 걸쳐 다녀가고 신부들이 많이 머물고 있던 일본에 한국인 포로들이 건너가면서 그들의 우리나라에 대한 상식의 폭이 좀더 넓어진다. 디에고 데 두아르테 신부는 선교사들의 활동을 적은《필리핀과 일본, 중국에 있는 선교사》(1640)라는 역사서에서 한국에 대해 이렇게 말한다.

> 이와 때를 같이 해서 조선 왕국에 다른 선교단을 보낼 계획을 했다. 조선인들은 사람됨이 선량하고 소박하며 거짓말이나 위선이 없는 사람들이어서 선교 활동이 훨씬 쉽고 원활할 것이라 생각되었기 때문이다. 〔…〕이들의 지리적인 조건으로 보아 중국인의 지혜와 영특함을 겸비하고 있으며 이들 대부분이 농업에 종사하는 사람들이어서 중국 사람들처럼 속임수에 능하지도 않다. 또한 일본 사람들을 닮아서 용맹이 있으나 사납지 않아 중용적인 성격들을 가지고 있어 우리의 복음을 받아들이고 지키는 데 훨씬 적당하고 좋은 조건을 갖추고 있다고 하겠다.[16]

또한 이들은 일본인들과 함께 한국의 수공업품, 자기, 피복류에 대해 경탄을 금하지 못했다. 포르투갈의 여행가 루이스 프로이스는 특히 한국 여인들의 바느질 실력이나 옷감이 일품이라고 격찬을 아끼지 않는다.

> 〔조선인들〕 입는 의상은 중국인들 예복처럼 소매가 아주 길고 깃에 주름이 많이 잡힌 흠 잡을 데 없는 고상한 맵시였다. 우리가 나가사키에서 본 하얀 옷들은 손질을 하도 섬세하고 곱게 한 것들이라서 어디에 바늘 자국이 있고 실 자국이 있는가를 찾으려면 눈이 정말 밝아야 찾을 동 말 동하다.[17]

이들 많은 편지나 저서는 아직 출간이 되지 않은 채 원본으로 남아 있는 것들이 대부분이다. 그러나 이미 출간이 되어 역사적 사실로 밝혀진 것들도 많다.

생각한다. 이런 생각은 임진란 이전의 기록의 일반적 특징의 하나다.

16 Cfr. Chul, Park, *Imagen de Corea*, p. 2

17 *Ibid.*

18세기 계몽주의 사상가들에게 그토록 영향을 많이 미친 서적들은 사실상 16, 17세기에 출판된 스페인 및 포르투갈의 동양에 관한 사상 서적들이었다. 볼테르, 라이프니츠, 몽테스키외가 동양의 정치 이념에 심취했다는 사실은 너무나도 유명하다.[18] 이렇듯 16, 17세기의 자료에 기댈 수밖에 없었던 이유는 1600년부터 1850년 사이 동양은 서양인에게 또다시 닫힌 사회로 둔갑했기 때문이다.[19]

동양인의 놀라운 지혜

1552년 장 데 바르로스의《아시아》라는 역사서의 출판을 정점으로 포르투갈과 스페인에는 유럽인들의 동양 정복의 기록과 아울러 중국, 일본, 한국, 기타 인도차이나 반도에 관한 기록들이 16세기 말과 17세기를 누빈다. 바르로스는 이 기록들을 1500년에서부터 10년 단위로 정리, 각 1권씩 1952년, 1953년, 1963년에 걸쳐 3권의 방대한 책을 출판한다. 왕명으로 제작된 이들 책은 당시에 동양에서 활약하던 상인들, 정치가, 신부들의 기록이나 편지를 중심으로 엮은 상당히 신빙성 있는 자료들이다. 4권은 1645년 마드리드에서 출간되었는데 작가는 후안 바우티스타 라바나다.[20]

이 당시에 출간된 동양에 관한 역사서는 수없이 많다.[21] 그중 중요한 책으로는 직접 동방을 돌아보고 와 쓴 페르난 로페스 데 카스타네다의《동방의 발견 및 정복》(1552-1561), 루이스 데 구스만의《1540년부터 1600년까지의 일본과 중국, 기타 동방 여러 나라에서의 예수회 선교의 역사》, 1565년부터 1577년까지 마카오의 부통치자로 있었던 루이스 프로이스의《일본 연감》(1582-1597), 같은 작가의《일본 역사》(1549-1593) 등 이루 헤아릴 수가 없다.[22]

이들 자료에는 임진왜란의 배경 및 한국의 풍물, 지리, 수공업 등을 설명하는

---

18 Cfr. Michael and Taylor, *op. cit.*, p. 9.

19 Cfr. Miner, Earl, *The Japanese Tradition in British and American Literature*(New Jersey: 1966), p. 8.

20 Cfr. De Figueroa, Fidelino, *op. cit.*, pp. 46-47.

21 Cfr. Chul, Park, *op. cit.*, Bibliografía.

22 Cfr. De Figueroa, Fidelino, *op. cit.*, pp. 86, 91.

대목이 눈에 띄기도 한다. 가령 루이스 프로이스의 한국에 대한 기록을 참고로 인용하면,

> 코라이(Coray) 왕국은 피란도에서 북쪽으로 80마일 떨어진 곳에 있는데 이 나라 사람들은 세 나라와 접합하여 살고 있다. 서쪽으로는 중국과 접경하는데 해마다 조공을 바치고 있으며 이들 사이는 국경 3마일쯤 되는 강 하나다. 북쪽과 동북쪽으로는 몽골족과 오랑캐족과 접경하고 있는데 이들과는 분쟁이 많다. 일본인들이 이 왕국을 침략하기 몇 년 전 오랑캐족들이 몽골족과 결탁하여 조선을 침략한 일이 있었는데 이들은 아주 용감하게 싸워서 대승을 거둠으로써 물러가고 말았다.[23]

그러나 오늘 우리에게 흥미 있는 것은 그들에게 '현명한 중국인'[24]이라는 이미지를 심어 준 동양의 종교와 미신, 문학에 관한 기록들이다. 앞서 이야기한 《일본의 역사》와 같이 중국의 역사 풍물에 관한 책들이 당시에는 무척 인기가 있었는데 이 신기한 나라들의 이야기에는 유교, 도교, 불교를 비롯한 시경이라든가 그 수사학에 관한 설명까지 없는 게 없다. 예를 들어 후안 곤살레스 멘도사 신부의《대중국의 신기한 사물들, 풍습, 예식의 역사》에 관한 책을 보면 장자, 노자의 사상에 관한 이야기부터 공자의 가르침에 이르기까지 서구 특유의 학구적인 견지에서 자세하게 쓰여 있다. 음양오행설은 물론이고 시경의 6의까지 세세하게 설명하고 있는 그 한 예로 말도나도 책의 설명을 보자.

> 하나의 적당한 표현을 번복하는 수사적인 표현은 많지 않고 또 좋아하지도 않는다. 그런 표현을 많이 쓸 때는 좋지 않은 습관으로 여긴다. 어휘의 사용에 있어서 짧고 적절한 표현을 대단히 좋아한다. 그리고 반어법에 신경을 많이 쓰며 한번 써 놓은 시구는 서로 대조하여 보고 학자적인 해석을 내린다.
>
> 비유나 비교를 많이 쓰지만 은유나 환유 등은 쓰지 않는다. 대부분 문체는 (학구적인 문체나 일반 글을 포함해서) 코르넬리우스 타시토 같은 글을 쓴다. 글이 많고 화려하여 수식을 좋아한다. 그리고 언제나 짧은 구절로 된 격언 같은 것을 꼭 뒤에 붙인다.

---

23 Chul, Park, *Ibid.*

24 Miner, Earl, *A Sage Oriental*, p. 9.

이 글들은 모두 말수가 같아서 시구의 길이가 다 똑같다.[25]

여기에 하나 재미있는 것은 한시漢詩에 대칭법이 많이 사용된다는 이야기를 하다 말고 필자 스스로 그 스타일의 흉내를 내보이는 대목이다. 예를 들어 "새는 날개로 날고 사람은 발로 걷는다"와 같은 스타일이라는 설명이다. 1920년대 이후 동양 시 모방이 유행했는데, 아마 이런 구절은 서구인이 최초로 흉내 내본 동양 시 모방의 예가 될 것이다.

여기 하나 더욱 흥미 있는 것은 1592년에 스페인 신부 후안 코보에 의해 필리핀에서 출간된《명심보감》한서漢書 대역본이다. 동양에서 서구어로 번역된 최초의 사상서라는 점에서 신기하려니와 우리 국사에는 고려 말 추적秋適에 의해서 편집된 책이라는 것이다. 그렇게 보면 임진왜란 이전부터 일본에 드나들던 한국 유학자들에 의하여 전해진 것이 아닌가 의심해 본 일이 있다. 그러나 책 제목이 '벵심보감*Beng Sim Po Cam*'이라고 적힌 것이라든지 서문에 언급한 스승의 이름이 중국 이름이라는 점은 광동이나 중국 남부의 어느 학자에 의해 전수되었음을 말한다. 어떻든 이 문제는 이 책이 임진왜란 즈음해서 한국에 어느 정도나 전파되어 있었느냐는 문제와, 저자가 중국인이었느냐 아니었느냐 하는 문제 등 복잡한 연구가 선행되어야 해결될 문제다. 하나 확실한 것은 이 책이 맨 처음 서구어로 번역된 것인 만큼 그 당시 동양에서 가장 빈번히 읽히고 있는 서적이었을 것이라는 추측이 가능하다.[26] 우리나라에서 이 책의 전파는 17세기로 알려져 있는 만큼 새로 밝혀진 대로《명심보감》의 저자가 명나라의 범립본范立本[27]이라는 설이 맞으며, 그 당시에 중국 남방에 이미 많이 퍼져 있던

---

25 Cfr. Maldonado, Francisco Herrera, *Epítome Historial del Reino de la china*(Madrid: 1620), pp. 49–50. 이 인용과 함께 본 연구와 비슷한 글을《문학사상》, 4월호(1982), pp. 334–350에 〈東西의 만남〉이라는 제목으로 발표한 일이 있다.

26《문학사상》의 인용한 발표에서 나는 한국인의 손에 전수되고 가르쳐진 것이 아닌가 의심한 일이 있다. 그러나 이 역자가 사용한 원본은 중국 것이었음이 틀림없다. 이유는 'Conchu(公子)', 'Benchu(孟子)'니 하는 발음 표기가 광동 발음의 중국식일 뿐더러《명심보감》의 필자가 범립본(El doctoor Lip Pun Huan)의 서문이 또한 번역되어 있기 때문이다. Cfr. Fray Juan Cobo, *Beng sim po cam*, Edicion e Introducción del padre Getino(Madrid, 1924), Fray Juan Cobo, *Beng sim po cam*(junto con la edición facsímil del original del 1592 en bilingüe), Introducción de Carlos Sanz(Madrid, 1958).

27 박제천,《명심보감선》(샘터사, 1986), p. 235에서 참조 인용.

책이었을 가능성이 크다. 위 책에 이어 1602년에 유교의 경서인 사서四書가 스페인어로 번역된다. 마드리드 근교의 엘에스코리알 도서관에 보장되어 있는 이 귀중한 책들은 1921년 사르코가《라 시우단 데 디오스》에 연재한 일이 있다.[28]

28 Cfr. J. Zarco, *Confucio, en La Ciudad de Dios*(Madrid, 1921), nums. CXXVI, pp. 285–296, 332–347, 547–561; num. CXXVII, pp. 44–53. 원본은 "La Real Biblioteca de El Escorial"에 "signatura de iij.g.27" 번호로 보관 중이다. 역자는 미상이다. 그러나 이때에 마테오 리치Matteo Ricci가 4서를 라틴어로 번역했다고는 하나 사라진 것으로 보아, 이 원고가 리치나 그의 협력자의 번역일 가능성이 짙다. 정가가 붙은 날짜는 1602년 5월 28일로 실세 출판되었는지는 미지수다.

르네상스와 바로크 문학 속의 동양 이미지

글쎄 한 달 전쯤해서 중국의 대황제께서 중국어로 제게 편지를 써 오셨더군요. 특별히 사절을 보내 제게 가지고 온 편지에 의하면 중국에서 스페인어를 가르치는 학교를 세우고 싶다나요. 그리고 거기서 읽힐 책이 바로 저의 돈키호테의 이야기라는 거예요. 청하기보다는 거의 간청하다시피 내게 그 책을 보내 달라고 해 왔더군요. 동시에 나더러 그 학교의 총장이 되어 달라는 부탁이었어요.

—《돈키호테》 제2권, 서문에서 [1]

여행기와 역사책이 판치고 동양 사상의 번역서가 책방을 나도는 판국에 문학이 온전할 리가 없다. 환상과 동경의 고장이 동양이 되고 이상적인 정치가 이루어지고 있는 땅이 또한 중국이다. 마르코 폴로의 영향을 받은 꿈의 대륙, 황금의 고장인 동양의 이미지는 개척 정신의 구체적인 목표요 현실로 바뀌고, 이는 곧 16, 17세기 유럽 문학에서 동양에 대한 비전의 변천으로 나타난다.

초기 르네상스에서 나타나는 동양에 대한 꿈은 마르코 폴로적인 사실과 환상이 함께 뛰노는 세계다. 중국을 지칭할 때도 'China'라는 이름보다 마르코 폴로의 말대로 중국 북부를 일컫는 'Catay'라는 표현이 더욱 많이 쓰인다. 중국을 비롯한 극동에 대한 명칭도 콜럼버스가 찾아 나섰던 대로 'India'다.[2] 이 '인디아'라는 말은 스페인이 발견한 신대륙에 대한 총칭으로 중남미와 북미 일부, 필리핀을 비롯한 아시아 지역을 두루 포함하는 명칭으로 사용되어 왔다. 따라서 이 모든 식민지 관리를 관장하기 위해 세비야에 세워진 관청도 'Consejo de India'라

---

1 Cervantes Sanvedra, *Miguel de Don Quijote de la Mancha, Textos Y notas de Martin de Riquer*(Barcelona: 1968), pp. 533–534.

2 잘 알려져 있듯이 콜럼버스는 인도에 황금을 찾으러 갔다가 중남미 대륙을 발견한다. 그는 그것이 그가 그리던 인도라고 생각했다.

는 이름이 붙여졌던 것이다.

16세기 초의 동양은 머나먼 미지의, 마음대로 환상의 날개를 펼칠 수 있는 천국의 이미지였으나 16세기 중반 이후 차차 현실 속으로 들어와 개척을 기다리는 희망의 땅으로 색채를 바꿔 간다.

꿈의 나라 카타이여

1516년 이탈리아의 서사시 작가 아리오스토는《분노한 오를란도》[3]라는 작품에서 영웅 오를란도의 변절한 애인으로 '안젤리카'를 등장시킨다. 이 매력적이고 우아한 여인은 다름 아닌 중국, 즉 카타이의 왕 갈라프로네의 딸이다. 이 작품의 테마인 오를란도를 격분시킨 것은 바로 이 안젤리카가 직분도 형편없는 가난한 연인 메도로와 함께 카타이로 돌아가 버린 데서 발생한다.

꿈처럼 아름다운 여인, 누구나 보는 남자마다 사랑에 빠지게 할 만큼 아름다웠던 여인은 아무래도 먼 꿈의 고장 동양에서 들여올 수밖에 없었던 것이 아리오스토의 작품 설계의 초점이다.

> 그 많은 세월을 아름다운 안젤리카에게
> 사랑에 빠져, 그녀를 위해
> 인도에서 메디아에서 몽골에서
> 그토록 싸워 수많은 불멸의 개선을 했건만[4]

이렇게 시작되는〈안젤리카의 노래〉는 몽골(타르타리아)의 왕자 만드리카르도가 안젤리카를 좋아해 성안에 가두고 놓아 주지 않자 오를란도가 부왕 아그리칸네와 결투를 벌여 승리한 끝에 안젤리카를 유럽으로 데려오는 사건을 상기한다. 항상 '아름다운(bella)'이라는 수식어가 붙어 있던 이 매혹적인 여인은 미인의 대명사로 르네상스 문학을 유혹한다.

이 작품에 영향을 받은 세르반테스는《돈키호테》1권에서 여섯 번이나 아름

---

3 Cfr. Oliven, Mario, *Antologia Ariotesca, Orlando Furioso*(Torino: 1955), *Introduzione.*
4 *Ibid.*, pp. 10–11.

다운 안젤리카를 연상한다.[5] 특히 산초 판사를 연인 둘시네아에게 다녀오도록 편지를 보내 놓고 연인을 위해 시에르라 모레나 산 속에서 고행을 치르면서 그는 안젤리카에 대한 사랑에 고뇌하며 몸부림치던 오를란도를 흉내 낸다. "안젤리카가 두 번 이상이나 메도로와 낮잠을 잤다는 이야기를 어느 목동 편에 전해 들은" 오를란도. 그의 미칠 듯한 분노를 상기하면서 돈키호테는 둘시네아 때문에 분노의 주먹을 움켜쥔다.[6]

이 대목에서 메도로의 신분을 기억하다가 중국 왕 이름이 나오는 것은 물론이다. 여하튼 오를란도를 생각하면 세르반테스는 중국이 떠오른다. 1권 끝 돈키호테의 비문에도 '카타이' 왕국이 안 나올 수 없다.

> 팔뚝 힘이 그토록 세서 세상 어느 구석 하나 누비지 않은 곳이 없으니 중국 카타이에서부터 이탈리아 가에타까지 그의 명성이 떨쳤고[7]

안젤리카는 르네상스의 플라톤적인 사랑의 테마를 이끄는 전형적인 뮤즈다. 미치도록 아름다운 차가운 여인, 사랑과 증오를 낳는 여신, 세상에서 가장 위대한 기사, 가장 모범적인 연인을 헌신짝처럼 버리고 떠나는 무정과 가혹의 화신. 이것이 16세기의 기사 소설과 목가 소설, 감성 소설을 휩쓸던 연인상이다. 바로크 시의 거성 공고라도, 로페 데 베가도 안젤리카의 유혹을 벗어날 수 없었다.[8]

세르반테스는 사랑을 이야기할 때마다 비정한 안젤리카의 얼굴을 떠올린다. 돈키호테는 둘시네아를 그릴 때마다 오를란도의 안젤리카를 생각하고 괴로워한다. 기사의 어떤 영예로도 아름다움을 제 것으로 할 수 없었던, 사랑만이 아는 이 역설. 이것을 세르반테스는 돈키호테와 함께 너무도 잘 알고 있었다. 아리오스토의《분노한 오를란도》의 마지막 구절이《돈키호테》1권의 마지막

---

5 Cfr. Cervantes, *op, cit.*, pp. 32, 101, 237, 251, 551, 552.

6 *Ibid.*, pp. 237–238.

7 *Ibid.*, p. 519.

8 Cfr. *Ibid.*, p. 551, notas 30, 31. Lope de Vega, *La hemosura de Angélica*, Luis Barhona de Soto, Las lágrimas de Angélica; Góngora, Angélica y Medora, etc.

을 장식하고 다시 2권 첫 부분에 재언급되는 것은 그의 '카타이'에 대한 이미지가 전부 아리오스토의 영향임을 증명해 준다. 그러나 중요한 것은 이 비정한 '아름다운 안젤리카'의 생각이 감염시킨 '카타이'의 이미지다. 2권 첫 장에서 마을 친구 이발사와 신부가 돈키호테와 나누던 이야기는 또다시 안젤리카에 이른다.

> "그 안젤리카라는 여자 말이야." 돈키호테가 대답한다. "그 처녀는 바람둥이에다가 변덕까지 많아서 정신 나간 여자야. 그 여자의 아름다움의 명성만큼 세상을 어떻게 헤집고 다녔던지 그녀가 차 버린 사대부, 기사, 이렇다 할 양반들이 수천이 넘어. 그래 놓고서는 고작 좋아한다는 게 겨우 그 수염도 안 난 중국 왕 종자 녀석이었단 말이야. 명성이나 재산이라고는 오를란도의 우정의 대가로 알려진 이름뿐이지. 그녀의 아름다움을 칭송한 그 유명한 아리오스토도 안젤리카의 그 형편없는 행실을 더 이상 이야기하고 싶지 않았던지 (메도로와 카타이로 도망간) 뒤의 일은 더 이상 노래하고 싶지 않다고 했지 않아. 물론 (그 추한 행적을) 차마 이야기하고 싶지 않았는지도 모르지만, 사실 그 행실이 그렇게 정숙한 이야깃거리는 못 되었던 모양이야. 그래서 이렇게 끝내지 않았던가.'
>
> "그리고 그 뒤 어떻게 카타이의 왕관을 쓰게 되는지는 다른 시인이 또 다른 더 좋은 악기로 노래하겠지요."
>
> 그 말에 신부는 안젤리카를 비방한 시가 많을 것 아니냐고 의분해서 묻는다. 그러나 돈키호테의 사랑에 대한 통찰은 단호하기까지 하다.
>
> "그러나 내가 알기로는 아직까지 아무도 아름다운 안젤리카에 대해서 이렇다 할 불명예스러운 시구를 던진 사람은 없었어."[9]

여기에는 세르반테스의 동양에 대한 사고가 암시되어 있다. 즉, 카타이는 안젤리카처럼 꿈과 매혹의 땅이다. 그러나 그 땅은 무지와 야만이 판치는 곳. 그러나 미워하기에는 너무나 아름다운 신비가 사는 고장이다.

이런 르네상스적인 동양의 이미지는 작가에 따라서 쉽게 사실적인 현실로 넘어간다. 16세기 중반부터 극동은 유럽인의 구체적인 현실이었던 만큼 문학 속에서 그런 흔적은 역력하다. 예를 들면 1572년 포르투갈의 대문호 루이스

---

9 Cfr. *Ibid.*, pp. 550–552.

데 카몽이스(1524-1580)는 율리시스의 후손들이 세웠다고 하는 포르투갈 국민의 영웅심과 개척 정신을 선양하는《우스 루지아다스*Os Lusiadas*》라는 서사시 걸작을 펴낸다. 몸소 동양을 다녀온 그의 글은 곳곳에 동양에 대한 이미지가 번뜩인다.

> 더욱 멀리 땅들이 숨어 있노라
> 스스로 발견될 때가 올 때를 기다리며
> 그러나 자연의 조화로 영예롭게 숨겨 놓고 있는 이들 섬들도
> 바다를 누비며 놓쳐서는 안 된다.
>
> 이 숨어 있는 땅은 중국 멀리 국경선 가까이
> 고운 은이 나는
> 일본이라는 땅이다
> 얼마지 않아 신의 복음으로 교화될 땅[10]

카몽이스의 동양에 대한 이미지는 '멀리', '숨어 있는', '미지incógnitos/desconocidos'의 땅이면서 자연 경관이 아름다운 고장이다. 크리스처니즘 특유의 '아름다운 땅', 즉 '선善의 땅', 다시 말하면 신의 복음으로 쉽게 교화될 수 있는 땅이다.

풍요의 낙원

17세기로 들어서면서 이제 동양은 '다이아몬드, 호박, 금, 명주, 무명'의 나라요 도자기의 나라가 된다. 진주는 '중국의 진주'요 금은 '아라비아의 금'이라는 것이 문학의 상투어다. 동양의 병풍이라는 말이 '베오부beobu'라는 포르투갈어로 된다.[11]

1960년경에는 이미 이 말이《영혼의 편지》라는 책에 '영혼의 병풍'이라는 문학 용어에 등장할 정도다. 그도 그럴 것이 한국, 일본에서 가져간 '황금빛 병풍'[12]

---

10 Cfr. Camões, Luís de, *Os Lusiadas*(Rio de Janesiro: 1972), Introducâo.
11 *Ibid.*, p. 49.
12 Cfr. Chul, Park, *Le imagen de Corea*, p. 8('beobus dourados'). 이 말과 동양계 서포도아어 관계는 주와 함께

은 무엇보다도 서구인들에겐 귀중한 보물이었던 까닭이다.

앞서 말한 중국 역사나 여행기에 당시의 습관대로 중요한 문인들의 소네트나 글이 실린다. 이들 헌시에는 어쩔 수 없이 동양에 대한 언급이 있게 마련. 그런 책들이 그토록 많았던 만큼 동양을 테마로 한 시도 많다. 예를 들어 로페 데 베가가 인용한 말도나도의 책 서두에 쓴 헌시를 보자.

자연이 지극한 노력으로
(어쩌면 그 신묘한 힘을 이용하여)
지상에서 가장 큰 제국을 만들었으니 곧 중국이라
태양에 맞서는 가장 훌륭한 나라여

그 풍요한 땅의 유물들
다이아몬드, 호박, 금, 명주와 무명들이
그대의 어깨를 누르는구료
포르투갈의 하늘을 바라볼 때까지

이상한 땅의 풍요가 다 쏟아지니
그 양은 끝이 없고, 장대한 희망 속에
스페인 사람과 신대륙의 국민이 젖어 사노라[13]

이 같은 전통이 영국 문학에서는 18세기로 이어지는데 거기에서는 'china'라는 말이 도자기를 의미하는 것이었고 'japan' 하면 자개로 된 물품을 일컫는 보통명사였다는 점을 보아도 알 수 있다. 얼 마이너에 따르면 위철리의 〈시골 부인〉이나 존 게이의 〈고대 중국을 좋아하는 어느 귀부인에게〉 등 많은 작품은 중국 물품을 비유에 사용하고 있다는 것. 18세기 시인 포프의 '어느 부서질 듯한 중국 항아리'에 대한 이미지를 예로 들지 않더라도 바로크 이후 동양 물품은 바로 시의 소재가 되었던 것이다.[14]

《문학사상》의 연구에 자세히 기록되어 있다.

13《문학사상》 원고에서 재인용.

14《문학사상》 p. 346 참조.

이 시대의 문학은 이미 현실화된 동양의 실상이 작품화된다. 앞에 인용한 세르반테스의 중국에 대한 묘사가 거의 사실에 가까운 점에서도 알 수 있듯이 17세기 초부터 동양은 이제 그들의 일상의 일이 된다.[15] 인용한 말 뒤에 세르반테스는 "그럼 노자는 가져왔느냐?"고 물었다고 넉살을 떤다. 여비를 안 보내더라는 말을 듣고 한마디로 초청을 거절한다.

> 내 몸도 성치 않고 그렇게 긴 여행을 떠나기엔 지쳐 있소. 더군다나 아픈 것은 물론이려니와 돈도 한푼 없는 처지니

하면서 딱지를 놓는다.[16] 이 말은 오늘 공허하게 들릴지 모르나 실제 1590년경부터 일본에는 교리나 라틴어, 포르투갈어를 가르치는 학교가 있었으니[17] 스페인어를 가르치는 학교를 중국에 세우려는 제왕이 있었을 법도 하다.

세계는 이제 스페인 대제국의 현실이다. 펠리페 2세 때 포르투갈과의 결혼정책으로 반도가 통합되면서 스페인에는 이런 노래가 유행한다.

> 테조 강으로부터 중국까지 포르투갈 사람이 지배하고
> 남극으로부터 북극까지 스페인 사람이 헤쳐 나가네.
> 이 지구의 양극이
> 세비야와 리스보아에 달렸구나.[18]

따라서 동양에서 일어나는 일은 바로크 문학인들의 사실적인 작품의 테마가 된다. 로페 데 베가의 〈일본에서의 첫 순교자들〉[19]이라는 극작품이 다름 아닌 일본의 천도교인 학살을 테마로 하고 있다는 점을 생각해 보라. 언급한 로페의 작품에는 황제와 함께 히데요시나 '아이코 소마'('사마'가 아니고 틀린 그대로 '소

---

15 세르반테스는 2권을 1615년에 펴낸다. 이 'Conde de Lemos'에게 바치는 글은 출판 즈음해서 쓴 것으로 보아야 된다. 그때는 이미 필리핀을 비롯한 동양이 그들의 현실이다.

16 Cervantes, *op. cit.*, p. 534.

17 Cfr, Chul, Park, tesis inédita, *op. cit.*, pp. 352–356.

18 《문학사상》, *op. cit.* 참조.

19 De Vega, Lope, *Los Primeros Mártires del Japón*, en BAE, Texto y notas de Marcelino Menéndez Pelayo(Madrid: 1965), pp. 309–354.

마'다) 등 봉건영주나 대명들이 참이라는 직위의 이름으로 등장한다. 지명도 비슷해서 가령 '아망키 왕', '시겐 왕'도 나온다. 무지와 폭력이 휩쓰는 사회, 세속적 쾌락이 영혼을 구제 불능의 길로 빠뜨리는 가톨릭적인 비판 의식이 천주교의 박해를 보고 있다.

황제 폐하께 내 맹세하노니
그대의 대제국에 사는 내 백성의
그 어느 놈도 마음 놓지 못하도록 할 것이요
이 영토 그 어느 구석에도
편안히 살아남은 스페인 신부는 하나도 없을 것이외다.
그리고 세례를 받은 모든 일본 사람은
고문을 받게 될 것이외다.
칼로, 활로, 불로
아니 신부 하나가, 스페인놈 하나가
내 인생 내가 즐기는데
내 사랑을 방해하다니요! 천부당만부당하외다![20]

그러나 이 작품은 결국 해피엔딩으로 끝난다. 킬도라라는 천주교인 여자를 사랑하는 아이코 소마 왕은 결국 그녀의 사랑에 감화받아 참회를 하고 그녀를 받아들인다.

그리고 네가 그걸 약속하거니
내 무한히 즐겁구나.
그러나 이 일은 비밀에 부치도록,
내가 정권을 잡을 때까지. 그리고
이 일로 해서 올해 지금 여기 일어났던
일본의 일은 용서를 받고 끝이 난 걸로 합시다.

---

20 *Ibid.*, p.311.

계몽주의 사상과 동양 유교철학

내 생각에는 우리가 중국에 선교사들을 보내 계시받은 신학을
가르쳐 주듯이 우리에게도 중국의 그들 사상 선교사들이 와서 그 자연 신학의
목적과 행동을 우리에게 가르쳐 주게 해야 할 필요가 있다고 생각합니다.
— 라이프니츠[1](1646-1716)

애초에 서구인들의 동양 공략이 기독교의 복음 전달에 정신적인 뜻을 두고 있었던 만큼 그들 선교사들은 처음부터 동양인들의 마음을 읽으려고 애를 썼다. 동양 종교, 미신, 사상에 관심을 표명한 것도 사실은 그것이 그들이 심어야 할 기독교 정신의 터전에 대한 탐색 때문이었다.

크리스처니즘의 편견이었던 소위 비크리스천의 나라, 즉 야만인의 땅에서 막상 그들이 발견한 것은 놀라울 만큼 풍성한 문화의 전통을 가진 동양인들이었다. 이런 동양 문화 발견의 경이는 선교사들의 편지를 비롯해서 곳곳에서 발견된다. 한 예수회 신부가《일본에서 보낸 편지》에는 이런 말이 나온다.

> 여기 이 사람들은 절대로 야만인이 아니라는 것을 아셔야 합니다. 우리가 종교를 가지고 있다는 것을 제외하고는 차라리 이 사람들에 비해 우리가 훨씬 야만인들이지요.[2]

---

1 Michael Edwards, *East-West Passage*(London : Cassel), 1971, p. 104.
2 Cfr. Maldonado, *op. cit.*

그리고 17세기에 일본에 나가 있던 스페인 신부도 자신과 신의 왕국(스페인)의 왕에 대한 충성만 아니라면 다른 어느 나라보다도 그 나라(일본)를 택했으리라는 극언을 서슴지 않고 할 정도다. 이어서 동양의 철학이 번역되고 우리의 전통에 대한 인식이 깊어 가자 18세기 서구 사회는 그야말로 커다란 변동을 겪기 시작한다.

계몽주의가 프랑스, 영국을 중심으로 한 학문과 과학에 눈뜨기 시작하는 시기였다면 16,17세기에 걸쳐 소개·번역된 동양 사상은 그들의 지식과 비판 의식에 커다란 지침서가 된다. 폴란드를 제외하고 전 유럽이 동양과 외교 두절 상태에 처해 있었던지라 새로운 지식이라기보다는 이미 알려진 기록에 의거할 수밖에 없었던 것이 이들 사상가들의 편견에 가까운 유토피아적인 모델로서 동양 정치·사상을 생각하게 한 원인이다.

18세기의 과학주의는 수억 년 전의 화석의 발견을 계기로 창세기의 구약성서적인 이론에 회의의 그림자를 드리운다. 인류 역사가 성경이었던 크리스천 세계의 역사관이 드디어 수정을 가해야 되는 시기에 온 것이다. 처음 동양 방문객들은 중국의 3황이나 천신, 지신, 인신의 사상에서 기독교의 3위 일체 사상의 흔적을 발견하고 이미 잊힌 아득한 옛날에 어느 성자가 여기 와서 가르침을 퍼뜨리고 간 것이 아닌가 의심한다.[3] 이런 의도적인 기독교 중심 세계관이 변질을 맞게 되는 것이 바로 지금 우리가 이야기하려고 하는 계몽기 현상이다.

이상 국가 모델로서의 중국

동양에 대한 지식이라든가 경험이 가장 풍부했던 것이 예수회파 교인들이었다. 이들은 영국의 '성 피터 사원의 회의'에서 보수주의 철학자 및 정치가들을 공박하기 위한 도구로 중국 정치를 들고 나왔다. 세상에서 가장 공명정대하고 민주적인 군주 국가가 중국이며 이를 본받아야 된다는 이론이었다. 그들에게 있어 공자의 가르침은 모든 서양의 부패와 불평등을 구제할 수 있는 이상적인 모델이었다. 공자는 이렇게 가정의 평화로부터 천하의 평화를 구하는, 다시 말

3 Cfr. Miner, Earl, *op. cit.*, pp. 12–13.

해서 민중의 영안을 기본으로 나라를 다스리는 정치 체계를 이룩한 현자로 알려져 있었다.

플라톤의 공화국론으로부터 토머스 모어의 유토피아론, 베이컨의 아틀란티스에 이르기까지 이상적인 정치의 실현에 목말라 왔던 18세기의 사상가들은 다시 중국 정치철학에서 그 갈증을 해소하려고 했다. 그러나 그들의 개혁에의 필요성이 급급했던 만큼 그들의 비교 방법은 흑백 논리에 가까웠다. 동양은 이렇게 이상적인 정치로 민중의 뜻을 고루 보살피는데 서양은 그렇지 못하다는 식의 논리였다.

예를 들면 골드스미스의《세계의 시민》에서 리 엔 치 알탕기라는 중국인은 서구 사회의 병폐와 모순을 파헤친다. 또한 토비아스 스몰레트는《하나의 원자의 여행》(1796)에서 일본 정치와 사회를 모델로 놓고 영국 정치와 사회를 비난하는 글을 쓴다.[4] 이것은 동양의 유교 사상이나 정치에 특별한 조예가 있어서라기보다는 자신들의 유토피아적인 사회 개혁에 대한 소망과 함께 계몽주의 작가들에게 유행하던 사회 비판의 척도로 동양을 내세웠을 뿐이었다.

그 후 '동양의 현인'이라느니 '동양의 지혜'라는 말은 유행어로 19세기 문학까지 파문을 미친다. 이런 동양 사상 선호의 붐은 나름대로 서구 계몽주의 사상에 영향을 미친다. 앞서 인용한 라이프니츠의 말이 시사해 주듯이 동양 철학을 '자연주의 신학'으로 이해한 점이라든가 볼테르나 몽테스키외가 생각하듯 민주 정치의 근본이 상존하는 세계로 동경한 것 등은 작으나마 서구의 근대 민주 사상의 발아에 동양 사상이 얼마나 영향을 미쳤을까 하는 점을 시사한다.

《영국과 미국 문학에 미친 일본 전통》의 작가 얼 마이너는 "커다란 안목으로 볼 때처럼 문학적인 관습이나 유행은 새로운 풍조가 오면 곧 시들고 말지만(서양의) 역사학이나 문화 철학에 미친 동양의 영향은 훨씬 길게 가는 의미를 남겼다"고 결론을 짓는다. 또한《동·서양의 비교 문화론》의 작가 미첼 에드워즈는 "공자가 예수파 신부들로 하여금 소위 서구의 의식 논쟁을 불러일으키게 할 만큼 영향을 미쳤다고 생각지는 않지만 그러나 동양의 현인은 서양의 계몽기

---

4 *Ibid.*, p. 12.

철학자들에게 그들이 애써 동경하고 모방하려고 했던 가르침을 배워 준 사실만은 의심할 나위가 없다"[5]고 말하고 있다.

기독교적 세계관의 변화와 낭만주의의 발아

마이너는 중세나 르네상스의 역사관은 성 아우구스티누스의《신의 도시》에서 나왔다고 보고, 한편으로는 구약·신약 성서를 바탕으로 한 역사관이었다고 주장한다. 에른스트 카시러는 진정한 의미에서 오늘 생각하는 것과 같은 '역사의식'은 19세기 이전엔 찾아볼 수 없었다고 말한다. 그는 이어 이 역사의식이란 서구 기독교 중심적인 편파적 사관이 아니라 각 문화마다 개성을 가진 상대 개념을 감안해 놓고서야 이해될 수 있는 것이었다고 밝힌다.[6]

신학적 역사관이란 천지 창조와 인간의 타락(에덴동산에서의 축출), 그리고 최후의 심판이나 새로운 예루살렘의 건립으로 끝나는 것이 상식이었다. 따라서 노아의 자손이 퍼진 게 중국인이라거나, 한국인이 예수의 사도가 퍼뜨린 백인이라는 따위의 최초의 선교사들의 논리가 여기서 비롯된 것들이었다.

그러나 18세기에 들어서면서부터 이런 편파적인 견해는 수정된다. 윌리엄 템플 경은《고대와 현대의 학문론》(1690)에서 과학이나 예술은 일정한 환경과 주기를 가지고 세계의 여러 지역에서 발전했다고 말한다.[7] 그는 이어 문화 발전은 "대개 동양에서 서양으로 전해 오는 과정을 거쳤다"고 본다. 또한 프랜시스 베이컨이나 토머스 브라운은 중국이나 일본, 한국에서 쓰고 있는 표의문자가 음과 뜻을 함께 나타낸다는 데 신기함을 느끼고 세상에서 가장 오래된, 즉 인간이 바벨탑을 세우기 이전에 존재한 원시어가 아닌가라고 생각한다.

종래의 기독교 중심적인 역사관을 탈피하기 시작하는 이들의 '상대' 문화관은 아프리카나 아시아의 문명과 전통이 서구와는 다른 독자적인 발전 과정을 거쳤다는 것을 인정하게 만든다. 이런 역사나 지리적 조건의 독자성에 대한 인

---

5 Edwards, Michael, *East-west Passage*(London: 1971), p. 104.
6 Miner, Earl, *op. cit.*, p. 13.
7 *Ibid.*, pp. 9-10.

식은 당시의 미학으로까지 발전하게 된다. 즉 미학의 개성론을 낳게 한 모태로 작용한다는 말이다.

인용한 골드스미스의《세계의 시민》에서 리엔 치 알탕기는 마침내 이런 결론에 이른다.

> 저의 취미와 편견 때문에 이해할 수 없었던 영국 여인들을 이해할 수 있을 듯합니다. 이젠 저는 그 맥 빠진 푸른 눈도 별다른 불쾌감 없이 바라볼 수가 있게 되었죠. 그리고 그 상아보다 더욱 흰 그녀들의 치아도 이젠 아무렇지도 않게 보입니다. 따라서 나는 이제 아름다움에는 꼭 하나의 범세계적인 기준이 없다고 생각하게 되었습니다.[8]

이 말은 미美에는 절대적인 기준이 없고 시간과 장소와 습성에 따라 다를 수 있다는 예술의 상대성 가치의 인식을 말하고 있다. 다시 말하면 이 이야기는 각 문화와 관습의 독자성을 말해 줄 뿐만 아니라 각 개인의 사고와 감정의 특성을 인정하는 뜻이 된다. 이와 같은 사고는 18세기 문학을 풍미한 이성과 상식 common sense, 고상한 취향이 지배한 신고전주의 문학 풍토에는 폭탄선언 같은 의미를 가지고 있다.[9]

버벌리 스프라그 앨럼은《영국 취향의 사조》(1619~1830)라는 책에서 동양에 대한 취향이 여러 면에 걸쳐 영국 신고전주의 사조에 얼마나 영향을 미쳤는가 하는 점을 역설하고 있지만[10] 그러나 그보다 더욱 중요한 것은 바로 신고전주의의 이성 중심 사고와 감정의 패턴에 개혁을 시사한 것이 또한 동양 문화의 독자성 인식이었다는 점이다.

우리가 자주 언급한 얼 마이너는 이 문제에 대해 문학에서 미학적인 혹은 심리적인 접근(가령 숭고하다든지 감격적이라든지)이 가치로 받아들여지는 낭만주의 문학사조는 바로 이런 역사의 상대성의 인식에서 발아한 것이라고 주장한

---

8 *Ibid.*

9 Cfr. Gary Wilson Allen and Harry Clark, *Literary criticism*(Detroit: 1962), v. II(Pope to Croce) Pope Addison, Voltarire, Fielding, Johnson, etc.

10 Cfr. Miner, Earl, *op. cit*, p. 14.

다. 즉 각 문화의 개성에 대한 자각은 각 개인의 개성에 대한 중요성의 인식으로 전환되고, 이는 낭만주의 성격의 자아의 감성, 정열, 사랑에 대한 문학 가치에 대한 재인식으로 발전했다는 이론이다.

"가장 지방적인 것이 가장 세계적이다"라고 주장한 괴테도 동양에 심취해 있었던 것을 기억한다면 얼 마이너의 낭만주의 태동에 참여한 동양 영향설은 전혀 신빙성이 없다고 할 수만은 없다.

꿈속에서 만난 동·서의 재회

그 땅은 먼먼 곳에 있어요,
오랜 옛날 우리가 잃어버린 그 땅은
—알프레드 노이스의 〈옛 일본의 세 발라드〉에서[1]

동양에 대한 향수

2세기(약 1600–1850)에 걸친 동양인의 절교는 서양인에게 그리움만 더해 주는 결과를 낳았다. 필리핀에 식민지를 둔 스페인, 포르투갈, 폴란드, 프랑스(인도차이나반도 식민지화)[2] 등이 동양과 접촉하였다고는 하지만 이는 사실 본격적인 극동권인 한국, 중국, 일본과는 거의 무관한 것이었다. 서양 측에서 볼 때에 동양 문화는 16, 17세기의 직접적인 접촉을 통한 서적을 제외하고는 다시 꿈속의 먼 이야기가 되어 가고 있었다.

앞에서 이야기한 18세기의 유교 사상의 영향은 말할 것도 없이 전 세기의 서적들을 통한 지식에 의존하고 있었다. 라이프니츠의 2원적인 수학 체계가《주역》의 64괘와 같다든지[3] 당시의 이상적인 국가론이 유교적인 정치 체제를 모델로 하고 있다는 점 등은 그 근거가 지난 세기를 통해 들어온 지식에 이상론을

---

1 Earl Miner, *The Japanese Tradition in British and American Literature*, p. 39.
2 Cfr. Fmaz H. Michael and G.E. Taylor, *The Far East in the Modern World*(New York: 1956), p. 98.
3 Cfr. 김현창,《현대 세계 문학 속의 동양 사상》(서울: 1984), p. 253.

곁들인 결과였다. 특히 크리스처니즘에 입각한 세계 역사관, 즉 노아의 홍수 이후 인류가 지상에 퍼진 것이라는 일원론적인 인류 문화의 해석은 중국 역사 및 동양 여러 나라 문화와의 접촉에서 그 견해를 달리하게 된다. 다시 말해서 역사 발전의 다원론적인 개념, 혹은 상대적인 비전의 발달은 다분히 그들의 동양 문화의 독자적 인식으로부터 태어난 것임을 이야기한 바 있다. 이것이 개인의 독창성을 인정하는 낭만주의로의 발전을 밑받침했다는 설을 끝으로 우리는 19세기를 맞게 된다.

낭만주의는 개성과 자유를 중시함과 동시에 인간의 감정이 중요한 문학의 테마로 등장하는 시기다. 질풍노도와 같은 사랑, 원시적인 자연의 세계에 대한 동경은 자연히 '이국 취향exoticism'이라는 낭만주의 문학의 한 특질을 낳게 된다. 이국 취향은 애초에 현실 도피 취향에서 출발한 것으로, 낭만주의의 특질이다.[4] 이 현실 세계로부터의 도피 성향은 이국 동경의 취향을 낳는다.

테오필 고티에는 두 가지 종류의 '이국 동경 취향'의 문학이 있을 수 있다고 전제하고, 그 첫째가 시간으로부터의 도피, 두 번째가 공간으로부터의 이탈이라고 말한다. "하지만 어떤 먼 나라에 대한 향수와 시대적인 향수가 겹치게 될 때 그리움은 절정에 이르지!"라고 고티에는 결론 짓는다.[5] 샤토브리앙, 바이런, 셸리, 라마르틴, 네르발 등은 중동을 찾는다. 서양 역사의 일부를 이루었던 사라센 제국의 체취가 묻은 스페인의 그라나다, 세비야, 네르발의 이집트, 카이로 등 지중해의 옛 도시들은 낭만주의 시인들의 꿈의 왕국들이다. 이런 뜻에서 중동, 그리스 등지는 동양이라는 지역적인 이질감과 고대의 역사 속의 고향이라는 시간적 향수가 이룬 엑조티시즘 문학의 천국이었다. 이 '마술적인 동양'에 대한 향수는 슈레겔로 하여금 "동양에서만이 최상의 낭만주의적인 소재를 찾을 수 있을 것"이라는 소리를 하게 한다.[6] 셸링은 동양을 일컬어 '사고의 고향'이라고 하고 인도, 아랍의 철학과 시를 동경한다. 괴테는 아랍과 페르시아의 시를 읽고 《동서의 시집*West Östlicher Divan*》을 쓴다.

---

4 Cfr. Paul Van Tieghem, *El Romanticismo en la Literatura Europea*(México: 1958) p. 204.
5 Cfr. Pedro Salinas, *La Poesía de Rubén Dario*(Buenos Aires: 1968), p. 110.
6 Cfr. Paul Van Tieghem, *op. cit.*, p. 233.

시인을 알려고 하는 자
시인의 고향을 찾아가야 할지니
동양에 가라, 거기에 가면 행복을 알리라
옛것이 다시 새로움을.[7]

그러나 이런 동양에 대한 향수는 드디어 만리장성을 뛰어 넘는다. 지리적으로 가장 먼 곳, 중국과 일본, 한국은 이렇게 해서 다시 한 번 서구 시의 고향으로 꽃피기 시작한다.

고티에와 청자青磁에 씌어진 발라드

얼 마이너는 테오필과 그의 딸 쥐디트에 의한 중국 붐을 1800년으로부터 1870년으로 보고 공쿠르 형제를 중심으로 한 일본 붐을 1865년부터 1895년으로 본다.[8] 그러나 좀더 넓게 이야기하자면 중국 붐은 16, 17, 18세기를 거쳐 19세기 대부분을 차지하며 19세기 중반부터 붐을 타기 시작한 일본 취향은 제2차 세계대전 이후 오늘에까지 이르고 있다고 해도 과언이 아니다. 우리가 이렇게 범위를 넓게 잡을 수 있는 것은 동·서가 좀더 구체화된 오늘에 이르기까지 중국적인 것, 일본적인 것, 한국적인 것에 대한 한계가 불분명한 서구인들에게 중국 붐, 일본 붐 하는 이야기는 그때마다 유행상 어떤 한정된 분야의 동양 문화 예술에 붙여지는 별명이었을 뿐 실제 대단히 모호하고 빈약한 지식에서 비롯된 동양 선호 취향의 조류에 불과했기 때문이다. 더구나 초기 유럽 방문객들에게 중국의 속국으로 이해되고 20세기 초에는 일본의 손에 달려 있는 식민지의 이미지를 벗어나지 못하고 있던 한국은 흔히 이런저런 동양 붐 속에 섞여서 등장하는 신세를 면치 못했다.

아름다운 의상들
파랗고 푸른, 엷은 자주색, 아니면 노란 옷들과

---

7 Earl Miner, *op. cit.*, p. 25.
8 *Ibid*. pp. 66–67.

중국 도자기처럼
초록빛 꼬리가 달린 아름다운 모자를!
보라, 어떤 게이샤(기생) 음악대가
코레아 대사의 국가 행렬을 흉내 내고 있다.
이른 하오의 풍경 위에
오색 창연한 테이프 속에 싸여.[9]

다소 후기에 속하는 시지만 에이미 로웰의 이런 장면은 그들의 인식 속에 중국(중국 도자기), 일본(게이샤 음악대), 한국(코레아 대사)이 둘이 아님을 너무나 잘 나타내 주고 있다.

따라서 지금 우리가 이야기하려고 하는 동양에 대한 동경에서 출발한 극동 이미지는 크게 보면 마르코 폴로 시절로부터 오늘에 이르는 서구 문학의 한 풍조로 볼 수 있다. 그것은 예나 오늘이나 그리움과 동경은 수용자의 꿈이 향하는 지평선이라는 뜻 외에 따로 사실적인 목표물을 필요로 하지 않기 때문이다. 흔히 영향이라는 현상은 처음엔 그 이질적인 것에 대한 동경에서부터 시작되어 동질성의 발견과 동화로 끝난다는 것이 필자의 편견이다. 이국 취향의 문학이 그 첫 단계에 속하는 것으로 엄격한 의미에서 그런 현상은 아직도 동양에 대한 꿈을 깨고 싶지 않은 몸부림 속에 있었다.

방법론적 편의상 우리는 얼 마이너의 구분을 받아들일 수 있다. 그것은 1853년 7월 8일 매슈 페리가 도쿄에 도착한 것을 근대의 동·서양의 재회로 간주할 때 서구의 곳곳에서 동양에 대한 비전에 재수정을 가하는 현상이 나타나기 때문이다. 동양이 서양과 다시 만나는 것은 19세기 중반 이후로, 당시 아시아 내에서도 대단히 정치적 세력을 발휘하고 있던 일본의 이미지는 종래의 중국 중심적인 동양 취향 문학에 일약 전환점을 마련한다. 이때는 서구가 동양에 대한 보다 과학적인 지식을 얻기 시작하는 시기로 이들 노력의 결과는 20세기 문학에 지대한 영향을 미치게 된다.

따라서 우리가 지금 이야기하려고 하는 것은 동·서양 재회 이전의 이국 취향

9 Amy Lowll, *The Complete Poetical Works of Amy Lowell*(Cambridge), p. 166.

문학에 나타난 동양의 이미지와, 역사적인 만남은 있었다 하나 문학의 감성에 아직 사실로서 작용하지 않던 중국과 일본 도쿄를 중심으로 한 19세기 문학에 관한 사항이다. 다시 제언하거니와 이들 동양 취향 문학은 20세기 초에도 대단히 붐을 이루던 서구 문학 경향으로 우리가 19세기로만 한정한 것은 순전히 방법론적 착안임을 감안해 주기 바란다.

그러면 먼저 고티에를 중심으로 한 낭만주의, 고답파, 상징주의 시인들의 동양 엑조티시즘 문학에 대해서 이야기를 하자.

먼저 이 세 가지 문학 조류를 한꺼번에 언급한 것은 문학 운동을 사실상 "같은 문학 전통에 속하는, 계속적인 노력"[10] 일환으로 생각하는 구분을 따른 것이다. 특히 동양을 중심으로 한 엑조티시즘을 다루려고 하는 우리에게 있어서 이들 세 문학 조류는 따로 특성을 달리한다고 볼 수 없는 것이 특징이다. 낭만주의가 빅토르 위고의 〈동양인Les Orientales〉에서처럼 스페인 안달루시아, 아라비아, 고대 동양을 다룬다고 하는 점은 고티에의 고답파 시(1860~1895)가 중국을 테마로 하고 있다는 점과 별다른 것이 없다. 더구나 위고의 색감적인 묘사까지 영향을 받았다고 볼 때 그 유사성은 더 크다고 하겠다.[11]

고답파 시는 객관적이며, 조각 같은, 섬세한 그림 같은 시를 추구했던 점에서 위고의 〈동양인〉의 영향이 컸다는 게 통설이다. 이국 취향을 비롯하여 동양 소재의 시가 많았던 것도 거의 위고에게서 물려받은 전통이라고 마르틴은 주장한다.[12]

어떻든 프랑스의 동향 취향 문학의 특징은 다른 유럽 여러 나라의 경향에 비해 보다 학구적이고 인상주의적 반향이었다는 점이 흥미 있다. 1822년부터 '아시아회Societé Asiatique'가 활동을 시작하고 외국의 동양에 대한 지식들이 프랑스에 소개된다. 1840년 이후부터는 인도의 서정시를 비롯하여 불교에 관한 서적들이 수없이 출판된다. 르콩트 드 릴은 1845년부터 〈엘렌〉을 비롯 고대 시라고 하는 작품들에 이들 동양 테마를 등장시킨다. 그러나 막상 극동 문학에 대한

---

10 Cfr. P. Partino, *Pamasse et Symbolisme*(Paris: 1970), p. 4.
11 *Ibid.*, pp. 8–9.
12 *Ibid.*, p. 63.

테마는 인도 붐 이후에 나온다고 이야기한다.[13]

1811년 아벨 레뮈자는 〈중국의 언어와 문학에 대한 기론〉을 발표한다. 스탕, 쥘리앵, 부르게르 드 소승, 테오필 파뷔, 에르베 생드니와 고티에가 중국 문학, 기와 극, 철학에 관한 책들을 펴낸다. 특히 1862년에 펴낸 에르베 생드니의 《당시唐詩/*Poésies de l'Époque des Thang*》는 한시漢詩 작법과 함께 이태백과 두보 같은 시인들의 걸작을 번역함으로써 상당한 파문을 일으켰다. 슈워츠에 의하면 이 책은 부알로를 비롯한 고답파 및 상징주의 시인들에게 중국 시를 모방한 4행시를 7언으로 쓰게 하는 풍조를 낳았다고 주장한다. 그러나 프랑스에 중국 시를 알리는 획기적인 번역은 역시 고티에의 딸인 쥐디트 고티에에 의한 《왕玉의 서書*Le Livre de Jade*》라고 보아야 되겠다.[14]

쥐디트는 팅퉁링이라는 중국인을 가정교사로 두고 중국어를 배워 1867년에 중국의 고대 시와 현대 시를 '율동적인' 산문으로 번역하는데 이 책은 그 당시 베를렌을 비롯한 아나톨 프랑스, 레미 드 구르몽 등 많은 시인들에게 크게 어필했었다. 재미있는 것은 바로 이 책이 상징주의의 자유시 발전에 크게 기여했다는 카튈 망데스의 주장이다.[15] 그도 그럴 것이 이 책은 내용은 물론이거니와, 그 번역이 의역에 의한 자유로운 형태의 시적 산문이었던 터라 원문이 시라는 것을 감안하여 그때까지 보지 못하던 리드미컬한 산문시의 매력을 보여 준 첫 케이스였기 때문이다.

이 첫 번째 시도에 용기를 얻어 쥐디트 고티에는 일본 시의 번역에 손을 댄다. 당시 파리에 유학하고 있던 키모치 사이온지 백작이라는 학자가 직역을 하고 쥐디트가 프랑스 시 문체로 개작한 것으로 총 85편의 단가를 번역한 것이다. 1885년판인 이 책은 '현대 동양어 학교'의 교수 레옹 드 로스니의 《일본 문학선*Anthologie Japonaise*》과 함께 대단한 영향을 미친 바로 《잠자리 시*Poémes de Libellule*》라는 시선詩選이다. 이 시선의 인기는 유럽 여러 나라 말로 번역될 만큼 대단한 것이어서 1886년에 가브리엘레 단눈치오로 하여금 《서양 우타*Outa Occidentales*》라는 일본

---

13 *Ibid.*, p. 35.
14 Schwartz, *op. cit.*, pp. 33-35.
15 *Ibid.*

단가 시법을 본뜬 최초의 시집을 낳게 한다.[16]

에밀 브레몽 또한 1887년에 《중국의 시*Poéme de Chine*》라는 번역서를 내는데 그가 당시 중국에 영사로 있던 쥘 아렌의 도움을 얻어 주로 시경을 중심으로 번역한 것들이다. 봄, 가을, 영웅 시, 이야기와 전설 등 4부로 나뉜 이 책은 쥐디트 번역의 인기보다는 못하지만 나름대로 당시의 중국 문학 붐에 기여했다.

이상 언급한 책들 이외에도 잡지를 통한 고티에와 공쿠르의 중국·일본 문학 및 그림에 대한 선전은 끊임없이 시인·극작가들의 상상의 세계를 가득 채우고 있다. 피에르 로티의 여행서를 비롯 라프카디오 헌의 동양에 대한 수상록 등은 서구 어느 나라를 막론하고 즉각 번역되는 행운을 누렸다. 특히 1898년 하노이에 세워진 '극동 프랑스 학교Ecole Française d'Extrème Orient' 설립과 알베르캉이 만든 '세계 여행 기구Bourse du Tour du Monde'는 동양 연구의 열기에 적극 기여한 기구들이다. 1893년 프랑스 대학에 중국학 연구 과목이 신설되고 에두아르 샤반Edouard Chavannes(1865-1918)이 교수로 들어오면서 프랑스 내의 극동 연구는 본 궤도에 오른다.[17]

한편 1865년 펠릭스 브라크몽의 호쿠사이의 그림의 발견과 함께 붐을 타기 시작한 인상주의 화가들의 동양화에 대한 관심은 문학에도 이국 동경 테마에 열을 붙인다. 마네, 모네, 드가, 고갱, 반 고흐, 휘슬러 등 일본 판화의 열풍이 가져온 서구 회화상의 영향은 동양 예술의 서구 잠입과 다방면으로 관련이 있다고 보아 다음 장에서 자세히 논하기로 하고, 우선 이들 현상이 이국 취향 문학에 적잖게 영향을 미쳤음을 짚고 넘어가기로 한다.[18]

이상 언급한 동양 문학에 대한 지식은 고티에 같은 중국 양반 시인을 낳고 말라르메, 포플랭, 베를렌, 모파상, 르나르에게 중국 테마를 얼버무리게 한다. 《현대시단》 제1집부터 등장하기 시작하는 이들 중국 취향 시들은 한때 프랑스 시를 동양 일색으로 물들인다. 고티에는 고답파 그룹이 형성되던 1865년 7월 15일에 발표한 시에 이태백을 언급한다.

---

16 Cfr. Young-Tae Min, *Lo Oriental en la Piesía Española Comtemporánea*, inédito, p. 131.

17 Schwartz, *op. cit.*, pp. 54-64.

18 Earl Miner. *op. cit.*, p. 68.

중국 시인들은 오래된 예절에 익숙해 있다.
그래서 이태백도 시를 쓸 때는
책상 위에 마가리트 꽃병을 놓고 썼느니[19]

고티에는 일본을 테마로 한 시에 손을 댔는데 그게 〈일본 소곡〉이라는 작품이다.

너의 이마의 아름다움을 더욱 영광스럽게 비치기 위해 일본은 너의 눈에 그의 가장 깨끗한 쪽빛 빛깔을 주었다.

하얀 백지도 너의 목의 새하얌을 따르진 못한다.
고운 상아 같은 그토록 부드러운 그 색깔.

비단 같은 너의 얼굴에 부드러운 광휘가 빛난다.
너의 목소리는 4월 미풍의 메아리.
나의 어둠 속에 네가 웃으며 일어설 때
너는 현묘하게 나를 비추는 자개 빛 달 하나.

비단결 같은 너의 눈길에는 처녀의 열망이 서리고
너의 입은 노을빛 주홍색
웃는 듯한 너의 코는 고운 일본 여인의 그것.

너는 가냘픈 일본 여인의 양산 같다.
나의 하늘한 몸매의 공주여, 네 곁에서 나는
차 향기처럼 그윽하고 낯선 향취를 바란단다.[20]

고티에의 이런 동양 취향의 시는 동시대의 작가·시인들이 한결같이 모델로 한 특징을 잘 나타내 주고 있다. 즉, 시간과 공간에서 가장 먼 옛 동양에 대한 동경, 사회 계급적으로 현실과 먼 공주 같은 귀족 선호, 물건에 있어서 보석류의

---

19 Schwartz, *op. cit.*, p. 25.
20 Díaz-Canedo, *La Piesía Francesa del Romanticismo al Superrealismo*(Buenos Aires), p. 83.

나열이 소재로 본 특질이다. 기법에 있어서는 감각적, 특히 시각적 묘사가 두드러진다.

"차 향기처럼 낯선" 향취는 바로 이들 시인들이 그리워하던 동양에 대한 기대의 행방을 입증해 주는 열쇠다. 에레디아, 부아진, 클레망소와 A. 르낭의 일본에 관한 시도 고티에의 풍류와 다를 것이 없다.[21]

결론적으로 이들 동양 취향의 문학 곧 하찮은 몇몇 시인들의 중국 4행시 모방 스타일을 비롯한 《옥의 서》의 자유시 형식 모태설 등은 의미 깊은 시도로 20세기 서구 시의 발전에 지대한 영향을 끼친 좋은 예가 된다.

스페인 · 중남미의 이태백, 루벤 다리오

프랑스의 동양 동경 문학은 스페인어권에 영향을 미친다. 위고의 《동양인》은 후기 낭만주의 시인 아로라스 신부의 중국 타령을 유발한다.

방석이 가득한 왕좌에
값비싼 보석으로 아롱진 가구들,
바다가 키우는 금, 은, 진주로 수놓은
뱀과 용 무늬들.

그 위에 높은 군신들에게 둘러싸여
정좌하고 앉은 장군 한 카오 수.
어느 땅, 어느 지평선까지
중국 온 천하를 누비는 장군.[22]

〈몽골족의 전설〉이라는 시 속에 나오는 이 구절은 스페인에도 동양의 테마가 가능할 수 있었다는 한 예에 불과하다. 스페인은 원래 사라센의 마지막 코르도바 왕국의 영광이 기억 속에 살아 있는 곳이라서 오히려 스스로의 과거 속에

---

21 Earl Miner, *op. cit.*, p. 69.
22 Cfr. Lomba, José Pedraja R, *Poesías de P. Arolas*(Madrid: 1949), p. 296.

프랑스 문인들과 함께 동경의 샘물을 찾았던 특수한 경우다. 위고, 메리메의 스페인 안달루시아가 프랑스 문학의 엑조티시즘 문학에 속한다면 막상 스페인 문학은 마지막 식민지인 필리핀을 잃으면서, 동양에 대한 동경도 아랍 문화의 뿌리 깊은 전통도 모두 자신의 핏줄에 도사린 아픔의 앙금이 가시지 않은 기억으로밖에 대체할 수 없었다. 극동에 대한 꿈에 취할 수 없었던 것은 해가 지지 않는 대제국의 최후 멸망을 체험한 기억이 그들의 오늘인 1898년이었다는 점. 그때 극동의 보루 펠리페 2세의 영토인 필리핀을 마지막으로 잃었음을 우리는 이해해야 할 것이다.

스페인 및 중남미에 동양 취향 문학이 개가를 올린 것은 프랑스의 낭만주의, 고답파 시, 상징주의의 영향을 업고 출범한 '모데르니스모' 문학 운동으로부터이다. 이 문학 운동의 기수는 니카라과의 루벤 다리오로 서·중남미 문학의 가장 현대적인 전통을 설립한 시인이다. 그는 위고의 원시주의(《동양인》에서 보여 주는)와 고답파 시의 영향이 보이는《푸르름》(1888)이라는 시집으로 스페인어계 문학에 돌풍을 일으킨다. 이미 구티에레스 나헤라나 훌리안 델카살 등의 동양 취향의 시가 싹트기 시작한 터라서 루벤 다리오의 시는 고티에를 비롯한 고답파 문학의 영향과 함께 중국과 일본의 테마를 본격적으로 개척한다.

루벤은 서양인에게 알려지지 않은 고대 동양에 대한 향수에 심취한다. 라틴 아메리카 인디언의 동양 기원설을 염두에 둔 그는 '나는 몽골족'이라고 떠든다. 모데르니스모의 성숙기를 대변하는 루벤의《세속적인 글*Prosas profanas*》(1896)을 전후해서 그의 중국 황녀, 공주의 테마는 절정에 이른다.

> 공주는 웃지 않는다. 공주는 느끼지 않는다.
> 공주는 동방의 하늘로
> 아련한 꿈의 먼 잠자리를 쫓는다.
>
> 어쩌다 골꼰다나 중국의 왕자를 생각하는 걸까.
> 그 어느 날 그녀 앞에 은빛 가마를 세우던…[23]

---

23 Rubén Dario, *Posias Completas*(Madrid: 1954), pp. 623-624.

쥐디트 고티에의 〈잠자리〉가 생각나는 이 시는 시인의 이상적인 꿈의 행방을 잘 나타내 주고 있다. 그는 이미 《푸르름》에서 프랑스어로 창작한 시에 같은 '잠자리'의 이미지를 동양에 대한 그리움의 상징으로 쓰고 있다. 그러나 루벤의 극동에 대한 동경이 구체화되기 시작한 것은 친구 문인 과테말라의 고메스 카리요가 루벤과 이태백을 똑같은 시인으로 비교하고 나선 후부터다. 1894년 루벤이 바로 파리에 들러 스페인에 다녀갔을 무렵의 일이었다. 루벤은 신이 나서 드디어 그의 유명한 작품에 이태백의 이름을 올렸다.

> 나를 중국어로, 그 낭랑한 중국어로
> 이태백의 그 중국어로 사랑해 다오.
> 인간의 운명을 노래하던 그 시인 도사들과 어깨를 같이하고
> 내 너의 입술 곁에서 사랑의 시를 읊으리니.[24]

그러나 루벤이 중국 시인에 심취해 있을 때는 이미 아시아에 대한 꿈이 일본 쪽으로 기울고 있었다. 우리의 시인을 연구한 페드로 살리나스는 일본 예술의 붐을 이렇게 이야기하고 있다.

> 18세기 말경 일본 예술이 한창 붐을 이루었던 때는 기모노 같은 의상 하나만 가지고 있어도 다복한 유럽인 행세를 했다. 그 정도면 취향이 고상하고 특별한 사람으로 사려되었다. 먼 도시를 알고 이상한 건축을 들먹이며 다른 나라들의 사회상을 이야기하는 사람이면 대부분 그런 것을 모르는 사람과 확실히 다른 데가 있어 보였던 것이다.[25]

이때 루벤은 라 하바나에서 일본 계통의 쿠바 여인 마리아 카리라는 미녀를 알게 된다. 그는 동료 시인 훌리안 델 카살이 있는 앞에서 즉흥 시를 쓴다. 이것이 루벤의 시에 나오는 일본 이미지다.

---

24 *Ibid.*, p. 621.
25 Pedro Salinas, *op.cit.*, p. 25.

마카도라도 보물을 주고
그렇게 고운 공주라면 옆에 앉아
사랑을 받고 싶으리라.

그 자태 하도 고와 한 위대한 화가가
상아 꽃병에 꽃을 꽂고
그 옆에 그녀를 그렸네.[26]

그러나 같은 여인에게 바친 시라도 다음 시는 오히려 시적인 매력 면에서 더욱 가치가 있다.

슬프지 않느냐, 너는, 그 해가 뜨는 나라에서
봄이면 성스러운 새소리와 해바라기 피던 계절을 생각하면?
핏빛 카네이션과 노을빛 장미가 만발하는 곳
그 해가 뜨는 나라에서 너는 태어났었지!
〔…〕
돌아가라, 이젠, 돛이 달린 너의 배로
그리고 떠나라, 아름다운 누이야, 바닷가에 고운 왕자가 그대를 위해 시와 음악과 장미를 바치는 곳으로, 해가 뜨는 나라로.
기기서 왕자는 푸른 왕좌에 파라솔을 받고 앉아 황금의
머리칼을 쓰다듬고 있나니.[27]

루벤의 이와 같은 중국 타령에 영향을 받아 이 즈음해서 서·중남미 문학은 특히 '모데르니스타'들을 중심으로 해서 모두 극동의 테마를 입버릇처럼 시에 올린다. 1898년 스페인 시인 프란시스코 비야에스페사도 예외는 아니다.

하나도 달라진 건 없다! 용과 봉황이 새겨진
중국 자기 속에서는
종려수 푸른 잎사귀에 싸여

---

26 Rubén Darío, *op. cit.*, p. 631.
27 *Ibid.*, pp. 635-636.

수선화 꽃송이가 그 상아빛 고개를 숙인다.[28]

그리고 시대적으로는 약간 후기지만(1906) 후안 라몬 히메네스도 루벤에 가까운 일본 타령을 늘어놓는다.

말해 다오, 너의 목소리로,
신선하고 고운 무스메 아가씨여
수선과 쌀과 상아로 만든 달이여!

그리고 너, 요람을 찾아가려거든
높고 창백한 공주여, 나와 결혼해 다오, 일본의 달이여![29]

여기에서 하나 흥미 있는 것은 이 동양 동경의 시대에 빈번히 나타나는 달의 이미지가 동양의 영향과 무관하지 않다는 이야기다. 서양에 잠자리나 나비, 쌀, 도자기가 없는 것은 아니나 전래적으로 진주는 중국 진주요 금은 아라비아 금이라는 16, 17세기의 서구의 문학이 말해 주듯이 19세기 말에서부터 20세기 초반까지의 몇몇 사물의 이미지는 동양적이라는 인상을 떨쳐 버릴 수가 없다. 그 중에 특히 프랑스 고답파 · 상징주의 시인들, 모데르니스모에 속하는 스페인 · 중남미 시인에게 그토록 빈번한 주제였던 달은 많은 경우 동양의 아름다움과 서정의 의미를 안고 다녔음을 주의할 필요가 있다.

종이등이 타오르는 뮤즈의 고향을 찾아

영국과 미국의 동양 취향 문학은 유럽 여러 나라와는 달리 일찍부터 발을 딛고 꿈을 꾸는 방법을 택했다. 미국의 제국주의적 야망은 이미 1853년 매슈 페리를 도쿄에 가게 하고 1860년에는 월트 휘트먼으로 하여금 최초 일본 사절단의 미국 방문에 대한 시를 쓰게 한다.

---

28 *Ibid.*, p. 42.
29 Juan Ramón Jiménez, Segunda antologia poética(Madrid: 1963), pp. 47-78.

서해를 건너 이쪽으로 일본日本에서 온다
예의 바르고 가무잡잡한 볼을 가진 칼 찬 두 사절들.
열린 쌍두마차에 등을 기대고 머리를 박박 깍은, 무표정한
얼굴들이 오늘 맨해튼을 지나간다.[30]

휘트먼의 〈브로드웨이의 행렬〉에 묘사된 1860년 7월 7일(사절단 방문 후 10일 뒤)에 발표된 시다. 근대 최초의 동방 방문객들이 그들에게는 퍽 인상적이었을 것이 뻔하다. 특히 범세계주의, 범신주의에 빠져 있던 그에게 '모성의 집, 철새의 고향'으로 꿈꾸던 아시아가 칼을 차고 아메리카 브로드웨이를 밟으며 걸어가고 있음에랴! 그는 감격의 목소리로 계속한다.

창조의 여신이 온다.
언어의 보금자리, 신의 선조들, 나이 든 민족이
피로 꽃을 피우며, 생각과 생각에 젖어 꿈꾸는 듯한
브라마의 민족이 온다.[31]

18세기의 '동양의 현자'의 생각을 떨쳐버리지 못한 휘트먼은 무시무시한 무사의 모습을 한 그들에게서 피와 고뇌의 흔적을 읽는다. 현실로 다가온 꿈의 형상에서 그러나 문학은 오히려 잠이 덜 깬 모습이다. 오랫동안 그려 온 동양과의 재회는 이렇게 해서 보아도 보이지 않는 연인들의 교감 같은 양상을 띤다.

동양은 영국의 빅토리아조 문학에 엑조티시즘을 유발한다. 그들이 먼저 만나 본 것은 동양 여인, 동양 여인 중에서도 '세상에서 가장 우아하고 매력적인' 일본 여인들이다. 월폴이나 버지스, 오스카 와일드는 먼 유럽의 과거와 함께 새로 발견한 먼 나라 일본의 마력에 도취된다.[32] 그러나 정작 동양 여인을 무대로 끌어들인 것은 오늘은 잊힌 작가들인 에드윈 아널드 경, 앨프리드 노이스와, 이들보다 동양 정신에 매료되어 있던 키플링이다. 여기 하나 특기할 만한 것은

---

30 Earl Miner, *op. cit.*, p. 20.
31 *Ibid.*
32 *Ibid.*, pp. 28-29.

이들 셋이 모두 직접 동양을 방문한 장본인들이라는 점이다.

에드윈 아널드 경은 일본 여인 '무스메'의 칭송에 입이 닳는다.

> 무스메의 가슴은 슬픔에 느려도
> 사랑과 노래와 기쁨에는 빨라요.[33]

이 작품에서 보듯이 그가 본 일본 여인은 기생을 말한다. 고전 악기를 다루고, 춤을 추며, 꽃꽂이를 하다가 목욕탕에 걸터앉아 포즈를 취할 수 있는 여인은 근대화된 일본 기생의 모습일 수밖에 없으리라. 그는 귀국하여 일본 시를 번역하고 영국에서는 처음으로 〈약간의 일본 우타〉라고 제목한 31음절의 단가를 모방한다. 1895년에 발표한 〈열 번째 뮤즈와 다른 시들〉에서 〈일본의 연인〉 등 다수의 일본 타령을 시로 쓴다.[34]

한편 키플링의 오 토요라는 일본 찻집 여인과의 사랑은 유명하다. 시인의 묘사대로라면 그 여인은 "흑요석 같은 머리에, 장밋빛 볼, 어여쁜 자기로 만든 것 같은 얼굴"을 하고 있다. 1889년 봄 나가사키에 도착한 그는 일본을 여행하면서 꿈꾼다. 한번은 공중목욕탕에 들어가 등을 밀어 주는 아가씨에 반한 그의 인상기는 그가 초기에 어떤 생각으로 동양을 접했는가를 말해 준다. 이들 체험을 적어 보낸 11개의 기사는 끝에 서양 문명에 감염되어 잃어 가는 동양을 걱정하고 있다.

키플링은 동양에 대한 많은 시를 쓴다. 〈가마쿠라에서의 불타〉라든지 〈그리프스, 안전한 사람〉 같은 작품은 그의 이런 직접적인 체험에서 얻은 글들이다. 그러나 그의 눈이 얼마나 아직 동경과 꿈에 젖어 있는가를 보려면 그의 바다 시의 구절을 보면 알 수 있다.

> 일본의 바다
> 종이등이 불타는 고장을 멀리 떠나[35]

---

33 *Ibid.*, pp. 28–29.
34 *Ibid.*, p. 32
35 *Ibid.*, pp. 36–37.

앨프리드 노이스는 이미 19세기적 엑조티시즘을 20세기까지 이끈 전형적인 시인이다. 그는 〈고대 일본에 도취되어〉라는 작품에서 이렇게 쓴다.

> 우리는 이성의 아들들, 우리는 이성과 지식을
> 결혼시키려고 꿈을 배척한 사람들.
> 우리는 성스러운 신을 비웃고 인간의 아들을 택했었다.
> 그러나 이제 우리는 오랜 일본의 가슴에 매료되어 방황하다니.

일본에 매료된 이 시인의 여인에 대한 시구가 없을 리 없다. 그러나 그의 동양 여인은 '푸른 눈동자'의 아가씨다.

> 크낙한 하늘은 어두워도
> 너의 작은 발은 희다.
> 너의 활짝 트인 눈은 푸르러도
> 입 다문 양귀비는 붉다.[36]

존 애쉬메드라는 학자는 〈1853년에서부터 1895년 일본에 대한 생각〉이라는 글에서 다음과 같이 말한다.

> 일반적으로 일본은 한편으로는 요정 같은, 어린애스러운, 인형 같은, 점잖은, 깍듯한 인상으로 표현되고 있으나, 다른 한편으로는 자존심 강하고 군대적이며 잔인하고 복수심 많은 사람들이 사는 나라로 묘사되고 있다.[37]

이 이야기는 영미 문학에 미친 동양의 이미지에도 통하는 논리로서, 그들은 서구의 환상적인 동양에 대한 비전에서 처음 현실을 발견한 경험을 반영하고 있다.

---

36 *Ibid.*, p. 40.
37 *Ibid.*, p. 42.

동양 타령은 하나의 붐이었다. 그것이 어떤 정통적인 문학에 뿌리를 남겼다는 점보다는 오히려 3류, 4류 작가들의 인기 소설, 통속극, 잡지의 가십난의 독점물이었다는 점이 오히려 이 현상을 보는 정확한 한 판단이리라. 특히 19세기 중반 이후 서구인의 의상, 가구, 예술품 등 수집에 동양 유행이 빠질 수 없는 요소였다. 여기저기 일본식 찻집이 인기를 끌었고 일본식 머리형, 병풍을 사용한 무대 세팅은 어디서나 볼 수 있는 서구의 풍경이 되었다.

잡지는 한결같이 이런 극동 붐을 부채질하는 좋은 촉매제가 되고 있었다. 스페인의 《에스파냐 모데르나》라는 잡지에도 흔히 〈일본 궁전의 사생활상〉이라든지 〈중국에 있어서의 향락 생활〉이라는 소설 따위가 연재될 정도였다. 〈양훈지〉라는 중국 귀신에 대한 소설이 나오고 기모노 스타일의 여자 옷 유행까지 낳는다.[38]

이 중 특기할 만한 연극, 소설에 대하여 알아보자.

먼저 1888년에 출판된 피에르 로티의 《국화 마담》은 서구에서 가장 인기 있었던 소설이었다. 중국, 인도, 일본을 다 다녀 본 그는 엑조티시즘과 문학의 경전으로 기억될 만한 소설을 쓴다. 프랑스 해군 장교와 일본 여인의 잠정적인 결혼을 테마로 한 이 작품은 가벼운 센티멘탈리즘에 그 당시 서구의 해양 활동을 현실 무대로 잡은 극히 영미적인 동양 취향 문학의 성격을 겸비하고 있다. 사랑에 미쳐 탈영한 해병이 그 모든 고난을 인내로 메워 가는 창녀에 가까운 한 일본 여인과의 사랑은 다시 푸치니의 〈나비 부인〉의 매혹적인 음악으로 변신하여 인기를 모은다. 같은 계열로서 이턴 배브코크의 〈일본 나이팅게일〉(1901)이라든가 훨씬 뒤의 제임스 미츠너의 〈사요나라〉(1954)는 동양적인 엑조티시즘 문학이 얼마나 일반적인 취향이었던가를 말해 주고 있을 뿐이다.

길버트와 설리번의 오페라 〈마카도〉는 1885년 획기적인 성공을 거둔다. 설리번은 이미 〈이다 공주〉 같은 동양 취향의 오페라를 무대에 올린 일이 있었으나 그 당시는 보다 사실적인 테마를 가지고 작품화하고 싶은 욕망을 느꼈다고 한

---

38 Cfr. Yong-Tae Min, *op. cit.*, pp. 68–70.

다. 이 문제에 고심하던 어느 날 밤 그의 방에 걸어 놓았던 사무라이 칼이 떨어지는 것을 보고 갑자기 영감을 얻어 썼다는 작품으로, 이 오페라의 성공은 서구에 '재미있는 일본 놈(Jolly Jap)'이라는 모델을 제공하고 뒤에 오는 '아시아인에 대한 공포(Yellow Peril)'의 전형적인 패턴을 낳게 된다고 얼 마이너는 설명한다.[39]

초기 고티에의 중국 타령, 공쿠르의 일본 붐은 영미 문학과 함께 사실성을 띠기 시작한다. 19세기식 동양 선호 문학은 방향 전도를 시도한다. 한편으로 인상주의의 발달과 함께 일본 판화가 영향을 미치면서 동양적인 감성, 불교의 신적神的인 찰나주의의 우주 비전이 용틀임한다. 다른 한편으로는 이미 프랑스에서 시작한 동양에 대한 연구가 본격성을 띠기 시작하면서, 직접 여행가들의 관찰에 의한 동양 소개서, 여행기가 범람하고 동양 문학에 대한 연구 서적들이 서가를 나돈다. 이제 동양은 베일을 벗고 서양과 마주 앉기 시작한 것이다. 그러나 그중에서도 긴 세기를 두고 이루어 온 그들의 꿈의 장막은 이들 모든 과학화 과정의 밑바닥을 싸고도는 밑바탕으로 작용한다. 이런 의미에서 동양에 대한 엑조티시즘에 대한 연구는 오늘의 현상을 연구하는 데 서론이 될 수 있는 중요한 뜻을 가진다고 하겠다.

---

39 여기까지의 소개는 앞에 언급한 얼 마이너Earl Miner의 책에 따른다.

인상주의적 동양의 예술과 문학

그리고 이것이 바로 동양 예술이 우리 유럽에 영향을 미친 이유이며
모든 일본 작품에 대한 열광을 불러일으킨 연유라고 하겠다. 즉, 서양은
그 나름대로의 지적인 회의와 슬픔의 정신적인 비극을 모두 예술에 짐 지움으로써
이젠 그야말로 견딜 수 없는 경지에 도달해 있다. 그러나 동양은 언제나
예술의 원초적인 회화적 조건에 항상 충실해 왔던 것이다.
— 오스카 와일드의 《영국의 르네상스》에서[1]

인상주의적 동양이라고 한 말에는 대체적으로 두 가지 의미가 포함되어 있다. 그 하나는 19세기 중반 이후 일본을 비롯한 동양 여러 나라의 예술 전시회를 통한 그림 및 조각품의 소개에 힘입은 동양 영향이 서구 예술 문학에 어떻게 반영되고 있는가 하는 명제에 대한 내 나름대로의 평가다. 둘째는 이들 영향의 질적인 면으로서, 인상주의의 표본으로 본 동양 예술, 즉 일본 판화를 비롯한 동양 문화의 서구적 해석과 그 파문을 역사적으로 가늠해 보자는 것이 그 뜻이다. 라프카디오 헌이라든가 피에르 로티는 인상주의적 풍토의 예술을 인상주의적으로 묘사한 대표적인 여행 작가들이다.

이들의 전달에 힘입은 서구 문학은 복잡하고 흥미 있는 갖가지 현상을 유발한다. 그 이유는 19세기 후반의 서구 문학이 사실주의, 자연주의, 고답파, 상징주의, 모더니즘으로 이어지는 문학 조류의 복선지대이기 때문이다. 이 복잡한 문예사조에 인상주의 예술로 본 동양 문화의 인상주의적인 전수 방식은 동·서양에 없는 뜻하지 아니한 시학의 혁명으로 진전하기도 한다. 상징주의로부터 발달한 모호성의 시학이라든지, 중국 시에서 영향을 받았다고 하는 파운드를 중

1 Earl Miner, *The Japanese Tradition in British and American Literature*(Princeton, New Jersey: 1966), p. 86.

심으로 한 이미지즘의 시학은 차라리 동·서에 유형이 없던 것이라고 보는 게 솔직한 평가이리라. 또한 앞서 설명했듯이 상징주의로부터 싹튼 자유시 형식이 동양 영향이라는 설도, 중국 시를 비롯한 일본·한국 시의 전형에서 흘러간 것이라기보다는 차라리 서구인들의 자의적 해석에서 비롯된 현상이다. 왜냐하면 한국 시나 일본 시의 어느 면을 제외하고는(예를 들면 시조의 종장의 자유시적 성향) 중국 한시까지 시법詩法이 자유롭다고는 상상도 못할 노릇이기 때문이다.

한편, 인용한 오스카 와일드의《동양 예술의 원초적인 회화성》은 시어에 있어서 이미지의 발달에 힘을 줄 수 있었고 동양 예술의 시간성 내지 순간성은 불교의 무상적無常的 비전과 함께 인상주의 회화와 문학에 그늘을 드리운 것이 분명하다. 이것은 서양에 없던 미학이 갑자기 동양 예술의 영향에서 발생되었다기보다는 차라리 동양의 자극에 힘입어 그들의 전통과 창의력이 강화되고 풍성해지는 결과를 낳았다고 보는 것이 옳다. 그 이유는 아직 동양 예술이나 문학이 일반화되지 못한 시기였을 뿐만 아니라 소위 전문가라는 사람들에게까지 엑조티시즘이나 이상주의적인 눈을 흔히 발견할 수 있었기 때문이다.

어떻든 여기서 다루고자 하는 명제는 19세기 후반기, 회화 주도 시대에 있어서,[2] 그림에서 시작한 인상주의 기법이 동양 영향과 함께 어떻게 문학에 파문을 미치는가를 검토해 보는 일이다.

일본 판화의 발견과 인상주의 화법畫法

인상주의 회화에 미친 일본 판화의 영향은 이미 모든 예술사가 공인하고 있다. 드가, 마네, 모네, 고갱, 반 고흐, 휘슬러 할 것 없이 대부분의 경우 스스로가 일본 그림의 선전가들이요, 그들 그림에 있어 동양화의 영향을 공공연하게 시인하고 있다.[3] 휘슬러는 "일본인들이야말로 최초이면서 가장 섬세한 인상주의자들"[4]이라고 하는가 하면 반 고흐는 동양의 예술이 하나의 '진정한 종교'라고까지

---

2 Cfr. Arnold Hauser, *Sozial Geschichte der Kunst Und Literatur*, translated by 백낙청, 염무웅(Seoul: 1974), p. 175.

3 Cfr. William Leonard Schwartz, *The Imaginative Interpretation of the Far East in Modern French Literature*(Paris: 1927), p. 111.

4 Earl Miner, *op. cit.,* p. 69.

극찬을 아끼지 않는다.

이야기는 1856년 어느 날 펠릭스 브라크몽이 브라크몽 델라트르에게서 호쿠사이의 판화집 한 권을 발견한 것으로부터 시작된다. 델라트르는 무슨 보물이나 발견한 듯이 감탄에 감탄을 거듭하는 화가 친구에게는 그 그림들을 팔지 않고 뒤에 엔지니어인 라비으라는 사람에게 판화를 팔아 넘겼다고 한다. 그 소식을 들은 브라크몽이 끝내 호쿠사이의 판화를 다시 사들이고 만다. 이 이야기는 당시 고티에를 비롯한 일부 프랑스 예술가들이 얼마나 동양 예술품을 좋아했는가 하는 하나의 일화[5]이면서 그 유행이 중국에서 일본으로 넘어가는 한 계기를 말해 주는 예가 된다.

일본 그림의 붐을 유럽 예술계에 감염시킨 것은 공쿠르 형제의 공로다. 그들은 기회 있을 때마다 잡지와 자신들의 소설을 통해 일본 화가들의 기법에 대한 칭찬을 아끼지 않았다. 고티에가 중국어 가정교사를 기용하고 몽테스키외가 일본인 정원사를 쓴 것까지는 유행이라고 볼 수 있었다. 그러나 아카데미즘과 전통적인 회화 기법에 반기를 들었던 인상주의 화가들에게는 일본 판화의 발견이 자신들의 화법을 정당화하는 도구였다. 그들은 이성적인 것을 천박하다고 타박하며 미지의 것, 불가사의한 것에 매혹을 느낀다.[6] 그 눈에 일본 판화의 신비성(엑조티시즘의 영향도 배제할 수 없는), 비정격성, 어떤 개인의 순간적인 인상을 암시적으로 형상화한 것 같은 감각적인 터치는 자신들이 그림에서 추구하던 바로 그것임을 느낀다.[7]

파리에서 일본 그림의 붐은 〈70폭의 일본 판화〉가 인상주의 기법의 모델로, 인상주의 이론의 원천으로 늘 언급되었다는 사실만 보아도 알 수 있다. 이들 화가들은 서구의 전통적인 사실적 묘사 기법과 전연 다른 독특한 동양적 회화 기법과, 개성적이면서 지극히 단순하고 세련된 동양미의 오묘성을 자신들의 화법에 대한 방패로 내세운다. 일본 판화는 고전적인 전통 기법 같은 것은 상관하지 않으며 오직 예술가의 심미적 시안에 따라 형성된 아름다움의 대표적인

---

5 Cfr. Earl Miner, *op. cit.*, p. 68.

6 Cfr. Arnold hauser. *op. cit.*, p. 182.

7 Cfr. Earl Miner, *op. cit.*, p. 70.

예라고 들고 나선다.[8] 이것이 일본 판화가 아니고 문인화가 아님은 우리가 지금 생각해 보아도 짐작이 가는 이야기지만 어떻든 당시 서양 화가들에게 미친 동양화에 대한 인상은 나름대로 대단히 심각한 명제로 부각된다.

서양에 있어서 동양화의 붐은 앞서 말한 브라크몽의 판화 발견에 이어 1862년 일본 사절단의 미국 방문, 1862년 '영국 국제 전시회' 등을 효시로 본다. 그러나 막상 영미 문화권에 있어서 일본 붐의 시작은 제임스 어보트 맥네일 휘슬러로부터라는 것이 전문가들의 견해다. 프랑스의 인상주적 동양을 배워 온 휘슬러는 동양화 수집광에다가 열렬한 선전가이기도 하다. 1863년 그는 파리의 동양열풍을 영국에 가져온다. 그가 영국에서 전시한 그림들의 타이틀만 보아도 그가 그린 작품의 소재에서부터 기법에 이르기까지 동양이 얼마나 중요했는가를 곧 알아볼 수 있다. 즉, 〈도자기 나라의 공주 — 장밋빛과 은빛으로 그린〉(1864), 〈황금은막 — 주홍과 황금빛으로 그린 소품〉(1864), 〈발코니 — 육감적 색깔과 초록으로 그린 변조적 작품〉(1867)들이 그것이다. 특히 이 마지막 그림에는 그 유명한 휘슬러의 나비 모양의 사인sign이 등장하는데 그런 서명 또한 일본식 영감에서 온 것.[9]

그는 그의 그림의 성숙기에 세 폭의 〈백색 심포니〉와 수많은 〈야상곡〉, 〈하모니〉 같은 품을 남긴다. 이런 작품에 대해서 사다키키 하트만은 "동·서양 예술의 요소가 이들 밤과 공간의 시 속에 그토록 오리지널하게 조합되어 나타난 일이 없었다"고 감탄한다. 하트만의 이런 평가는 휘슬러의 인상주의화에 미친 동양화의 영향의 질과 양을 잘 말해 주는 한편, 그의 화풍이 동시대의 문학에 미칠 영향에 대해서도 중요한 사실을 시사한다. 첫째, 휘슬러는 색채를 통한 인상주의적 기법을 동양적이라고 보았던 점. 둘째, 색재의 조화와 터치에서 순간적 시각으로 옮겨 온 점. 셋째, 인상주의를 회화에서만 아닌 음악·시·철학에까지 적용한 소위 '범인상주의'적 관점을 보지保持한 화가였다는 점이다.[10]

이상에서 보아 온 인상주의 경향의 변화는 동양 영향의 질적인 변화를 예감

---

8 *Ibid.*
9 *Ibid.*, p. 78.
10 *Ibid.*, pp. 78-79.

하게 한다. 인상주의는 원래 색채를 강조하여 화면 전체를 색채를 통한 명암효과의 조화를 꾀한다.[11] 이것이 바로 그들이 일본 판화에서 그 모델을 구한 점이다. 그것이 후기 인상주의에 이르러 2차원적인 시각에서 시간성을 가미한 흐름적인 유동의 성질을 띠게 된다. 이것이 문학에서는 정적인 고답파 시의 묘사기법에서 음악성을 중시한 상징주의로 넘어가는 맥락과 경향을 같이하는 것, 이는 어떻게 동양 예술의 감성이 문학 조류에 관계없이 항상 시인들에게 새롭게 어필할 수 있었는가를 간접적으로 증명해 주는 열쇠가 된다.

인상주의적 문학 속의 동양

하우저는 '인상주의'를 회화 우위의 시대인 19세기 후반의 문학 예술의 일반적인 경향으로 보고 소설에 있어서 자연주의와 프루스트의 소설, 철학에 있어서 베르그송의 '생명적 충돌élan vital'의 입장에서 본 시간 개념, 시에 있어서 고답파·상징주의·심미주의까지를 함께 다루고 있다. 여기 물론 상징주의와 거의 같은 뜻으로 불렸던 '퇴폐주의'를 비롯한 세기말 풍조까지가 같은 윤곽에서 이해되고 있음은 물론이다.[12]

그러나 이런 총체적인 개념으로서 인상주의라는 표현보다는 그 당시 회화 풍조와는 약간 다른 의미로서 인상주의 문학이라는 것이 존재했던 것도 우리는 알고 있다. 상징주의건 인상주의건 퇴폐주의건 간에 이 세기말에 팽배하였던 문학 풍조에 대한 명명은 뒤에 오는 시인이나 문학 연구가들의 구분에서 온 것이라고 할 때 정작 관심이 있는 것은 이들 사조에 대한 이름보다는 이런 문학 현상에 내포한 동양적 요소들이다.

우리는 포괄적인 의미로 하우저의 인상주의에 대한 개념을 받아들인 이것이 문학에 어떻게 나타나고 있는가를 살펴볼 수 있다. 다만, 여기에 조건이 있다면 이들 현상은 동양의 영향이거나 동양적 기법과의 유사성이 있어야 우리의 관심의 범주에 들어온다는 것뿐이다. 우리가 유사성까지를 문제로 삼는 이유는 근

---

11 Cfr. Arnold Hauser, *op. cit.*, p. 174.
12 *Ibid.*, pp. 169-186.

대 문학 사조의 복합적 성적, 흔히 당시의 '분위기 속에 있었던in the air' 미분별의 반향까지를 고려하자는 뜻에서다.

얼 마이너는 마네가 그린 졸라의 초상화를 언급하면서 그의 방이 온통 일본 물품으로 가득 차 있는 점을 들고, 자연주의 이론에 미친 일본식 인상주의의 영향에 대해서 이야기한다. 졸라 자신이 위스망스, 공쿠르 형제 등과 같이 일본이나 중국 물품 수집가였음을 중시하고 이들의 작품 속에 등장하는 동양 이미지들을 지적하고 있다. 즉 공쿠르의《딸 엘리자》를 비롯 위스망스, 모파상, 프루스트의 작품에 빈번히 등장하는 일본에 관한 인용들이 그 예다.

마이너는 졸라의 자연주의 이론이 직접적인 일본 판화의 영향은 아니라 할지라도 그 자신은 자연주의의 기법 면에서 인상주의와 상당한 유사성이 있다고 믿고 있었던 듯싶다고 주장한다. 그는 피사로의 문체에 대한 말에서 "이 작가는 단순히 자연주의자이다. [⋯] 그는 직접 그가 본 것을 그대로 표현할 뿐이다"라고 말한다든지 그가 인생의 한 단면이나 한순간의 영상들을 포착하는 데 주력하고 있다는 지적에도 분명히 일본의 화법을 염두에 둔 말이라고 설명한다. 졸라는 공쿠르 형제와 함께 삶이란 질서가 없고 형태가 없는 것이므로 그것을 그대로 그리는 데 있어서는 일본 판화의 기법에서처럼 우연한 무질서적인 구성을 통해서만 묘사가 가능하다고 본다. 자연주의 작가들이 판화에서 본 것은 하잘것없는 일상생활의 단면을 소재로 한 사실적이면서 틀이 잡히지 않은 배열이었다. 인생의 있는 그대로를 묘사하고 싶었던 자연주의 작가들에게 이런 비형식적인 우연에 가까운 묘사 및 구성 방법은 공쿠르의 소설에 큰 영향을 미친 것이라고 윌리엄 스왈츠는 주장한다.[13]

그러나 여기서 하나 역설적인 것은 자연주의적 사실 묘사에 유효했던 일본 판화 기법 뒤에 오는 '예술을 위한 예술' 문학 이론에까지 영향을 미친다는 사실이다. 데카당 문학이나 심미주의, 상징주의로 불릴 수 있는 19세기 말 문학 풍조는 자연주의가 사실 현실을 중요시하는 반면 미美만을 추구했다는 점에서 서로 상반되는 예술 사조였다. 예를 들면 졸라와 오스카 와일드가 비교될 수 없듯이,

---

13 Cfr. Earl Miner, *op. cit.*, pp. 71-73.

하나는 호라티우스 구분에 따르면 '유용utile'의 견지에서 문학을 본 것이고 다른 하나는 '미적 쾌락dulce'의 입장에서 예술을 본 극히 반대되는 비전을 가지고 있다. 그럼에도 불구하고 이 양 조류가 한결같이 일본의 인상주의적 화법의 영향을 받고 있다는 것은 역설적이 아니라 할 수 없다.

> 상징주의 시인들은 일본의 화법에서 극도로 단순하고 추상화된 암시의 기법을 본받았다. 일본의 그림은 그들에게 사실의 묘사라기보다는 한순간의 인상을 가볍게 삽화적으로 그려 낸 일종의 데생에 불과하다. 그러나 이들 불투명한 묘사와 터치는 우리에게 무한한 상상력을 자극하는 촉매 역할을 하고 있는 것이었다. 동양화는 묘사라기보다는 묘사 안 하기 쪽으로 기울어지는 것 같은 느낌을 그들에게 주었고, 이것이 상징주의의 말라르메식 모호성 미학과 일치하는 점이 있었다.[14]

많은 고답파 내지 상징주의 시인들은 '인상'이니 '풍경', '삽화' 따위의 제목을 즐겨 썼다. 이들 시에는 엑조티시즘적인 동양에 대한 언급이나 극히 삽화적인 풍경 묘사가 곁들여지기 마련이었다. 서구의 전통에 있어서 풍경이라고 하면 이성적인 해석을 통해 재구성되는 것이 통례였던 시대에 이처럼 순간적이고 유동하는 자연의 단편적인 인상을 그리는 시법은 대단히 혁명적일 수 있었다. 특히 그 묘사가 낭만주의 시에 있어서처럼 감정이나 정열의 표상으로서가 아니라 시인의 내부 정신의 표출로서 희미하게 드러날 때 우리는 전형적인 상징주의 시를 만난다. 그리고 이런 기법은 인상주의와 함께 동양화의 어떤 기법을 연상하게 하는 것도 우연은 아니다.

영미 문학에 있어서 인상주의는 휘슬러를 빼놓고는 이야기가 되지 않는다. 1870년으로부터 이미지즘의 발아기, 즉 1910년까지 휘슬러의 영향은 에즈라 파운드의 슬로건, 즉 '휘슬러와 일본적인 것'에 대한 시적 추구만 보아도 쉽게 이해가 간다. 특히 휘슬러는 찰스 스윈번과 오스카 와일드의 시에 결정적인 영향을 미친다고 마이너는 주장한다. 이 두 시인은 휘슬러를 통해 일본식 인상주의를 배우고 그 기법을 자신들의 시에 도입한 대표적인 예라고 말한다.

스윈번의 시는 오스카 와일드에 비해 색채나 이미지의 사용보다는 정감의

14 Symbolism… Cfr. Henripeyre, *What is symbolism*(Alabama: 1980), pp. 63-81.

표현에 주력하고 있지만 간헐적으로 인상주의적인 색채가 짙은 이미지가 보인다.

어린아이의 발은 바다조개 빛 연분홍처럼
어쩌면 천사의 입술을 유혹하고 있는지 모른다
하늘도 그렇게 바라는지 우리 생각엔
천사의 입술이 아이의 발을 키스하고 싶어한다.

1865년 휘슬러가 〈거울 속에 비친 하얗고 조그만 소녀〉라는 작품을 로열 아카데미에 전시했을 때 스윈번은 〈거울 앞에서〉라는 시를 써서 그림 밑에 붙인다.

베일 뒤, 금지된 지역에
눈길을 피해서
사랑이여, 너의 가슴속에 숨겨 둔 것은
슬픔인가, 열락인가?
너의 유산은 즐거움인가 아픔인가
우수의 이파리를 드리운 하얀 장미여
목숨도 짧은 늦게 핀 장미여, 그대의 사랑만이 빛인가?

이 작품에서 휘슬러의 동양적 인상주의 기법을 연상하게 하는 부분이라면, 베일 뒤에 숨겨진 모습이라든지 슬픔과 애수의 어린 이미지들이다. 즉 당시의 동양 여인에 대한 전형적인 형용사들이다. 그러나 화가의 그림에서 영향받는 인상주의적 터치는 이 시의 낭만주의적 기법과 판이하다. 이런 기법상의 차이가 예고하듯 둘은 끝내 크게 충돌하게 되는데 그것은 1885년 2월 20일 휘슬러의 강연에서 절정에 이른다. 그는 진정한 예술에 있어서의 아름다움의 추구와 거짓 예술에 있어서의 도덕적 목적성을 비교하고 심미주의적인 예술론을 편다. 그리고 아름다운 예술의 대표적인 예로 일본 화가 호쿠사이의 부채 위에 수놓아진 새를 언급한다. 이런 이론에 대해여 스윈번은 크게 반발하고 나선다. 1888년 6월 《포트나이틀리 리뷰》지에서 스윈번은 "그들이〔휘슬러와 그 유파들이〕 차라리 부채 속의 요정의 세계 속에 사는" 진지하지 못한 족속들이라고 비난한다.

마침내 스윈번은〈휘슬러에게 바치는 시〉에서 "나비여, 날아가 버려라, 일본으로"라고 소리친다. 여기서 나비라는 소리는 일본적인 환상을 일컬음은 물론 휘슬러의 나비 모양의 사인sign을 비꼬고 있음이 자명하다.

그러나 오스카 와일드의 경우는 판이하게 다르다. 그의 심미주의적 비전 자체가 시사하고 있듯이 그는 휘슬러에게서 색채와 음악의 조화를 통한 이미지 전개를 배운다. 스윈번이 휘슬러의 그림에서 느낀 것을 시화하는 편이라면 와일드는 그의 화폭을 그대로 말로 옮겨 놓은 작업에 더욱 신경을 기울인다.〈아침의 인상〉이라는 작품은 거의 뒤에 오는 이미지즘의 테크닉을 연상시키는 시각적인 구체화된 표현을 시도한다.

> 푸르름과 황금빛 테임스의 야상곡은
> 잿빛 하모니로 바뀌었다:
> 황토 빛 마른 짚북데기를 실은 짐배 하나
> 부두에서 떨어져 나갔다: 그리고 으스스하고 차가운
>
> 노란 안개가 다리를 타고
> 가옥들의 담장까지 기어들었다.
> 담장들은 그림자로 바뀐 듯했다. 성 폴 사원은
> 마을 위에 뜬 거품처럼 희미하게 모습을 드러내고 있었다.

이 시에 있어서의 빛의 반영이라든가, '하모니'나 '야상곡' 같은 휘슬러적인 어휘의 사용은 그가 누구의 그림에서 영감을 얻었는지를 말해 준다. 언어도 다분히 회화적이면서 묘사적 숨길 수 없는 인상주의적 기법이다. 제목들까지 'Impression du Matin', 'Les Silhouettes'처럼 프랑스어를 사용하고 있는 점은 파운드의 'Imagiste'라는 프랑스어 선향적 취미와 함께 프랑스 기원의 휘슬러식 인상주의의 영향임을 웅변으로 증명해 준다. 특히〈실루엣〉에 있어서 "시들은 잎사귀 하나처럼 달은/폭풍 부는 항만을 건너 바람에 불려 간다"는 표현 등은 완전히 이미지즘에서나 찾아볼 수 있는 참신한 이미지다.[15]

---

15 Cfr. Earl Miner, *op. cit.*, pp. 80–87("Whisler's Influence on Elglish Poetry")

와일드가 즐겨 사용한 '인상'이라든가 '정원Le Jardin' 등등의 작품명도 그가 얼마나 인상주의에 탐닉해 있었는가를 잘 말해 준다. 이미지즘의 와일드 작품이 타이틀은 대부분이 프랑스어로 되어 있다. 그의 인상주의 시가 프랑스 속의 동양에서 온 것이라는 증거로는 'Impression Japanaise'라는 그의 시 타이틀만 보아도 확실하다. 와일드는 자신이 모방하고 있는 시 기법의 모델이 일본에서 온 것이라는 것을 알고 있었고 이를 의식적으로 흉내 내 보려고 한 것이다. 그러나 이 시기의 작품이 후에 와일드의 대표작이 되지 못하고 다음에 오는 이미지즘의 선구적인 시도로만 오늘 남아 있는 것은 그에게 미친 동양 영향의 한계를 말해 주는 역사의 아이러니로 생각된다.

스페인이나 중남미에 있어서의 동양적 인상주의의 영향은 좀 늦은 감이 있다. 이런 조류의 중심지가 파리였던 만큼 스페인 문학 속의 인상주의는 상징주의에 묻혀 오는 결과를 낳았다. 앞서 이야기한 루벤 다리오의 중국, 일본 타령도 고티에나 공쿠르의 영향이었던 까닭으로 다분히 회화적인 속성을 지니고 있었다. 가령 〈쿠바의 일본 여인에게〉라는 시도 그림에서 영감을 받았을 뿐 아니라 그 기법에 있어서 인상주의적인 묘사에 치중하고 있는 것을 본다.

그러나 이런 현상이 본격적으로 스페인에 발을 붙인 것은 20세기 초, 약 1910년까지의 후안 라몬 히메네스와 안토니오 마차도의 풍경 시에서 그 흔적을 찾아볼 수 있다. 특히 후안 라몬의 초기의 센티멘탈리즘에 가까운 풍경 묘사에서 일본 판화가 소재로 떠오른다.

> 오, 이 시간, 고딕 스타일의 꽃핀 수도원들
> 파르테논과 나일강, 우타마로의 사물들
> —— 한 번도 보지 못한 여인, 고적한 예술이여——[16]

이 시에서 '우타마로'라는 '우키요에'의 화가 이름이 나오는 것은 물론 이국취향적인 터치('한 번도 보지 못한 여인')를 감안한다 할지라도 이미 동양적인 인상주의에 물들어 있음을 보여 준다. 후안 라몬은 기법 면에서 대단히 인상주의

---

16 Juan Ramón Jiménez, *Obras Completas*(Madrid: 1954), p. 286.

적인 시를 많이 쓴다. 예를 들면,

> …안개, 명주실이
> 하얗게 이야기하며 강을 이끌고 간다.
> 이슬 젖은 물가에
> 물결만 남는다.[17]

> 검은 새 한 마리 양딱총나무 숲에서 뛰놀았다.
> 그리고 둥그스레 커다란 달 하나 일본 여인처럼
> 봄에 싹튼 보드라운 나뭇가지 위
> 푸르스레한 황금빛 섬광 속에 밝게 떠올랐다.

이들 시에서 보는 섬세한 색채감, 또 '일본 여인'이라는 구체적인 이미지의 출현은 후안 라몬이 모델로 하고 있는 기법이 일본식 인상주의임을 곧 알 수 있다. 앞서 엑조티시즘을 이야기할 때 언급한 바 있지만 후안 라몬의 달과 일본 여인과의 이미지 병합은 상당히 자주 나오는 현상으로 그즈음 프랑스의 질베르 부아진이 중국 시를 모방 '4행시'를 쓴 것과 이미지 처리와 형식(위 인용시가 바로 4행시임)에서 일치하고 있어 흥미롭다.[18]

안토니오 마차도는 초기 모데르니스모의 영향에서 벗어나 1907년부터 그의 독특한 삽화적인 풍경 묘사를 시도한다. 그의 '잿빛 어스름한 하오'의 풍경이라든지 황새가 날아오는 교회 첨탑의 묘사와 함께 펼쳐지는 인상주의적인 기법은 이미 평론가 디에스 카네도가 '일본 판화'를 연상시키는 기법이라고 지적한 바 있다. 그 뒤《카스티야의 들판》이라는 시집에서 본격화되는 그의 풍경 묘사적 경향은 의심할 나위도 없이 인상주의 기법의 완숙을 말해 줄 뿐이다.[19]

인상주의는 자연의 일상적 경험에 의거한 색깔을 변화시키고 일그러뜨린다. 햇빛의 강도와 시간에 따라 같은 물체는 흰색을 띠기도 하고 푸른색을 띠기도 한다. 이런 인상주의적 관찰은 종래의 이성적 판단에 의한 색채, 즉 하늘은

---

17 Juan Ramón Jiménez, *Olvidanazas-I Las hojas verdes*(1906)(Madrid: 1909), pp. 47-48.
18 Cfr. Young-Tae Min, *Lo Oriental en la Poesía Española Contoporánea, inédita*(Madrid: 1975), pp. 86-87.
19 *Ibid.*, pp. 189-201.

푸르고 밤은 어둡다는 식의 도식적 색채감에 혁명을 가한다.[20] 인상주의로부터 사물은 그 한 속성으로 이해되었던 색채 개념을 떠나 자유롭게 느낌과 지각에 따라 특이한 색깔을 갖게 되는 것이다. 이런 생각은 시 수사법에 있어서 '감각도치synesthesia'와 같은 창조적 메타포를 유발하는데, 이런 인상주의적 기법이 상징주의 이후 서구 시에 얼마나 영향을 미쳤는가를 총체적으로 가늠해 보기 위하여 장 코엔의 통계를 참조해 보자.

코엔은 라마르틴·위고·비니 등 낭만주의 시인들의 시와, 랭보·베를렌·말라르메의 시에서 각각 100개의 색채 사용의 예를 골라 사물의 일상적인 색깔과 맞지 않는 색채를 부여한 경우를 검토한 결과 낭만주의 시인들의 경우 평균 4.3%가 사물과 다른 색깔을 사용하고 있는 반면에 상징주의 시인들에게는 평균 42%에 달하는 비적합 색채 사용의 용례를 발견했다고 역설한다.[21] 이것은 무엇을 뜻하는가? 한마디로 인상주의적 기법이 상징주의 이후 얼마나 혁명적으로 그 질과 수량 면에서 커다란 영향력을 행사하고 있는가에 대한 좋은 해답이다.

인상주의가 애초에 동양 영향에서 출발한 것은 아니다. 그러나 그 발전 과정에 있어서 동양화의 영향은 이미 받아들여진 정설이다. 그렇다고 할 때 이들 인상주의 운동을 통한 동양 예술의 파문은 비록 직접적인 모델로서의 심도는 상재적일 수밖에 없었다고 하지만 그 폭에 있어서 대단히 커다란 반향을 불러일으켰다는 점이 특기할 만한 일이라고 하겠다.

라프카디오 헌과 피에르 로티의 동양 인상기

19세기 말과 20세기 초에 있어서 위에 언급한 두 문학가들의 동양 인상기는 학문적이나 과학적인 면보다는 오히려 문학적·문체적인 관점에서 크게 흥미가 있다. 그러나 그들 문학의 출발 자체가 엑조티시즘을 등에 업고 붐을 탄 경우여서 동양에 대한 정확한 지식보다는 흥미 위주의 이상주의적인 색채가 짙을 수밖에 없었다.

---

20 Cfr. Arnold Hauser, *op. cit.*, p. 175.

21 Cir. Jean Cohen, *Estructura del Lenguaje Poético*(Madrid: 1970), traducido por Marin Blanco Alvarez, pp. 130-131.

이상주의적이라고 하는 해석에는 작가의 주관적인 견해나 직감이 사실을 임의로 왜곡하고 있다는 이야기가 된다. 그러나 그런 관점은 의식적이라기보다는 오히려 신비스럽고 형언하기 어려운 세계를 묘사하는 데 있어서 어쩔 수 없이 채택해야 되었던 인상주의적인 접근 방법의 결과라고 하는 게 오히려 타당하다. 로티나 헌에 있어서 사실에 대한 안목과 일맥상통한다. 제행무상諸行無常의 비전은 이 두 인기 작가에게 독특한 인상주의 스타일의 여행 작가의 문체를 선사한다.

피에르 로티는 루이 마리 쥘리앵 비오(1850-1923)의 필명이다. 자연주의에 반기를 들고 시작한 그의 소설이나 여행기는 독특한 센티멘탈리즘과 지적인 직감에 힘입어 곧 모리스 바레스나 아나톨 프랑스를 능가하는 인기 작가로 명성을 떨친다. 1897년《콘스탄티노플》, 1880년《로티의 결혼》이라는 자서전적인 작품을 통해 그는 엑조티시즘을 곁들인 애조 띤 감성으로 독자의 마음을 사로잡는다. 1881년《사피의 로맨스》, 1883년의《나의 형 이브》, 1886년의《아이슬란드 어부》가 그의 이방 취향의 작품의 절정을 이룬다면, 그 후기의 작품은 동양 여행을 중심으로 한 드뷔시가 스타일의 인상주의적 산문이 완숙기의 문체를 빛낸다.[22]

라프카디오 헌(1869-1904)은 미국의 신문기자로 1984년《낯선 일본의 눈길》, 1889년《차타》, 1896년《고코로 — 일본 내부 생활의 반향과 암시》등 수없이 많은 산문집을 낸다. 특히 1890년 뉴욕을 떠나 4월 4일 약 한 달 만에 일본에 도착한 그의 생활은 사무라이 집안의 일본 여자와의 결혼, 도쿄제국대학에서의 영어 선생 등 서구인들의 눈에는 가장 이국적인 삶과 꿈에 일생을 바친 대단한 인기 작가로 우대받게 된다.[23]

그러나 오늘 정작 우리에게 흥미 있는 것은 이들 들이 19세기 말과 20세기 초를 누비는 동양 관계의 권위자이면서 가장 인기 높은 여행 작가였다거나 그들의 저서가 영어, 프랑스어, 독일어, 스페인어 할 것 없이 세계 만국어로 소개될 만큼 국제적인 명성을 떨쳤다는 이야기보다, 이들이 문인으로서 개척한 동양에 관한 가장 오리지널한 인상주의적 산문의 창시자라는 점이다. 여행기 문학

---

22 Cfr. Martin Seymour Smith, *Guide to Modern Literature*(New York: 1973), pp. 404-405(Pierre Loti).

23 Cfr. Elizabeth Stevenson, *Lafcadio Hearn*(New York: 1961).

이라는 게 있다면 로티와 헌은 인상주의적 동양을 가장 인상주의적 감성으로 묘사한 개성 있는 여행기 문체의 효시가 된다.

재미있는 것은 앞서 상징주의의 자유시 문체와도 관련시켜 보고자 했던 운문적인 산문의 시도가 이 두 작가에게서 시도되었다는 것. 헌은 '산문 시인'이라는 별명이 붙을 정도로 그의 글에 있어서 율격을 중시했고, 로티 또한 "자연 경관과 바다를 묘사하는 데 절정에 가까운 황홀경"[24]을 구사했다는 정평을 받고 있다. 이 둘은 내용과 형식을 자유시의 출현과 연관 짓는 이론가들이 있을 정도로 글이 유려했다는 점을 중시하고, 그들이 이룩한 여행기 문체, 아니면 인상기 스타일을 검토해 보는 것이 흥미 있을 줄 안다.

로티가 완숙기에 쓴《추방자의 방황》에서 한 구절을 보자.

> 이 더위의 나라에서 노을의 색채는 항상 어딘가 이상하고 어른 같은 경이감을 자아낸다. 노랗고 푸르뎅뎅한 하늘을 바탕으로 산들은 강철 같은 잿빛을 띠거나 먹처럼 새까맣다. 산의 모습은 높이 솟구쳐 하늘을 찌를 듯이 날카로운 이빨을 드러내고 서 있는 것이, 이때 즈음이면 꼭 무슨 커다란 거인 같다.
>
> 이런 풍경을 보노라면 어떤 중국 화가들의 그림이 이해가 간다. 그 그림 속의 풍경은 자연의 색깔과는 전연 다른 심오한 전망을 드러내고 그 환상적인 성격은 겁이 날 정도로 쓸쓸해 보이던 기억 말이다.[25]

여기 인용한 구절은 이 책에서 아무렇게나 뽑아 낸 자연 묘사 부분인데도 그 섬세한 터치는 어느 인상주의 화가의 그림 못지않게 정교하고 색채감에 넘쳐 있다. 이미 '강철 같은 잿빛'이라든가 산꼭대기의 모습을 '날카로운 이빨'로 본 것은 바로 감각도치 기법이다. 이런 구절은 중국의 화가의 그림 인용이 아니더라도 이미 로티의 '황인종 공포Yellow Peril'를 상상케 하는 작가의 주관적 편견이 깔려 있다. 다른 곳에서도 '중국 냄새가 난다'는 따위의 말이 많이 튀어나오는 걸 보면 이때의 로티의 동양관은 그렇게 아름다운 상상의 고장만은 아니었던 것 같다. 그러나 여기 하나 더욱 관심을 끄는 것은 동양화의 색체가 비자연적이

---

24 Cfr. Martin seymour, *op. cit.*, p. 404.

25 Pierre Loto, *Divagaciones de un Desterrado*, Versión española(Buenos Aires: 1945), p. 43(20 de septiembre de 1883).

라는 서구 인상주의 고유의 일본 그림에 대한 관전이다.

이런 인상주의적 묘사 방법은 라프카디오 헌과도 일맥상통하는 데가 있다. 헌이 수레를 타고 이주모라는 일본 촌락으로 가는 길의 묘사다.

> 언덕을 통해 대부분의 길을 나 있다. 언덕은 항상 더 높은 언덕이 잇대어 있다. 길을 올라가면 산사이 언덕이 비탈이 되고 거기에는 논이 잇대어 있다. 겹겹이 늘어선 논둑들이 마치 커다란 푸른 층계 같다. 그 위로 침침한 삼목이며 소나무 숲이 그늘을 드리운다. 그리고 이들 숲이 우거진 산꼭대기 위로는 쪽빛 먼 산언덕들이 희미하게 드러난다. 더 위쪽으로는 안개에 덮인 잿빛 산모롱이가 그림자처럼 우뚝 솟아 있다.[26]

헌의 운문적인 산문이란 여기서 보듯 '언덕'이라든가 '논' 따위의 같은 말이나 같은 소리의 반복에서부터 그림을 보듯 섬세한 인상주의 적인 묘사에 있다. "커다란 푸른 층계", "쪽빛 먼 산언덕", "안개에 덮인 잿빛 산모롱이 그림자" 같은 표현은 쉽게 시적이라고 부를 만큼 뉘앙스 있는 감각이다. 그러나 헌이 산문시인으로 불린 것은 그가 실제로 일본의 하이쿠를 산문으로 멋지게 옮기곤 했던 데도 이유가 있다. 곤충이나 나비, 개미에 대해서 이야기를 시작하면 그는 으레 "나비는 가벼워, 떨어지는 꽃이파리 같다"라든지 "나비가 꽃 도둑을 쫓고 있네", "나비 날개나 소녀의 몸짓은 모두가 하나"와 같은 일본 시구가 입에 달고 다녔다.[27]

이들의 인상주의적 산문이 자유시를 유발했다는 데는 이견이 있을 수 있다. 왜냐하면 자유시의 출발이 1884년 근방이었는지 그 이전인지도 불분명할뿐더러 그 연원조차 아직 설이 분분하기 때문이다.[28] 그러나 인상주의가 동양화와 함께 상징주의에 영향을 미친 게 사실이고 바로 이즈음에 그토록 인기 높았던 이 두 운문적인 산문이 개가를 올리고 있었던 점을 감안한다면 바로 이 분위기 어디에 자유시가 태동할 준비를 하고 있었음을 부정할 나위가 없다.[29]

---

26 Elizabeth Stevenson, *op. cit.*, p. 212.

27 Cfr. Yong-Tae Min, *op. cit.*, p. 149.

28 Cfr. Gustave Kahn, *Les Origines du Symbolism*(Paris: 1936), pp. 8-11.

29 Cfr. P. Martino, *Pamasse et Symbolisme*(Paris: 1970), pp. 38-39. 특히 자유의 기원과 '중국식 리듬'에 관한 관점이 흥미롭다.

이제 우리는 인상주의가 뜻하지 아니하게 유발한 정신적이면서 감각적인 극동 취향을 설명할 때가 되었다. 앨런 와트나 스즈키를 비롯한 모든 동양 학자는 선불교를 인도 기원의 불교와는 다른 도교적인, 아니면 극히 중국, 일본, 한국적인 사고 패턴으로 보고 있다. 그런데 이 선불교적 취향이 알게 모르게 인상주의를 통해 서구인의 눈과 가슴에 감염을 일으킨 것이다.

인도 사상은 근대만 해도 이미 낭만주의 시절부터 유럽 문학에 깊은 뿌리를 내리고 있었다. 철학에 있어서 쇼펜하우어와 니체의 불교 영향은 이미 정설[30]이거니와 실제 1862년에 뷔르누프의《불교 역사 개관》, 1844년부터 1870년 사이의《마하바라타》가 완역되고, 1853년부터 1858년 사이에《라마야나》가 나온다. 다시 1861년《바가바드기타》, 1847년《바가바드푸라나》 등이 번역된[31] 것을 보면 프랑스는 이미 불교에 대한 전문적인 지식을 수용할 만반의 태세가 갖추어져 있었다.

그러나 프랑스만이 아니고 인도 사상이나 불교에 관한 서적이라면 19세기에는 어느 곳에서나 한두 권은 접할 수 있는 분위기였다. 더군다나 실증주의를 비롯한 과학주의적 탐구가 그 절정에 이르고 니체의 예가 아니더라도 서구 역사상 크리스처니즘이 극도로 약화된 때이고 보면 동양 사상이 모처럼 활개를 치던 상황이기도 하다. 그러나 불교는 불교여도 극동의 대승불교에 관한 역사나 특히 선불교에 대한 책은 아직 때를 기다려야 되는 시기였다. 여기에 인상주의를 타고 스며든 선불교적인 비전이나 감각은 우선 우연의 일치였다고 보아야 될 것인가.

우선 인상주의의 미학 자체가 그렇다. 하우저는 말한다.

> 인상주의를 가장 단순하게 정식화할 수 있다면 그것은 지속과 존속에 대한 순간의 우위, 모든 현상은 어쩌다가 일시적으로 그렇게 놓여 있을 뿐이라는 느낌, 두 번 다시 발 디딜 수 없는 시간의 강물 위로 사가져 가는 하나의 물결이라고 표현할 수 있을

30 Cfr. 김현창,《현대 세계 문학 속의 동양 사상》(서울: 1984), p. 15.
31 P. Martino, *op. cit.*, p. 35.

것이다.[32]

여기에서 이 순간성·찰나성이 사실 고찰의 방편으로 강조될 때 우리는 선禪 사상과 유사한 시점을 발견한다.

제행무상諸行無常이나 만물유전설萬物流轉說(헤라클레이토스, B.C. 5세기)은 동서고금이 현실이란 실체가 없고 영원히 움직이는 상태라고 이해한 점에서 비슷하다. 서구의 중세 문학에서도 이런 사고는 "인생은 강물, 바다에 닿으면 죽을 삶"이라고 한다든지 "인생은 하나의 감옥이며 죽으면 영혼만이 신에게 돌아간다"는 기독교적 비전이 하나의 전통이 있었다. 칼데론 데 라 바르카의《인생은 꿈이다》라는 작품도 이런 동·서양의 실체 부정적 유동성에 착안한 연극이다.[33] 그러나 기독교적 현세관이 하나의 죽음을 단위로 보는 잠정적인 현실 부정이라면 대승불교는 대오大悟에 이르기까지의 수억 년의 업보를 감안한 실체 부정의 시안을 가지고 있다.

"현상이 일시적으로 그렇게 놓여 있을 뿐이라는 느낌"까지는 지금까지 설명한 동·서양의 사고 전통으로 무리가 없는 전통 계승이라고 볼 수 있지만 그것을 예술화하는 기법이 "아무렇게 함부로 그은 듯한 당돌한 붓칠, 빠르고 거친 스케치의 즉흥적 기교", "개인의 지금과 여기hie et nune라는 점에서 진리의 기준을 찾는"[34] 방법은 불교의 수도 방법 중에서도 다분히 좌선 수도에 가까운 비전인 것이다. 그 방법이 불교에서처럼 각覺을 목표로 하고 있지 않다는 점이 구태여 동양 예술에 흔히 나타나는 선적禪的 취향과 달리한다고 볼 수 없다. 즉 동양의 서도나 문인화의 일회적인 붓놀림의 강조, 무無의 찰나적 포착, 색즉공色卽空의 사고에서 이해될 수 있는 우키요에의 세속적인 풍습 묘사에서 느껴지는 선미禪味 등은 인상주의의 방법과 크게 다르다고 생각할 수 없는 것이다.

결과적으로 인상주의의 그림에서 선화禪畵에서 느낄 수 있는 선적禪的인 맛을 느낄 수 없는 것은 사실이다. 그러나 그것이 비록 서구 특유의 이성적인 사고

---

32 Arnold Hauser, *op. cit.*, p. 71.

33 Cfr. José Garcia López, *Historia de la Literatura Española*(Barcelona: 1960), décimoquinta edición, pp. 88–90. pp. 325–336(Calderón).

34 Cfr. Arnold Hauser, *op. cit.*, p. 172.

에 걸려진 기법이라 하더라도 그림이나 문학 표현의 찰나적인 포착에 대한 적극성, 현실의 비전을 시간과 공간의 지속으로 보는 것이 아닌 분석적·단편적 실상으로 보는 태도는 선불교의 안목을 생각게 하며 서구 사상으로 보면 대단히 혁명적인 시도인 것이다. 하우저는 베르그송의 '생의 철학'을 얘기하면서 이 19세기의 체험, 즉 "전에도 없었고 앞으로도 되풀이되지 않을 순간의 일회성에 대한 직감이 그의 철학을 이끌게 된다"고 설명한다. 또한 프루스트도 "시간은 분해와 파괴의 원리가 아니고, 우리는 그 시간이라는 형식을 통해 우리의 정신적 존재, 생명 없는 물체와 기계작용에 반대되는 우리 삶의 본질을 포착하고 의식하게 된다"고 설명할 때,[35] 이런 생각은 이상 설명한 유사 선적禪的인 맥락에서 이해될 수 있음을 알 수 있다.

20세기 초부터는 이러한 '영원한 순간', '영원 속의 영원한 순간' 같은 개념은 서구 문학 작품에 빈번하게 등장한다. 스페인의 후안 라몬 히메네스의 선사상, 라몬 고메스 데 라세르나의 "일본 병풍이나 호쿠사이의 그림과 선적인 터치에서나 볼 수 있는"[36] 순간성의 문학이 그 한 예다. 에즈라 파운드가 이미지를 정의할 때 튀어나온 극히 동양적인 미학도 역시 우연한 결과는 아니다. 그에게 이미지는 "어느 한순간의 지적이고 정서적인 복합체를 제시하는 것'이다. '그런 복합적 실체를 순간적으로 제시함으로써 우리에게 갑작스러운 해탈감을 주는 것, 시간과 공간의 한계에서 갑자기 해방된 듯한 느낌을 주는 것"[37]이 이미지라고 설명한다. 플린트의 말대로 "이런 일본인〔화가와 시인들〕들처럼 영혼의 음악의 짧은 단편을 포착하고 표현하는 시인이야말로 장래가 유망하다"[38]고 했다면 그건 말라르메와 일본 시의 유사성에 대한 이야기라기보다는 인상주의적 동양에서 영향받은 선불교적 사고가 1908년 이후의 문학에 얼마나 중요할 수 있을 것인가를 예고하는 중요한 시사로 보이는 것이다.

---

35 Cfr. *Ibid.,* p. 225.

36 Cfr. Yong-Tae Min, *op. cit.,* p. 45.

37 Ezra, Pound, *Literary Essays of Ezra Pound.* ed., T.S. Eliot(New York), p. 4.

38 Stanely K. Coffman, *Imagism a Chapter for the History of Modern Poetry*(Oklahoma: 1951), p. 5.

20세기 전후에 만난 서구 문학과 동양 사상

귀하의 작품이나《일본 시선집*The Classical Poetry of the Japanese*》을
통해서 볼 때 일본 시는 한마디로 말로 쓴 가케모도 그림과
똑같은 효과를 가지고 있다고 보여집니다. 하지만 그런 섬세한 삽화적 터치와
그렇게 단순한 작은 시를 통해 어떻게 그렇게 깊은 과거의 느낌이
우리의 마음과 기억 속에 와 닿을까요
— 라프카디오 헌의 편지에서[1]

19세기 말 모든 동양 제국의 문호 개방과 함께 서구는 새로운 기대와 꿈에 부푼다. 낭만주의에 뿌리를 둔 동양에 대한 엑조티시즘, 인상주의 예술, 문학에서 본 바와 같은 동양의 예술 및 감성에 대한 관심은 20세기에 들어서면서 보다 구체화되고 본격화하기 시작한다. 이것은 극동 방문기 붐과 함께 고조되는 동양 사상과 문학에 대한 관심이다.

동양 사상 중에서 인도 사상, 특히 불교는 18세기부터 19세기 전반에 걸쳐 프랑스를 중심으로 많이 전파되어 있었다. 쇼펜하우어와 니체의 불교 영향설은 이미 정설이다.[2]

낭만주의에 나타난 허무의 개념, 열반Nirvana의 이미지들은 이미 유행이다 못해 하나의 클리셰다. 실증주의, 사실주의로 이어지는 과학주의적 분위기와 함께 니체의 '안티 크리스트'에 이르는 19세기 정신적인 풍토는 서구 역사상에 있어서 기독교 정신이 가장 약화된 시기다. 이를 틈타 불교를 비롯한 '신지학'[3]

---

1 Fernando Rodriguez Izquierdo, *El Haiku Japonés*(Madrid: 1972), p. 189.

2 Cfr. 김현창,《현대 세계 문학 속의 동양 사상》(서울: 1984), p. 15.

3 '신지학Theosophy'은 19세기 말과 20세기 초에 블라바츠키가 창안한 라파식 불교사상으로 한때 유행이었다. Cfr. Rafael Cansiono-Assens, *La Nueva Literatura* III(Madrid: 1927), pp. 36–37. 이 책에서는 20세기 초 신지학

같은 유사 동양 신비주의가 판을 친다.

그러나 이들 유사 불교 사상의 파문 중 어떤 것이 인도적印度的이고 어떤 것이 극동 사상과 유합된 것이냐 하는 명제는 대단히 그 한계가 불분명하다. 가량 중국과 한국 일반의 불교를 대승불교권으로 보고 여타 국가들의 소승불교와 구별하려고 할 때 이들 교리상의 일치점들이 특히 서양인에는 그 차이를 무시할 수 있을 정도로 유사하게 생각되었기 때문이다. 좀더 범위를 좁혀서 선불교적인 것만 극동불교의 특질로 본다면 우리는 중국 문화권의 불교 의미를 너무 축소하고 있다. 따라서 지금 우리의 관심인 극동 문학과 사상이 어떻게 서양에 영향을 미치고 있느냐를 연구함에 있어 중국이나 한국, 일본적인 불교의 요소를 가려내기란 쉬운 일이 아니다.

학자에 따라서는 오늘날 서양에 알려진 불교, 특히 천태종, 화엄종, 선종에 관한 사상은 모두가 중국계의 불교이지 인도의 불교가 아니라고 주장한다.[4] 불교의 업보에 관한 개념 중에서도 극동 민간 설화화한 인연설, 윤회설들은 그 뿌리가 인도 사상에서 온 것이라 할지라도 다분히 우리 것화되었다고 볼 수 있다. 또한 색즉공色卽空의 사상도 이 현상 세계의 삶과 마음을 중요시하는 '평상심平常心이 곧 불성佛性'이라든가 '돈오성불頓悟成佛'의 사상 같은 선불교적인 착상은[5] 중국 문학권의 인문주의적 경향이 두드러진 면이 있다. 그러나 19세기와 20세기의 문학에 그토록 커다란 영향을 미친 불교 사상을 그 성질별로 인도적이다 극동적이다 논할 수 없는 것은 사상 자체가 가지는 포괄성 내지는 그 한계의 모호성이 있기 때문이다. 따라서 이 글에서 우리는 불교에 관한 이야기가 중국이나 일본, 한국과 연관되어 나타날 때 연구 편의상 우리의 관심 영역으로 받아들이려 한다.

인도 사상적인 것에서 대승불교적인 경향으로 발전하는 것이 서구 문학의 19세기부터 오늘에 이르는 유사 불교적 내용의 변천 과정이라고 볼 수 있다면

이 당시 유럽 문학에 얼마만한 영향력을 과시했는가 설명하고 있다. Cfr. Fernando Araujo, *Teosofía, en La España Moderna*(Madrid : iulio-1900), pp. 151-157. E. Ugarte Ercillas, *La Clave de Teosofía, en Razón y Fé*(Madrid: eneroabril-1920), pp. 423-425(año XX).

4 Cfr. 김용옥, 《동양학 어떻게 할 것인가》(서울: 1985), pp. 35-36.

5 Cfr. 스즈키 순류, 김호성 옮김, 《禪心初心》(광명시: 1984), pp. 74-75.

거기에는 극동의 개화 이후 라프카디오 헌이나 체임벌린을 비롯한 많은 여행가, 학자들의 극동 여행기, 연구 서적 등이 크게 영향을 미친 것이라고 생각된다. 특히 일본 제국주의의 성장과 1904년 러·일 전쟁의 일본 승리는 유럽에 있어서 일본 붐을 더욱 부채질하는 결과를 낳는다.[6] 그러나 문제는 일본뿐이 아니라 중국, 한국이 미국을 위시한 서구의 제국주의의 관심 속에 불붙는 테마로 자리하게 되는 것에 있다.[7] 물론 이런 관심 속에 전통적인 이국 취향적 환상, 인상주의에서 보여 준 동양 회화나 조각 등 예술에 대한 감흥, 종래의 인도 사상적 비전에서 본 극동의 정신 세계에 대한 그 흥미 등이 한데 어울려 있기 마련이다.

20세기 초에 있어서 동양 붐을 연상하게 하는 자료들은 수없이 많다. 예를 들면 1907년 파리의 유명한 '가르니에' 출판사의 에두아르 바나케는 말한다.

> 나는 직업이 억지로라도 출판되는 책 목록이나 서지를 읽어야 되는 처지기 때문에 말씀드릴 수 있습니다만, 오늘 프랑스에는 매주 최소한도 20권 이상의 책이 일본과 중국에 관한 테마로 출판되고 있습니다. 심지어는 시골까지 배달되는 연재소설까지도 소재가 일본이나 중국에 관한 것들이 대부분이라니까요.[8]

이런 동양에 관한 서적의 붐 속에서 앞서 말한 복잡한 관심의 판도를 타고 스며든 제법 학문스럽고 진지한 동양 사상이나 문학에 관한 연구들이 섞여 있었다. 이것이 19세기 동양의 비전과 20세기의 그것을 갈라놓은 분수령을 형성한 연유이다.

서구 문학이 인상주의에 이르기까지 동양의 풍물, 예술의 영향에서 재유입된 반향을 보여 주고 있었다면 20세기 초 프랑스와 영미 문학 등은 직접 동양의 사상과 문학에 대한 관심과 접근으로 그 양태를 바꿔 간다. 그 내용에 있어서도 중국계 불교의 영향이 짙어지고 나비나 달, 대나무 등 동양 문학의 소재가 눈에 띄게 많아진다. 여기 더욱 흥미 있는 것은 중국 시나 일본 시의 형식까지 모방하

---

6 Cfr. Earl Miner, *The Japaness Tradition in British and American Literature*(Princeton, New Jersey: 1966), p. 39.
7 Cfr. Franz H. Michael and George E. Taylor, *The Far East in the Modern World*(New York: 1956), pp. 2–4.
8 En *El Nuevo Mercurio*(Barcelona núm. II noviembre–1987), p. 1299.

고 싶어하는 충동이 인다는 사실이다. 이제 서구 문학은 동양 문학의 모든 것에 매력을 느낀다. 중국이나 일본의 문학사가 애스턴, 체임벌린, 미셸 르봉 등에 의하여 씌어지고 대부분 서구 각국어로 번역된다. 이들 책 속에는 동양 문학의 사상, 형식, 발전 단계가지 그 자세한 역사가 서구적인 학문의 눈으로 기술되어 있다.

동·서양 결합론과 서구 문학

키플링의 저 유명한 동·서양의 비결합론은 사실상 그 당시 팽배한 동·서양 결합론에 대한 반발로, 같은 맥락에서 이해되어야 한다. 휘트먼의 제국주의적 발상인 동·서양 우애론도,[9] 어네스트 페놀로사의 음양론적 동·서양의 결혼에 대한 소망도, 19세기 말과 20세기 초에 있어서 동·서양 결혼론이 얼마나 진지한 발상에서 출발한 생각이었는가를 입증해 준다. 특히 페놀로사의 〈동과 서〉라는 시는 이 작품의 시적인 매력에서라기보다는 그 생각의 절실함에서 흥미가 있다. 그는 섬세한 감성을 지닌 동양은 여성적이라고 보고 행동주의적인 서양을 남성으로 본다. 물론 때로는 서구의 플라토닉한 사랑의 전통에서 보이는 체념과 자기 희생의 전통에 여성적인 것이 있고 일본의 무사도 정신 같은 데서는 오히려 남성적인 것이 있다는 것도 잊지 않는다. 어떻든 그는 동·서양을 하나의 '훌륭한 반명제'로 보고 미래에 있어 이양 대립의 결합만이 희망이라고 보고 있다.

페놀로사는 그 뒤 〈후지산의 일출日出〉이라는 작품에서도 동·서양의 결합을 성적인 이미지로 부각시킨다.[10] 그의 이런 노력은 뒤에 타고르나 로맹 롤랑에 의해서 다시 현실화된다. 제1차 세계대전에서 유럽과 아시아의 반목이 극치에 달할 때 언급한 두 사상가며 문인은 다시 동·서양의 결합 문제를 현실로 제시한다.

---

9 Cfr. Earl Miner, *op. cit.*, p. 19.
10 *Ibid.*, pp. 22–23.

> 이 치욕적인 세계 대전의 북새통으로 유럽은 취약점을 드러냈습니다. 대전 후, 유럽은 더 이상 스스로 구원받을 수 없음이 명백해진 것입니다. 이제 유럽은 아시아의 정신을 필요로 하게 되었습니다. 아시아의 사상은 분명히 유럽의 사상에 도움을 줄 것입니다. 만약 그중 하나가 마비되면 육체는 쓸모없이 되어 버립니다. 따라서 이 두 사상은 융합되어서 진전한 발전을 하도록 노력해야 될 것입니다.[11]

로맹 롤랑의 생각이 페놀로사와 유사한 데가 많다. 그는 인류의 미래가 이 동·서양의 결합에 있다고 다음과 같이 역설한다.

> 나의 유럽 친구들이여, 마음의 벽을 헐고, 내 말을 들으시오, 아시아를 만나러 갑시다! 아시아는 우리를 위해 봉사할 수 있고 우리는 아시아를 위해 봉사할 수 있습니다. 아시아와 우리는 하나의 영혼의 반쪽인 셈입니다. 반쪽 영혼의 인간은 존재할 수 없습니다. 신은 우리를 멀리서 관망하면서 우리가 양 대륙의 결합이라는 더없이 멋진 창조를 이룩하여 신 자신이 이룩한 일곱 번째 날의 창조와 비교하도록 해 보려는 것입니다. 신에 의한 정신적 구속에서 벗어남과 동시에 인간 정신 속에서 신의 존재를 깨달아 인간을 창조합시다![12]

이상과 같은 정치적·사상적 동·서양 결합론은 일반 서구 문학에 커다란 반향을 일으킨다. 20세기 초 문학가들의 동양 사상과 문학에 대한 관심도 미래의 문학이 동·서양의 접합에 있으리라는 비슷한 직감에서 출발한 것으로 보아야 한다. 얼 마이너는 에즈라 파운드가 〈송가Cantos〉에서 이룩한 문학적 경지가 그 사상과 문체 면에서 이런 동·서양의 결합을 실현한 것이라고 본다. 그는 이어 T. S. 엘리엇의 〈카르마〉나 〈먀야(환상)〉라는 작품도 에머슨의 〈브라마〉에서 볼 수 있는 패러독스보다는 훨씬 살아 있는 동양 정신을 영어로 옮긴 것이라고 주장한다. 파운드는 페놀로사의 업적을 기리는 글에서 그가 동양에 대한 비전을 이국 취향적 꿈에서 사실로 접근하게 한 훌륭한 작가였다고 평가한다. 즉 "그의 마음은 항상 동·서양의 예술을 비교하고 상응점을 찾는 데 주력했으

---

11 김현창, 《현대 세계 문학 속의 동양 사상》(서울: 1984), p. 18에서 재인용.
12 *Ibid*, pp. 22-23에서 재인용.

며 그의 엑조티시즘이란 일종의 결실을 위한 도구"였을 뿐이라고 역설하고 있다.[13]

여기서 말하는 동양은 물론 작가에 따라 대단히 상이한 범주를 포괄적으로 이야기한 것에 불과하다. 가령 페놀로사의 동양은 일본적인 것일 수 있고 로맹 롤랑의 동양은 인도적일 수 있다. 그러나 그들이 동·서양의 결합을 말할 때는 서로 상치되는 것과 일치되는 점을 함께 보고 이를 반명제의 융합과 화해가 애초에 같았던 영혼의 뿌리에 도달하는 길이라는 의견에는 똑같다. 극동의 문화가 가장 다른 점이 많다면 인도적인 것은 오히려 근본에서 서양과 비슷함을 엿보았을지도 모른다.

어떻든 사상적인 면에서 볼 때 동·서양은 신비주의라는 점에서 불교와 크리스처니즘을 같은 맥락에서 보는 층이 많았다. 20세기 초 비교종교학은 기독교와 불교가 같은 뿌리에서 비롯되었다는 설을 주창했으며 라마크리슈나는 다른 종교, 즉 이슬람교, 기독교에도 결국 자신이 믿는 것과 같은 신이 존재한다고 믿는다.[14] 동·서양이 그 근본에서 같다고 믿었던 것은 로맹 롤랑도 예외일 수가 없다. 그는 1919년 10월 그의 일기 속에서 "그리스도는 프랑스나 독일의 승려들과 바라문들보다도 부처에 가깝다"[15]라고 말한다. 또한 스페인의 시인 안토니오 마차도도 같은 생각을 시로 쓰고 있다.

> 도끼질을 받거든 보복하라
> ── 불타가 말하셨다. 또 그리스도도! ──
> 백단향 같은 너의 향기로[16]

오른뺨을 때리거든 왼뺨을 내밀라던 그리스도의 가르침이 불타의 자비심과 다를 게 없다고 생각했던 점은 오히려 당연한 것이었는지도 모른다.

---

13 Cfr. Earl miner. *op. cit.*, pp. 23–24.
14 Cfr. 김현창, *op. cit.*, p. 39.
15 *Ibid.*, p. 24에 재인용
16 Antonio y Manuel Machado, *Obras Completas*(Madrid), p. 908.

라프카디오 헌의 총합적 불교론

동·서양의 결합 운동이 낳은 기형아적 불교론이 있다면 라프카디오 헌의 일본 불교에 대한 인상주의적인 해석과 그 파문이다. 이 테마는 앞서 언급한 인상주의와 선불교적 취향에서 같이 다루어질 수 있었던 명제로 서구의 과학주의적 입장에서 본 불교의 해석과 인상주의의 이론 정립에 도움을 줄 수 있었던 무의식적인 직감론이다. 현실은 환상이므로 환상의 하나인 주체가 환상의 객체에게서 얻을 수 있는 것은 찰나적인 인상이라는 논리다.

불교에 대한 헌의 관심은 1882년《뉴올리언스》기자 시절부터였다. 그는 그때부터 라마야나를 비롯한 동양 철학에 관한 관심을 갖기 시작하고 1884년부터 자주 불교에 관한 테마를 기사에 올렸다. 그의 기사 중에는 당시 미국에서 붐을 이루던 불교에 대한 논란이 나온다.

> 지난 일요일은 처음은 아닌 일이지만 어떤 신학자인가 신지학자인가 하는 사람이 또 다시 강단에서 불교의 만연에 대한 경고를 일삼았다. 우리는 대서양 이쪽에까지 불교가 그토록 전파되고 있는지는 잘 모른다. 그러나 많은 존경할 만한 신부나 목사들까지 이런 현상이 오늘의 현실이라고 개탄하고 있다. 어떤 성직자는 교인들에게 불교파들이 뉴올리언스에 심지어 신문까지 발행하고 있다고 귀띔하고 있었다.[17]

그의 이런 불교에 대한 피상적인 관심은 일본 여행을 계기로 적극화한다. 그는 일본을 '신들의 영토'로 보고 신토이즘을 비롯한 동양 종교, 특히 선불교적인 일본의 사원 분위기, 일상생활에까지 젖어든 선적 취향에 대해서 감동한다. 그의 일본 생활의 경험은 적은 첫 여행기인《낯선 일본의 눈길》(1984)에서 그는 말한다.

> 불교는 매우 방대한 신학이며 심오한 철학이요, 바다처럼 넓은 문학이다. 선도神道는 철학이 없다. 지켜야 할 윤리적인 계율도 철학도 없다. 그러나 그런 만큼

---

17 Cfr. Elizabeth Stevenson, *Lafcadio Hearn*(New York: 1961), p. 117.

형태가 없어서 동양의 어느 신앙보다도 서양의 종교적인 사고의 침략을 잘 견디어 낸다.[18]

헌은 일본인보다 더욱 일본적인 것을 사랑하고 날이 갈수록 서구화되어 가는 당시의 일본의 현실을 개탄한다. 사람들의 감성도 변하고 그들의 종교적인 경건함도 차츰 잃어 가고 있음을 서글퍼한다. 그는 초기의 열망과 꿈의 좌절을 경험하고 잃어 가는 옛 일본의 향취를 안타까워한다. 그는 그 당시의 심경을 이렇게 토로한다.

나에게는 지금 어떤 문학적인 영감도 떠오르지 않는다. 나에게는 지금 어떤 자의 위안의 방법도 생각할 수가 없다. 다만 불교 연구나 하면서 — 지금 어느 일본인도 쳐다보지 않을 일종의 산문시 같은 거나 쓰면서 — 사는 게 전부다.[19]

1893년 그는 구마모토에 살면서 불교적인 명상에 취하곤 한다. 그는 갈수록 서구화되어 가는 일본의 현실 앞에서 불타와 대화를 나누는 것으로 위안을 삼는다.

나는 거기서 혼자 있는 게 아닙니다. 불타가 내 곁에 계시기 때문입니다. 부처님은 거기 산언덕에서 그 반쯤 감긴 돌의 눈을 통하여 학교를 내려다보고 계십니다. 그의 코에도 손에도 이끼가 끼어 있어요. 물론 그의 등에도 말입니다. 그래서 나는 항상 그에게 말하곤 하지요.

오 부처님, 당신께서도 이 모든 것을 어떻게 생각하고 계신지요? 이 모든 게 다 허무한 게 아닙니까? 거기에는 신앙도 믿음도 지난날에 대한 생각도 미래에 대한 꿈도 더군다나 열반에 대한 사념도 없습니다. 오직 화학과 입체 기하학과 그 유해한 '영어'가 판치고 있을 뿐입니다.

그러나 부처님은 내 말에 대답하시는 법이 없습니다. 그냥 아주 슬픈 표정을 지으실 뿐이죠. 그 많은 상처를 받으시고도 복수를 체념한 그런 미소로 말씀입니다. 하지만 당신도 알듯이 그 미소는 세상의 모든 표정 중에 가장 아픈 것이죠. 마침

---

18 Lafacadio Haern, *Glimpses of Unfamilar Japan, en Writings*(New York: 1949), vol. V. pp. 242-243.
19 Elizabeth Stevenson, *op. cit.*, p. 256.

내 내가 종소리 속으로 빠져들 때 내 발부리 앞에서는 뱀들이 몸을 꼬고 있습니다. 그러나 그분이 나의 유일한 동반자이십니다! 비록 교실에서 그분 같은 모습으로 묵묵히 나를 기다리고 있는 학생들이 있어도 나는 그 누구보다도 그분을 좋아할 뿐이지요.[20]

이상에서 보아 온 헌의 신토이즘이나 일본 불교에 대한 생각은 이 모두가 서양 문명과 종교에 대한 반명제로서 고찰되고 있다는 점에서 일치한다. 신토이즘이 불교의 탈을 쓴 일본 애국정신의 구현이라면 불교는 일본의 서구화로 잃어 가는 그들의 진정한 영혼으로 헌의 마음을 아프게 한다. 그의 이런 감상주의적 옛 일본에 대한 향수는 그가 이해하고 있는 불교가 무엇이었는가를 설명하기에는 역부족이다. 서구의 개인주의적인 물결에 마주 선 박애와 인고의 화신으로서의 불타가 우선 헌이 느꼈던 불교다. 다만 이것이 기독교적인 신의 개념과 다르게 이해된 점이 있다면 불타는 좀더 인간적인 신이라는 사고였을 뿐이다.

불타를 보다 인간적인 신으로 이해하는 데는 동양의 다른 신에 대한 개념과 일맥상통한다. 그는《고코로 — 일본 내부 생활의 인상》(1896)이라는 책에서 언급한 신토이즘은 물론 조상 숭배, 전생에 대한 개념, 업보 등에 대해서 광범위하게 다룬다. 그는 동양인이 귀신을 인간의 연장으로 보는 데 흥미를 느낀다. 즉 일본의 '가미', 산신이나 바다신 등에 대해서 살아 있을 때처럼 먹고 분노하고 기뻐하는 인간의 모습으로 섬기는 데 동양적인 특성이 있는 것을 발견한다. 인간은 영원히 죽은 것이 아니라 형체를 달리해서 살아가고 있다고 믿는 동양인의 마음이나 전생과 후생에 관한 그 수많은 민담을 들으면서 라프카디오 헌은 현묘함을 느낀다. 삶은 헉슬리나 스펜서의 말처럼 끝없이 변화하고 움직인다. 거기에 "유일하게 영구히 변하지 않고 남아 있는 실체가 있다면 그것은 불가사의한 것뿐이다".[21] 헌은 말한다.

나는 신비에서 태어난다. 그리고 나는 하늘과 세상과 인간의 업적들을 감지한다.

---

20 *Ibid.*, p. 260.
21 Cfr. Earl Miner. *op. cit.*, p. 92.

이제 내가 아는 것은 내 다시 신비 속으로 돌아가야 한다는 것뿐이다.[22]

여기에서 헌은 '신비'라는 말로 인간의 전생과 후생, 여타 만물이 인간과 같이 살아 있을지도 모르는 미스터리에 대해 거의 긍정에 가까운 환상을 확인한다. 결국 모르는 세계는 살아 있기도 할 것이기 때문이다. 헌이 동양에서 배운 것은 이런 애니미즘, 즉 인간적인 신에 대한 이해와 함께 만물이 실제로 영혼을 가지고 살아 있을지도 모른다는 인상주의적 본체론이나 의인화의 본체론적 비전이다.

폴 앨머 모어는 헌의 사고가 불교와 진화론적인 과학이 낳은 인상주의라고 주장한다. 불교에서는 현상 세계는 실체가 없다고 본다. 진화론은 적자생존에 있어서 인간이 감지할 수 있는 환경은 없다고 이야기한다. 여기에 인상주의는 진실이란 끝없이 바뀌는 감각의 총합체이며 그것은 감지자의 능력에 달려 있다고 말한다. 서구의 사고로 볼 때 사실은 인식의 한계 속에 신비롭게 어른거리는 실체일 뿐이다. 동양의 비전은, 현실은 허상이며 순간적으로 나타났다 사라지는 그림자라고 본다.[23] 여기에서 헌은 눈앞에 나타났다 사위어지는 현실을 직감으로 포착하는 것이 문학이라고 보는 것이다.

헌은《나르바나, 총체적 불교에 대한 연구》에서 "열반에 이르는 자아는 지각과 의식을 겸비한 주체가 아니다. 그 자아라는 것은 끝없는 환상의 일시체인 총합체, 하나의 환각의 껍질, 곧 부서질 물거품이다"라고 이야기한다. 따라서 이 환상적인 자아가 환상 세계에 접근하는 방법은 직감적이고 무감각한 무의식적인 어떤 것이라고 말한다. 현실 세계는 수많은 생각과 행위의 집합체이므로 우리는 그 속에서 어떤 영원한 느낌을 자아가 없는 빈 마음으로 받아들이는 것이라고 주장한다. "열반은 절단의 상태라기보다는 해탈의 길이며, 이는 조건 속에 사는 존재가 모든 조건을 벗어난 실체의 상태로 들어가는 것을 의미한다"고 덧붙인다.[24]

---

22 Cfr. Yong-Tae Min, *Lo Oriental en la Poesía Españla Contemporánea*(1975), inédita, p. 144.
23 Cfr. Earl Miner, *op. cit.,* p. 92.
24 *Ibid.*, p. 93.

이렇게 볼 때 그의 문학의 방법과 불교는 동의어가 되는 것이며 그의 인상주의 기법은 곧 사물의 영원한 생명적인 본질을 사심 없는 무아의 경지에서 포착하는 작업이 된다. 그러나 그 무아의 자아가 어떻게 허상의 세계 속에 영원한 것을 감지하는지에 대해서는 입을 다문다. 이런 사실은 헌이 선불교의 불립문자不立文字의 전통에서 본받은 것인지 그의 이론의 한계인지는 불분명하다. 그러나 그는 최초로 일상적인 현실의 흐름 속에서 논리적으로 정리되지 않은 인상을 제시하는 것이 초월적 가치를 가질 수 있다는 확신을 보여 준 작가이며, 단편적이고 무질서한 직감이 문학일 수 있다는 것을 실증으로 보여 준 독특한 문체론자임에는 틀림이 없다. 또한 이 모든 생각이 그의 일본 생활의 경험과 사고에서 비롯될 것이라고 할 때, 동양 사상의 여파임도 부정할 나위가 없는 것이다.

서구 문학과 선불교적 감성

19세기와 20세기 초반기의 문학에는 다분히 불교적인 내용이 팽배하다. 그것은 한편으로는 쇼펜하우어와 니체를 통해 들어온 윤회 사상의 파문이 미친 영향이기도 하며 피타고라스로부터 서구 전통에 숨 쉬고 있던 환생설의 부흥에서 비롯된 현상이기도 하다. 또한 블라바츠키가 주창했다고 하는 유사 불교적인 신지학의 붐은 세기 초 온 서구를 누비는 신비주의였다. 거기에 그 많은 인도 사상, 불교에 대한 전문 서적들은 아는 듯 모르는 듯 고답파와 상징주의 작가들에게 지대한 영향을 미쳤다. 이 동양 선호적 사상 분위기에 피치를 올린 것은 1913년 라빈드나다트 타고르에게 수여된 노벨 문학상이었다.[25]

어떻든 이런 잡다한 유사 불교적인 문학의 파문을 가늠해 보려면 당시의 어느 작가, 시인의 작품을 들추어 보아도 한두 개는 손에 잡히는 게 있기 마련이다. 참고로 필자의 취향대로 스페인과 중남미 문학에서 예를 들어 보자.

---

25 Cfr. Yont-Tae Min, *op. cit.*, p. 109.

오, 싯달타 가우타마, 당신이 맞았습니다.
고뇌는 욕망에서 오며, 에덴동산이란
열망하지 않는 데 있습니다. 모든 소유욕을 버린
굴하지 않는 완전한 체념, 아무것도 원하지 않는 자는
어데 있어도 편안합니다.
— 멕시코, 아마도 네르보[26]

불타의 고요, 그 차갑고 단단한
하나의 신의 침묵… 그 끝없는
강철과 화강암의 휴식이
내 가슴을 위해 필요하나이다.
—스페인, 프랑시스코 비야에스페사[27]

경험주의자의 신앙, 우리는 아무것도 아니고 아무것도
되지 않을 것이다. 모든 우리의 삶은 빌려온 것.
아무것도 가져온 게 없고 아무것도 가지고 갈 게 없다.
— 스페인, 안토니오 마차도[28]

돌로 지어질지어다. 나의 모든 것은
내 종족의 업보Karma를 짊어질 나의 집도
그리고 어느 날 바예잉클란의 고인돌 위는
담쟁이덩굴이 수놓으리라.
— 스페인, 바예잉클란[29]

이들 작품은 한결같이 불교적 체념과 윤회, 허무 사상을 표출하고 있는 것이 보통이다. 이때부터 시간은 중세 기독교의 최후의 심판으로 끝나는 직선적인 형태에서 불교적인 바퀴 둘레의 모습을 지녀 간다. 랭보나 안토니오 마차도에

---

26 Amado Nervo, *Serenidad*(Buenos Aires: 1953), octava edición, p. 28.
27 Francisco Villaespesa, *Obras Completas*(Madrid), pp. 45-46.
28 *Obras Completas, op. cit.*, p. 838.
29 Ramón Valle-Inclán, *Claves Línicas*(Madrid: 1943), p. 151.

서처럼 계시illuminations나 각覺(살며 꿈꾸는 것/가장 중요한 것이 있다. 깨어나는 것)[30] 의 개념이 빈번히 등장한다.

20세기 초반을 넘으면서 서구의 불교 문학은 완연히 색채를 달리하기 시작한다. 이 각覺이라는 개념이 찰나성, 우발성을 띤다. 선불교적 향기를 내뿜으면서 감각적이고 동시에 지적인 형체로 모습을 바꾼다. 물론 선禪은 이 어느 지각의 상태로 설명될 수 있는 것은 아니다. 그러나 이성 중심적인 서구인의 눈에 비친 그것은 어떤 초월적인 지知로 생각되었을 것은 자명한 사실이다.

선불교적 취향이 세기 초부터 서구 문학에 등장하기 시작했다면 그것은 앞서 인상주의에서 설명한 바와 같은 자생적인 우연의 일치로 보는 게 좋다. 그 뒤 라프카디오 헌 등을 통한 일본 불교와의 접합과 서구의 이런 인상주의의 물을 먹고 자란[31] 타고르의 인도 사상의 자기중심적인 해석 등이 영향을 미쳤다고 보아진다. 타고르의 인도 사상은 선불교적인 취향, 즉 각覺의 찰나성을 선호한 흔적이 많다. 예를 들면 그가 산스크리트에서 번역한 다음 송가를 보자.

> 여명의 인사
>
> 오늘을 잘 지키라! 오늘이 바로 삶이다, 모든 삶의 정수다. 그 가벼운 흐름 속엔 너의 존재의 모든 변화와 모든 현실들이 함께 들어 있다. 커가는 즐거움, 움직이는 영광, 아름다움의 찬연함이.
>
> 어제의 날은 꿈뿐이다. 내일은 다만 하나의 환영일 뿐. 그러나 오늘을 잘 이용하면 어제마다 행복의 꿈이 될 것이고 내일마다 희망의 꿈이 될지니. 하여, 오늘을 잘 지킬지니라![32]

여기에서 오늘이란 영원의 한순간이요, 영원을 영원되게 하는 불교의 깨우침의 순간과 다를 바 없다.

이렇듯 복잡한 영향권을 타고 선불교적 취향은 서구 문학에 스며든다. 이미

---

30 Obras Completas, *op. cit.,* p. 905.

31 Cfr. 김현창, *op. cit.*, p. 53.

32 Juan Ramón Jiménez, *Diario de un Posta Recién Casado*(Barcelona: 1979), p. 62에서 인용.

인용한 파운드의 '찰나적 해방감'으로 이해한 이미지의 설명, 스페인의 라몬 고메스 데 라 세르나의 인상주의적인 짤막짤막한 일상생활의 삽화 같은 데는 다분히 선적인 비전이 밑으로 자리하고 있다. 필자는 서구 문학에서 상징주의(일부에서는 상징주의를 인상주의라고도 불렀음도 기억해 두자) 이후 작가나 시인에 따라 선불교적 취향이 있다고 보는 편에 있다. 그것은 오늘날 정설로 받아들여진 제2차 세계대전 이후의 부조리극이나 히피즘을 비롯한 비트제너레이션에 영향을 끼친 선불교와는 사뭇 다른 의미에서 자생적인 요소가 많은 취향의 하나다. 물론 나의 견해는 R. H. 블리드가 생각하는 바와 같은 일반적인 진리로서의 선禪 개념을 이야기하는 것은 아니다.[33]

우선 내가 생각하는 선불교적 취향을 대별해 보면 자유시를 비롯한 불규칙성, 불균형성의 매력에 근거를 둔 새로운 미적 감각의 개발이 그 하나이다. 둘째는 유동하는 자연의 모습을 '첫인상'을 중요시하고 재수정하거나 가필하지 않는 자동 필기법에 가까운 문체에 선불교의 영향이 있다고 본다. 셋째는 이미지즘을 비롯해서 일상적인 것, 구체적인 것, 심지어는 경박한 것에서 아름다움을 찾는 새로운 취향에 주목한다. 넷째는 다다이즘을 비롯한 전위 문학 운동의 파괴성, 무의미성, 그 낙천주의적 유머어에 선불교적 취향이 있다고 본다.

이상 언급한 문학 경향은 정도의 차이는 있으나 20세기 초 이후 많은 시인에게서 찾아 볼 수 있는 현상이다. 이것이 특히 시문학에서 많이 개발될 수밖에 없었던 연유의 하나는 모든 동양의 예술이 그렇듯이 서구에 비해서 작품이 짧고 단편적이었던 데도 그 영향상의 이유가 있겠으나 무엇보다도 선적 취향은 순간처럼 짧은, 특히 부조리적인 언어구사에서 마력을 발휘할 수 있었기 때문이리라. 그 구체적인 증거로는 바쇼로부터 선미禪味를 개척한 장르로 선호의 대상이 되었던 5-7-5자의 하이쿠를 생각해 보면 알 수 있다.

그러면 편의상 필자가 연구한 바 있는 스페인의 시인과 작가를 통해 앞서 말한 내용을 구체화시켜 보자.

---

33 블리드는《영미 고전 문학에서의 禪》이라는 책에서 禪을 일반 개념으로 정리한다. Cfr. 김현창, *op. cit.*, p. 201.

① 후안 라몬 히메네스(1881-1958)와 찰나적 영원——후안 라몬은 1916년《갓 결혼한 시인의 일기》의 서문에 다음과 같은 말을 적는다.

> 이 시인의 앨범 속에 나는 가벼운 메모 스타일로, 항상 감동에 차서 어떤 때는 색깔만을 사용하여, 어떤 때는 생각의 단편만으로, 또 어떤 때는 빛만을 써서 한순간 세계의 하나이면서도 핵심인 심장이 나의 영혼에 떠올리는 섬들을 기록했다.[34]

이것은 대단히 인상주의적인 기법을 연상하게 하는 말들로 그가 말하는 '섬'이란 가장 선택받은 순간에 떠올리는 공간이면서 시간의 개념, 즉 각覺에 상당되는 뜻을 가지고 있다. 즉 그가 말하고 싶었던 것은 어떤 영원스러운 순간을 적은 것이 그의 일기라는 내용이다. 찰나이면서 영원인 지금 여기의 영원. 그것은 곧 선불교적 착상이다.

후안 라몬은 '시'를 이렇게 규정한다.

> 더 만지지 말아요.
> 그냥 그대로가 장미예요.[35]

이 시구는 타고르의 "만지면 죽일 거예요. 물러서면 가질 수 있을 거예요"라는 구절을 연상시키는 시로 인도 시인의 관념벽에 비해 히메네스의 그것은 '장미'라는 자연의 이미지가 보다 도교적인 맛이 있다. 앨런 와트의 정의처럼 도교와 불교가 합한 것이 선불교라면 이 시야말로 선미가 넘치는 구절이다.

후안 라몬의 시에는 영원과 통하는 찰나의 이미지가 아름다움의 대명사처럼 곳곳에 나타난다. 그에게 있어서 시란 미美와 진眞의 동의어인 만큼 그의 시법은 곧 선법과 동일시되고 있다고 할 수 있다. 다면 여기 선禪이 불립문자不立文字인데 반해 후안 라몬의 그것은 16-17세기 기독교 신비주의의 시어의 남용으로 비교적 관념적이고 설명적인 것이 근본적인 차이일 뿐이다. 이런 선택받은 순

---

34 Diario de un Poeta Recién Casado, *op. cit.*, p. 5.
35 Segunda Antolojia Poética, *op. cit.* p. 23.

간의 이미지는《갓 결혼한 시인의 일기》에서부터 계속 그의 시의 핵심 내용을 이룬다.

우선 위 책을 비롯《영원들》(1917),《돌과 하늘》(1918)에 나오는 선불교적 순간을 검토해 보자.

찰나의 믿음을 찾아 바다를 헤매는
오목한 사냥꾼의 손.
—《갓 결혼한 시인의 일기》에서[36]

새로운 각각의 순간이 홀로
모든 다른 순간을 판단하게 하라. 꺼라
너의 선입견의 빛을.
—《영원들》에서[37]

문득, 지금
내가 얻는 자리는
생소한, 이방의 나라 같다.
거기서 나는 세계를
지배한다.
—《돌과 하늘》에서[38]

그러나《총체적 계절》(1923-1936)부터는 선불교적 경험에 바탕한 기독교 신비주의적 수사학의 전개가 두드러진다.

그리고 갑작스러운 광휘와 폭포 속에
그 한가운데서 온 높은 남쪽 하늘,
공중으로 왔는지 땅으로 왔는지 모를
뭔가 불 같은, 물 같은 그것.

---

36 Juan Ramón Jiménez, *Segunda Antolojia Poética*(Madrid: 1969), p. 214.
37 *Ibid.*, p. 234.
38 *Ibid.*, p. 246.

—《총체적 계절》에서[39]

한순간, 보통 삶과
다른? 감격적인
—《총체적 계절》에서[40]

꽃피우는 것, 사는 것, 순간
한가운데 불똥이 머문
〔…〕
과거도 없는 한순간
—《총체적 계절》[41]에서

인용한 구절들에서 순간은 모두가 "영원 중의 영원"의 순간들이다. 그 순간은 "보통 삶과 다른" 순간이 아니다. 스즈키의 말처럼 각覺의 순간은 "보통 생활, 일상생활과 똑같은" 순간이다. "다만 그 순간은 발을 땅에서 2인치를 떼고 사는 순간"[42]같은 것이리라.

《원하고 원하여지는 신》에서 히메네스는 기독교의 신과는 다른 선불교적인 각覺을 신으로 노래한다. 깨우치면 보리(菩堤)가 된다는 선 교리처럼 그의 신은 "이름 중에서 얻은 이름"이요 "아름다움으로 구한 신"이며 "아름다움을 깨달은 순간의 나의 의식"이다.

모든 것은
이 살아 숨 쉬는 보물을 향하여 놓여 있다.
나의 광맥 속에서 나의 금강석을 기다리는
원하고 원하여지는 신이요.
—《원하고 원하여지는 신》에서[43]

---

39 Juan Ramón Jiménez, *Libro de Poesía*(Madrid: 1972), p. 1148.
40 *Ibid.*, p. 1158.
41 *Ibid.*, p. 1234.
42 Cfr. Yong-Tae Min, *op. cit.*, p. 34.
43 Libros de Poesis, *op. cit.*, p. 1303.

내 속에 있기에 내가 깨우치면 불타가 되는 선불교의 가르침이 이렇게 빛날 수가 없다. 다시 말하지만 이런 시구들 속에 선문답이나 선시에서 보는 선경험이 보이는 것은 아니다. 그러나 선의 세계를 이성적으로 이해하고 기독교적인 신비주의 언어를 통해 갈파한 극히 서구식의 선불교의 이해는 이런 작품의 핵심을 이루는 사상으로 깊게 자리하고 있는 것이다.

② 라몬 고메스 데 라 세르나(1891-1963)와 인상주의 선禪——유사불교적인 취향에 인상주의적 기법이 섞여 만들어진 선불교적 경향이 스페인의 소설가요 전위문학의 선봉이었던 고메스 데 라 세르나의 '그레게리아'에 있다. 그레게리아는 그가 창시한 문학 장르로, 일상생활에서 얻은 직감을 메타포와 유머어로 표현한 짤막짤막한 삽화들이다. 그레게리아적인 요소가 그의 소설에까지 미치는 일반적인 경향으로 평가되고 있는 만큼 그의 선불교적 취향은 의외로 그의 작품 세계의 전부를 포괄할 수 있는 특징일지도 모른다.

고메스 데 라 세르나는 메테를링크, 로덴바흐를 비롯한 신지학에까지 열중한 일이 있던 불교적 성향의 작가였다. 그의 이런 생각이 또 다른 인상주의적 문학관과 어떻게 조합되어 있는가를 보기 위해 다음 설명을 들어 보자.

> 이 책은 혼미한 감각들로 이루어진 것이다. 실제로 일어나고 있으니 스스로 말을 하지 않는 삶의 감각 말이다. 삶의 전개나 그 고요함에 있어서 너무나 자명한 그런 것들. 말하자면 뭘로 되어 있다고 할까… 아직 이건 아니고… 이 책이 뭘로 되어 있지? …내 혀끝에 맴돌긴 하는데 어떻든 이건 내 심장의 쿵쿵거리는 현상과 같은 것이라고 할까, 이 머리에 와 닿는 어떤 감각을 주려고 하는….[44]

위 설명이 너무 인상주의적인 면에 치우쳐 있다면 보다 불교 쪽으로 이런 설명들을 덧붙여 보자.

> 나는 미신가다. 그리고 나의 작고 수많은 기도가 이 그레게리아들이다. 나는 미신가

---

[44] Ramón Gómez de la Serna, *El Libro Mudo*(Madrid: 1911), p. 15.

로 나의 신들은 불타의 전기에 나오는 신들 같은 수도다마나 신神이나 '순정한 쌀' 따위가 그것이다.[45]

그의 이런 인상주의적 불교에서 온 착상은 급기야 일본과 연관을 맺고 선禪이 된다.

그레게리아는 일본에서 온 물꽃 같은 것이다. 그게 무슨 엽전 같아서 물에 넣으면 부풀어 커지다가 꽃이 되는 것 같은 것.[46]

그는 때로 그의 그레게리아가 당시 유행하던 일본 유도武道 유술의 기술같이 뜻하지 아니한 진리의 열쇠를 가지고 있다고도 한다. 당시의 평론가 라파엘 칸시노스아센스는 그레게리아를 일컬어 "일본 병풍화의 영향이나 호쿠사이의 데생에서 아이디어를 얻은 만화"[47]같은 데가 있다고 잘라 말한다. 라몬의 이런 인상주의적 선 취향은 또 다른 곳에서 철학화하기도 한다.

인생은 짧은 주기를 가지고 보아야 한다. 삶의 순간성, 그의 단순한 진실성을 발견해야 한다. 정신의 호흡 같은 쾌감의 필요성을 만족시키는 방편이 그레게리아다.[48]

따라서 그가 그레게리아에서 추구하던 것은 일상적의 허울 속에 관습화되어 실상을 알 수 없던 것을 뜻하지 아니한 직감을 통해 재발견함으로써 느끼는 해방감이라고 말할 수 있다. 직지인심直指人心의 선법처럼 뜻하지 않은 곳에서 갑자기 깨닫는 선禪 취향적인 데가 있었음을 감지했던지 초현실주의의 선구자 앙드레 브르통에게서 선불교에 대한 이야기를 따와서 그레게리아를 설명한다.

---

45 Ramón Gómez de la Serna, *Greguerias*(Valencia: 1918), p. X.

46 *Ibid.*, p.x II.

47 Libro Mudo, *op. cit.*, p. 159.

48 Ramón Gómez de la Serna, *Total de Greguerías*(Madrid: 1962), p. 21.

부처님의 은총을 받아 바쇼는 어느 날 자신의 장난꾸러기 제자 기카쿤이 쓴 잔인한 하이쿠 하나를 수정해 주었다. 제자의 하이카이는 이런 거였다. 빨간 잠자리/날개를 뽑아 버려라/그건 하나의 고추. 이걸 바쇼는 이렇게 바꾸었다. 고추 하나/날개를 붙여 주어라/빨간 잠자리 하나.[49]

---

49 *Ibid.*, p. 28.

서구인의 눈에 비친 동양 문학

일반적으로 일본 시란 순수한 희랍적 의미에서
에피그램epigram이라고 할 수가 있다. 시인은 특히 내용만을 중시한다.
그리고 작가의 노력, 인공적 작업, 보석세공인의 재주를 무시한다.
정작 그들에게 관심이 있는 것은 적은 말로써 많은 암시를 주는 일이다.
단가의 다섯 줄 시구로, 서양의 18세기의 그 훌륭한 풍경 화가들이
하나의 특징을 살려 멋지게 굽이쳐 펼치던 화폭의 역할을 다 해내는 일이다.
— 엔레케 고메스 카리요[1]

19세기까지의 동양 문학의 붐과 한국 문학

동양에 대한 동경, 동양 미술에의 심취, 동양 사상에의 접근을 거쳐 이제 서구 문학은 직접 동양 문학에 관심을 보이기 시작한다. 동양 문학에 대한 관심은 17세기의 중국 역사서에서 간간이 소개된 시경이나 역경에 대한 이야기 정도가 아니라 이제는 주로 문학사나 동양 시, 기타 문학 작품의 번역, 일본의 노, 가부키 등의 공연에 이르기까지 보다 적극적인 자세로 바뀐다.

동양 시에 대한 소개는 프랑스를 중심으로 19세기 중반부터 커다란 활기를 띤다. 앞서 말한 바와 같이 1862년의 에르베 생드니의《당시唐詩》, 쥐디트 고티에의《왕玉의 서書*Le livre de jade*》, 일본 단가를 번역한《잠자리 시》, 로스니의《일본 문학선》, 브레몽의《중국의 시》등은 많은 영향과 파문을 남긴 명저들이다. 1893년 에두아르 샤반이 프랑스 대학의 중국학 교수로 들어오면서 이제 동양 문학에 대한 관심은 엑조티시즘의 경지를 벗어나 학문 시대로 돌입한다.[2]

---

1 E. Gómez Carrillo, *El Sentimiento Poético Japonés,* en 'El Nuero Mercurio'(Barcelona: IV-1907) num. I, pp. 444-459.
2 Cfr.《동서문학》(서울:7-1986), pp. 342-343.

19세기의 동양 문학 소개의 주역이 프랑스였다면 1853년 매슈 페리의 도쿄 여행으로부터 세기 말에는 그 역할이 영미 쪽으로 많이 넘어간다. 또한 동양 문학에 대한 관심도도 초기가 중국 문학 중심이었다면 러·일 전쟁(1904-1905)의 일본 승리를 계기로 서구의 관심은 완전히 일본 일색이 되어 가는 느낌을 준다.[3]

한편 1882년 한·미 조약을 비롯한 한국의 문호 개방으로 한국 방문기, 문화 소개가 잠깐 생기를 띤다.[4] 우선 손에 잡히는 대로 에룬스트 옴벨트의《금단의 나라 조선 기행》(1880),[5]《한국, 은자의 나라》(1882),[6]《일본 예술의 한국 기원론》(엘리엇 그리피스, 1882),[7] 그리고 그 유명한 퍼시벌 로웰의《조선, 고요한 아침의 나라》(1886)[8] 등이 씌어진다. 그러나 이들 대부분의 책은 역사, 지리, 풍속 소개서 내지는 라프카디오 헌 스타일의 인상주의적 터치를 벗어나지 못하고 있다. 예를 들어 로웰의 감상문스러운 구절을 들어 보자.

> 나는 먼 나라에 줄곧 혼자 와 있는 것 같은 것을 느꼈다. 나의 맞은편으로는 해안을 따라 석양 속에 파도 멀리 언덕이 일어서고 있었다. 고요하고 평화로운, 내가 느꼈던 그들의 기억 같은 정경이었다. 바다가 사나워질수록 더욱 무서운 귀신 같은 형상. 매서운 바람이 남쪽으로부터 불어오고 바람을 따라 물결이 끊임없이 솟았다 가라앉았다 하고 있었다. 그리고 그 바람은 소금기 어린 바다 냄새를 사정없이 내 얼굴에 갖다 뿌렸다.[9]

이 장면은 물론 그가 한국 방문을 마치고 부산을 떠나던 때의 인상기이다. 그 속에는 많은 꿈과 낭만이 자리하고 있어 그가 다룬 한국에 대한 내용이 얼마나 자기중심적이고 감상적인가를 잘 말해 주고 있다.

한국에 대한 책으로는 그리피스의《코레아, 은자의 나라》(1882)가 보다 과학적이다. 한국에 와 보지 않았던 그는 그 당시까지 일본에 있으면서 서구에서나

---

3 Cfr. F.M. Michael, G.E. Taylor, *The Far East in the Modern World*(New York: 1956), pp. 161-168.
4 *Ibid.*, pp. 155-156.
5 Ernst Oppert, 한우근 옮김, *Ein Verschlossenes Land, Reisen Nach Korea*(Seoul: 1956).
6 Elliot Griffis, *Corea, the Hermit Nation*(New York: 1882).
7 Cfr. *Ibid.*, p. XVII.
8 Percival Lowell, *Choson, the Land of Morning Calm*(Boston: 1886).
9 *Ibid.*, p. 396.

일본에서 출판된 한국에 대한 모든 자료를 총동원하여 하나의 학자의 입장에서 정치, 경제, 사회, 역사에 이르기까지 자세하게 다루고 있다. 특히 그가 책 말미에 제시하는 '참고 서적 목록'은 그 당시까지 발표된 한국에 관한 서구의 자료를 총집대성한 좋은 자료라고 할 수가 있다. 그는 부록에서 유럽인들에 의해 연구된 한국학에 대한 소식을 소개하고 로스니, 애스턴, 리델 주고의 저서까지도 잊지 않는다.

그는 한국 문학에 관한 글에서 한문학 중심의 문학 성향을 지적하고, 재미있는 것은 신토이즘 '神' 자가 한글과 유사하다는 설을 소개한다. 그는 1871년 어느 신토이즘에 관한 연구가가 '고지키'를 '엉터리식' 한글을 써서 발표한 예를 들고 일본 예술과 함께 일본의 문자, 내지 문학의 일부가 한국에서 기원한 것이 아닌가 하는 의문을 제기한다. 이런 일본 문학과 한국 문학의 연관설은 일본의 단가가 한국의 왕인으로부터 들어온 것이라는 설 등을 비롯, 유럽 학자들 간에 간간이 논의되었던 문제들이다.[10]

그리피스의 책이 흥미 있는 것은, 짧으나마 우리의 시가에 대해서도 언급하고 있는 점이다. 그의 설명에 따르면,

> 시는 두 종류로서, 하나는 노래나 풍자적 묘사, 재미있는 속담 같은 것을 일정한 운율이나 글자 수에 맞춰 쓰는 것이고, 다른 하나는 풍월이라는 것으로 사람들이 더 즐겨 쓰는 장르다. 그것은 가볍고 서정적인 성격을 지닌 것으로 그 이름이 말해 주듯이 주로 달과 바람을 노래한 것이 많다. 미풍에 나부끼는 아름다운 대나무, 달빛에 비친 바다, 혹은 풍경, 그리고 갖가지 자연의 변화 등이 시로 씌어진다. '시 모임'은 술잔과 필경 도구를 지참한 채 좋은 경관을 찾아 나가 벌어진다.[11]

고 이야기한다. 여기 하나, 그의 지식의 원천이 일본 사람들인 것을 알려주는 말이 나오는 것은 한국인들이 선호하는 작가는 중국 시인·명유들만이 아니고 아라이 하쿠세키를 비롯한 18세기 예도의 학자들이라고 지적한 점이다.[12]

그러나 막상 한국 문학의 소개라고 하면《춘향전》의 프랑스어 번역의 파문으

---

10 Cfr. Elliot Griffis, *op. cit.*, pp. 446-449.

11 *Ibid.*, p.450

12 Cfr. *ibid.*

로《조용한 아침의 제국의 감상적인 영혼》[13]따위의 기사와 헌의《은하수의 로맨스》[14]에 소개된 일본판 견우직녀의 이야기가 우리 문학과 관련이 있을 정도이다. 19세기 말경에 '금지된 나라', '은자의 나라', '조용한 아침의 나라'로 잠깐 관심에 오르던 한국에 관한 테마는 20세기에 들어서면서 거의 빛을 잃고 일본의 그늘 속에 잠자게 된다.

동양 문학사의 범람과 중국 시 번역

허버트 앨런 가일스는 초기 중국 문학사를 서구에 번역한 대공로자이다. 1889년《장자》라는 책을 쓰고 그 유명한 장자의 나비 꿈을 소개한다. 장주가 자다가 나비 꿈을 꾸었는데 "공중에 날아다니는 영락없는 나비였고 자신이 장주라는 생각은 조금도 없었다." 그러나 막상 꿈에서 깨어나 보니 자신은 전과 같은 장주임에 틀림이 없었다는 것. 거기에 장주의 생각이 깊다. 도대체 보통 생각대로 장주가 나비가 된 꿈을 꾸었는가, 아니면 지금 그 꿈속의 나비가 자신이 장주라고 꿈꾸고 있는 것일까?[15]

이 책은 인상주의적 본체론이 범람하던 그 시대에 적지 않은 영향을 미쳤는데 그 파문은 얼마 전에 작고한 아르헨티나의 작가이면서 시인인 호르헤 루이스 보르헤스(1899-1986)에까지 미친다.[16] 그러나 앨런 가일스의 다음 번 명저는《중국 문학사》(1901)[17]이다. 인용한 책과 함께 보르헤스에게 지대한 영향을 미친[18]이 중국 문학의 집대성은 쥐디트 고티에의 당시 번역과 함께 중국 문학에 대한 지식을 본 궤도에 올려놓는다.

일본 문학에 관한 것으로는 로스니의《일본 문학선》(1871)[19] 등 간헐적인 소개가 이루어지다가 1899년 일본 대사 및 한국에 외교관으로 왔던 애스턴이《일본

---

13 Cfr. E. Gómez Carrillo, *El Alma Sentimenal del Imperio de la Mañana Apacible, en Literatura Exótica*(Madrid: 1920), tomo IX de las Obras Completas.

14 *Romance of Milky Way, and Other Studies and Stories*(Boston: 1905).

15 Cfr. Jorge Luis Borges, *Obras Completas*(Buenos Aires: 1974), pp. 168-169.

16 Cfr. *ibid.*

17 H.A.Giles, *A History of Chinese Literature*(London: 1901).

18 Cfr. J.L Borges, *op. cit.*, p. 772.

19 León de Rosny, *Anthologie Japonaise*…, Maison Neuve Cie(1871), p. 222.

문학사》[20]를 내놓으면서 본격화된다. 이 책은 출판되자마자 유럽 각국어로 번역 내지는 소개되는 영광을 갖는다. 그의 책에서 참고로 일본 시에 관한 부분을 번역하면 다음과 같다.

> 일본 시는 한마디로 서정시뿐이라고 해도 과언이 아니다. 서정시라고는 하지만 우리말로 하자면 다른 적당한 말이 없으니 에피그램이라고나 할까. 그것은 주로 어떤 하나의 감정의 표현이다. 사상의 시도 있고 고향을 그리워하는 시, 떠나간 사람을 그리는 시, 사랑과 술을 칭송한 시, 죽은 사랑에 대한 조가, 삶의 부질없음에 대한 한탄들이 그것이다.[21]

이런 설명은 동양의 대부분의 시에 상당될 수 있는 성격으로 뒤에 오는 동양 시 영향의 세대에 여파를 남긴다. 20세기 초에 일본 및 동양 문학의 전문가들은 상당히 많다. 애스턴 외에 체임벌린, 사토, 웰레이, 페넬로사, 디킨스, 라프카디오 헌 등등은《고대 일본의 동물》(1896),《신토》(1905) 등 애스턴의 책에서부터 웰레이의 중국 시, 일본 시,《일본의 노 연극》(1921)까지 닥치는 대로 동양 문학에 관한 소개 내지는 번역에 열을 올린다.[22] 이즈음 스페인에서 출판된 것으로 생각되는《대일본》이라는 책도 흥미 있다. 1888년 바르셀로나의 세계 전시회의 일본 촉탁 임원이라는 소개가 붙은, 가르시아 얀소가 쓴 이 책은 일본의 문학사가 상당히 자세하게 기록되어 있다.《만엽수》,《고지기》에서부터 노 연극의 내용 소개까지 있는 지식을 다 동원한 듯한 371페이지의 알찬 내용이다. 일본 소설, 연극, 시는 물론 일본말까지 뒤에 부록으로 첨가하고 있다.[23]

다음 일본 문학의 소개로 특기할 만한 저서는 소르본 대학의 극동 문화 교수인 미셸 르봉의《초창기부터 20세기까지의 일본 문학선》(1910)이다. 일본 문학사를 요약해서 설명하고 대표적인 작품들을 번역한 이 책은 종전의 책과는 학문적인 깊이에서 추종을 불허하는 데가 있었다.[24] 이 책의 중요성을 이야기하면

---

20 W.G. Aston, *A History of Japanes Literature*(London: 1899).

21 *Ibid.*, pp. 24-25.

22 Cfr. Yong-Tae Min, *Lo Oriental en la Poesia Española Contemporánea*(Madrid: inédito, 1975), pp. 134-136.

23 Cfr. *ibid.*, pp. 142-143.

24 Michel Revón, Anthologie de la Littérature Japonaise des Origines au XXe siécle(Paris: 1910).

서 슈워츠는 이때부터 프랑스 문학에 서투른 일본 문학 개념이 자리를 감추고 과학적인 지식의 세대로 들어간다고 말한다.[25]

1920년은 우리의 연구의 핵심이 될 일본 시가의 모방 붐이 일기 시작하는 시기다. 이때를 정점으로 해서 그 주인공의 하나인 폴 루이 쿠슈의《아시아의 시인과 현자들》[26]이라는 책이 인기를 누린다. 이 책은 그 내용이나 당시의 유럽 시인들에 미친 파문으로 보아 단연 획기적인 시도였다. 중국 시는 물론 특히 일본 시에 대한 자세한 설명과 번역은 당시 모든 문학인들의 교과서로 칭송받을 만한 것이었다.

이상 열거한 것과 같은 중국 및 일본 문학사 및 문학 작품 전반에 관한 관심은 차차 동양 문학의 특징이면서 강점인 한 곳으로 쏠리기 시작했다. 그것은 다름 아닌 우리의 시가다. 한국의 문학은 그 소개 자체가 불모지였다고 할 수 있지만 여타 문학 중에서 중국 시와 일본의 단가, 하이쿠에 대한 인기는 대단한 데가 있었다. 많은 경우 동양 시가 모두 같은 것으로 혼동되기도 했지만 20세기 초 이후에는 일본 시가 중국의 그것에 비해 훨씬 목소리가 컸다. 시간이 갈수록 그 중요성을 더해 가는 일본 시의 영향을 좀더 자세히 검토하기 위해 우리는 여기서 우선 중국 시의 번역 및 반향을 짚고 넘어가자.

20세기 초의 동양 시의 가장 저명한 번역가 중의 하나는《중국인의 시》의 작가 존 프랑스 데이브스와 함께 아서 웰레이다. 웰레이는《170편의 중국 시》(1918)에 이어 1919년에는《중국어로부터 추가 번역》을 내고《시경》으로부터 근대에 이르기까지 중국 시의 정수를 간추려 영어로 옮긴다. 그러나 가장 그의 관심을 끌었던 것은 역시《당시唐詩》였던 듯, 이태백을 비롯한 백낙천의 시가 광범위하게 소개되고 있다.[27]

그러나 일본 시와 함께 중국 시를 영·미에 소개한 가장 큰 공로는 차라리 에즈라 파운드와 에이미 로웰 같은 이미지즘의 선구자들에게 넘어가야 할 것 같다. 이 두 시인 모두 초기에 휘슬러로부터 인상주의 취향의 동양 영향을 받고 동양

---

25 Cfr. W. Leonard Schwartz, *The imaginative Interpretation of the Far-East in Modern French Literature, 1800.-1925* (Paris: 1927). pp. 159-165.

26 Paul Louis Couchoud, *Sages et Poétes d'Asie*(Paris:1906).

27 Cfr. Yong-Tae Min *op. cit.*, p. 151.

시를 모더니즘에 동원한 점에서는 비슷한 데가 있다.

먼저 파운드의 1912년 어네스트 페놀로사의 미망인으로부터 중국 시와 일본 연극 '노(能)' 에 관한 원고를 받는다. 당시 이미지즘의 선구자로서 동양 시에 관심을 보였던 그는 당시唐詩를 중심으로 한 한시의 글자 글자에 주와 설명을 붙여 놓았던 페놀로사의 원고를 영시로 번역하면서 자신의 독특한 천재성을 발휘하여 새로운 시어의 창조에 성공한다. 그는 중국 시야말로 가장 전형적인 이미지스트 시라고 생각한다. 특히 그가 중국 시와 일본 시에서 발견한 이미지의 병치super position는 그 뒤 그의 시법에 지대한 영향을 미친다.[28]

파운드의 연구가 스탠레이는 파운드의 시의 동양 영향에 대해서 다음과 같이 이야기한다.

> 사실상 그가 데 이마지스트Des Imagists의 시라고 써 보인 작품 중에서 여섯 중의 네 편이 중국 시의 번안이었다. 〈황후에게 바치는 부채 피드Fan Piede, for Her Imperial Lord〉〈차이 치〉가 그것인데 특히 이 마지막 시는 하이쿠의 방법을 따른 것으로 나중에 그 유명한 〈지하철역에서〉와 함께 약간 더 길기는 하지만 이미지스트 시법을 썼다는 점에서는 일치하고 있다.[29]

그러면 일본의 하이쿠(파운드는 '호쿠hokku'라는 명칭을 더욱 좋아했지만)와 중국 시법이라고 한 이미지의 병치란 어떤 것인가? 우선 그 유명한 시 〈지하철역에서〉를 통해서 알아보자.

> 군중 속에 문득 이들 얼굴들의 출현;
> 검고 물기에 젖은 가지에 핀 꽃잎들.
> The apparition of these faces in the crowd;
> Petals on a wet, black bough.

처음 우리는 지하철역에서 그 땀 냄새 나는 군중 속에 문득 아름다운 얼굴들을 발견한다. 그 얼굴들의 출현은 'apparition'이라는 말이 주는 연상처럼 도깨비

---

28 Cfr. Earl Miner. *The Japanese Tradition in British and American Literature*(Princeton, New Jersey: 1958), pp. 116-127.
29 Cfr. Yong-Tae Min, *op. cit.*, p. 169.

가 나타나듯 현묘한 기적 같은 느낌이다. 이런 사실적인 느낌과 감각, 즉 현실의 이미지는 갑자기 전연 관계없는 꽃가지라는 이미지로 오버랩된다. 그러나 이 꽃가지는 이상하게 검고 물기가 젖어 있다. 예사 꽃가지가 아닌 이런 검은 꽃가지는 곧 첫 번째 이미지와 맞부딪치면서 비극적·산문적인 연상을 끌어 온다. 그래서 이 군중은 지하철역에서 줄을 서고 늘어선 군중일 수도 있고, 검은 지하철 열차의 모습일 수도, 혹은 그 안에 틀어박혀 졸고 있는 피곤에 지친 서민의 모습일 수도 있다. 그 속에는 문득 기적처럼 다가오는 밝은 얼굴, 사랑하는 사람의 얼굴, 인연으로 다가오는 아름다운 이의 모습, 그것은 늘 어려운 꽃 이파리처럼 경이와 찬탄의 영상이다. 시법상 이렇게 전연 사실적인 관계가 없는 두 이미지의 충동적인 병합을 파운드는 '슈퍼 포지션'이라고 부르고 동양 시법의 핵심이라고 보았다.

에이미 로웰은 파운드보다 인상주의적인 휘슬러의 영향을 더욱 많이 산다. 그녀의 《우키요에》를 연상시키는 제목의 시집인 《떠도는 세상 그림》에는 〈리타이포〉, 〈초 웬 춘〉 같은 지난날의 '치노서리'(이국 취향적 중국 이미지)에 가까운 시들이 많다.[30] 그녀의 《전나무꽃 액자》는 에이스가흐와 함께 번역한 중국 시집인데 참고로 한 작품을 옮겨 보자.

> 그는 왜 내가 옥빛 푸른 언덕에 앉아 있느냐고 묻는다.
> 나는 웃고 대답을 그만둔다. 내 마음은 포근하고 평화롭다.
> 떨어진 도화꽃은 강물 위에 널리널리 펼쳐진다.
> 이것은 또 하나의 하늘과 땅, 인간 세상이 아니다.[31]

이태백의 〈산중문답山中問答〉을 옮긴 이 시는 파운드의 《캐세이*Cathay*》의 중국 시 번역보다 이미지의 충돌을 최소한도로 줄인 흔적이 역연하다. 같은 동양 시의 영향 속에서도 로웰이 시적 성취도에 있어서 아직 휘슬러식의 인상주의적 감상에 머물고 있다는 증거는 그녀의 이런 번역에서도 나타나고 있다.

영미 문학의 이미지즘에서 나타난 중국 시의 영향은 그것이 중국 시와 일본

---

30 Cfr. *ibid.*, pp. 170-171.
31 *Ibid.*, p. 172.

의 단가, 하이쿠까지를 한 묶음의 이미지 창출 시법의 모델로 본 점이 프랑스를 비롯한 기타 유럽 여러 나라의 일본 하이쿠 편향의 그것과 다르다. 물론 이 어느 나라의 시에서도 중국 시와 일본 시의 특징이 구별되어 이해된 적은 없었다. 그러나 그 현상이 특히 파운드의 천재성을 거치면서 이질적인 이미지의 병치로 이해한 점은 오리지널하다고 하겠다.

또 하나 파운드의 한자 이해 부족과 관련하여 폴 엘뤼아르와 함께 한자 구성 요소의 이미지 관점에서의 이해, 한자어 구성의 이미지, 비약적 창조성의 발견은 가장 흥미 있는 현상 중의 하나다. 애초에 한자의 형성이 자연의 모양을 따서 이루어졌다는 것은 받아들여진 이론이나, 그것은 우리에게 이미 기호화해서 그 형상성이 갖는 시각적 이미지를 잃은 지 오래다. 가령 人자가 사람이 서 있는 모습을 따고 山자가 산 모양을 딴 것은 이해가 가지만 우리는 이들 글자를 그림스러운 감각으로 보지 않는다. 또한 木자가 여럿이면 森자가 되어 짙은 숲을 나타낸다는 것도 그림스러운 상상은커녕 관념적인 의미로서도 우리에겐 전연 새롭지 않다. 그러나 이런 표의문자를 처음 대한 외국인들은 다분히 이미지적이고 의미 복합적인 눈으로 볼 수밖에는 없었다. 파운드의 《송가*Cantos*》에 그토록 빈번히 등장하는 中자, 明자 등등은 그 모르는 글자가 내포하는 미술적 연상 및 그 이미지의 마력에 끌린 파운드의 취향 중의 하나다.[32]

또한 복합어 형성이 자유로운 게 한자라고 한다면 이걸 번역하면서 파운드는 이미지의 비약을 만끽한다. 가령 이태백의 시의 '옥계玉階'는 그냥 옥으로 만든 층계인 반면 영어로 'jewel stairs', 'jewelled steps' 하면 이미지의 참신함이 한자어에 댈 바가 아니다.[33] 즉 보석의 이미지가 계단과 오버랩되면서 보석으로 만든 계단이라는 과학적 해석을 떨치고 일어나 계단이 곧 보석이 되는, 별의 층계 같은 이미지로 비약하기 때문이다. 파운드의 시에는 이런 복합어가 수없이 눈에 띈다. 예를 들면, The grass-blade, lily-of-the-valley, a grasshopper flying 같은 영어 표현에는 생경한 조어들이 바로 이런 한자 복합어의 이미지성에서 아이디어를 얻은 시어 개혁의 결과라고 하겠다.

---

32 Cfr. Earl Miner, *op. cit.*, pp. 127-152.

33 Cfr. 김희보, 《중국의 明時》(서울: 1983), pp. 43-45.

한자어의 서구적 이해가 빚은 형상성은 아폴리네르를 비롯한 그림 시 내지는 '구체시'의 발아와 무관하지 않다. 그 증거로 그의 첫 그림 시집의 명칭이《서도書道/*Calligrammes*》(1919)이고, 비를 테마로 한 시를 빗줄기 모양으로 배치한다든지, 즉 사물의 형상을 따서 배치했던 일은 동양의 한문학에 흔히 있었던 일이기 때문이다. 또한 비슷한 시기에 멕시코의 아방가르드 시인 호세 후안 타블라다는 아폴리네르의 예와 비슷한 그림 시를《리포〔李白〕》(1919)라는 제목으로 냈다.[34] 이태백의 이름이 그림 시의 시도 작품의 표제로 들어간 것도 그렇지만 이들 아방가르드 시 운동의 시 배치의 형상성은 중국 시, 특히 한자의 이미지적 이해 및 착상과 다분히 관련이 있다는 것을 입증해 주고 있다.

일본 시에 대한 서적 붐

세기 초의 동양 관계 서적 중에서 가장 많이 눈에 띄는 것은 일본 시 번역과 시작법에 대한 책들이다. 앞서 말한 문학사 내지는 문학 작품선에 삽입된 작품들도 많은 경우 시 중심으로 되어 있는 것이 많다.

우선 시기적으로 관찰해 볼 때 체임벌린의《일본 고전 시》는 작자가 직접 일본을 방문한 일본어와 문학의 전문가라는 점에서 특기할 만하다. 이 책은 라프카디오 헌을 비롯한 당시의 모든 일본 선호가들이 구미를 북돋워 주는 귀중한 역할을 감당한다.[35] 특히 나중에 서구의 최초의 하이쿠 모방 시인이 될 쿠슈로 하여금 일본 단가와 하이쿠에 심취하게 만든 점은 역사적으로 위 책이 얼마나 중요한 가치를 가지고 있는가를 입증해 준다. 쿠슈는 체임벌린에게 영향을 받아 1906년경〈일본의 서정적 에피그램들Des Épigrammes Lyriques du Japon〉이라는 글을 발표한다. 약 100편에 달하는 하이쿠와 그 시법의 설명까지를 곁들인 이 글은 뒤에 1920년《아시아의 시인과 현자들》이라는 책에 수록됨으로써 유럽 하이쿠 모방 작가들의 교과서 역할을 톡톡히 한다.[36]

---

34 Cfr. Yong-Tae Min, *op. cit.*, p. 206.
35 Cfr. B.H. Chamberlain, *Japanese Poetry*(London: 1910).
36 Cfr. Yong-Tae Min. *op. cit.*, pp. 135, 156.

그러나 서구인들의 하이쿠에 대한 개념은 인용한 바 있는 애스턴의 《일본 문학사》에 나오는 것이 흥미 있다. 그는 17세기 일본 시와 특히 하이쿠의 최초의 대가 바쇼를 언급하는 글에서 이런 설명을 한다.

> 그것은〔하이쿠〕 이들 작은 감정 표현이 그 운율 때문에 산문과 다른 것만은 아니다. 이들 시 속에는 완숙에 가까운 적합한 문장이 있어, 우리는 아름다운 환상이나 진정한 감흥의 작고 순연한 시 정신이 숨 쉬고 있음을 느낀다. 잘 관찰해 보면 때로는 고고한 자비와 지혜의 반짝임이 눈에 띈다. 암시성이라는 게 이들 시의 가장 특징적인 성격이다. 가령 다음의 하이쿠를 보자.
>
> 꽃구름!
> 우에노의 종소리인가
> 아사쿠의 종소리인가?[37]

애스턴이 설명한 "완숙에 가까운 적합한 말", "암시성" 등은 두고두고 혹은 이미지즘의 시학을 통하여, 혹은 프랑스 순수시를 전후한 시어 생략법에까지 파문을 던진다.

이들 외에도 일본 시에 대한 선집은 수없이 많다. 그중 대표적인 것들만 언급하면 W. N 표터의 《고대 일본의 100편의 시》(옥스포드, 1909), 같은 저자의 《일본 에피그램의 일 년》(런던, 1911), 윌레이의 《일본 시, 우타》(옥스퍼드, 1919), 요네노구치의 《일본 시》(런던, 1915), 《일본 호쿠》(보스턴, 1925)[38]와 에이미 로웰의 하이쿠 선전은 일본 시의 붐을 대변하는 현상들이다.

이런 일본 시에 대한 인기는 프랑스, 영미뿐만 아니라 스페인, 이탈리아까지 미친다. 이들 두 나라의 일본 시 붐은 서구 다른 나라들의 유행의 여파로 원천은 비슷하다고 하나, 각 나라의 구미와 문학 경향에 따라 약간씩 차이를 보이고 있다.

특히 스페인에는 이미 애스턴의 책이 1899년 《라 에스파냐 모데르나》라는

---

37 *op. cit.*, p. 25.
38 Cfr. Yong-Tae Min, *op. cit.*, pp. 138–139.

잡지에 소개된다.[39] 그러나 정작 일본 시 붐이 이베리아 반도에 도착한 것은 1907년 과테말라의 동양 전문가 고메스 카리요가《엘 누에보 메르쿠리오》라는 문학지를 바르셀로나에서 창간하고부터이다. 그는 이미〈일본 영혼〉,〈먼 나라 땅으로〉 따위의 이국 취향 문학에 연연하다가 언급한 잡지에〈일본인의 시적 감정〉이라는 글을 발표한다. 그의 설명은 단가의 5-7-5, 7-7조의 시법, 하이쿠의 5-7-5조 작시법을 비롯, 일정한 운율이 없고 각운이 없다는 설명까지 곁들인다. 그 내용에 있어서는 "작은 말로 많은 암시를 할 것", "단순한 이미지를 한두 개 제시할 것" 등을 시사한다.[40]

일본 시 붐의 그 다음 시기는 1920년 전후해서 시인이며 평론가였던 엔리케 디에스 카네도의 일본 시 선전이다. 이미 1907년부터 단가를 번역한 바 있던 그는 프랑스의 하이쿠 모방 붐을 스페인에 소개하면서 일본 시 선전가로 등장한다. 그는 두 종류의 하이쿠를 들 수 있다며 하나는 "연상과 암시를 주로 하는 하이쿠"요, 또 하나는 "그림스러운 이미지"나 풍경 묘사를 통해 시적 감흥을 자아내는 하이쿠라고 설명한다.[41]

그러나 이들 스페인의 두 일본 시, 아니면 동양 시 대가가 본 하이쿠나 단가는 며 가지 특징을 가지고 있다. 그 하나는 중국 시와 일본 시를 그 내용 면에서 같이 이해하고 있는 점이고(이는 영미 문학권과 같은 현상이다), 다른 하나는 동양의 시가 스페인의 민요와 아주 흡사하다고 지적하고 있는 점이다.

디에스 카네도는 웰레이의 중국 시 번역에서 다시 스페인어로 옮기면서 3-4세기의 이 중국 시가 스페인 민요 냄새가 난다고 지적한다.

> 등불이 꺼지고 있어요,
> 등장에 기름도 없고요
> 가시라는 말은 아니에요,
> 남아 계시라는 말은 아녜요…[42]

---

[39] Cfr. Fernando Araujo, *Historia de la Literatura Japonesa, en La España Moderna*(Madrid), núm. XII, pp. 154-158.
[40] Cfr. Yong-Tae Min *op. cit.*, pp. 145-148.
[41] *Ibid.*, pp. 149-152.
[42] *Ibid.*, p. 151.

그는 또 1920년대의 글에서 일본 시와 스페인 민요의 유사성을 지적한다.

고메스 카리요도 하이쿠(그는 당시 많은 유럽 시인들과 함께 '하이카이'[43]라고 부르길 좋아한다)는 "스페인의 민요와 대단히 흡사"하다고 다음 하이쿠를 예로 든다.

> 모든 사람에게
> 꿈의 정수는 역시
> 가을 달이어라.[44]

이상과 같은 일본 시와 중국 시의 혼동, 또한 스페인의 전통 민요와 유사성에 대한 강조는 스페인 현대시 발전에 뜻하지 아니한 결과를 가져오게 된다. 즉 동양 시 모방이 유행이던 시대에 안토니오 마차도나 페데리코 가르시아 로르카는 똑같은 일념으로 전통 민요를 현대적 감성으로 되짚기 시작하는 것이다.

서구인이 본 동양 시의 특징

주로 일본 시에 대하여 이야기해 온 자료 중에서 동양 시의 성격을 가늠해 보려 하는 것은 다음 두세 가지 이유에서다. 그 하나는 넓은 의미에서 볼 때 중국, 일본 시, 한국 시는 그 차이보다 일치점이 많다는 역사적·수사적 관점에서다. 금세기에 이르기까지 한국이나 일본의 시인들에 의해 한시가 씌어졌고, 너나 할 것 없이 이태백, 백낙천, 두보, 한유의 숭배자였다면 그것이 어느 언어로 씌어졌다 할지라도 어딘가 같은 맥락에서 이해될 수 있는 점이 훨씬 많다고 느껴지기 때문이다. 둘째는 동양 시를 보아 온 서구 관찰자들의 혼동이다. 영미 문학권이나 프랑스, 스페인의 많은 전문가, 특히 시인들은 이 문학이나 저 문학이나 아직도 같이 보고 있는 실정이다. 이런 시점에서 세기 초의 현상을 구태여 구별 지어 생각할 필요는 없으리라는 것이 나의 의견이다. 셋째는 우리의 관점이 동·서양

---

43 Cfr. E. Diez-Canedo, *Haikais, en España*(Madrid: 9-X-1920), pp. 11-12.

44 Cfr. E. Gómez Carrillo, *El Sentimiento Poético Japonés, en El Nuevo Mercurio*(Barcelona: IV-1907), núm. I, pp. 444-459.

의 시를 비교하는 커다란 의미에서의 시안을 필요로 하는 점이다. 프랑스 시와 영국 시를 구분하고 있지 않을 바에야 한국 시와 일본 시를 구분해야 할 당위성이 없다.

따라서 여기서 그 비교 방법상 우리는 두 가지 시안을 갖고 시작하려 한다. 그 하나는 시대와 영향을 고려하지 않는 동시성 비교synchronical comparative study와 실제 그들이 본 관점을 체크해 보는 역사적 비전이다. 이 두 번째 관점은 그들이 옳게 보았건 보지 않았건 있는 그대로를 자료를 통해 제시하면 그만이다. 다만 이것은 동양 영향의 관점에서 그들의 문학사를 관찰할 때 많은 경우 놓치기 쉬운 역사의 미궁을 설명해 줄 경우가 있다.

① 동양 시의 형식은 짧다 ── 르네상스 이후 서구의 가장 일반적인 짧은 시인 소네트는 11음절의 4-4-3-3, 총 14행의 시다. 긴 것은 서사시까지 같은 부류에 집어넣는다고 할 때 비교가 안 된다. 일본의 단가, 한국의 시조, 중국의 5언절구·7언절구를 쳐도 소네트의 길이에 이르지 못한다. 한시에 길기로 유명한 백낙천의 《장한가》도 840자에 불과하다.

또한 동양 시는 이렇게 대체로 짧아서 극시의 연聯이라는 것이 없다. 물론 엄격히 따지면 내용상 연으로 구분될 수 있는 시조의 초장·중장·종장이 있을지는 모르나 그 정도는 서구 시의 연의 의미를 따라가지 못한다.

서양 시에 유일하게 동양 시처럼 짧은 예를 구하려면 토막토막 전해오는 민요나 속담풍의 노래 정도다. 민요의 노랫말도 우리 것보다는 긴 게 시구에 훨씬 많고 구구절절이 설화조, 이야기조가 많아서 중세부터 르네상스에까지 유행했던 로만세Romance를 보아도 긴 것은 책이 될 정도이다.

따라서 서구인이 동양 문학을 접하면서 그 정수인 시에 관심을 두었고 거기 무엇보다 놀란 것은 동양 시가가 짧다는 사실이었다. 짧은 중에서 가장 짧은 하이쿠가 그들의 주목을 끈 것은 서구 전통에 유래가 없다는 경이감과 함께 근세에 들어와 붐을 타기 시작한 일본 붐의 열기 때문이었다.

바쇼의 짧은 시에 대한 아집과 일생에 대여섯 개의 좋은 하이쿠를 쓰면 대가라는 말을 연상하면서 에즈라 파운드는 동양 시의 짧음에 대해서 감탄한다.

> 일본인들은 이와 같은 개척 정신〔창조적 의미의 신충〕에 센스가 있었다. 그들은 이런 종류의 앎의 아름다움에 대해서 이해하고 있었다. 중국인들은 옛날부터 열두 줄에 다 말해야 될 것을 말할 수 없으면 차라리 입을 다물라고 말한 적이 있다. 일본인들은 그보다 한발 더 나아가서 호쿠 같은 지극히 짧은 형식의 시를 개척해 냈다.[45]

일본 시의 이런 짧다는 인상은 위에 언급한 모든 소개자들의 한결같은 설명이어 왔고 아방가르드 시대에 오면 막스 자코브는 이런 권고까지 서슴지 않는다.

> 보통 긴 작품만 선호하는 경향이 있다. 그러나 많은 시간 동안 아름다움을 간직하기란 어렵다. 300페이지가 넘는 페기의 〈헤와〉보다 차라리 세 구절밖에 안 되는 일본 시가 더욱 마음에 들 때가 있다.[46]

이 정도에 이르면 1920년대 가까이에 이르러 왜 갑자기 서구 시가 일반적으로 짧아지는가를 이해할 수 있을 것 같다. 미니스커트 유행 시절에는 노인네의 긴 치마도 더욱 길게 느껴지기 마련이다. 그리고 동양 시가 조롱이나 해학의 의미가 약한 희랍 시절의 에피그램 같은 것이라고 설명한 말에도 이해가 간다. 서구식자 문학에서 그래도 짧은 것이 에피그램 정도였으니까. 또한 에피그램의 위트와 비약이 어딘가 하이쿠와 흡사하게 느껴졌으리라.

그중 그 영향 상태가 가장 오리지널한 게 스페인이다. 스페인 민요가 흡사했던 것은 사실 그 형식이다. 가령 〈세기디야〉 후렴은 때로 5-7-5가 되기도 하니까. 그 형식의 흡사함에 내용까지 비슷하게 생각한 것이 스페인 하이쿠 이해의 웃지 못할 운명.

② 동양 시는 운율감이 약하다—— 한시를 제외하면 한국 시와 일본 시는 음수율에 의존할 뿐 따로 각운이나 두운이 없다. 음수율도 시조의 종장 같으면 이조 후기에는 적당히 늘려 쓸 수 있는 사설시조까지 나타난다. 운율이 반복을 생명으로 하고 있다면 동양 시의 형식이 짧다는 것은 동시에 운율성이 빈약하다는 이야

---

45 Cfr. Earl Miner, *op. cit.*, pp. 124-125.

46 Cfr. Schwartz, *op.cit*, p. 216 and Cfr. Ezra Pound, *Literary Essays of Ezra Pound ed.*, T.S. Eliot(New York), p. 4, 〈It is better to present one Image a lifetieme than to produce voluminous works...〉

기로 통한다. 그만큼 반복의 폭이 좁을 터이니까.

또한 일본어나 우리말이나 적당히 한 글자씩 늘이고 줄이는 것은 문제가 아니어서 그 운율 법칙에 내용상의 융통성이 너무 많다. 서구 시의 그 복잡한 음운을 연구해 본 사람이면 한시를 제외한 일본, 한국 시의 운율은 차라리 자유시에 가깝다고 할 것이다. 의성어, 의태어가 풍성한 것이 이 두 나라의 언어라면 '갈 동 말 동 하여라', '올 동 말 동 하여라' 투의 시구 내의 운율에 오히려 신경을 썼는지도 모른다.

이런 일본 시나 중국 시의 번역을 본 서구인들은 동양 시가 자유시라고 생각한 경우도 많다. 이런 견해는 초기 이미지스트들 사이에 성행했는데 플린트는 "시는 정신적인 면에 있어서 일본 시가와 같은 자유시로", 아니면 "일본인의 단가와 하이카이 같은 순수한 자유시로"라는 말을 몇 번이고 반복한다.[47] 그러나 일본 시의 비정격성은 고메스 카리요가 더욱 자세하게 설명한다.

> 사실상 일본어는 모든 말이 모음으로 끝난다. 모음 다섯 개이니까 자운을 붙인다고 한다면, 항상 마찬가지여야 한다. 다른 내재율도 그렇게 눈에 띄지 않는다. 왜냐하면 음운상의 악센트처럼 소리의 톤은 다 같으니까.[48]

이 설명이 과히 빗나간 것이 아니라고 볼 때(특히 일본어에 있어서는) 서구인들이 일본 시나 한국 시를 알고 자유시를 배워 갔다고 해도 우리에게는 별 할 말이 없다.

③ 동양 시의 수사학의 강점은 여운과 이미지다——말이 짧으면 자연히 입 다무는 대목이 많다. 시가 짧으니 어찌 그 속에 할 말을 다 집어넣었겠는가. 동양 시 표현의 함축미는 동양 유교 철학의 언행일치 및 언행 신중론과 관련이 있다.

말이 작다거나 그림이 작다는 이야기는 한편으로 이야기와 풍경은 작품 밖에 있다는 말과 통한다. 일본 학자 쓰네요시 쓰주미는 이런 현상이 일본 예술의

---

47 Cfr. Earl Miner. *op. cit.,* p.104 and Cfr. Ezra Pound, *op. cit.*, p. 218. 〈Liu Ch'e, Chu Yuan, Vhia I, and the great vers libre writers before Petrarchan age of Li Po, are Treasury to which the next century may look for as great a simulus as the Renaissance had from the Greeks〉

48 이 글의 주 44를 참조할 것.

비한정성으로 설명한다.

> 일본 예술의 야심은 관객의 적극적인 예술 완성의 참여를 유도한다. 따라서 거기서 빚어지는 현상이 비정격성이다. 그것은 예술 활동의 실제에 있어서 여러 가지 현상을 유발하는데, 이 비정격성의 근본 개념 속에는 두 가지 부차적인 성격이 들어 있다. 그 하나는 자연의 단편적 표착이요, 또 하나는 작품이 작다는 현상이다.[49]

이런 설명은 우리의 문인화가 어떻게 대나무가 있는 숲까지를 그리지 않고 매화나무도 매화가지 하나 정도밖에는 그리지 않느냐에 대한 설명이 된다. 그런 단편성은 사실 보는 사람이 상상으로 완성하게 되어 있기 때문이라는 게 이 학자의 설명이다. 그는 이어 말한다.

> 어떤 단편적인 묘사이든지 간에 그것이 정말로 전체의 일부일 때, 그 전체의 무한성이 부각되고 연상으로서 나타나게 되어 있다.〔…〕 동양의 철학자들은 한 번도 '자연이 혼자 스스로 있다'는 식의 독자성을 생각하지 않았다. 사람이 자연에 속하고 또한 자연이 사람에게 속하는 관계로 이해했다.〔…〕이론적으로는 사실의 부분부분이 이 커다란 우주 전체의 일부라면 그 부분은 어떤 형태로든 이 전체를 반영할 것이다.[50]

이 학자의 이론을 따르면 동양 시가 암시성에 의존하고 있는 이유는 그것이 자연의 단편적인 조그만 일부의 반영이기 때문이며 동시에 그 전체를 생각하게 하는 야심적인 패턴이기 때문이라는 설명이다. 또한 이 이론은 왜 동양 시가 이야기와 뜻을, 아니면 우주의 숨은 논리를 찾아내기 위한 방법, 즉 상징이나 메타포를 주 무기로 하지 않고 이미지에 의존하느냐는 것에 대한 해석도 된다.

크리스처니즘은 자연의 창조자를 신으로 보았고 자연 속에서 신이 주는 의미를 설명하려고 애를 써 왔다. 중세의 기독교적인 비유 문학이 그것이고 오늘의 상징이 모두 뒤에 신학적, 아니면 추상적 의미를 두고 하는 소리에 불과하다. 메타포는 결국 이해와 해석을 필요로 하는 점에서 역시 어려운 논리적 체계가 엿보인다.

---

49 *El Arte Japonés*(Barcelona: 1932), pp. 119–131.
50 Cfr. *ibid.*

그러나 이미지는 무엇인가. 우선 파운드의 정의만 보아도 그건 "정서적·지적 심리의 복합체다". 그런 만큼 이미지를 통한 표현은 가슴과 상상의 동원을 더욱 요구하고 있을 뿐이다.《시경》에서부터 등장하는 흥興이라는 것을 보면 "복사꽃이 피었네/이웃집 처녀 시집가네"는 두 사실 사이에 아무 연관이 없다. 그 첫 구절이 '흥興'일진대 이것은 복사꽃이 만발한 집의 처녀가 시집가는지 시집간 날 복사꽃이 피었는지 알 길이 없다. 여하튼 복사꽃도 피고 시집도 가니 흥겨울 뿐이다. 구태여 현대 수사학 용어를 도입한다면 '정서적 메타포'라고나 할까? 즉 두 표현은 정서나 감성 면에서만 일치하고 있을 뿐이다. 이것은 동시에 파운드의 이미지 병합으로 곧장 뛰어넘을 수 있는 동양 시의 중요한 요소이기도 하다.

서양 시는 결국 읽어 가다보면 신神이나 진리라는 귀결에 이른다. 동양 시는 자연의 단편에서 자연으로 되돌려주게 되어 있다. 인간도 자연이기에 인간사 일부에서 인간의 모습, 그 슬픔과 행복, 허무, 쓸쓸함으로 되돌려줄 뿐이다. 이야기를 많이 해야 되는 것은 결론으로 은밀히 유도하고 싶을 때다. 그래서 딴 말을 많이 하고 숨겨진 뜻을 알아내길 바란다. 아리스토텔레스는 수사학의 기본인 메타포는 "사물을 제 이름으로 부르지 않고 딴 이름으로 일컫기"라고 하지 않았던가.[51] 서구 시의 강점은 역시 메타포와 상징이다. 그리고 이런 일반적인 결론이 구멍이 많다는 것을 감안하는 의미에서 동양 시의 강점은 역시 이미지일 수 있다.

지금까지 우리가 비교해 온 동·서 수사학 비교는 서양인들이 보아 온 것에 대한 설명에 불과하다. 동양의 시학은 서양인들에 의해서 좀더 논리적으로 체계화되었다. 물론 이런 서구식의 논리 정연한 설명이 동양 시학의 기氣나 의意를 규명할 수는 없는 노릇이지만.

---

51 Cfr. Allan H. Gilbert, *Literary Criticism, Plato to Dryden*(Detroit: 1962), p. 99.

동양 시를 모방한 서양의 이미지스트들

여러 차례에 걸쳐 우리는 당시의 영미 시를 순수한 자유시,
그러니까 일본의 단가나 하이쿠로 대치시켜야 된다는 생각을 가지고 있었다.
우리는 모두를 취미삼아 열 두서너 편의 하이쿠를 써 보곤 했었다.
— 프랭크 스튜어트 플린트의 《시인 클럽》에서[1]

제1차 세계대전 이후 서구에 미친 동양 시, 특히 일본의 하이쿠의 영향을 르네상스에 있어서 소네트의 전파에 비교하는 학자가 있다.[2] 그만큼 동양 시는 서양 현대시의 구석 구석에지대한 영향을 미쳤다는 이야기이다. 이 말이 다소 과장이라는 점을 감안한다 할지라도 영미 시의 이미지즘에 구심적인 수사학이 되고 있는 동양 시적 요소라든지 프랑스의 '하이쿠의 해'라고 하는 1920년의 '서양 하이쿠 운동 선언'은 이제 엄연한 역사적 사실이 되고 있다.[3]

그 영향이 반드시 일본의 시 전통의 가장 짧은 시 형식인 하이쿠를 알고 그 특징에 특별히 매료되어 일어난 문학 운동이라 하는 점에는 적잖은 모호성이 존재한다. 전에도 말했듯이 파운드나 에이미 로웰의 하이쿠는 완전히 중국 시의 수사법과 혼동하고 있으며 또 그를 스스로도 이미지의 사용이라는 면에서 거의 같은 것으로 이해하고 있는 게 보통이기 때문이다. 이런 현상은 프랑스의 하이카이 시 운동[4]이나 기타 여러 나라의 일본 시 모방 운동이 내포하고 있는

1 Earl Miner, *The Japanese Tradition in British and American Literature*(Princeton: 1966), second edition, p. 97.

2 Cfr. Michel Edwards, *East-West Passage*(London: 1971), p. 200.

3 Cfr. W, L. Schwartz, *The Imaginative Interpretation of the Far-East in Modern French Literature*(Paris: 1927), pp. 206-207.

모호성과 맥락을 같이한다.

일본 하이쿠의 특성이라면 우선 5-7-7조의 형식에서부터 일본 시 형식의 각운 따위의 운율 부재, 침사枕辭를 비롯한 전통 수사법과 자연·계절 이미지의 사용, 또한 바쇼로부터 전통화된 선미禪味 및 불교적인 미각이 시적 분위기를 이루어야 할 것이지만 그 어느 것도 서구인의 하이쿠에는 지켜지지 않고 있다. 서구인들이 본 하이쿠는 오히려 동양 시의 일반적 특질이라고 보아야 될 패럴렐리즘, 이질적인 이미지의 병치(파운드의 용어를 빌리면, 이미지의 슈퍼 포지션 기법)가 전부이며 그 형식에 있어서도 우리 시에까지 낯선 자유시 형식을 본받고 있는 점이다. 하이쿠에서 형식이 짧은 것이 그들에게 인상적이었다면 이 점도 앞서 말했듯이 동양 시의 일반적인 특질일 뿐이다.

다만 이런 동양 시 전통의 연맥에서 성찰할 수 있는 하이쿠의 특질 이외에 특히 낭만주의 이후 희한한 것, 오리지널한 것에 심취해 있었던 서구인에게 쉽게 와 닿는 이미지 비약의 기법이 하이쿠에 없는 것은 아니다. 동양 시의 전통적 시학이 기승전결起承轉結의 의미 전개를 기조로 하고 있다면 하이쿠는 그 발전 단계에서 이 결結의 부분을 거세해 버린, 좀더 현대적인 시학을 표방하고 있기 때문이다. 원래 단가의 형식에서 단가連歌를 거치면서 발생되었다고 하는 하이쿠는, 단가에 비해 우리 시조의 종장 같은 것이 없는 시 형식이었다. 즉 기승전起承轉으로 완결되어야 하는 하이쿠는 그 생략미나 암시성에 있어서 우리의 단가 형식인 시조와는 비교도 안 될 만큼 함축적인 시로 다듬어져 내려왔다. 애초에 하이카이라는 이름이 말해 주듯이 해학적이거나 회화적인 내용이던 것이 바쇼로부터 선불교적 향취를 이어받는다. 불립문자不立文字의 미학을 가미한 하이쿠는 선문답처럼 부조리와 비논리의 시학을 낳기도 한다.

첫 구절엔 계절에 상당하는 이미지, 침사를 놓고, 사물이나 자연에 대한 묘사를 거친 뒤 대개는 기레지〔切語〕가 온다. 이는 한시에서 轉의 부문에 상당하는 대목으로 지금까지의 내용에 대한 비약적인 이미지 처리가 주된 수법이다. 기

---

4 하이카이Haikai는 하이쿠〔俳句〕라는 이름보다 일본에서 지금은 잘 쓰지 않으나 프랑스를 비롯한 스페인 등지에서는 音譯上 소리가 좋아 특히 많이 쓰고 있다. 영미에서는 Haiku나 Hokku라는 이름을 선호하고 있다.

레지를 이해하는 데 있어서, 좀더 서구인들에게 쉬운 이미지 비약법으로 그들이 그토록 많이 인용하는 모리다케의 〈떨어진 꽃잎〉을 들 수 있다.

> 벌거숭이 가지
> 꽃잎이 되돌아와, 다시 보니
> 그건 나비.

여기서 꽃과 나비의 이미지의 대비는 기레지의 덕이며 이런 표현은 서구인에게 쉽게 이미지의 비약으로 이해되곤 했다.

그러나 서양의 하이쿠는 그들 나름대로의 동양 선호 문학의 전통인 엑조티시즘까지 곁들인 이상야릇한 것이어서 우리는 차라리 모호한 대로 동양 시의 영향으로 보고자 한다. 동양 시에 대한 관심이 지금까지 우리가 이야기해 온 역사적 과정을 거치면서 차츰 구체화되고 일본의 정치적 성장과 함께 그 이름이 일본의 어느 시 형식으로 초점이 모아진 것에 불과하다. 그러나 서양의 동양 문학에 대한 관심이 급기야 어느 일정한 시 형식의 모방으로까지 발전한 데는 지금까지의 동양에 대한 관심의 역사에서 획기적인 전환점이라고 하겠다.

일정한 시 형식의 모방은 그 영향을 감지하는 데 지극히 다양하고 모호한 것을 인정해야 한다. 또한 그런 만큼 파문이 크고 광범위했던 것은 1920년대 이후 서구 시의 길이가 발레리의 순수시, 폴 클로델, 장 콕토의 짧은 시까지 일반적으로 함축미를 강조하는 풍조로까지 파급될 수 있었던 중요한 인자로 사려될 수 있는 이유이다.

프랑스의 하이카이즘

1905년 폴 루이 쿠슈와 친구 둘이서 배를 타고 여행을 하다가 시험 삼아 하이카이를 써 보자고 제의를 한다. 일본의 시 형식을 모델로 하고 테마는 자유롭게 프랑스 시를 새롭게 시도해 보자는 뜻이었다. 하이쿠의 모델이라고 해 봐야 산문으로 번역된 프랑스어판 일본 시집이었다. 그들이 착안한 것은 일본 시가 그저 별다른 운율이 없다는 정도였을 뿐이다.[5]

거기서 시작한 시도는 그 후 7월에 자비 출판으로 발표된다. 총 72편의 3행 자유시가 그것이다. 시집 제목은《물결을 따라서》라는 인상주의 냄새가 짙은 시들로 일본 하이쿠의 소재와 내용에 눈이 띈다. 어떻든 이것이 서구 하이카이즘에 효시가 되는 시도였던 만큼 그 역사적인 중요성은 인정되어야 할 것이다. 참고로 그중 한두 편을 소개하면,

한 손으로 빨래 방망이를 두들기고
다른 한 손으로는
이마 위 머리를 가다듬는 여인.

그 작은 낫으로
그 큰 밭을
어떻게 다 베어 내겠다는 걸까?[6]

쿠슈는 1906년 다시〈일본의 서정적인 에피그램들〉이라는 글을 내고 해설과 함께 100여 편의 일본 시를 번역한다. 재미있는 것은 이 책이 쿠슈의 서구 하이카이즘의 교과서 같은 역할을 하게 된 사실이며 그 뒤 프랑스 시인들이 저마다 하이카이를 시험 삼아 써 보는 계기가 되었다는 점이다. 예를 들면, 언급한 쿠슈의 글을 발표한 잡지《르레트르》의 편집인이자 시인인 페르낭 그레그는 부아진의 중국 시를 모방한 4행시quatrain를 연상시키는 '일본 하이카이 스타일로 쓴 4행시들'을 쓰는데, 시행이 길고 사설이 많은 정형시여서 지금 보아서는 동양시의 어느 모델을 염두에 둔 것인지 구별하기 힘들 정도다. 또한 알베르 뇌빌은 일본 서정의 취향과 미각을 살려 썼다는〈일본식 에피그램, 163편의 하이카이와 단가〉를 발표하는데, 뇌빌의 일본 시는 소재까지 하이쿠의 모방인 것이 많을 뿐더러 페르낭 그레그의 그것보다 훨씬 건축미가 있고 이미지의 사용이 비약적이다.

---

5 Cfr. Schwartz, *op. cit.*, pp. 159–160.
6 *Ibid.*, p. 160. 이들 프랑스 하이카이의 번역은 한국에 발레리 시 전문가 조규철 박사의 도움을 받았다.

하얀 꽃이파리가
밭골에 떨어진다.
갑자기 생기가 되살아난다. 이내 꽃가지로 날아오른다…
아, 저건 나비![7]

〈나비〉라고 제목한 이 하이카이는 당시 많이 알려진 일본 시의 의역에 가까운 표현이다. 초기의 이런 시도들이 대부분 다 이렇지만 1912년부터는 파리의《메르퀴르 드 프랑스》지가 심심치 않게 하이카이를 싣는다. 질베르 드 부아진이 가장 열심이었는데, 그가 유명한 쿠바 출신 고답파 시인 호세 마리아 에레디아의 사위였고, 빅토르 세갈랑의 절친한 친구였던 점을 감안한다면 그 당시 동양 시 붐이 프랑스 시단에 얼마나 거센 것이었는가를 짐작하게 하고도 남는다.

이미 설명한 바 있듯이 부아진이 '4행시'는 차라리 중국 당시唐詩의 산문 번역의 영향이었으면 영향이었지 하이쿠의 형식과는 아무 상관이 없다. 1행과 3행에 운을 맞추고 2행과 4행을 같이 끝나게 하는 방법이 오히려 프랑스의 정형시에 가깝다. 다만 그 소재만은 모방에 가까울 만큼 일본의 하이쿠에서 따온 것들이다. 가령 소칸의 하이쿠를 연상시키는 다음 시를 보자.

달에 상아 부채 손잡이를 붙이라.
아주 서서히 움직이라, 까맣고 뜨거운 그늘 속에서
그대의 눈동자를 어루만지고 싶은 것 같은 몸짓으로,
당신은 정말 훌륭한 부채를 가진 모습[8]

부아진의 시에는 일본 하이쿠의 대가 바쇼에 대한 언급도 빠질 수가 없다. 이태백을 비롯한 동양 어느 시인에게도 상당할 만한 소재를 프랑스 시인은 이렇게 그리고 있다.

잿빛에 얼룩진 노란 말을 타고

7 *Ibid.*, p. 163.
8 *Ibid.*, p. 166.

눈에는 미소를 머금은 채 시인 바쇼는
길을 떠난다. 비바 호수의 영감 위에
그 해학적인 시를 지어 흩날린다.[9]

그러나 1920년대가 가까워 오면서 그의 시는 초기의 이국 취향적인 냄새를 벗고 보다 생략적인 이미지의 병치에 신경을 쓴다.《환상》(1920)을 비롯한 기타 시집에 나온 일본 시의 모방이 엿보이는 작품을 두 편만 감상해 보자.

초생달, 흑요석 같은 물빛.
섬세한 밧줄.
멀리서 들려오는 뱃고동소리의 탄식…
여행에로의 초대.[10]
—〈뱃사람〉

정오, 크낙한 태양. — 늙은 木神이
히죽이죽 웃으면서
가냘프고 노오란 꽃 위를 굽어본다
노란 보리밭 사이 넋을 잃고.[11]
—〈전원시〉

프랑스 문학에 있어서 일본 시가의 영향을 연구한 슈워츠는 프랑스 문학에 하이카이의 붐이 다시 일기 시작한 시기를 1916년으로 보고 이때에 이르면 이미 이 이상한 동양 시는 프랑스 시인들에게도 너도 나도 없이 한 번쯤 손을 대보는 일반화 현상이 일기 시작한다고 지적한다. 특히 이 해에 당시의 권위 문학지인 《그랑 르뷔》에 쿠슈와 첫 시도를 같이했던 시인 쥘리앵 보캉스가〈전장의 백 가지 정경〉이라는 하이카이를 발표한 사실이 중시된다. 그중에서 한 편을 번역하면 다음과 같다.

---

9 *Ibid.*, p. 167.
10 *Ibid.*, p. 168.
11 *Ibid.*, p. 169.

참호 속에 찾아온 밤.
어마어마한 적군을 마주하고 선
두 사람.

아무런 영광이 기다리지 않아도
기꺼이 죽을 수 있는, 이상하리만큼 단 한 번인 기회…
뒤에는 후회하게 될 것을.[12]

보캉스가 발표한 시들은 당시의 신문이나 잡지에서 대단한 반응을 일으켰다.《시간*Le Temp*》(1916.5.20)이나《메르퀴르 드 프랑스》(1916.6.1)지 등 프랑스 국내 잡지는 물론 독일을 비롯한 유럽의 문학지들이 저마다 한마디씩 늘어놓았다. 친구의 하이카이가 이렇듯 뜻하지 아니한 성공을 거두자 쿠슈는 전에 발표한《일본의 서정적 에피그램》을 손질하고 일본 시, 중국 시들을 더 번역해서《아시아의 시인과 현자들》이라는 책을 내놓는다. 보캉스는《그랑 르뷔》(1917.5)에서 서구의 새로운 시의 가능성의 일환으로서 하이카이의 매력을 선전하기에 이른다. 일본 시 모방이 하나의 문학 운동으로서 발돋움하기는 이때가 가장 중요한 순간이다. 당시 같은 분위기에 들떠서 하이카이를 썼던 시인들은 올리비에 레알트르, 조르주 사비롱, 르네 모블랑 등 수없이 많다.

뱅자맹 크레미외는 마침내 1920년을 '하이카이의 해'라고 명명하기에 이른다. 그도 그럴 것이 그해 9월 1일에는 잡지《누벨 르뷔 프랑세즈》지에 당시의 젊은 시인들이 거의 모두 하이카이를 써서 발표하고 이 일본 시의 특질과 형식을 포함,〈하이카이 쓰기 운동〉선언문을 발표한 것이다. 여기에 작품을 발표한 시인들을 보자면 이미 언급한 작가들 외에 피에르 알베르 비로, J. R. 블로크, 장 브르통, 폴 엘뤼아르, 모리스 고뱅, 앙리 르페브르, 알베르 퐁생, 장 폴랑 등이다. 하이카이 운동의 파문은 당시 평론가들의 옹호까지 받게 되는데 그중 유명한 일본 시 선전가들은 쥘 로맹, 발비 베스, 자크 블랑제 등이다.[13]

1920년부터 이들 작품은 시집을 발표되기 시작한다고 슈워츠는 말한다. 폴

12 *Ibid.*, p. 205.
13 Cfr. *ibid.*, pp. 206-207.

엘뤼아르의《동물과 인간들》(1920),《인생의 결핍과 결과》(1921)에는 많은 하이카이가 나온다. 또한 모리스 베츠의《짐승의 무리를 위한 살담배》(1921), 르네 모블랑의《시》(1922)에도 다수의 일본 시 모방 작품이 실려 있다. 특히 모블랑은 프랑스 시에 있어서 하이카이 운동을 역사적으로 서술하기 시작한다.〈현대 문학에 있어서 하나의 일본 풍조, 프랑스 하이카이〉라는 글을 발표하더니 후에는《프랑스 하이카이》라는 제목의 책에 당시의 48명 시인들의 238편의 하이카이를 소개한다. 이들 하이카이는 대부분이 3행시로서 짤막짤막한 시구와 이미지의 비약이 특징인 것으로 서구 하이카이의 전형을 이룬다. 그 중요성으로 보아 여기 몇 편을 번역 소개하기로 한다.

고독한 베일
정작 받침쇠들만이 우리를 위로한다.
체념의 시간.
—J. R. 블로크

포탄으로 파묻힌 채
누가 멀리서, 고함치는 소리를 듣는다.
'그는 죽었다.'
—M. 고뱅

피아노 위
네 개의 손,
하나의 마음.
— 모블랑

묻지 마라, 내게, 무슨 일이에요? 라고,
그대가 알아맞히지 못한다면
어떻게 나를 위로할까.
— 마리안 포크[14]

---

14 *Ibid.*, pp. 212-213.

1924년 하이카이의 붐은 계속된다. 모블랑은 《100편의 하이카이》를 발표하고, 마르크 아돌프 게강의 《세 번의 짧은 여행, 그리고 떠나는…》, 앙드레 쉬아레스의 《서양의 하이카이》 등등이 책으로 쏟아져 나온다. 그러나 여기 하나 재미있는 것은 뱅자맹 크레미외가 모블랑의 《프랑스 하이카이》 책을 낸 데에 신이 나서 《누벨 리테레르》에 평을 싣고 독자들에게 하이카이 모집을 공고한 사건이다. 다음 호에는 수천 편의 응모작 중에서 골랐다는 39편의 아마추어 시인들의 하이카이가 잡지에 실린다. 이쯤 되면 이제 하이카이 붐이 문단뿐만 아니라 일반 대중에까지 파고들어간 셈이다.

인기는 줄었지만 하이카이 붐은 1925년까지 많은 시인들의 뇌리에서 사라지지 않는다. 앵O. Hein의 《서양의 하이카이*Haikai d'Occident*》, 에마뉘엘 로샤크의 《피라미드 위의 새*L'Oiseau sur la Pyramide*》 같은 작품들이 아직도 간간이 발표된다. 쉬르레알리슴 선언이 1924년이었던 만큼 지금까지 아방가르드 문학 운동의 일환으로 존속해 왔던 하이카이즘이 일단 고개를 숙일 때가 왔다고 느꼈는지 이제 그 시끄럽던 일본 시 운동도 한풀 꺾인다.

슈워츠의 말대로 하이카이즘이 1916년부터 본격화되어 1925년까지 지속되었다면 이들 요란스러운 일본 시 운동에 직접 참여하지 않은 시인들도 영향을 받았으리라는 것이 짐작된다. 더군다나 아방가르드 운동이 다다이즘을 비롯해 어떤 일정한 문학 형식을 제창하지 않는 전통 파괴 의식이 주된 경향이었던 것을 받아들일 때 하이카이즘은 보다 구체적으로 방법을 제시한 시학을 가진 운동이었던 만큼 그 영향력도 컸다고 생각된다.

우리와 의견을 같이하는 슈워츠는 당시의 저명한 프랑스 시인들에게서 많은 경우 하이카이즘이 스며 있다고 지적한다. 쥘 레나르, 폴 장 툴레, 장 마르크 베르나르, 뱅상 뮈셀리의 시들에서 그는 일본 시의 영향을 찾아낸다. 그러나 이들보다 더욱 우리에게 많이 알려진 막스 자코브의 《주사위》(1917), 《시학》(1922), 루이 아라공의 《환희의 불꽃》(1920), 《방탕》(1924), 앙드레 브르통과 필리프 수포의 《자장》(1920), 장 콕토의 《시》(1920)·《어휘집》(1922) 등에서도 하이카이의 파문을 체크하고 있다. 여기에 부아진과 함께 1914년부터 1917년까지 중국에 있었던 세갈랑, 그리고 이미 1895년에 동양을 찾은 폴 클로델의 동양 타령을 포함한

다면[15] 20세기 초의 프랑스 시는 다분히 동양 영향 일색이었다고 해도 과언이 아니다.[16]

그러나 이런 파문만을 문제 삼는 것은 한 영향의 깊이를 왜곡할 위험성도 있다. 전에도 말했듯이 이들 많은 시인들은 일종의 이국 취향을 만족시키는 놀이 정도, 아니면 새로운 것을 시도해 보는 유행으로 받아들였을 가능성이 짙기 때문이다. 더군다나 이런 운동이 일어난 시대가 파괴 놀이, 유머어, 장난이 심했던 때이고 보면 우리의 회의는 보다 심각해진다. 슈워츠는 우리의 의혹에 대해 이런 대답을 한다. 즉, 쉬르레알리슴 이전의 시학의 빈곤 시대에 하이카이의 연습은 프랑스 시인들에게 짧고 응축된 표현의 시적인 가치와 이미지의 비법을 선사한 것이라는 것이다.

이미지즘과 동양 시의 영향

앞에서 우리는 이미 파운드나 에이미 로웰과 같은 이미지즘의 태두들이 어떻게 중국 시를 비롯한 동양 시에 대한 지식과 열정을 겸비하고 있었던가에 대해서 이야기한 일이 있다. 그러나 이제 여기서는 이미 언급한 동양 시 영향 내지는 모방이 이미지즘의 문학 이론 형성에 역사적으로 어떻게 전개되었으며 실제 그들 시에 미친 이들 요소의 파문이 어떤 양태로 변천해 나가는가를 보다 엄밀히 검토해 보기로 한다. 프랑스 시에 하이카이즘이 존재했다면 이미 상징주의 이전부터 그토록 프랑스 문학에 심취해 있던 이미지스트들이 하이카이즘을 도외시할 수는 없었다. 따라서 우리는 이 하이카이즘의 맥락에서 당시 영미 시의 복잡한 문학 사조를 정리해 보자는 것이다.

런던에서 시작된 새로운 시 운동이 미국으로 건너가 이야기가 된 것은 대략 1909년 정도로 잡고 있다. 흄을 중심으로 친구끼리 커피숍에 모여 이들 젊은

---

15 클로델과 세갈랑의 동양 여행과 동양 시에 대한 관심은 프랑스 문학사에도 언급되어 있다. 다만 그들의 동양 시에 대한 모방은 1895년 동양 여행으로부터 1945년 클로델의《도도와츠》까지 보다 깊고 광범위한 것이어서 이 장에서는 다루기가 벅차다. Cfr. Paul Claudeln in Pierre–Olivier Walzer: *Littérature Fransaiser*(Paris: 1975), pp. 281–295, Victor Sergalen, *ibid.*, pp. 402–403.

16 Cfr. *ibid.*, pp. 215–217.

시인들은 빅토리아조의 시를 욕하고 영미 시의 개혁의 길을 논의했다고 한다. 흄은 물론 파운드, 플린트, 알딩톤, 플레처, 조지프 캠벨 등이 이들 그룹이다. 시 개혁의 방법으로 그들은 '정확하고 효과적인 표현 방법'을 찾아 히브리인이나 일본 시인들에게서 보는 자유시 기법, 프랑스 상징주의의 새로운 시학들에 대해서 이야기에 열을 올린다.

그중 특히 플린트는 한창 일본 시에 심취해 있던 터라 말라르메의 시와 일본 시의 유사성, 그리고 특히 이들 시가 갖는 강력한 암시성에 대해 격찬을 아끼지 않는다. "이들 일본 시인들처럼 영혼의 음악의 단편을 포착해 시를 써낼 수 있는 시인이 있다면 앞이 창창해." 그의 이런 말에 감동해서 에드워드 스토러나 조지프 캠벨 같은 젊은 시인들은 모두 한두 편씩 하이쿠와 비슷한 시들을 연습해 본다. 이때의 상황을 이야기하고 있는 것이 우리가 맨 앞에 인용한 플린트의 증언이다.

파운드가 인용하고 있는 흄의 짧은 시 몇 편은 그들이 시도하고 있던 하이쿠 모방이 어떤 것을 뜻했던가를 잘 보여 주고 있다.

> 자수정 기둥으로부터
> 어두운 안개처럼 걷어 올린 그녀의 치마,
> 하얀 몸 위에 벼룩이 기어다니듯
> 흰 구름 위에 종달새.

즉 이런 시에서 흄이 노린 것은 전연 관계가 없다고 생각되던 두 이미지 사이의 경이로운 연결 내지는 그 충동에서 맛보는 심미적 쾌락이었다.[17] '벼룩'과 '종달새'의 병치는 가장 추한 것과 가장 아름다운 것의 유사성 창조가 그에게는 재미있었을 터이다. 물론 이런 기법은 하이쿠의 해학성, 일상생활에서 얻은 이미지의 참신성에서 자극을 받은 것이라 할지라도, 어딘가 인공적인 냄새가 짙은 것은 그 진솔성에 문제가 있기 때문이리라.

---

17 Cfr. Noel Stock, *The Life of Ezra Pound*(London: 1970), pp. 63–64. Coffman, Stanley, *Imagism, a Chapter for the History of Modern Poetry*(Oklahoma: 1951), p. 5.

이런 분위기 속에서 이미 하이쿠의 냄새를 맡은 파운드는 1913년《포에트리》 지에 발표한〈몇 가지 시인이 안 해야 될 일〉에서 벌써 동양 시학을 갈파한 것 같은 이미지의 정의를 시도한다.

> 이미지란 어느 한순간에 지적이고 정서적인 복합체를 제시하는 것을 의미한다.
> 우리에게 어떤 갑작스러운 해방감을 주는 그런 순간적인 복합체의 제시. 시공의 한계로부터 갑작스럽게 자유로워진 것 같은 느낌. 우리가 어느 위대한 예술 작품을 대할 때 체험하는 갑자기 성숙한 것 같은 느낌을 주는 것이 바로 그것이다.
> 분량이 많은 커다란 작품을 쓰는 것보다 우리는 일생에 있어 정말로 훌륭한 하나의 이미지를 발견하는 것이 오히려 낫다.[18]

파운드의 이런 이미지 정의는 그 뜻이 대단히 광범위하고 모호한 대신 흡사 선불교에서 각覺의 순간을 정의하고 있는 것 같은 착각을 불러일으킨다. 모두가 환상인 현상 세계로부터의 이탈, 그 해방감은 시공의 한 정점에서 이루어진다는 것이 선禪의 이론이 아닌가. 그러나 자세히 보면 그것은 우리의 선인들이 찾았던 시구를 대변하고 있는 말 같기도 하다. 대동강 부벽루에 붙인 그 많은 시들을 모두 떼어 버리고 그 아름다운 경관을 표현하려다 '大野東頭點點山' 칠언절구를 남기고 울면서 어둠 속으로 사라진 이름 모를 우리 시인이 찾는 것은 무엇이었던가? 그것은 바로 숨 막히도록 아름답고 가슴에 벅찬 경관 앞에서 그 느낌에 "어떤 갑작스러운 해방감을 주는 복합체", 그런 이미지 하나를 찾았음이 분명하다.

특히 파운드가 마지막 한 말은 바쇼의 다음 말을 연상시킨다. "일생에 세 편이나 다섯 편의 하이쿠를 쓰면 진짜 하이진〔하이쿠 시인〕이지. 열 편쯤 썼다면 대가야." 파운드가 바쇼의 말에서 영감을 얻었건 하이쿠의 짤막하고 이미지 중심의 시학에서 생각을 해냈건 동양 시의 이런 특징은 막스 자코브 등 당시의 많은 시인·문학 평론가들에게 적었던 문학 형식의 가능성과 그 위대성을 감지하게 해 준 것만은 분명하다.

---

18 Ezra Pound, *Literary Essays of Ezra Pound*, ed. with an introduction by T.S. Eliot(New York), p. 4.

이미 언급한 일이지만, 파운드는 기타 다른 서구의 하이쿠 모방 시인들과 함께 구태여 일본 시와 중국 시를 구분할 필요를 느끼지 않는다. 1920년 파리에 있으면서 스페인의 《에르메스》라는 문학지에 기고한 〈현대 영국에 있어서의 시학〉과 〈파리의 섬〉이라는 두 평론에서 보아도 거기에는 항상 일본의 "하이쿠 비슷한 것, 아니면 중국의 짧은 시Short-stop"를 같은 의미로 쓰고 있으며, "시각 시는 중국의 이백에 와서 그 절정에 이르렀다" 하는 식의 동양 시 일반의 이미지성을 강조할 뿐이다.[19]

이런 만큼 그의 동양 시 모방은 일정한 시 형식의 모방이라기보다는 차라리 자기 나름대로 이해한 동양 시의 특질에서 자극받은 독창적인 시학의 개척일 때가 많다. 더군다나 동양어는 서양어에 비해 비교적 정서적이고 정감을 표현하는 데 적합한 만큼, 이보다 훨씬 논리적이라고 할 수 있는 서양어로 동양의 시학을 이식할 때 석교연이 그토록 경계하던, 뜻이 먼 비유의 사용이 눈에 띄게 많은 것도 어쩔 수 없는 사실이다.

파운드가 동양 시에서 발견한 이미지의 병치는 차라리 뜻이나 유사성이 최대로 먼 비유다.

> 세 유령들이 내게 오더니
> 나를 끌고 나갔다
> 올리브나무 가지가
> 땅바닥에 벌거벗고 누워 있는 곳으로
> 투명한 안개 밑에 벌어진 창백한 살육장.[20]

물론 올리브나무 가지가 벌거벗고 누워 있는 모습이나 시체가 즐비하게 누워 있는 모습은 유사성이 있다. 그러나 가장 서정적인 것과 가장 산문적인 것을 억지로 밀착시켜 이미지의 불똥을 튀겨 보려고 했던 파운드의 시는 역시 너무 서양적이다. 동양 사학으로 보면 '의意'는 통하나 '기氣'가 너무 살벌해서 좋은 시가 못 된다.

---

19 *Hermes*(Bilbao: VIII-1920), NO.62, pp. 447-450 and IX-1920, No.65, pp. 665-673.
20 Earl Miner, *op. cit.*, p. 116.

파운드가 의도했던 모델과의 차이야 어찌 되었든, 그의 이런 시법은 비유의 사용에 한층 더 용감해지고 찬란한 미학을 낳는다. 얼 마이너에 의하면 파운드의 슈퍼 포지션 시학은 그의 장시에 가까운《송가집》의 전 편에 걸쳐 가장 빈번하게 사용된 시법이라고 지적한다. 마이너가 고른 시구 중에서 몇 부분을 골라 번역하면,

보르소 건너편에서 적들이 수염 난 화살을 쏘았을 때
두 기둥 사이에서 죽어간 카르마놀라,
달마티아에서 조난당해 죽은 세히스문도.
메뚜기 뜀박질 같은 日沒.
〔…〕
항만에 떠다니는 해초들
그녀는 안내자나 스승을 찾고,
그는 선배들 뒤를 밟을
명문 경력을 탐내고,
이보다 더한 의사불통이 있을꼬?
〔…〕
우리의 런던, 나의 런던, 너의 런던
이 런던에 남을 것은 또 무엇이 있을까
그녀가 그 파란 아름다움을 가꾸며
비 내리는 물가 이쪽에서 기다린다면
고양이 같은 건달놈은 건너편 쪽에서
T-본 스테이크나 야금거리고 있을걸.
日沒은 어마어마한 재단사.
허공을 물어뜯는 입들,
되살아나려다 잡힌
아직 돌 속에 갇힌 개들의
그에게 남겨진 마지막 역할이었다.[21]

파운드는 위와 같은 이미지의 병치법 외에도 한자의 형상미를 시어에 활용

---

21 *Ibid.*, pp. 116–123.

하여 이미지와 이미지의 접합뿐만 아니라 그것들이 빚어내는 상징적 의미 형성에까지 끝없는 가능성을 추구했던 시인이었다는 점은 이미 전 장에서 밝힌 바 있다.

파운드와 함께 서구 인상주의와 특히 휘슬러의 영향 밑에서 동양 시에 접근한 예로 이미지즘의 후기 리더 격인 에이미 로웰이 흥미 있다. 그녀의 하이쿠 모방이나 중국 시 스타일은 초기에 보다 인상주의적 묘사 기법이나 엑조티시즘적인 향수에 오래 머물러 있었던 점이 특징적이다. 일본 그림, 오빠인 퍼르시벌 로웰의《동양 여행기》의 영향 등이 함께 어울려 그녀의 동양 취향의 시는《떠도는 세상 그림》(1919)에 이르기까지 감상적일 만큼 통속적인 수준에 머물러 있다. 일본 판화의 장르인 '우키요에'의 의역인 위 시집의 제목만 보아도 로웰의 일본 그림 및 동양 문화에 대한 열성이 어느 정도에 이르렀는가를 잘 말해 준다.

로웰은 언급한 시집의 서문에서 이미 자신이 하이쿠, 즉 '호쿠와 같은 시구 Hokku-like patterns'를 따르고 있음을 시사한다. 그러나 그녀는 일본 시 운율을 따르지 않고 동양 시가의 암시성과 그 짧은 표현[22]만을 본받기로 했다고 고백한다. 시의 소재는 일본화나 설화 등에서 영감을 얻고 있다. 그러나 그녀의 시를 보면 파운드의 이미지 기법이나 기타 동양 시가의 내용을 연상시키는 구절이 흔히 눈에 띈다. 모리다케(1492-1549)의《떨어진 꽃잎》은 서구의 곳곳에서 가장 많이 모방된 하이쿠다. 원시가 "메마른 가지에/꽃잎이 날아든다. 다시 보니/그건 나비"라면, 로웰은 이렇게 응용한다.

> 물 위에 사뿐히 내려앉은 저건
> 잠자리인가 단풍잎인가?[23]

그러나 에이미 로웰의 동양 시 모방은 시적인 긴장감에서 파운드의 것보다 덜한 대신 동양적인 정감이 훨씬 민감하다.

---

22 *Ibid.*, pp. 116-123.
23 Amy Lowell, *The Complete Poetical Works of Amy Lowell*(with an introduction of Louis Untermeyer)(Cambridge, Messachusetts), p. 334.

임이여, 어둠 속에 당신의 말씀은
우지 강에 떠도는 반딧불보다 밝아요
—〈남편에게〉

나비 한 마리 무지개를 비추니
무재기도 허리를 굽히네요.[24]
—〈뉘앙스〉

로웰이 주장한 이미지즘이, 시학은 파운드의 그것과 별로 다를 것이 없으나 특히 '회화적인 구체성'과 '집약된 표현'을 강조한 점이 하이쿠의 영향을 좀더 반영한 것이다. 그녀의 동양 취향은 곧 페놀로사나 로맹 롤랑과 같은 동·서양 융합론으로 발전한다. 그녀는 "일본의 예술적 명료성과 섬세함을 미국의 예술적 무지 및 멋진 자만심과 병치시켜 보려고 했다"고 고백한다. 그러나 이런 시도에서 "어떤 요소가 더 승하고 있는지는 말하기 어렵다"고 말한다.[25] 어떻든 그녀가《캔드랜드의 성곽》(1918)에서 시도한 산문시 스타일, 즉 운율이 있는 산문시 cadenced prose는 라프카디오 헌의 여행 수상에 가까울지언정 동양 시 운율감과는 거리가 먼 것이었다.

같은 계열에 속하는 동양 시 모방 시인으로는 존 골드 플레처가 있다. 그는 일본 시에 대해서 영·불·독어판을 통해 접한 일이 있다고 고백하고 있을 만큼 전문적인 지식의 소유자였다. 특히 일본계 영국 시인인 요네 노구치에 관심이 많았던 그는 일본 예술뿐만 아니라 동양 철학에도 조예가 있었던 것으로 보인다.《광휘 모래와 물보라》(1915)에서 그는 훌륭한 하이쿠를 써 낸다.

번쩍이는 포도 위에
끝없이 명멸하는 빗방울
갑자기 쏟아진 우산들
고개 숙여 거꾸로 핀 폭풍의 꽃송이들.[26]

---

24 *Ibid.*, pp. 166, 204.
25 Cfr. Earl Miner, *op. cit.*, p. 171.
26 *Ibid.*, p. 174.

페놀로사의 일본 예술에 관한 책에서 동양 철학, 특히 선불교의 "무생물적인 자연과 인간의 교감과 조화"에서 깊은 감명을 받았다는 그는《도깨비와 탑》(1916)에서 이런 객관적인 풍경과 자신의 영혼의 교감을 시화해 보려고 시도한다. 이렇게 함으로써 그는 자연의 혼을 포착할 수 있는 시학을 시도한다. 그러나 그것은 휘슬러를 연상케 하는 인상주의에 불교적 색채를 가미한 어설픈 시들만을 낳고 만다. 〈하얀 심포니〉에서의 한 구절을 인용해 보자.

> 하얗게 머리를 뒤집어쓴 소나무가 신음한다.
> 바람을 맞은 물결이 산산이 부서진다.
> 나무 하나 없는 지평선으로부터 멀리
> 눈 덮인 산꼭대기가 부서져 바다로 기어간다.[27]

자연 경관의 묘사만으로 시인 내부의 영혼의 음악을 표출해 보려는 그의 의도는 차라리 동양화에서 영감을 얻은 전형적인 풍경에 의도적인 의미 부여를 암시하고 있는 경우가 많다. 마이너의 말대로라면 오가타 고린의〈무츠시마의 물결〉에서 영감을 얻은 것 같다는〈푸른 심포니〉의 일절을 번역하면,

> 나무 숲은 바다와 같다.
> 너울거리며…
> 반짝이는 길고 푸른 머리를 하늘 높이 쏘아 올린다.
> 하얀 꽃송이 물보라에 싸여.[27]

플레처 자신이 고백하듯 이미지즘에 가장 가까웠던 시절에 썼다는《일본 판화들》(1918)에는 당시 유행하던 하이쿠 스타일의 작품들이 대부분을 이룬다. 서문에서부터 하이쿠의 기원과 발전의 역사를 기술하고 이 일본 장르의 특징으로 "어떤 사실의 서술", "그 사실로부터 야기된 감정", 그리고 "일종의 정치적인 비유"가 뒤따라야 된다고 설명한다. 그가 특히 신경을 썼던 건 객관적 묘사를 통한 정신 세계의 상징이 하이쿠라고 이해했던 점이다. 그러나 실제 그의 시

27 *Ibid.*, p. 176.

작품은 이론과 달리 인상주의적 터치와 일본 시의 빈약한 모방에 지나지 않았다는 것이 정설이다. 마이너가 부손의 하이쿠의 모방이라고 지적한 작품, 〈먼 사원으로부터 들려오는 저녁 종소리〉를 원작과 비교해 보자.

> 안개 속에서 종소리 하나
> 떨리는 노을의
> 창백한 넓은 불꽃을
> 가냘프게 반추하며 기어나온다.
> 빛바랜 황금.
> — 플레처

> 먼 사원의 종에서
> 울려 나오는 저녁 종소리의 여운은
> 얼마나 차가운가.
> — 부손[28]

플린트로부터 파운드, 에이미 로웰, 플레처에 이르기까지 이미지즘은 동양 파문으로 얼룩진 시 운동이었다. 일반적으로 프랑스의 상징주의에서 파급된 이미지에 대한 관심은 휘슬러의 인상주의와 라프카디오 헌, 페놀로사 등의 동양 예술에 대한 소개로 구체성을 띠기 시작하고 중국 시 및 하이쿠에 대한 모방으로 현대 시학의 형성에 이바지한다. 이들 영향과 파급의 원천이 다양했던 만큼 그 결과로 빚어진 양상도 복잡다단할 수밖에 없다. 멀리는 플레처나 로웰의 경우처럼 끝내 이국 취향적인 동양 비전을 벗어나지 못한 반향이 보이는가 하면, 파운드의 예처럼 동·서양을 통틀어도 비슷한 모델이 없는 소위 모더니스트 시학을 창출해 내기도 한다. 이들 모든 시인들은 이론적으로 동양 시가 무엇이라는 것쯤은 다 알고 있었던 듯싶다. 그러나 그 실제 모방에서 동양적인 정취, 지나친 비약을 일삼는 이미지나 메타포의 남용, 생경한 미래주의적 문명 용어의 범람으로 동양인에게는 아주 새롭고 낯선 시학을 낳고 말았던 것이다. 이런

28 *Ibid.*, p. 178.

현상이 꼭 동양 시학의 입장에서 평가되어야 할 하등의 이유도 없다. 다만 이것이 지금까지 이야기한 이미지즘에 있어서 동양 시 모방의 현상이었다는 것을 짚고 넘어가고 싶은 마음뿐이다.

언급한 시인들 외에도 하이쿠의 영향은 동시대의 많은 작가들에게서 발견할 수 있는 일반 현상이다. 가령 이미지스트는 아니었다 할지라도 라프카디오 헌의 영향으로 하이쿠적인 기법이나 파운드 스타일의 이미지 병치 기법을 많이 활용하고 있는 시인으로 우리는 콘래드 에이킨을 들 수 있다. 모든 영미 계열의 이런 작가들에게서 볼 수 있듯이 그의 시는 일본 판화, 중국 시, 그리고 인상주의 기법 및 하이쿠 시법의 비빔밥이다.

> 무슨 이야기를 할까요? 이태백? 호쿠사이?
> 당신은 그 길고 검은 눈을 가늘게 뜨며 나를 매혹시킨다.

'성스러운 필그림'의 절정적인 장면을 그린 대목이다.

이태백의 시와 호쿠사이의 그림이 일치하는 곳은 엑조티시즘이 자리한 곳이다. 즉, 가늘게 눈뜬 까만 눈동자의 아가씨가 마음을 끄는 곳. 늘 이야기가 많은 그의 서술적인 시는 이미지의 사용으로 시적 승화를 유도하기도 한다.

> 죽음은 하나의 꿈이었다. 그것은 이 눈들을 바꿀 수는 없었다.
> 그 불을 끄거나 입을 먼저 쪽으로 돌려놓았을 뿐.
> 그녀는 머리를 빗고 노래했다. 그녀는 영원히 살 것 같았다.
> 나뭇잎만 몰아친 바람결에 그녀의 창문 곁을 스쳐갔을 뿐.[29]

얼 마이너는《포에트리》를 비롯한 당시의 단명의 문학지들,《더 웨이브》,《세븐 아트스》등도 흔히 하이쿠 모방 작품들을 싣고 있었다고 공언한다. 또한 이들 잡지의 기고가들이 로렌스, 제임스, 조이스, 카르로스, 윌리엄스, 엘리엇, 예이츠 등이었다고 말하고 20세기 초로부터 1920년대에 이르는 대부분의 시인 작가

---

29 *Ibid.*, pp. 183–184.

들에게 동양 시의 영향은 혹은 짧은 한때의 시도로, 혹은 작품 경향의 전환기를 마련한 모멘트로 남아 있을 것이라고 말한다.[30] 플레처는 케네스 야수다의 하이쿠 번역집《후춧가루 통》(1947)에서, 하이쿠는 영미 시에 있어서 "지나칠 만큼 의식적인 지성적인 요소를 제거하는 데" 기여했다고 말하고 이렇게 결론 짓는다.

> 이미지스트들에게 있어서 하이쿠의 영향은 지금 어느 누가 상상도 못할 정도로 지대했다고 나는 말할 수가 있다. 하이쿠는 영미 시인들에게 자연에 대한 직접적인 느낌과 긴축미, 짧은 시가 시일 수 있다는 것을 가르쳐 주었다.[31]

---

30 Cfr. pp. 184-187.
31 *Ibid.,* p. 179.

스페인 및 중남미 문학의 동양 시 모방

요즘 문학 시장에 최신 유행품 — 일본 정원의 영롱한 꽃송이 — 이
나오자 우리 땅에도 아는 듯 모르는 듯 그런 꽃이 재배되고 있었다는
사실이 알려진다. 하지만 그 영묘하고 달관에 찬 향기는 원형과 같은 것이었을까?
겉모양의 교묘한 기하학이 나름대로 그 반향을 시도한 것이었다면, 그러나
그 섬세한 이파리 사이사이에서도 똑같은 향기가 아롱지지는 않는다. 그러면,
우리도 이제 이 새로운 유행을 심어 보자. 우리는 서양 온실에서도
영락없이 똑같은 꽃을 피워 낼 수 있으리라.
— 아돌포 살라사르의 《하이카이에 대한 제언》(1920) 중에서[1]

스페인의 동양 시 모방과 후안 라몬 히메네스

1920년 말 프랑스의 하이카이즘 영향으로 스페인 및 중남미에 일기 시작한 일본 시 모방 붐은 사실상 이미 20세기 초부터 스페인어권 문학에 태동을 시작한다. 1907년경부터 엔리케 고메스 카리요가 일본의 서정시에 대한 선전을 시작할 때 안토니오 마차도 같은 시인은 이미 간략한 인상주의적 풍경 묘사에서 동양 시법을 연습하고 있다고 안토니오 데 비예나는 주장한다.[2] 또한 이보다 약간 늦게 시작한 고메스 데 라 세르나의 '그레게이라'라는 그의 독창적인 삽화적 문학 장르도 동양적인 영감에서 출발한 것이 아닌가 생각해 본 적이 있다.

그러나 1920년 이후 스페인어권 시인들이 구사한 유사 동양 시적 시법에 가까운 시는 1917년 스페인 시인 후안 라몬 히메네스가 타고르의 《길 잃은 새들*Stray Birds*》을 스페인어로 옮기면서 감염된 것이 아닌가 싶다. 타고르의 이들 시가 짧

1 Adolfo Salazar, *Proposiciones sobre el Haikai*, en La Pluma, núm 6, año I(XI-1920, Madrid), pp. 269-271.

2 Cfr. Luis Antonio de Villena, *Del Haiku, sus Seduccciones y Tres Poetas de Lengua Española, en Prohemio*(Madrid: IV, abril'septiembre-1973), pp. 143-174.

고 이미지의 사용이 빈번한 것, 그리고 특히 이 시집이 일본의 시인 요코하마의 하라에게 바쳐진 점들로 보아[3] 인도 시인이 예이츠나 당시 이미지스트 시인들의 하이쿠 선호에서 자극받아 자신도 나름대로 비슷한 스타일을 흉내 내 본 것이 아닌가 하고 느껴지기 때문이다.

후안 라몬 히메네스에 미친 타고르의 영향, 특히 언급한 시집의 잠언이나 경구에 가까운 시 스타일은 스페인 시인의《영원들》(1917),《들과 하늘》(1918),《아름다움》(1924) 등에 있어 모델이 되고 있다고 당시의 평론가 칸시노스 아센스나 헤라르도 디에고는 지적하고 있다. 타고르의 하이쿠 스타일이 극동적인 시 향기와 얼마나 차이가 있느냐 하는 문제는 젖혀 두고라도 당시 스페인어권의 문학은 이런 종류의 시를 모두 함께 일본 시라고 생각하고 있었던 점은 확실하다.

서구 시에 미친 타고르의 영향은 스페인어권 문학에까지 실로 대단했던 것으로, 시인 헤라르도 디에고는 "타고르야말로 그 당시(지금으로부터 6,70여 년 전) 수많은 서구 독자들에게 하나의 대발견이었으며 스페인의 민속 가무 토나딜랴 춤에까지 20여 년에 가까운 유행을 낳았다"고 증언한다. 특히 그의 시는 "시적인 형태를 빌렸다고 말하기조차 어려운 환상과 사념, 경험의 보고는 역설적으로 가장 시적인 향기, 거의 순수시라고 말할 수 있을 만큼 강력한 마력으로" 자신들을 사로잡았다고 피력한다.[4]

라파엘 칸시노스 아센스는 보다 구체적이다. 히메네스에 미친 인도 시인의 불교 사상 및 범신론적 세계관을 지적한 뒤 '최근의 시집들〔1918년경〕《영원들》,《배고픈 돌들》에 있어서 많은 구절들은 타고르의《길 잃은 새들》에 나오는 그 정교하고 에피그램 같은 기법의 영향이 완숙기에 이른 느낌을 준다.'[5] 고 말하고 있다. 이렇게 볼 때 많은 평론가들이 찬반론에도 불구하고 히메네스에 있어서 타고르의 영향, 특히 문제의 시집《길 잃은 새들》의 충격은 과장할 필요가 없는 사실임을 알 수 있다.

---

3 Cfr. Rabindrnath Tagore, *Strat Bird*(London, Bombay, Calsutta… 1917), pp. 84. Pájaros Perdidos(traducido por Jiménez y Zenobia Camprubi)(Madrid: 1917), p. 98.

4 Gerardo Diego, *Tiempo y música en Tagore, en Boletin de Biblioteca de Menéndez Pelayo*(Santander: 1963), núm 4, pp. 271-291.

5 Cfr. La Neuva Literatura, III. La Evolución de la Poesía(Madrid: 1927).

타고로의 하이쿠는 일본의 그것과 관념어의 남용, 빈번한 의인화 따위의 특징에서 판연히 구별된다. 가령 타고르가 "세상을 잘못 읽고 나중에 세상이 우리를 속인다고 말하는 우리들" 같은 시는 속담이나 금언에 속할지언정 시 같은 데는 한 군데도 없다. 후안 라몬은 같은 방법까지도 타고르를 모방하고 있다.

이젠 사실이 되었지. 하지만
과거는 너무 거짓말이어서, 지금도
항상 불가능하게 보이지.

히메네스의 이런 금언 냄새 나는 짧은 시에서 보는 타고르의 영향은 그를 통한 하이쿠의 영향의 한계성을 대변하고 있다. 그러나 이런 영향 연구에 있어서 더욱 재미있는 것은 예와 같이 원형과 전연 관계없는 것까지 일본 것, 혹은 동양 것에 대한 모방으로 알고 주위 시인들에게 재영향을 미쳤다는 사실이다.

히메네스의 타고르를 통한 이런 금언풍의 하이쿠 시법, 아니면 에피그램 스타일의 이미지 시는 스페인의 하이카이즘의 한 조류를 이룬다. 1920년대 근방의 스페인 시인들에게 후안 라몬은 우상 같은 존재였으며 이들에게 교과서처럼 읽혔던 그의《제2시선집》(1923)에서 가장 인기를 끈 것이《갓 결혼한 시인의 일기》(1916)로부터 출판 당시까지 이르는 시들이었고, 바로 이때의 스타일이《길 잃은 새들》의 여파가 가장 크게 작용한 시였다. 이들 후안 라몬의 시들은 한결같이 하이카이 기법의 표본으로 이해되었다. 그 증거로 헤라르도 디에고는 위 시선집을 평하는 글에서 "이런 민요나, 에피그램, 사포 같은(즉, 희랍시선집, 일본 시 따위를 모방한) 시풍"은 히메네스뿐만 아니라 오늘의 젊은 시인들에게 유행병처럼 번지고 있다고 말한다.[6] 그에 앞서 시인이며 평론가인 디에스 카네도는《영원들》에 나오는 시가 하이카이와 같다면서 스페인 시인의 시 한 편을 예로 든다.

---

6 Cfr. Gerardo Diego, *Segunda Antología de Juan Ramón Jiménez*(comentado por), en Revista de Occidente(Madrid: VII-VIII-IX, 1923), pp. 364-368.

새벽 샛별?
아니면 우리의 사랑이 맑게 깨어나는
외침소리?[7]

그러나 사실상 후안 라몬의 시에 있어서 하이쿠를 연상케 하는 시구는 상상 외로 많다. 그중 가장 시적으로 유사한 예를 몇 개만 들어보자.

별.
너의 고운 꿈의 기름 위
불을 켠 고요.
—《영원들》에서

통곡, 나의 꿈의
보석의 폭포,
여명이 부서진 자리.
〔…〕
책, 고독 속에
모든 곳에 자리하고 싶은
열정!
〔…〕
빛의 나비,
내가 그 장미 곁에 다가갈 때
아름다움은 사라진다.
—《돌과 하늘》에서

후안 라몬 히메네스의 시적 재능이나 향기는 반드시 하이쿠의 영향에서 비롯된 것은 아니다. 그러나 그가 소화하고 이해한 동양 시의 특징은 이때부터 그의 시를 살찌우고 그가 추구하던《벌거숭이 시》혹은《순수시》에 가까운 그 표현 방법을 찾게 하는 데 크게 기여한다. 그는 타고르를 통한 하이쿠에 대한

---

7 Enrique Diez-Canedo, *Haikais, en La Vida Literaria, en el Semanario España*(Madrid: 9-X-1920), año VI, núm. 284, p. 12.

접근 이외에도 당시에 유행하던 일본 시에 대한 많은 책을 읽었다. 특히 쿠슈의 유명한 책이 그의 서재에서 발견된다든지 기타 일본 시가 실린 시선집들이 즐비한 걸 보면 그의 일본 문학 내지는 동양 시에 관한 조예가 만만치 않았던 것임을 짐작하고도 남는다.[8]

그러나 아무튼 그의 하이쿠식 시는 그의 후기의 시집《총체적인 계절》(1923-1946),《밑바닥의 짐승》(1949)까지 가는 긴 영향권을 감지하게 하는 가장 후안 라몬적인 문체 형성에 기여했음에도 불구하고 신비주의적인 순수와 아름다움, 시에 대한 그의 명상과 사랑은 아무래도 동양 시의 침묵과는 대조를 이루고 있다. 그 실례로 하이쿠 하나와 그에 유사한 스페인 시인의 시 하나를 비교해 보자.

보고 또 보고
햇살 속에
갓 피어난 이파리, 파란 이파리.
— 바쇼

생생한 태양과 함께
파란 이파리
나의 영혼과 함께 한
나의 육체!
— 히메네스[9]

후안 타블라다와 스페인어권의 동양 시 붐

멕시코의 시인 후안 타블라다는 루벤 다리오, 쿠바의 훌리안 데 카살, 콜롬비아의 기에르모 발렌시아와 함께 스페인어권 모데르니스모[10]의 동양 취향 동경시의 선구자였다. 1904년《화사집》(1899)의 재판을 내면서부터〈일본 뮤즈〉라는

---

8 Cfr. Kim Hyun-Chag, *El Zen y Juan Ramón Jiménez, en Prohemio*(Madrid: 1972).

9 Cfr. Min Yong-Tae, *Tres Etapas del Orientalismo en Juan Ramón Jiménez, en Cuadernos Hispanoamericanos*(Madrid: X-XII, 1981), núm 376-378.

10 모데르니스모는 프랑스 낭만주의, 고답파 시, 상징주의를 종합한 성격의 스페인어권의 문학운동, 니카라과의 루벤 다리오를 중심으로 1886년부터 1916년까지를 이 시기로 본다.

일련의 시들에서 이미 일본 시의 감성에 유사한 대나무, 나비, 매미 등의 이미지를 빈번히 사용한다. 19세기 말과 20세기 초에 직접 일본을 방문한 일까지 있는 그는 이미 쿠슈나 서양 하이카이 전문 시인들과 함께 일찍부터 동양 시 모방을 시도한 것으로 알려져 있다.[11]

타블라다의 시를 연구한 카를로스 가르시아 프라다는 쿠슈의 서양 하이카이 시도(1905)보다 3년 앞서 이미 1902년에《중국의 배》라는 시집에서 단가와 하이카이를 스페인어로 쓰고,《히로시게》(1914),《태양 빛에, 달빛 아래》(1918) 등의 시집에서 상당히 동양 시에 가까운 시 형식과 내용을 계속 연습하고 있다고 지적한다.[12] 그러나 타블라다가 본격적으로 하이카이 시집을 낸 것은 1919년에 발표한《어느 하루》라는 시집에서다.

《어느 하루》라는 시집은 총 37편의 하이카이를 모은 것인데〈후기〉라는 시까지 합치면 여기에 몇 편이 더 불어난 셈이다. 전체를 네 장으로 나누어 '아침', '하오', '석양', '밤'으로 구분하고 동물과 식물, 곤충을 소재로 하루의 햇살 밑에 시시각각 변해 가는 만물의 형태를 인상주의 스타일로 채집하고 있다.

그의 말을 빌리면,

> 예술이여, 나는 너의 황금빛 핀으로
> 순간의 나비들을
> 백지 위에 꽂아 두고 싶었다.

라고 후기에 설명하고 있는 것으로 보아 이런 인상주의적 기법은 보다 두드러진다.[13]

타블라다의 하이카이는 비교적 충실하게 원형의 수사법과 이미지 비약법, 자연 풍경이나 곤충·동물 등의 소재까지 일본 시학을 모방하고 있는 흔적이 있으나 5-7-5조의 운율이라든지 불교적 미각은 찾아보기 힘들다. 다만 원형의 형식 면에서의 여파라면 8음절 이하의 단행시 선호, 3행시체의 사용 등이 현저

---

11 Cfr. Gloria Ceide-Echeverria, *El Haikai en la Lirica Mexicana*(México: 1967), p. 27.
12 Cfr. Carlos Garcia Prada, *La Poesia Imaginista y el Haika*(Madrid: 1963), p. 99.
13 Gloria Ceide Echeverria, *op. cit.,* pp. 29-37.

하게 눈에 띄는 점, 또한 짧은 형식인 관계로 생략법, 이미지 병치의 묘가 두드러지는 점도 타블라다 하이카이의 특징이다. 예를 들면,

고운 수양버들
황금 실인 듯, 호박빛인 듯,
햇살인 듯…

또한 이미지의 병치의 예로 다음과 같은 시가 있다.

검은 밤은 바다,
구름은 조개
달은 진주.
뜨거운 대낮의 낮잠 속에
부채도 젓지 않는
야자수 하나…[14]

그러나 여기 무엇보다도 자주 쓰이는 수사법은 감각 도치를 통한 인상주의적 터치이다.

매미들이 흔드는 건
조약돌 가득히 채운
조그만 노리개들…
개나리 가지가
허리를 꾸부리고 수군댄다
앵무새 한 쌍.[15]

그리고 앞에서도 말했듯이 개미 · 매미 · 벌 · 호랑나비 등 곤충류와, 개구리 · 거북이 · 앵무새 · 공작 등 동물류, 또한 낙엽 · 댓잎 · 수양버들 · 벚꽃 등 동양 시

---

14 *Ibid.*
15 *Ibid.*

고유의 향취를 지닌 소재들이 수없이 등장한다. 꽃 이름도 스페인 전통 문학에서 상투화된 장미나 카네이션 따위 외에도 국화, 연꽃, 기타 기기묘묘한 풀꽃 이름들이 시인의 깊은 관찰의 눈을 통해 시로 비상한다.

1992년 그는 또다시《꽃병》이라는 하이카이 시집을 뉴욕에서 출간한다. '서정적 분열'이라는 부제가 붙은 이 시집은 총 61편의 하이카이를 싣고 있는데 그 기법 면에서는《어느 하루》와 별 차이가 없으나 이미지의 현묘성, 기발한 비약, 그리고 이 모든 시법의 완숙미에 있어서 한발 더 나아간 것이라고 볼 수 있다. 그중 특징이 두드러진 것을 몇 개 번역하면 다음과 같다.

> 어느 비오는 날
> 꽃송이마다
> 눈물 단지.
> 〔…〕
> 밤의 나비들이
> 벽에서 떨어져 내린다
> 시가처럼 잿빛으로…
> 〔…〕
> 웅덩이에 떨어진
> 불쌍한 별들을 보고
> 두꺼비가 조가를 부른다.
> 〔…〕
> 불면증
> 그 검은 흑판 위에
> 성냥불빛 수자가 반짝인다…[16]

후안 타블라다는 그의 마지막 시집《축제》에서까지 하이카이를 싣는다. 그가 죽은 뒤, 세이데 에체바리아가 다시 미발표 하이카이집을 편집, 발표한 것을 보면 그는 죽을 때까지 이 새로 발견한 일본 시의 시법에 대한 매혹을 뿌리치지 못한 것 같다. 그러나 그의 후기의 하이카이는 갈수록 관념화되고 심지어는 잠

16 *Ibid.*, pp. 53–55.

언류에 가까운 것이 있을 만큼 또다시 서구화된다.[17]

어떻든 후안 타블라다의 스페인어권 하이카이 선구자로서의 영향은 실로 대단한 것이었다. 먼저 베네수엘라의 카라카스에 있으면서 썼던《어느 하루》는 그곳에서 출판되기도 전인 1919년 8월에《세르반테스》라는 마드리드 잡지에 발표된다. 친구인 세사르 E. 아로요에게 보낸 이 원고는 스페인 친구의 해설과 함께 발표된다.[18] 이미〈리포(李白)〉라는 그림 시까지 쓰고 있다고 예고하면서 타블라다의 편지와 함께 격찬에 격찬을 하면서 발표된 시들은 앞서 말한 하이카이 선집이었다.

> 그 작은 총체적인 시에서 시인은 극도의 함축성과 극도의 소박성을 과시한다. 즉 8음절 이하의 3행시이지만 그것은 하나의 인상·생각과 삶이 약동 속에서 얻은 이미지가 전부다. 우리가 거기에서 느끼는 것은 하나의 감동으로 그건 독자가 자기 것으로 받아들여 연상을 펼쳐 가면 되는 것들이다. 이런 작품들을 읽으면 우리는 이들 감흥이 누구에게서 전수받은 것도 아니고 바로 자신 속에서 스스로 우러나온 느낌 같은 인상을 갖기 마련이다.[19]

이상이 아로요의 소개의 일절이다. 그는 이에 앞서 말한 타블라다의 시 작법을 전부 게재한다. 가령,

> 이들 백지 위에
> 풀과 나무를
> 표본집의 꽃들처럼 보관하리.
>
> 작은 시구에
> 이슬방울 하나에서 보듯
> 온 정원의 장미를 빛나게 하리.

---

17 Cfr. *ibid.*
18 Cfr. César E. Arroyo, *La Nueva Poesía en América, en Cervantes*(Madrid: agosto-1919), pp. 103-113.
19 *Ibid.*

하는 시들이 그 일부이다. 다음 인용한 시들 중에서 스페인 시인들에게 가장 인상적이었던 하이카이 몇 편을 더 보자.

벌집에선
꿀이 끝없이 방울져 내린다.
방울마다 그대로 벌이다.
—〈벌들〉

작은 벌레, 네가 길을 가는구나.
날개를 등 뒤에 접고
나그네의 배낭처럼
—〈벌레〉

길게 펼쳐나간 폭죽.
대는 올라가자마자, 고개 숙인다.
비처럼 쏟아지는 작은 에메랄드들.[20]
—〈대나무〉

그 뒤에도 엔리케 디에스 카네도는 하이카이를 이야기할 때마다 타블라다를 기억한다. 〈타블라다와 하이카이〉[21]라는 그의 기사는 스페인의 하이카이 운동에 직접적인 촉매제가 되면서 당시 많은 젊은 시인들의 모방의 대상이 된다. 이 점은 중남미의 젊은 시인들에게도 마찬가지였던 모양으로, 타블라다는 멕시코의 '현대시 그룹Grupo de los Contemporáneos'들에게 그의 영향력을 과시한 다음과 같은 시구를 남긴다.

우리 인사를 나누자, 내가 먼저
로사노와 루벤 로메로
멘도사와 구티에레스 크루스와 함께

---

20 *Ibid.*
21 Cfr. Enrique Díez-Canedo, *Tablada y el Haikai, en España*(Madrid: 17-II-1923), núm. 356, pp. 11-12.

우리 새로운 하이진(하이쿠 시인)이며 시인인
몬테르데 가르시아 이카스발세타에게.[22]

스페인 아방가르드의 하이카이 운동

스페인의 아방가르드 운동은 1918년부터 1923년까지로 보는 울트라이스모[23]를 필두로 기타 유럽의 미래주의, 다다이즘, 입체주의 등을 통틀어서 일컫는 말이 되겠다. 이 새로운 전통 파괴주의의 물결을 타고 하루아침에 나타났다가는 다음날 아침에 사라지는 각종 문학 운동들이 수없이 대두된다. 그러나 그중에서도 특별히 문학적 슬로건이 없어서 실패했다는 아방가르드에 하이카이즘 같은 비교적 지속적인 시 운동이 있었다는 것은 특기할 만한 사실이다.

스페인의 하이카이 운동은 앞서 말한 후안 라몬의 영향, 라몬 고메스데 라 세르나의 '그레게리아'식 인상주의의 자극과 함께 울트라이스모를 통해 본격화된다. 그도 그럴 것이, 울트라이스모는 새로운 것의 창조에 급급했던 나머지 스페인 어느 시대 문학보다 신속히 세계의 문학 조류, 특히 프랑스와 영미권의 문학 소식을 국내에 소개했다. 더군다나 스페인어권에 후안 타블라다와 같은 하이카이 선구자가 있어 바로 이 울트라이스모의 잡지《세르반테스》를 통해 출판 전에 알려졌을 정도이니 스페인에 있어서 동양 시 모방 붐은 받아 놓은 밥상인 셈이었다.

그 당시에 있어서 영미 문학은 디에스 카네도가 가장 열심히 소개했다. 파운드를 비롯한 이미지스트들의 시학이니 작품 소개에는 하이카이즘이 빠질 수 없는 특질이었다.[24] 1920년에는 에즈라 파운드가 파리에 있으면서 빌바오의 스페인 문학지《에르메스》에〈현 영국에서의 시학〉이라는 기사를 내고 이미지즘을 설명하고 있으며, 다음에 곧〈파리 섬〉이라는 제목으로 아라공을 비롯해 미래 쉬르레알리스트들의 동양 시 모방 풍조를 지적하고 있다.

---

22 Gloria Ceide-Echavarria, *op. cit.*, p. 70.

23 Cfr. Gloria Videla, *El Ultraísmo*(Madrid: 1971), p. 246. 스페인에서 일어났던 대표적인 아방가르드 문학운동(1918-1923).

24 Cfr. MIn Yong-Tae, *Lo Oriental en la Poesía Española Contemporánea*(tesis inédita), pp. 211-214.

> 시에 있어서 시각 예술은 중국 이태백에 와서 그 절정에 이르렀다. 의성어·의태어와 서정시의 기법은 거의 완성 단계에 이르렀다고 말할 수 있으며 서구에서는 호머나 비온, 사포의 몇 구절을 제외하고는 찾아보기 힘든 높은 경지에 도달한 것이 그들이다.

라고 파운드는 역설한다.[25]

그러나 막상 하이카이 선언이 발표된 것은 프랑스의 하이카이즘의 직접 반향이다. 1920년 6월에 처음 간행된《라 플루마》라는 잡지에 호세 모레노 비야라는 시인은 쿠슈의《아시아의 시인과 현자들》서평을 내면서 하이카이를 설명한다.

> 이 책은 특히 '일본의 서정적인 에피그램'이라는 부분이 흥미 있다. 이건 47(Sic)음절로 된 작은 시인데 번역을 했으므로 시적 향기가 많이 가셨다 할지라도 감동이 있다. 불연속적 이미지의 시로서 전연 연설문 같은 데가 없고 설명적인 데도 없는, 말라르메가 꿈꾸던 것과 같은 순수시다 〔…〕 어떻든 모든 스페인 시인들에게 일독을 권하고 싶다.

> 시와 그림이 어떻게 일치하는가 살펴보라. 시각적인 요소가 의미를 갖는 요소와 섞여 나오는 법이 거의 없다. 즉, 짧은 인상들, 동시에 온 자연을 조망케 하는 넓은 비전들의 작품이다. 동양인들의 위대한 지혜는 함축성에 있다. 즉, 우리가 한 방울의 물 속에서 온 나라의 성격과 풍경이 반영되는 것을 보는 것과 같다.

이렇게 장황한 설명을 늘어놓은 모레노는 이어서 하이쿠 몇 편을 예로 중역해서 싣는다. 프랑스에서는 이미 이들 시의 모방이 유행하고 있다는 것과 이미 스페인에도 영향을 받은 시인이 있다고 암시한다.[26]

그 뒤 4개월이 지나 이제는 대평론가인 디에스 카네도가 〈하이카이스〉라는 기사를 싣는다.《누벨 르뷔 프랑세즈》의 9월호 하이카이 선언과 함께 발표한 프랑스 12시인의 하이카이 기사에서 자극을 받아 쓴 이 글은 애스턴의《일본

---

25 Cfr. Ezar Pound, *El Arte Poético en Inglaterra Contemporánea, en Hermes*(Bilbao: XI-1920), pp. 665-673.
26 Cfr. J.M. V, Paul Luis Couchoud, en La pluma(Madrid: VI-1920), núm. I, pp. 11-12.

문학사》까지 참조, 자세하게 하이쿠를 소개한다.

한 가지 방법은 단순한 세부 묘사나 암시로써 시적인 생각을 부각하는 것으로, 예를 들자면,

> 꽃 구름!
> 우예노의 종소린가?
> 아사쿠사의 종소린가?

하는 스타일이다. 이것은 애스턴의 말대로라면 거의 아무 이야기도 하지 않은 것 같지만 예도의 주민들에겐 수미다 근처의 사쿠라꽃이 활짝 핀 풍경을 연상시킬 뿐 아니라 그 주위에 있는 성지의 모습까지 생각하게 한다는 것이다. 또 다른 종류의 하이카이는 3행의 시구 안에 하나의 그림 같은 이미지를 포착해서 제시하는 스타일이다.

> 떨어진 꽃이파리가
> 줄기에 와서 되붙는가?
> 아, 나비로구나!

그러니까 바로 여기에 하나는 듣는 사람의 협조를 요구하는 시가 있고 다른 하나는 스스로 자명한 시가 있다. 우리가 구태여 이름을 붙이자면 전자를 기억이나 연상의 하이카이, 후자를 이미지나 묘사의 하이카이라고 할 수 있겠다.[27]

우리의 평론가는 이어서 후안 라몬과 안토니오 마차도의 시가 이런 증후를 가지고 있다고 모레노의 암시를 좀더 구체화시키며 그 형태나 표현법에 있어서 스페인의 민요와 흡사하다고 의견을 붙인다. 그러나 그 뒤 한 달이 지나고 스페인 하이카이 운동의 결정적인 순간이 들이닥친다. 아돌포 살라사르라는 당시의 저명한 음악 평론가이며 지성인이 '하이카이에 대한 제언'을 들고 나온 것이다. 스페인 하이카이 운동의 최초의 선언은 이렇게 해서 막을 내린다.

---

27 Cfr. E. Diez-Canedo, *Haikais, en España*(Madird: 9-X-1920), pp. 11-12.

그는 하이카이를 쓰자는 운동을 벌이면서 그 방법을 설명한다. 그 내용을 요약하면,

1) 가볍고 완전한 형태 ― 별 끝처럼 예리한 ― 짧고 에테르처럼 재빠른 암시를 위한 주요한 표현이나, 투명한 물방울, 햇살이 부서져 일고 빛나게 하는 그런 미학이어야 한다. 예리한 감성으로 직감의 밑바닥에서 이미지를 만들어야 한다.
2) 하이카이는 물위로 떠오른다. 현기증 나는 무지갯빛 물거품, 우주의 작은 거울인 푸르름 속으로 날다가 순간에 우리에게 영원히 접근할 수 없는 영혼을 보여 주는 그런 것.
3)유럽 하이카이에는 모음조화가 운율보다 중요하다. 짧아서 음절을 반복하는 것은 지겹다. 각운이 잘 맞지 않는다 할지라도 지나친다. 즉, 화음은 음절의 조화로운 다양성에서 찾아야 한다.
4) 제목은 은밀한 정수에 침투할 수 있는 열쇠 같은 것이어야 한다.
5) 한 방울의 아이러니 정도는 맛을 더할 수도 있다.

이상이 다소 모호하기는 하지만 그가 주장한 하이카이 시학이다.
살라사르는 이 선언에 이어서 자기 스스로 몇 편의 하이쿠를 지어 선보인다.

텅 빈 거리에 아카시아꽃
향기 짙은 차가운 맑음
나무들은 새소리를 가득 달고 있다.
―〈4월〉

이파리를 통해서 본 바다
먼 돛폭들의 금속 화음
너는 태양 별 속에 녹아 버렸다.[28]
―〈여름〉

당시에 살라사르의 영향력은 로르카를 비롯하여 젊은 시인들에게 군림하는

28 Cfr. Adolfo Salazar, *op. cit.*

존재였던 만큼 그의 하이카이 선언의 여파는 금방 파도로 이어졌다. 안토니오 에스피나는 1921년 〈거의 하이카이〉라는 작품들을 발표한다.

외딴 집 하나
하두 혼자여서
거의 없는 듯.[29]

이어 같은 해 3월에는 디에스 카네도가 〈4계절의 하이카이〉를 발표한다.

I
밤의 성당에는
눈빛 베일.
겨울의 첫 세례식!

II
오늘은 제비들이
처마에
밀짚모자를 다는구나.
(계절 사이 하이카이 하나)
아직은 … 했지만 아냐.
들판 좀 보라구, 구름도, 너의 영혼도
벌써! … 했지만 아냐. 아직 …

III
방은 바다까지 닿고
바다는 하늘까지 닿고
하늘은 하느님까지 닿고.

VI
진열장에 놓인

---

29 Cfr. Antonio Espina, *Concéntricas-Cas, Haikais, en España*(Madrid: 15-I-1921), p. 12.

한 해의 모든 제보들
폐점 잔여품 처리.[30]

그러나 이 중에서 잡지를 통해 가장 열심인 시인이 아드리아누 델 바예다. 〈라플루마〉, 〈에스파냐〉 등등 종전에 유행하던 이국 취향적 동양 이미지에서부터 3행시, 4행시로 된 하이카이가 카이카인가 하는 시들을 수없이 발표한다.[31] 이것은 1922년경부터 하이카이가 완숙기에 들어갔다는 증후면서 다시 이런 유행은 책을 통해 출판되기 시작한다는 신호이기도 하다.

1923년경부터 서반에서는 하이카이 시집들이 출간된다. 울트라이스모의 이론가이면서 시인인 기예르모 데 토르레가 〈서양의 하이카이〉라는 시선을 그의 첫 시집에 발표한다.[32] 이어서 1924년에는 이삭 델 반도 비야르가 《일본 파라솔》[33]이라는 엑조티시즘적인 하이카이 시집을 낸다. 1928년 디에스 카네도가 낸 《미주美洲의 에피그램》은 그의 하이카이적 필치가 두드러진 시집이다.[34]

이즈음에 페데리코 가르시아 로르카도 아돌포 살라사르의 자극을 받아 하이카이라는 이름 대신에 '스위트Suite'라는 간단한 무도곡을 의미하는 음악 용어를 빌려 일본 시를 모방한다. 이미 프랑스 하이카이에는 '일본식으로 쓴 스위트'가 하이카이에 대한 내용으로 쓰이던 때라서 그때 아직 음악도였던 로르카가 음악가인 살라사르에게 자극받은 일본 시 쓰기 운동의 영향을 음악 용어로 쓴 것은 쉽게 이해가 간다. 로르카의 하이카이는 이미 장래의 대가다운 참신성과 천재성이 번뜩인다.

쓰라린 바다 앞에서
내가 운다.

나의 눈동자에는

---

30 E. Diez-Canedo, Haikais de Cuatro Estaciones, en La Pluma(Madrid: III-1921), p. 140.

31 Cfr. Min Yong-Tae, *Lo Oriental…, op. cit.*, pp. 226-227.

32 Guillermo de Torre, *Haikais Occidentales en el libro Hélices*(Madrid: 1923).

33 Cfr. Issac Vando-Villar, *La Sombrilla Japonesa*(Madrid: 1924).

34 E. Diez-Canedo, *Epigramas Americanos*(Madrid: 1928), p. 42.

두 바다가 노래한다!

너의 눈 속에
두 나무가 보였다.
미풍과 미소와 금빛에 미쳐 흔들리는.

개구리가 물어뜯는
고요는
파란 점박이 베일.[35]

로르카의 이들 시도 뒤에 출간되지만, 이 당시부터 썼던 작품이 뒤에 시집으로 발표된 경우는 아드리아누 델 바예의 《강의 환희》(1940), 마누엘 마차도의 《불사조》(1935), 알레한드로 막 킨라이의 《하이카이선》(1936) 등이 있다.[36] 같은 부류의 작품으로 이해되는 1935년 판라몬 고메스 데 라 세르나의 그레게리아 선집도 서문부터 자신의 산문 장르와 하이카이의 비교까지 나오는 등, 종래에 없던 일본 문학 장르에 대한 관심을 보여 주고 있다. "만약 그레게리아가 하이카이 같은 데가 있다면 산문으로 쓴 하이카이"라고 말한 그의 문학은 당시에 많은 시인이나 평론가들이 그렇게 생각했듯이 일본 시 영향이 뚜렷하다.[37] 그 증거로 하이카이에 대한 그레게리아가 많다.

하이카이는 시적인 진보다.

'아이!'의 아픔 속에 있는 고통으로 하이카이를 쓸 수도 있겠다.

왜 일본 사람들은 그토록 시적인 것을 잘 포착할까? 그건 그들이 잠자리 사냥꾼들이기 때문이다.[38]

---

35 Min Yong-Tae, *Lo Oriental*…, *op. cit.*, p. 395.
36 Cfr. *ibid.*, p. 234.
37 Cfr. R. Gómez de la Serna, *Flor de Greguerías*(Madrid: 1935), p. 240.
38 R. Gómez de la Serna, *Total de Greguerías*(Madrid: 1962), pp. 173, 1196, 1358.

바로 이런 점들 때문에 뒤에 루이스 세르누다, 가르시아 프라도 등 문학 사전에까지 '오늘의 그레게리아에 가까운 문학 장르'로 하이카이를 설명하고 있을 정도다.[39]

중남미 시 속의 하이카이

타블라다를 선두로 이미 하이카이 운동이 일기 시작한 멕시코, 페루, 콜롬비아, 칠레 등지의 전위 시인들은 거의 누구나 한 번쯤은 하이카이를 실험해 보았다고 해도 과언이 아니다. 여기에 스페인 하이카이즘 영향까지 합쳐서 중남미의 1919년부터 1936년경까지의 시 판도는 동양 시 모방 흔적이 각 시인에게서 수없이 발견된다.

1920년부터 1927년까지 쓴 멕시코 시인들의 하이카이 중에서 몇 편 골라 번역하면 다음과 같다.

> 오직 하나의 물자취를 남긴다.
> 우리는 무얼 남기지?
> —〈배는〉
>
> 침묵.
> 아무도 없는 공원에
> 낙엽들만 바장인다.
> — 라파엘 로사노의《소리 높은 종달새》(1921)〈가을〉에서
>
> 황금의 홍수가 들판을 누빈다.
> 낟알마다 새 생명이 꿈틀댄다.
> — 호세 루벤 로메로의《타캄바로》(1921)〈파종〉에서
>
> 너의 입술의 빨간 목소리가
> 나를 부른다.

---

39 Cfr. Min Yong-Tae, *Lo Oriental…, op. cit.*, p. 213.

불타는 나의 불구덩이를 향해.
— 호세 마리아 곤잘레스의《침사를 쓴 하이카이》(1925)에서

너는 곧 울 거야.
벌서 네 눈에선
하늘이 쬐끄만해지는걸.
— 하이메 토레스 보데트의《병풍》(1925) 〈비가 온다〉에서

무슨 탐욕스러운 가슴이
순간의
시붙이를 헤아리는가?
— 하비에를 비야우루티아의《반영》(1926) 〈시계〉에서

여기서는 별로 중요한 일이 벌어지지 않는다.
장미밖에는.

저 구름은
바람이 앗아가 버린 내 셔츠.
— 카를로스 페이세르의《시간과 20》(1927)에서[40]

타블라다를 낳은 멕시코 하이카이는 그 뒤 많은 시인들 사이에서 번창한다. 옥타비오 파스, 아구스틴 아로, 아르만도 두발리에르, 스페인 출신 알프레도 보노 데 라 베가가 그 대표적인 예가 된다. 특히 알프레도는《벚꽃 꽃잎들》이라는 중남미 시인들의 하이카이를 모은 시선집을 내는데 거기에서 몇 편을 번역하면 다음과 같다.

나비는 센티멘탈리스트
꽃마다 엽서를 나른다.
— 아르헨티나의 레오폴도 루고네스의《햇빛이 드는 시들》(1928)에서

---

40 G. Ceide Echevarría, *op. cit.*, pp. 58–97.

깃을 돛처럼 세우고
하늘의 바다를 누비며
땅을 찾아 헤맨다.
— 에콰도르의 호르헤 카레라 안드라네의《바다와 땅의 신문》(1930) 〈제비〉에서

엊저녁에 비가 오더니
강물의 목소리가
가다듬어졌나?
— 페루의 알베르토 기옌의《노래》(1933)에서

누가 한숨에 날개를 달았나?
— 과테말라의 플라비오 에렐라의《인디언의 우주》(1938) 〈제비〉에서[41]

이들 이외에도 호르헤 루이스 보르헤스, 에우헤니오 플로리트까지 그 많은 나라의 그 많은 시인들이 연습한 동양 시 모방 시도는 하나하나 이루 헤아릴 수가 없을 정도다.

41 Alfredo Bono de la Vega, *Hojas del Cerezo, en Abside*(México: 1951), pp. 412–438, 573–593.

동양 영향의 전통적 수용

마차도와 로르카의 경우

여기 〈엘 임파르시알 월요 특집〉에 최근 발표된 안토니오 마차도의 작품에 '하이카이'가 나온다. 시인은 장르 이름을 밝히지 않고 있지만 이들 작품은 어찌 보면 분명히 우리 민요에서 비롯된 작품 같기도 하다.

> 검은 물가.
> 바다와 자스민꽃 향기.
> 말라가의 밤이여!
>
> 보면 알 수 있듯이 이건 암시의 하이카이거나 이미지의 하이카이다. 영감은 똑같다. 형태도 거의 비슷하다. 우리 시인은 우리 서민 민요의 전통을 통해 일본 시인들과 만난 셈이다. 동양 시인들의 시 향기에서는 어딘가 우리 민요와 같은 핏줄을 발견할 수 있다.
>
> — 엔리케 디에스 카네도의《하이카이들》(1920)[1]에서

서양이 동양을 받아들임에 있어서 서양 고유의 이해와 상상을 통해 수용했다고 하는 점은 이미 지적한 바다. 19세기 말의 비교문학 열광자들, 영향 연구주

---

[1] Haikais, *en España*(Madrid: 9-X-1920), p. 12.

의자들은 영향이라고 하면 너무 절대적인 가치로 받아들였던 감이 있었다. 즉 영향을 발견하면 한 작가의 작가됨에 동기가 된 커다란 모티프를 발견한 것처럼. 그러나 오늘 우리는 보다 겸손해졌다. 어느 작가도 모방만을 일삼지는 않는다. 나름대로의 소화와 변형을 거치지 않는 영향이란 생각할 수조차 없다. 이것이 특히 개성이 강한 작가거나 전통주의적 성향을 가진 작가들에게 있어서는 더욱 그렇다.

오직 가장 형편없는 작가들만 유행을 따르고 일정한 기법에 맹종한다. 외국 문학의 수용은 그것으로 나를 살찌우기 위한 하나의 방편이지 그것의 종이 되기 위한 것은 아니기 때문이다. 예이츠는 일본의 '노'에서 자신의 무용극, 아니면 시극의 모델을 구했다고 공언하고 나서 작가치고 "누구나 갑자기 벼락부자처럼 오리지널한 기법을 만들어 낼 수는 없는" 일이라고 부연한다. 이런 말은 자신에게 영감을 준 모델이나 표본이 반드시 필요하다는 말이면서 그것이 절대적이라기보다는 자신의 창작에 자극제로 작용하고 있다는 이야기를 한다. 결국 중요한 시인이나 작가들에 있어서 외국 문학의 수용은 다분히 창작적인 데가 있다는 것을 시사하고 있는 말이라 생각된다.

우리는 지금까지 예술 창작가, 특히 지성인이 대부분인 문인 사이에서 이루어진 영향을 이야기하고 있다. 영향은 모든 예술인에게 정상 음식이고 생활이다. 내가 아무리 나의 할아버지를 닮았어도 나는 할아버지가 아니다. 엄격한 의미에서 표절까지도 문학에 자본주의 소유권 원칙을 도입한 것이지 문학의 원초적 속성은 아니다. 문학은 아리스토텔레스의 학습 원칙에서부터 시작해서 모방과 답습이다. 낭만주의 이후 그 재수 없는 오리지널리티 버릇이 들어 자식은 아버지에게, 손자는 조상에게 더욱 버릇만 없어졌다. 뭐가 그리 새로운 게 있어서 새로운 척하는 것에 땀을 흘리는지 가소로울 뿐이다.

그렇지 않은 문학이 있다. 그것이 동양 문학이고 서양 문학이다. 동·서양의 문학이라기보다는 너와 내가 엮어 가는 문학이다. 너와 나는 오늘 쇠고기 등심을 먹고 내일 시금치를 먹어도 쇠고기와 시금치쯤의 일반 명사로 나의 존재의 형성에 기여하고 있는 요소를 경시한다. 흡사 내가, 나의 실존이 일반 명사인 것처럼, 비교 문학가는 그 시금치의 출생 장소와 그 소의 고향, 그 영양질의 미세한 요소까지에 관심 있어 한다.

꼭 한 작가의 공공연한 자기선전이나 자백을 유죄나 무죄로 척결 짓는 것은 아니다. 오히려 무죄의 경우 수상쩍을 때가 더욱 중요하다. 오늘 한국인이 외국인의 눈에 거의 똑같이 생각될 수 있듯이, 첫째는 그들이 개미를 보는 눈처럼 무식하고 무관심하기 때문에, 둘째는 우리가 그렇게도 전형적으로 변모해 버린 것도 모르는 우리의 무지 때문에, 우리는 서양 문학에 대한 동양의 영향을 들먹이면서 모든 서양 문학이 동양 선호의 일색이라고 생각할 수 있다. 그러나 우리는 그중 한 작가, 아니면 차라리 한 여자를 사랑할 때 그 사람은 다른 의미로서 나와 똑같은 것을 발견한다. 아니면 다른 의미로 나와 너무 다른 것을 발견한다.

이 너무 다른 것, 이 너무 나와 같은 것을 살펴보는 게 동양 영향 연구면서 그 당위성이고 심도다. 서양 문학 전통에 있어서 동양의 영향이야말로 그들의 자발적이면서 자기 탐구의 결실이었다. 따라서 그 많은 동양 시의 영향도 알고 보면 막상 동양 시인들에게 생소할 만큼 새로운 양식의 산출이었다. 그림 시의 경우가 그렇고 시어의 슈퍼 포지션 기법은 양계초도 피하라고 권고했던 '뜻이 먼 비유'에 속한다.[2]

그러나 그보다도 더욱 멀리 간 기법이 있다. 모델은 분명히 동양인데 거기에서 영향받은 기법은 서양적인 것보다 더욱 서양 전통에 뿌리박은 개혁 운동 같은 것들이다. 이 경우에서 특히 마차도와 로르카를 문제 삼은 것은 둘 다 서구 문학 전통에서 한 발자국 떼어 놓기조차 어려운 전통주의적 사고, 아니면 최소한도 자기중심적 사고의 시인이면서 동양 문학의 전통을 받아들였다는 경이적인 사실이 첫째고, 둘째는 이 방법이 얼마나 자기 심도화에 기여했느냐는 역설적인 결론이 우리의 관심을 끄는 점이다.

스페인의 하이카이이즘과 민요풍의 시

옥타비오 파스는 스페인 하이카이이즘을 이야기하는 글에서 일본의 "하이카이와 스페인 민요, 즉 이 가장 이질적인 두 장르의 이상한 결합"을 눈여겨본다.

---

2 Cfr. 이가원, 《중국 문학사》(서울: 1959), pp. 36-37.

시 형식으로 볼 때는 비슷한 데가 있지만 그 에스프리로는 너무나 이질적인[3] 이 먼 나라 사이의 상이한 시 장르의 혼동은 문학 영향이 빚은 가장 재미있는 아이러니라 아니 할 수 없다.

사실상 안달루시아의 민요인 세기리야의 후렴은 때에 따라 5-7-5조를 따르는 것도 많고[4] 일부 근대 하이쿠처럼 운율이 불규칙한 것도 있어 형식 면에서는 충분히 혼동될 소지가 있었다. 그러나 애초부터 서구의 하이카이 붐이 동양 시 형식의 불규칙성과 그 짧은 것만을 인상적으로 받아들였던 만큼 이런 특정한 민요와의 유사성이 내용의 유사성까지 상상하게 했다고는 보이지 않는다.

이런 오해의 근원은 차라리 일본 시나 중국 시를 처음 소개했던 평론가들의 자의적인 해석에서 기원한다. 1910년경까지 스페인에서 일본 문학을 전문적으로 소개했던 과테말라 출신 문인 엔리케 고메스 카리요는 이미 언급한《일본인의 시적 감정》(1907)에서 하이카이를 이렇게 설명한다.

> 시골 농부들까지 이런 열일곱 자의 작은 시 형식, 하이카이라는 것을 쓰며 즐겼는데, 이들 노래로 말하면 스페인의 민요와 아주 흡사한 것으로 다음 예를 보아도 알 수 있으리라.
>
> 나를 부르는 소리가 들린다.
> 우예노의 종소린가?
> 나의 임의 목소린가?

그는 이어서 무엇이 스페인 민요와 비슷한가를 상세하게 설명하고 있다.

즉 일본 시는 무엇보다도 자연스러운 암시성이 강해서 스페인의 전통 민요와 아주 비슷하다는 결론이다. 상징주의의 영향에 흠뻑 젖어 있던 카리요는 일본의 시가에서 여운과 암시성을 가장 높이 사고 있다.[5]

그러나 1920년대의 동양 시 소개를 전문적으로 하던 시인 엔리케 디에스 카네도는 모든 동양 시가 스페인의 민요에 가깝다고 주장한다. 아서 웰리의 중국사

---

3 Cfr. *La poesía de Basho, en Sendas de Oku*(Barcelona: 1970), p. 26.
4 Cfr. Pedro Henriquez Ureña, *Estudios de versifición española*(Buenos Aires: 1961), p. 399.
5 Enrique Gómez Carrillo, *El sentimiento poético japonés en El Nuevo Mercurio*(Barcelona: IV-1907, núm. 4), p. 450.

번역을 스페인어로 중역하고 그 유사성을 들먹이더니[6] 이번에는 하이카이와 민요가 비슷하다고 역설하기에 이른다. 그는 그의 주장에서 일반적인 유사성 외에 그 차이점까지를 지적한다.

> 우리의 민요에는 회화성이나 순수한 서정보다는 오히려 말이 많은 흥이 있으나 그렇다고 전통 민요나 창작 민요 속에는 하이카이에서처럼 아주 자연스러운 감정을 유출한 예가 없는 것도 아니다.[7]

한마디로 이들 두 문인은 일본 시나 기타 동양 시의 함축미에서 스페인의 일부 민요와의 유사성을 말하고 있다. 실제 어느 문학 속에서나 유사한 작품이나 유형을 발견하기는 어려운 일이 아니겠으나, 스페인 일부 민요의 암시성이나 자연의 이미지는 일본의 그것을 연상시키는 작품이 없는 게 아니다. 가령 다음 두 작품을 비교해 보자.

> 내 임이 문 앞에 갖다 놓은
> 가시나무와 엉겅퀴
> 모두 꽃 되어 피네
> — 스페인 민요[8]

> 내 고향. 내가 보고
> 만지는 모든 것
> 엉겅퀴가 되네.
> — 이사의 하이쿠[9]

비교한 두 작품은 다같이 들풀을 이미지로 사용하고 있는 점이라든지 시인이나 화자의 마음의 반향으로 변질되는 자연의 모습이 일치한다. 그러나 무엇보다도 이들 노래가 비슷한 것은 그 여운이 주는 향기이다. 이런 민요 이런 하이카이를 염두에 두었을 때 앞서 말한 평자들의 유사성 운운도 오해는 아니

---

6 *Po-Chui, poeta chino del siglo IX en Hermes*(Bilbao: IX-1920, núm. 63, año IV), p. 541.
7 'Haikais', *op. cit.*, p. 17.
8 citado por Henriquez Ureña, *op. cit.*, p. 114.
9 Sendas de Oku, *op. cit.*, p. 17.

었겠다.

문제는 그러나 이런 깊은 유사성에 대한 인식을 필요로 하지 않은 시인들에게 있었다. 가령 마누엘 마차도의 〈하이카이〉라고 제목이 붙은 시는 아무리 보아도 그 원형의 어느 점을 본받아 그런 이름을 붙인 것인지 이해하기가 힘들다.

> 아이, 내 꼴 좀 보게
> 이제 정말 난
> 옛날의 내가
> 아니구먼…
>
> 내가 힘이 부쳐
> 그게 두려워
> 놀라는 건
> 아니지…
>
> 그런데, 아!
> 내겐 사랑이 없구먼…
> 아이 참 내 꼴이라니,
> 이젠 정말 내가
> 내가 아니구먼![10]

이런 식의 하이카이는 당시 스페인에서 이해한 일본 시에 대한 편견을 고찰하지 않고는 도저히 짐작조차 할 수 없는 이질적인 발전이다. 먼저, 고메스 카리요는 일본 시가 "하나의 한숨, 아니면 감탄, 아니면 한의 비유나 이미지"라고 한 일이 있다. 그 한숨, 그 감탄사가 이 시의 전부요, 그냥 그대로 안달루시아의 한을 노래한 민요다. 이 말은 시인 스스로가 털어놓는 자작시 해설에서 더욱 분명해진다. "마침내 1923년, 〈죽음의 기교〉에서 하무렛이 이야기하는 그 삶과 죽음의 커다란 명제 앞에서 가장 부드럽고 가슴 졸이는 아픔이 부각된다. 즉, 순수한 시적 한숨의 경지, 하이카이를 쓸 만큼 나는 스타일리스트가 된다."[11]

---

10 *Obras Completas de Manuel y Antonio Machado*(Plentitud: 1967), p. 251.

마누엘 마차도는 이런 스타일의 민요풍, 아니면 그냥 민요 자체에 가까운 작품을 하이카이를 모방한답시고 수없이 써낸다.

너의 머리칼의
황금을 잃고부터
난 이렇게 가난하구나!

너의 푸른
눈동자가 나를 바라보지 않는다.
그래서 내겐 하늘이 없다…[12]

그러나 그의 동생이면서 보다 훌륭한 시인으로 인정받는 안토니오 마차도는 하이카이를 스페인 민요로 생각하는 데는 마누엘과 일치하나 이미지의 적절한 활용에 있어서는 형보다 훨씬 원형에 가깝다.

검은 물가.
바다와 자스민꽃 내음새.
말라가의 밤이여![13]

이런 시는 최소한도 해변에 위치한 말라가 시의 정취를 몇 마디 인상적 터치로 점철한 점에서 훨씬 동양적이다. 안토니오 마차도의 하이카이는 직접 소칸의 이름까지 명명할 정도로 정통을 자부한다.

한 일본 여인에게
소칸은 말했지.
하얀 달로
부채질하구료,
하얀 달로
바닷가에서.[14]

---

11 *Unos versos, un alma y una época*(Madrid: 1940), p. 97.
12 *Ibid.*, p. 190.
13 Haikais, *op. cit.*, p. 12.

물론 이 시는 소칸의 "달에 손잡이를 붙이면 부채"라는 서구에 가장 많이 알려진 하이쿠를 인용하고 있다. 어떻든 안토니오 마차도의 민요풍의 하이카이는 제법 출중한 이미지가 돋보인다.

봄이 왔군.
꽃이 핀 엉겅퀴가
하얗게 할렐루야를 부르네.

우리 부엌에 불이 꺼진 줄 알았지.
그래서 재를 휘저었지…
난 손을 데었어.

골짜기 밑바닥까지
강물소리뿐.
높은 에스피노 마을[15]

이런 안토니오 마차도의 민요식 하이카이 스타일은 디에스 카네도가 〈마차도, 일본 시인〉이라는 평론을 일간지에 낼 만큼 이미 정격화된 그의 시풍으로 후기 시집인 《새로운 노래》(1924)에서 본격화한다. 이미 1907년부터 일본 시에 가까운 인상주의적 자연 묘사에 익숙해 있다고 주장하는 학자가 있을 만큼[16] 그의 시는 스페인 민요를 하이카이식 이미지 병치법으로 순화시킨 흔적이 역력하다.

그리고 가르시아 로르카의 타령조 문체

로르카는 《노래》(1927)라는 시집에서 〈안달루시아의 노래〉라는 장을 마련하고 부제목으로 '일본의 격조 높은 비정형 문체'라는 말을 삽입한다.[17] 1921년 《시집》이라는 초기 시 묶음에 이어 대변혁을 보여 주는 신식 민요체, 아니면 타령조의

---

14 Enrique Diez-Canedo, *Antonio Machado, Poeta japonés, en el Diario El Sol*(Madrid: 20-IV-1923), p. 4.
15 Obras Completas… *op. cit.*
16 Cfr. Luis Antonio de Villena, *Del Haiku, sus Seducciones tres Poetas en Lengua Española, en Prohemio*(Madird: IV, abril-septiembre-1973), pp. 143-174.
17 Cfr. Canciones, *Poemas Sueltos*(Madrid: 1973), p. 41.

운율을 시도한 가장 로르카적인 문체의 발단이 되는 작품집이다. 그는 1921년 모데르니스모의 영향이 아직 짙은 데뷔작을 발표한 뒤 스스로의 목소리를 찾아 여러 가지 아방가르드의 문체 개혁의 분위기에 휩쓸린다. 첫 시집 출판 이후 잡지에 발표되기 시작한〈스위트〉라든지〈노래〉라는 제목의 시들은 바로 이런 노력의 일환이다. 또한 같은 시기에《칸테 혼도 타령조의 시》라는 안달루시아 민요 스타일의 시집도 내고 있다. 이때부터 1928년《집시 가요집》이 발표되기까지 가장 로르카적인 문체의 형성 기간으로 보여야 한다면 이들 잡다한 시도를 묶는 자극제로서 제일 확실한 면이 민요풍의 하이카이즘에 참여한 점이다.

먼저 로르카의 하이카이즘의 열쇠가 되는 "일본의 격조 높은 비정형 문체로"라는 표현이 의미하는 것은 무엇인가? 앞서 말한〈안달루시아의 노래〉장에 우리가 흔히 보아 온 서구의 하이쿠를 연상시키는 어느 형태도 눈에 띄지 않는다. 예를 들어 저 유명한〈기사의 노래〉를 살펴보자.

코르도바,
멀고 고적한 곳.

검은 조랑말, 커다란 달,
안장 주머니에 올리브 몇 낱.
길은 익히 알고 있지만
내 코르도바에까지 가기는 틀렸네.

들판으로, 바람 속으로
검은 조랑말 하나, 붉게 물든 달 하나.
코르도바의 성루 위에선
죽음이 날 지켜보고 있다네.

아, 길은 멀기도 해라!
아, 나의 용맹스러운 조랑말아!
아, 죽음이 날 기다린다네,
코르도바에 닿기 전!

코르도바,
멀고 고적한 곳.[18]

물론 이 글의 전체에 흐르는 강한 암시성과 함축미는 그들이 생각한 동양 시의 체취를 짐작하게 하는 면이 있다. 그러나 그 사실만으로는 너무 비약한 '일본의 격조 높은 비정형'이다. 이 시는 스페인 전통 운율인 8음절을 사용하면서도 시행의 배치가 불규칙하고 각운은 아예 없다. 그렇다고 볼 때 비정형인 것은 인정되나 그것이 일본의 어떤 시 형식과 비슷하단 말인가?

고메스 카리요는 일본 시의 율격에 대해서 다음과 같은 말을 한다.

> 각운은 없다. 그리고 그 리듬이라는 것도 매우 가볍다. 평론가들은 차라리 새로운 생각을 자유로운 형태로 표현하기를 바란다. 〔…〕 일본어는 사실상 모든 말들이 모음으로 끝난다. 모음이 다섯인데, 그렇다면 각 음은 항상 같은 비슷한 소리로 끝나게 된다는 소리다. 운율도 그다지 크게 눈에 띄지 않는다. 말들의 배치도 굴곡이 없이 모두 똑같이 들린다.[19]

이 말을 종합하면 일본 시는 불규칙한 자유시이며 모든 형식은 의미를 표출하기 위해 동원되어 있다는 소리다. 여기에 로르카와 당시에 가장 가까웠던 스페인 하이카이즘 선구자 아돌포 살라사르의 설명은 여러 가지 뜻에서 유익하다.

> 유럽의 하이카이에서는 모음조화가 음절 수의 규칙성보다 더욱 중요하다. 시 형식이 짧아서 음절 수를 같이 배치한다는 것은 오히려 지겹다. 각운을 없이 한다 해도 그 어떤 정형성이든 하이카이에는 맞지 않는다. 운율은 음절의 조화로운 배치 속에서 스스로 느껴지게 해야 한다.[20]

로르카는 자유시에 가까우나 모음조화 내지는 음절의 적당한 배치를 통해 표현미를 강조한 살라사르의 하이카이 시법을 '격조 높은 불규칙성'으로 이해했음이 틀림없다. 로르카는 당시 울트라이스모의 이론적 선구자이며 하이카

---

18 *Ibid.*, pp. 41-58

19 *op. cit.*, pp. 499, 458.

20 Adolfo Salazar, *Proposiciones sobre el Haikai, en Pluma*(Madrid: núm. 6 del año I, noviembre de 1920), p. 270.

이를 썼던 기예르모 데 토르레에게 바치는 시에서 다시 한 번 하이카이 기법을 언급한다.

> 물가에서 뱃사람들이 노래한다.
> 댓잎의 노래, 눈 같은 후렴의 시구들을.
> 그들의 눈 속에는 방향을 잃은 지도가 반짝인다.
> 불을 잃은 적도, 대기를 잃은 중국이.[21]

여기에 나오는 "댓잎의 노래", "눈 같은 후렴의 시구"는 분명히 하이카이를 가리키고 있다. 특히 "눈 같은 후렴의 시구"라는 말에서 우리는 로르카가 하이카이를 후렴 같은 시구로 오해하고 있었던 것을 본다. 위 시는 토르레의 〈서양의 일본 유행이여, 안녕/새로 쓰지 않는 시구, 길게 깨진 눈이 없는 눈빛이여〉[22]라는 시에 대한 답시로 이해되는데 로르카는 그 말을 "불을 잃은 적도, 대기를 잃은 중국"으로 다시 풀고 있음을 발견한다. 어떻든 로르카가 이해한 일본 시는 민요조의 후렴 사용 같은 것으로 착각하고 있었음이 틀림없다. 그렇다고 볼 때 맨 처음 인용한 시에서 "코르도바/멀고 고적한 곳"이라고 반복되는 후렴조의 사용을 그는 '격조 높은 불규칙' 시법, 즉 하이카이 율격으로 생각한다. 더군다나 그 구절은 운율 자체가 죽음을 향해 지친 발걸음을 재촉하는 말발굽소리를 연상시키는 상징성 짙은 후렴이다.

원형과의 차이야 어찌 되었든 로르카는 이렇게 해서 스페인 민요의 암시성과 이미지의 비약을 처음으로 이용한 가장 현대적인 문체를 창안하게 된다. 로르카는 이런 방법 이외에도 당시 스페인에 유행하고 있던 여러 형태의 하이카이 기법을 차례로 시험한다. 가령 후안 라몬 스타일의 금언에 가까운 하이카이도, 살라사르의 하이카이를 연상시키는 하이카이도 1921년부터 끝없이 연습한다. 이런 시를 그는 '스위트'[23]라고 불렀는데 이 음악 장르에서 따 온 이름으로 그는 짤막짤막한 자연 묘사의 하이카이를 썼다.

---

21 *Asi que pasen cinco años, Diván del Tamarit*···(Buenos Aires: 1952, sexta ed.), p. 216.

22 Guillermo de Torre, *Hélices*(Madrid: 1923), Haikais occidentales.

23 Cfr. J.R. Bloch, *Deux Petits Suites, sur le Mode de Certains Poemes Japonais*, en Les Ecrits Nouvaux Cfr. William Leonard Schwartz, *The Imaginative Interpretation of the Far-East in Modern French Literature*(Paris: 1927), p. 207.

당시 프랑스 시인들의 '스위트'라고 하면, 이 장르로 하이카이를 가리키는 별칭으로 사용했던 것을 감안한다면 문제는 더욱 확실해진다. 1921년 8월 8일에 썼다고 하는《하얀 앨범》에 나온 시 하나를 보자.

> 3월에
> 너는 달로 떠난다.
> 여기 너는 너의 그림자를 놓고 간다.
>
> 풀밭은
> 환상적이 된다. 하얀
> 새들이 비오듯 쏟아진다.
>
> 나는 너의 숲에서
> 길을 잃는다. 난 소리친다. 깨야, 문 열어라!
> 나는 어린애가 되리라! 깨야, 문 열어라.
> 소리, 소리치는[24]
> —〈벚꽃〉

또 다른 시에서 그는 부채의 이미지가지 동원해 하이카이를 시험한다.

> 부채를 든
> 아가씨 하나
> 신선한 시냇물이 흐르는
> 다리로 건너간다.[25]
>
> 여긴 모두가 마찬가지
> 별이라고 하라, 아니면 오렌지라고 하라,
> 밑바닥이라고 하라, 하늘이라고 하라.[26]

---

24 *Cincuenta años de asesinato de Lorca, en los domingos de ABC*(Madrid: 17-agosto-1986), p. 5.
25 *Canciones… op. cit.*
26 *Ibid.*

즉, 로르카에 있어서 하이카이의 영향은 초기 단계에서 이미지의 비약 실험을 거쳐 전통 민요의 드라마틱한 구현 방법의 시도에 이르는 장기간의 수련 과정에 가장 중요한 자극제 역할을 한다. 《집시 가요집》 이후 로르카의 문체는 참신한 이미지의 슈퍼 포지션 기법에 이은 후렴 사용으로 특징 지어진다. 그의 시는 늘 레이 모티프로 작용하는 '눈 같은 후렴'을 기축으로 전통적인 설화, 전설, 일화의 가장 드라마틱한 패턴을 반복하면서 시화시키는데 그 예를 들면,

검은 달 속에서
시에르라 모레나 산의
옆구리가 피 흘리고 있었다.

검은 말아
너는 죽은 기사를 어디로 싣고 가는 것이냐?

밤은 그
옆구리에 박차를 가한다.
별을 박으며.

차가운 말아
아, 이 칼의 꽃과 향기![27]

이 시에서 후렴식으로 등장하는 "검은 말아", "차가운 말아" 하는 기본 패턴은 바로 그가 생각했던 하이카이 기법인 것이다. 하이카이 영향을 받은 로르카의 시는 이렇게 해서 곳곳마다 후렴으로 점철되어 있다. 예를 들면 《칸테 혼도 타령조의 시》에서 〈놀라움〉이라는 시를 보아도 이런 반복은 시의 암시성을 자극하는 가장 중요한 기법임을 알 수 있다.

가슴에 칼을 맞고
길가에 죽어 쓰러졌다.

---

27 *Ibid.*, pp. 43-44.

아무도 아는 사람은 없었다.
가로등만 파르르 떨고 있었다!

아아
길가 파르르 떨고 있던
가로등 하나!

새벽이었다. 아무도
그의 눈 속을 들여다볼 수는 없었다.
차가운 대기를 향해 벌어진 눈.

가슴에 칼을 맞고
길가에 쓰러져 죽어 있었다.
아무도 아는 사람은 없었다.[28]

이런 시의 기조를 이루는 반복법 "파르르 떨고 있는 가로등"이라든지 "아무도 모르는" 사람의 이미지, 그 냉혹성을 반드시 이런 반복으로 분위기를 이끌어 가는 게 로르카의 전형적인 시법이다. 각 행마다 약간의 변화를 주면서 비극성을 강조하는 이런 스타일의 시가 로르카 시의 향기라면 이 방법은 다름 아닌 로르카 나름대로 이해한 하이카이 시법에서 나온 결과다.

물론 이상 언급한 로르카의 시 방법이 동양 시 냄새가 난다거나 하이쿠를 연상시키는 구절은 하나도 없다. 오히려 이런 기법은 로르카 스스로가 창안한 시법이라 해도 우린 할 말이 없다. 그러나 우리는 지금과 같은 역사적 연구를 통해서 그것이 뜻하지 아니한 동양 시에 대한 접근 시도에서 발전된 것임을 미루어 짐작할 수 있다. 역사의 아이러니라고 할까? 로르카의 가장 스페인적인 민요 스타일의 시법 발전에 미친 일본 시의 영향은 이렇게 기상천외의 숙명을 겪는다.

---

28 José Garcia López, *Historia de la Literatura Española*(Barcelona: 1985, sexta ed.), p. 689.

일본의 전통극과 영미 문학

예이츠를 중심으로

나는 사실상 이들 일본의 노 연극의 도움으로 하나의 연극 형태를 창안했다. 훌륭하고 간접적인 아무런 치장이나 잡다한 무대 장치 없는 하나의 귀족적 취향의 연극 말이다.
—예이츠, 《일본의 고상한 연극들》[1]

20세기 초부터 쇼나 연극에 병풍이 드리워지고 부채나 일본의 기모노가 등장하는 것 정도는 상식이 되어 왔다. 그 많은 문학 모임을 주도하던 커피숍에까지도 중국이나 일본 그림 하나 정도 걸려 있는 것은 빼놓을 수 없는 치정 중의 하나였던 것이다. 푸치니의 〈나비 부인〉이 대인기를 누리고 〈마카도〉 같은 연극이 판을 치는 세상에 동양의 진정한 무대 예술에 대한 관심이 없을 수가 없었다.

체임벌린이 1876년 10월 《콘힐 매거진》에 일본의 노 연극을 번역한 것을 효시로 서서히 일본 연극에 대한 관심이 자리하기 시작한다. 1901년 일본의 가부키 그룹이 피카디리 서커스의 크리테리언 극장에서 공연을 할 때 맥스 바이어봄이라는 평론가는 감탄의 말을 아끼지 않는다.

> 지금까지 부채 몇 자루, 양산 몇 개를 받쳐 들고 나오면 다라고 생각했던 것이, 조금 부끄러운 일이기는 하지만 우리가 가지고 있는 옛 일본 예술에 대한 생각의 전부였다. 우리는 은근히 일본인들의 예술이란 우리 예술처럼 서양화되고 속된 것으로만 믿어 왔다. 그러나 이제 여기 시간의 흐름에도 때 묻지 않은 우리의 영향과는 아무

---

[1] W. B. Yeats, *Essays and Introductions*(London: 1961), p. 221.

상관이 없는 고전적인 예술과 그 예술인들이 우타마로나 호쿠사이의 그림에서 되살아 나타난 것처럼 우리 앞에 와 서 있다.[2]

맥스의 이러한 판단 속에는 이국 취향적 기준을 벗어나 인상주의 예술의 맥락에서 이해하려는 의도가 엿보인다. 그러나 제1차 세계대전을 전후해서 일본의 가무극이나 노에 대한 생각은 본격화되고 영미 연극인 영화 예술에 그 소재나 기법 면에서 깊은 영향을 끼친다.

가부키와 서구 연극

얼 마이너에 따르면 영미 문화권에서 가부키의 파문은 제2차 세계대전 이후부터라고 한다.[3] 가부키가 번역도 없이 제대로 이해되었다고는 할 수 없으며 또한 공연을 접할 기회가 서구인들에게 쉽게 주어지는 것도 아니어서 그 영향은 상당한 한계가 있었음을 알 수 있다.

1915년 발표한 존 메이스필드의 《믿는 자》는 그 스토리를 가부키에서 따온다. 47명의 사무라이가 사부의 불의스러운 죽음을 복수한다는 내용은 작가 자신도 고백하고 있듯이 미트포드의 《고대 일본의 설화》 속의 네 이야기를 종합해서 썼다고 한다. 설화를 가부키로 만든 〈추신구라〉의 두 번역을 참조하고 설화 속의 영웅담들을 조합해서 만든 이 작품은 러·일 전쟁에서 일본이 승리한 후 일본의 군사적 영웅주의가 각광을 받을 당시 대단한 인기를 누린다.

메이스필드의 가부키 사용은 사실상 그 형식에 매료되었다기보다는 소재에 국한되었다고 할 수 있다. 그러나 이들 시극에 사용된 문체나 이미지의 사용은 이미지즘에서 유행하던 영상미가 두드러진다. 특히 에이미 로웰도 시도한 바 있었던 전형적인 일본 운율 7-5조의 사용은 그가 일본적인 형식을 얼마나 염두에 두고 있었던가를 입증해 준다.

---

2 Cfr. Earl Miner, *The Japanese Tradition in British and Amerian Literature*(Princeton, New Jersey: 1966), pp. 215-216.
3 *Ibid.*

오래전에 죽은
영웅들은 상벽에
산다. 우리의
오는 소리를 듣고
우리 가슴을
칼로 가져간다.
오직 그만을
위해 우린 그토록
사랑했었지.[4]

제2차 세계대전 이후 미국의 일본 점령 시에 영미인들은 실제로 가부키 공연을 많이 볼 수 있게 되었고, '아줌마 극단'이라는 유사 가부키 가무단까지 생겨 미국과 유럽을 순회한다.[5] 이렇게 해서 가부키에 대한 지식이 심화되면서 이제는 영화 예술에까지 영향을 미치게 된다.

세르게이 미하일로비치 에이젠슈테인은 그의 영화 이론에서 "일본 연극의 가장 흥미 있는 현대 문화와의 유대는 물론 유성 영화와의 관례"라고 못 박는다. 그는 이어 오늘의 영화 예술은 일본 연극에서 그 기본 기법을 배우고 익혀야 된다고 주장한다. 제1차 세계대전 이후 모스크바 대학에서 일본어를 공부하고 특히 일본의 가부키와 노에 깊은 관심을 가졌던 그는 〈경이적 기법〉과 〈영화 예술과 표현주의〉라는 두 평론에서 가부키는 노래와 춤과 연극의 종합 예술인 점을 강조하고 "소리와 움직임, 공간과 목소리가 서로 상호보완 관계나 병치하는 성격이 아니라 오히려 똑같이 단독적인 의미를 표출하기 위해 구현되고 있다"고 설명한다. "시각 이미지와 청각 이미지를 조합하는 대위법적 기법"이 가부키라고 하면서 이런 기법은 유성 영화에서 참조해야 될 고양된 예술표현으로 극찬한다.[6]

또한 표의문자, 즉 한자의 구성에서 에즈라 파운드와 비슷한 착각을 한다. 말하자면 한자는 그 하나하나가 형상미를 가진 언어이므로 한자어의 어체는

4 Cfr. *ibid.*, pp. 216-218.
5 Cfr. *ibid.*, p. 219.
6 Cfr. *ibid.*, p. 222.

의미의 직접적인 표출을 이미지로 조합시킴으로써 이룩한 표본으로, 그것은 어떻게 영화 예술이 서로 다른 이미지를 조합시킴으로써 고도의 추상적인 의미를 산출할 수 있는가를 시사하고 있다고 주장한다.

에이젠슈테인이 한자어의 구성이나 가부키에서 배운 것은 '이질적 요소의 병치', '화면의 분해', '슬로우 모션 기법', '최대한으로 클로즈업시키는 기법' 등 매우 다양하다. 이들 기법은 그때까지 영화 예술이 사실적인 상황을 구체화하기에 급급해 왔던 것과는 달리 비사실적인 전재를 통한 의미 표출의 문을 열게 한 셈이다.

가부키가 에이젠슈테인에 의해 각광을 받는 공연 예술이 되었다면 노는 에즈라 파운드의 번역으로부터 예이츠의 모방 의도까지를 움직인 장르다. 체임벌린이 1876년에 소개한 것에서부터 예이츠에 이르기까지 이 복잡한 예술 장르는 '귀족적 예술 형식'으로 많은 서구인들의 주의를 끌었다. 특히 사극에 파문을 크게 던진 노 연극은 버텀레이의 〈장면과 연극들〉(1929), 〈서정극〉(1932), 〈합창 연극〉(1939)에 이르기까지 긴 영향력을 행사한다. 버텀레이는 노 연극에서 그가 꾸어온 것은 시와 무용과 음악이 그 표현에 있어서 대단히 고양된 조화와 효과를 가져온 점을 착안한 것이라고 말한다. '가면의 사용을 통한 의미 표출', 내용을 '춤으로 재구현시키는 기법', '합창'을 통한 상징화 작업이 그의 작품에서 노의 영향을 입증하고 있다고 얼 마이너는 주장한다. 스터지 무어의 〈메데아〉, 스타크 영의 평론, 브레히트의 일련의 작품과, 특히 손턴 와일더의 〈우리 마을〉, 폴 굿맨의 연극들은 한결같이 노의 영향을 대변하는 작품들이라고 마이너는 지적하고 있다.[7]

예이츠와 동양

예이츠가 이미지즘과의 접촉 이전에 동양의 영향을 받았다면 지금까지 이야기해 온 당시 인상주의나 상징주의에 스며든 요소 정도가 고작이라고 보아야 된다. 다분히 낭만주의적이었던 (심미주의라고 해석을 할 수도 있겠지만) 그의 아일

7 Cfr. *ibid.*, pp. 223-229.

랜드 전통에 대한 집착이나 보수성은 영향이 있다고 할지라도 극히 자기화된 방법일 수밖에 없었다. 그는 이미 자신이 설립한 시풍이나 문체의 확고한 기틀 위에서 선택적으로 외부의 영향을 수용한 시인이었던 만큼 쉽사리 유행병에 빠져들 위인은 아니었다. 예를 들면 이미지스트들이 일본 시를 흉내 내는 '자유시'스타일에 열을 올리고 있었을 때에도 그의 견해는 요지부동이다.

> 나는 정열적인 소재에 적합한 정열적인 구문을 필요로 했기 때문에 언어와 함께 성장해 온 전통적인 운율을 받아들이려고 안간힘을 다했다. 에즈라 파운드나, 터너, 로렌스는 멋진 자유시를 썼지만 나는 그럴 수가 없었다. 나는 내 스스로를 포기하고 저 늙은 미치광이 여인처럼 멋대가리 없는 그런 사람이 될 수도 있었다.[8]

그는 계속 "옛날 소금이 제일 포장이 잘 되어 있다"는 견해와 함께 스스로 보수적인 시인임을 자처한다. 그러나 그가 전통적인 시인이었다는 이야기는 반드시 영국이나 아일랜드 전통 이외에는 아무것도 전통이라고 생각하지 않았다는 말이 아니다. 당시 유행병처럼 나돌던 동양 취향을 유행으로 받아들이지 않고 자기화해서 소화했다는 해석이 가능하다.

얼 마이너에 의하면 우선 그는 공쿠르의 신봉자였던 아서 사이먼과의 친교를 동양 영향에 대한 접근의 계기로 삼는다. 그는 사이먼을 통해 프랑스 상징주의 속에 스며든 동양 취향의 인상주의를 배운다. 파운드와 비슷한 경우로 휘슬러와 라프카디오 헌의 인상주의에서도 같은 취향을 맛본다. 예를 들면 1907년의 《발견》이라는 시집에서 〈벤조를 켜는 사람〉과 〈거울〉은 라프카디오 헌을 연상시키는 인상주의적인 문체를 사용한다. 인상주의가 당시 문학의 분위기였던 만큼 그는 자신도 모르는 사이에 휘슬러의 '색채의 조화', '음악적 색채감' 따위를 연상시키는 묘사를 즐긴다.[9]

이보다 먼저 그는 한때 서양 불교라고 일컬어지던 마담 블라바츠키의 '신지학' 그룹에 가담한 일이 있다. 그때가 1888년이니까[10] 예이츠의 정신 속에는 이

---

8 W.B. Yeats, *op. cit.*, p. 522.

9 Cfr. Earl Miner, *op. cit.*, pp. 234-234.

10 Cfr. Richard Ellmann, *Yeats. The Man and the Masks*(New York, London: 1979), p. 67.

미 불교적인 신비주의의 뿌리가 정착되어 있었다고 해도 과언이 아니다. 리처드 앨만은 예이츠의 초기 시에 빈번히 나타나는 부활의 개념이라든지 시간의 복귀 등은 그 영향을 반영하는 것이라고 주장한다.[11]

어떻든 모호하나마 나름대로 동양에 뿌리를 둔 정신적이고 형식적인 취향이 구체화된 것은 1911년에 에즈라 파운드를 만나고부터라고 여겨진다. 그해 그는 병상에 있었던 관계로 파운드를 옆에 두고 비서 일을 시킨다. 파운드는 그때가 어네스트 페놀로사의 미망인으로부터 당시 번역 원고와 노 연극 원고를 번역 출판하도록 부탁받았던 터라서 자연히 이야기는 동양 문학에 관한 것이 주가 될 수밖에 없었다. 페놀로사 미망인이 파운드에게 원고를 넘긴 것이 1912년이니까 그때부터 그는 파운드의 원고를 읽고 이야기를 들어 노와 동양 시에 관심을 갖는다. 1914년에는 그가 이미 자신의 연극에 노에서 배운 기법을 도입할 생각을 한다.[12]

이때가 예이츠로 보아서는 자신의 성숙한 문학이 구체적인 자리를 잡기 시작하는 때라서 그의 일본 연극과의 접촉은 중요한 의미를 갖는다. 일반적으로 〈탑〉과 〈구부러진 층계〉 속에 일본 여인이나 사또의 칼 이야기가 나오는 정도는 그의 잠정적인 이국 취향의 발현으로 이해하는 게 보통이었다. 그러나 얼 마이너는 예이츠 스스로 노 연극이라고 자칭했던 13편의 시극이 1926년에 발표되었고, 인용한 시집이 1928년에 출간된 것을 중시하고 오히려 그가 일본 노나 가부키에서 배운 테크닉이 시에까지 영향을 드리운 것으로 해석한다.[13] 언급한 시집들에 연극적인 요소가 두드러지고 실제 일본 무용에 대한 언급이 있는 것은 노에서 배운 지식이 시 형태에까지 그늘을 드리웠다고 이해하는 것이다.

이상에서 볼 때 예이츠에 미친 동양 영향은 의외로 복잡한 판도를 가지고 있음을 알 수 있다. 영원한 복귀, 혹은 윤회 사상으로 이해될 수 있는 유사 불교적 인자는 구태여 니체를 염두에 두지 않더라도 신지학으로부터 받아들여졌을 가능성이 짙다. 왜냐하면 그의 시에 나오는 "비밀의 장미"는 "멀리 가장 비밀스

---

11 *Ibid.*, p. 70.
12 Cfr. Earl Miner *op. cit.*, pp. 237–238.
13 Cfr. *ibid.*, p. 238.

럽게 때 묻지 않고" 죽음과 죽음을 거쳐 돌아오는 것이기 때문이다.[14] 이 작품은 마담 블라바츠키의 티베트 기원을 주장하는 밀교 냄새가 역력하고 후기 작품의 시들이 모두 비슷한 향기를 간직하고 있다. 또한 프랑스의 고답파 시와 상징주의에서, 혹은 휘슬러의 인상주의에서 자극받은 이국 취향적 동양 이미지는 때늦게 1914년《책임들》이후의 시집들에서 빈번해진다. 이것은 파운드와의 접촉에서 시화할 수 있는 깊이와 가능성을 보았기 때문이라 여겨진다. 또 한편으로 마이너의 주장처럼 노 연극을 중심으로 한 귀족적 소재로 이들이 의미를 회복할 수 있다는 확신을 얻고서야 작품에 사용했다고 볼 수 있는 것이다. 그러나 이미지즘과의 접촉에서 우리가 기대할 수 있는 하이쿠적인 이미지의 병치나 자유시 기법은 언급한 바와 같이 극히 제한되어 쓰이고 있다. 이것은 스스로 정립한 시풍에 개혁을 시도할 만큼 급급하지는 않았다는 영향의 한계성을 잘 대변하는 현상이다.

예이츠 시 속의 동양 이미지

이국 취향적 일본의 이미지로 알프레드 폴렉스펜은 한마디 짚고 넘어간다.

> 하지만 선원 존은 지금 어디 누워 있는가?
> 그 많은 땅들을, 조용한 나라들, 조용하지 못한 바다를 헤매고 다니던 그는,
> 인디언과 무역을 하고 일본인과 교류하던 그 친구는?[15]

그러나 이런 이상한 나라로서의 동양 이미지는《책임들》(1914)에서부터 이후로 아무데서나 불쑥 고개를 내미는 클리셰들이다. 위 책은 맨 앞에서부터 공자의 말을 인용한다.

> 내가 오래전부터 나를 잃고 있었다니 무슨 소린가, 나는 아직도 나의 꿈속에서 장의 왕자를 못 만나 보았는데?[16]

---

14 Cfr. W.B. Yeats, *The Collected Peoms*(London: 1955), pp. 77–78.
15 Earl Miner, *Memory of Alfred Pollexfen*, p. 239.
16 W.B. Yeats, *op. cit.*, p. 112.

연원도 불분명한 이런 번역들은 아마 파운드의 소개로 인용된 것이지도 모른다. 그러나 그의 이런 중국 열은 아무데서나 튀어 나온다.

> 중국에 여왕이 하나 있었지, 아니면 스페인에 있었다 해도 좋아.[17]

> 오늘은 어떤 종교적인 축제이기 때문에 사제가 미사를 올리는 걸 듣고 일본인까지도 모여들어 발을 곧추세우고 벽을 바라보아야 해.[18]

하다가, 마침내는 에바 고어 부스라는 여인을 온통 비단 기모노에다가 가장 환상적인 무대 속에 등장시킨다.

> 저녁 불빛이야, 리사델,
> 거대한 창문들이 남쪽으로 나 있어,
> 비단 기모노를 입은 두 소녀, 둘 다
> 모두 예쁜데, 하나는 영양 같았어.
> 그런데 사나운 가을이 여름의 화환으로부터
> 꽃송이를 잘라내 버린 거야.[19]

이들 작품에 나타난 동양 이미지는 한결같이 극도로 심미적이고 이상화되어 있어 프랑스 고답 시들의 중국 여인이나 고대 일본 여인 같은 귀족적인 향취를 풍긴다. 이는 예이츠가 그토록 염원하던 고대의 귀족적인 문화의 패턴 속에서 문화가 고양될 수 있었다고 하는 생각과 일치되는 것으로 다분히 프랑스적이다. 그는 1887년부터 1891년까지의 그의 삶을 이야기하는《자서전》에서 이런 말을 한다.

> 나는 감정적이고 음악적인 어휘를 만들어 낼 수 있다고 믿었다. 나 자신만을 위해서가 아니라 후대 아일랜드의 시인들에게 물려주기 위해서도 흡사 중세 일본의 화가들이 가문에 남기는 유산으로 자신들의 스타일을 물려주듯 말이다. 그러서 나는

---

17 *Ibid.*, p. 170.
18 *Ibid.*, p. 178.
19 *Ibid.*, p. 263.

전통적인 방법과 소재를 사용하는 데 세심한 주의를 기울인 것이다.[20]

이렇게 전통적인 소재를 고집하던 그가 동양을 소재로 끌어들인 것은 이 먼 나라들의 문화가 귀족에게 보호받는 극히 세련된 양식이었다는 것을 염두에 둔 처사라 여겨진다. 이런 사고는《스웨덴의 하사품》(1925)에서도 드러난다.

> 정치적인 투도르 왕들이나 구스타브스 바사의 숙련된 후손들은 미국 대통령만큼이나 능력이 많았고 교양이 있었다. 또한 고대 일본의 예술적인 천재성은 대대를 두고 화가들의 기법을 재창조하는 관습이 있었다. 가노가(쇼군의 전승 화가)의 후손들은 9세기부터 11세기까지 자기 나라의 예술의 극치를 보여 준 위대한 예술가들이었다.[21]

예이츠의 이런 인용은 연대를 혼동하고 있다는 단점을 감안한다면 한결같이 그가 동양 예술을 가장 오래고 가장 세련된 귀족적 취향의 표본으로 기억하고 있다는 점이 흥미로울 뿐이다.

시의 내용에 있어서도 그는 불타를 스핑크스의 반대로 본다든지 전에 말한 환생의 비전을 제시하고 있다.[22] 이것이 특히 한국과 일본의 '떡방아 찧는 달 속의 토끼'를 이야기로 끌어올 때 우리의 구미를 한층 더 돋운다.

> 하지만 옛날이야기가 사실이라면,
> 달의 떡방아 찧는 절구가
> 모든 것을 새로 찧어
> 나에게 다시 태어나는 삶을 가져다준다면.[23]

그러나 예이츠의 시에 '탑' 이후 가장 빈번하게 나타나는 '사또의 칼' 이미지는 더욱 흥미 있다.[24] 그 당시 일본에서 예이츠의 시가 인기를 누리자 일본의 옛

---

20 Earl Miner, *op. cit.*, p. 240.

21 *Ibid.*, pp. 240–241.

22 Cfr. 〈On the grey rock of Cashel I suddenly saw A Sphinkx with woman breast and lion paw, A Buddha, hand at rest, Hand lifted up that blest〉, *Collected Poems, op. cit.*, pp. 192–193.

23 Earl Miner, *op. cit.*, p. 241.

귀족의 자손이라고 하는 사또 준조라는 사람이 런던에서 예이츠를 방문한 일이 있었다고 한다. 그는 선물로 사무라이의 칼 하나를 선사했는데[25] 이 칼에 대한 묘사가 '자신과 영혼의 대화'를 비롯 기회 있을 때마다 출현하는 물건이다. 위 작품에서 영혼은 '탑'이라는 것으로 상징되고 자신은 육체와 가슴, 육적인 사랑, 즉 인간의 삶이 부여하는 희망과 행복의 상징으로 나타난다. 이 두 상징이 끝없는 싸움으로 엎치락뒤치락하는 것이 작품의 전개다. 영혼은 다분히 종교적인 색채를 띠고 있는 반면에 육체는 사랑, 행복, 예술의 승화된 형상으로 부각된다. 이 승화된 육체의 형상을 대변하면서 그는 '사또의 칼'을 끌어온다. '자신'은 사랑과 "심장의 주홍빛"으로 수놓아진 칼집에 싸인 칼이며, 이 칼이 또한 "탑을 마주하고 맞서 싸우는 하루의 상징"이라고 말한다.

> 나의 무릎 위에 놓인 성스러운 칼날은 사또의 오래된 칼날. 그것은 예리한 대로 고요하다.
> 면도날처럼 예리한 대로 고요한, 거울처럼 고요한
> 수세기를 두고 핏자국 하나 없는 고요함 그것.
> 어느 궁중 여인의 옷으로부터 되돌아온 듯한
> 오래된 꽃무늬 진 비단 자수와
> 둥그렇게 묶여 감겨진 나무로 된 칼집 하나,
> 너덜너덜한 채 아직 고요하게 빛바랜 장식을 지킨다.[26]

육체는 바보다. 영혼은 은자다. 예이츠는 이 싸움에서 바보 편이다.

> 폭풍에 시달리는 낡은 조망대.
> 한 봉사 은자 한 사람이 시간을 알린다.
>
> 한 사람 나그네 그 바보가 가지고 온
> 모든 것을 쳐부술 칼날은 고요하다.
>
> 칼날 위에 황금으로 수놓은 비단.

---

24 Cfr. W.B. Yeats, *op. cit.*, pp. 227-228.
25 Cfr. Earl Miner, p. 242.
26 W.B. Yeats, *op. cit.*, p. 265.

바보와 아름다움이 함께 누워 있구나.[27]

예이츠만큼 춤의 이미지나 춤추는 여인을 많이 사용한 시인도 없으리라. 그는 그의 시극을 춤추어 줄 무용가를 구하던 중 가장 이상적인 일본인 이토 미치오를 만난다. 미국으로 가던 도중 예이츠를 만나 〈학의 샘에서〉를 비롯 이 대시인의 몇 시극에 춤을 춘 것이 인연이다.

이 사람의 춤을 모델로 한 것이 전에 인용한 〈죽어가는 여인 위에〉라는 시에 나오는 '일본인'이라고 얼 마이너는 설명한다. 마이너는 이 작품 외에도 〈비잔티움〉에 나오는 춤의 이미지나 〈학교 아이들 사이에서〉의 춤의 상징이 모두 이 무용가로부터 영감을 얻는 것이라고 주장한다.

육체가 쾌락의 영혼에게 멍들지 않은 곳에서
작업은 꽃을 피우는 작업이거나 춤추는 일이다.
아름다움도 스스로의 절망에서 빠져나오는 곳.
희미한 눈동자도 한밤중의 향유에서 눈을 뗄 때,
오 밤나무여, 위대한 뿌리를 간직한 꽃나무여.
너는 잎사귀인가, 꽃송이인가, 나무 둥치인가?
오 음악에 흔들리는 육체여, 오 빛나는 눈길이여.
어떻게 춤에서 춤추는 여인을 찾아낸단 말인가?[28]

이 시에서 밤나무는 여러 가지 상징으로 쓰인다. 시 속에 나타난 인간 성숙의 세 단계를 집약한 표현이기 때문이다. 그러나 여기에 나타난 춤의 묘사는 영혼과 육체가 하나가 된, 춤과 춤추는 여인이 혼연 일체가 된 불교적 향취가 가득하다.

파운드식의 하이쿠 기법, 즉 이미지 병치는 그다지 흔하지 않다. 예이츠는 무엇보다도 전통적인 리듬의 상징성과 이야기를 찬란한 이미지의 비약보다 좋아하고 있기 때문이다. 그러나 그가 많은 이미지스트들을 친구로 가지고 있었기 때문인지 시 제목부터 '이미지'라고 명명한 것들이 흔히 눈에 띈다. 우리가

27 Earl MIner, *op. cit.*, p. 244.
28 Cfr. *ibid.*, pp. 246-247.

구태여 이런 테크닉의 사용을 찾으면 없는 것도 아니다. 예를 들면 〈19세기와 그 이후〉라는 산문적인 제목의 한 시가 있다.

위대한 노래는 더 이상 돌아오지 않지만
우리가 가진 것 속에 진한 열락이 있다.
물러간 파도 밑에
물가에 조약돌들의 덜걱거리는 소리.[29]

아니면 그가 즐겨 쓰는 기법인 후렴 속에 하이쿠식 기법이 번득이기도 한다.

열다섯 번 유령이 나온 것을 보았지,
그중 제일 고약했던 건 옷걸이 걸린 옷.[30]

한다든지,

하지만 난 형편없는 늙은이,
난 두 번째 중에서 좋은 걸 고르지.
한 여인의 가슴 위에서
그 좋은 사랑을 다 잊었어.
동틀 녘, 촉대 끝.[31]

그러나 그가 막상 〈일본인을 모방하여〉라는 제목으로 쓴 시는 하이쿠라기보다는 파운드가 번역한 노 대본에서 빌려온 것이라는 게 마이너의 의견이다.

가장 놀라운 일은
내가 70년을 살았다는 사실,

(봄꽃 만세,
봄이 여기 사시 왔으니.)

---

29 W.B. Yeats, *op. cit.*, p.271.
30 *Ibid.*, p.387.
31 *Ibid.*, pp. 357–358.

70년을 내가 살았다니
넝마만 입지 않은 거지가,
70년을 내가 살았다니,
70년을 어른도 되고 아이도 되면서,
그리고 한 번도 흥에 겨워 춤을 춰 본 일조차 없다니.[32]

예이츠의 연극과 일본의 노

예이츠가 노 연극을 접한 시기는 마이너는 1913년에서부터 1914년 파운드가 페놀로사의 텍스트를 번역하고 있을 때였다고 지적한다. 1916년 3월 그는 그의 시극에서 노를 모델로 삼아 새로운 기법을 시도한다고 말하고 있다.[33] 예이츠는 이 해에 파운드의 허락을 얻어 네 편의 노 연극을 재출판하고 '일본의 어떤 고상한 연극들'이라는 타이틀을 붙인다.

그가 이런 작품들을 출판하고 모방하는 데는 나름대로 아일랜드의 전설이나 설화를 가장 고상하고 효과적으로 무대 예술화시켜 그 시적인 정취를 전달하고자 하는 야심이 깔려 있었다. 그런 정취는 우선 리얼리즘적인 현실을 떠나, 보다 승화된 상징적 용어로 구성된 연극에서만 살아날 수 있다고 믿는다.

> 나는 이상한 사건들까지 믿게 하는 생활로부터 한걸음 멀어져서 생각할 기회를 가진 것 같다. 새로운 말을 창조해 가는 느낌 말이다. 나는 조그만 연극을 하나 썼다. 4,50명의 시 독자들이 조그만 돈을 지불해도 손쉽게 방 한 칸 같은 데서 공연될 수 있는 연극이다. 음악인 세 명이 나오는 데 장치는 필요 없으리라. 내 생각대로라면 그들의 햇볕에 그을린 얼굴이 우리의 꿈의 마을에서 마을로 방랑을 하고 다녔으리라는 것을 상상하게 해 주면 되는 것이다. 그 모습 자체가 장소와 기후, 때로는 사건까지를 암시할 수도 있다. 보조 악기라고 해야 북이나 징, 피리, 아니면 둘시머 피아노 정도면 충분하다. 연기자들이 우리가 앉아 있는 방에 어울리지 않게 격정적인 액션을 취한다든지 하는 일은 필요 없고 오직 음악과 형태와 목소리의 아름다움이 팬터마임 같은 무용 속에서 조화되어 클라이맥스에 이르는 시극 말이다.[34]

---

32 *Ibid.*, p. 340.
33 Cfr. Earl Miner, *op. cit.*, p. 252.
34 W.B. Yeats, *op. cit.*, p. 221.

이런 그의 소망은 노 연극에 심취하게 하고 거기에서 자기 작품을 모델로 구하게 한 직접적인 동기가 된다. 반쯤 희랍인이요 반쯤 아시아인 같은 커처레인을 주인공으로 하여 씌어진 시극은 이렇게 시작된다. 그는 자신의 연극 표현의 단순화 작업이 경제성 때문만은 아니라고 강조한다. 수세기를 두고 닦아 온 일본 연극의 창조성은 몸의 움직임이나 목소리의 표현을 갈수록 감소시킨 점이라고 지적한다. 간단한 휘장 하나를 치고 공연한 〈시간 거울〉이라는 그의 작품의 인상은 목소리가 표현미를 더하고 시의 리듬감이 가장 현대적으로 되살아나는 것을 느꼈다고 말한다. 그 목소리가 오히려 어느 휘장 뒤에서 들려오는 듯 신비했다고 이야기한다. 그는 이어,

> 이렇게 무대를 열어 놓고 강력한 조명과 그림자를 사용하니 연기자와 내가 몇 발자국 거리에 있는데도 가까이 있다는 느낌이 사라졌다. 나는 흡사 어느 동양의 마당에서 돗자리를 깔아 놓고도 충분히 연극을 할 수 있다는 것을 이제 수긍할 수 있을 것 같았다라고 말한다. 그가 감명했던 것은 바로 연기자가 목소리 자체만 남고 악기소리로만 남은, 아니면 시적인 상징으로만 남은 고양된 예술성이다. 오직 서구의 서정시만이 아시아적인 취향을 간직해 왔다.[35]

고 주장하는 그는 사실묘사를 떠난 귀족적 세련미를 늘 강조한다.

예이츠는 동양 예술인들의 이상적인 아름다움에 대하여 다음과 같이 설명한다.

> 그리스인들과는 다르게 일본이나 중국의 그림에서나 볼 수 있듯이 그들은 근육의 긴장 순간에 움직임을 멈춘다. 재미있는 것은 사람의 형체가 아니라 그 움직임의 정지가 이끌어 가는 리듬이다. 그들 예술의 성취도는 어떻게 그 리듬을 가장 강력하게 표현하느냐에 달려 있다. 우리의 무용의 아름다움을 빚어내는 방법이 그렇듯이 그들도 팔과 몸을 움직이는 것은 사실이다. 그들은 상체를 계속 가만히 내버려두고 엉덩이부터 움직임을 유도한다. 그 모습은 모든 몸짓 하나하나가 어떤 일정한 사고를 표출하고 있는 것 같은 느낌을 준다. 그들은 무대를 미끄러지듯이 건너간다. 그 모습은 파동쳐 가는 인상이라기보다는 오히려 끝없는 직선이 연결되어 가는 느낌이다.[36]

---

35 *Ibid.*, pp. 222-223.
36 *Ibid.*, pp. 230-231.

그의 이런 일본 가무극이나 동양 그림의 리듬에 대한 지식은 〈학의 샘에서〉를 위시하여 〈갈보리의 수난〉, 〈여왕 인기인〉, 〈삼월의 보름달〉 등 수없이 많은 시극 내지는 산문으로 쓴 연극에 직접·간접으로 흔적을 남긴다. 그는 이들 극에서 어떤 통일된 이미지를 중심으로 상징성을 표출하는 데 총력을 기울였다. 예를 들면 인용한 첫 작품에서 학의 샘과 왜가리 알, 창호지에 씌어진 말들, 고양이의 눈의 이미지, 보름달 등은 모두 한결같이 통일된 유대감 속에서만 이해될 수 있는 이미지들이다.

이 중에서 가장 특징적인 작품이라고 할 수 있는 〈학의 샘에서〉를 분석해 보자. 먼저 청중의 정신 집중, 즉 "마음의 눈을 열게 하는" 음악이 시와 함께 연주된다. 동원된 악기들은 북과 징, 치터이다. 음악인들은 물론 사건에 직접 주인공이 되는 것은 아니고 노 연극에서처럼 합창으로만 참가한다. 노래가 나오면서 무대 위에 천이 깔린다. 짙은 나뭇잎의 푸르름에 휩싸인 샘 하나가 온 연극의 세팅이며 이것은 푸른 천 하나로 비사실적 장식물이다. 불멸의 샘, 아니면 젊어지는 샘물이다. 물이 솟아올라야 마실 수 있기에 커처레인과 한 늙은이가 영생을 얻기 위해 거기서 기다린다. 커처레인은 유혹에 이끌려가 버리고 학의 여인이 나타나 잠든 늙은이 앞에서 춤을 춘다. 이 춤에 예이츠에 의하면 이 작품의 클라이맥스를 장식한다고 한다. 결국 이렇게 해서 불멸의 물을 마시려던 인간의 노력은 비극으로 끝난다. 학춤은 불멸의 영생을 희구하는 인간의 열망의 표현이다. 그러나 인간의 안일한 삶에 대한 취향과 습관성은 깨우침에 이르지 못하게 하고 서글픈 교훈 하나만을 남긴다. "지혜란 삶을 더욱 쓰라리게 만들 뿐이다."[37]

《에머의 질투》(1919)도 《부활》(1913)도 그 구조 면에서나 무용을 마지막 클라이맥스에 이끌어오는 점에서는 비슷한 기법을 사용한다. 그 후에 쓴 많은 작품들에서도 1920년대 작품에서보다 빈번도는 훨씬 약해지지만 일본 연극의 기법을 연상하게 하는 장면이나 사건들은 얼마든지 있다.[38] 특히 그 내용 면에서 다분히 불교적이고 극동적인 사고는 나이가 들수록 짙어지는 것을 볼 수 있다. 타고르와의 접촉, 푸르히트 수아미 인도 불승과의 친교는 그의 인도 사상이나

---

37 Cfr. Earl Miner, *op. cit.*, pp. 257-258.

38 Cfr. *ibid.*, pp. 259-264.

불교에 더욱 친근할 수 있는 기회를 베푼다. 이런 테마와 함께 예이츠의 극에 자주 나타나는 것은 불멸이라든가 장수에 대한 열망 같은 다분히 중국적인 세속적 테마다. 1932년경의 그의 시에 가끔 나타나는 중국의 이미지는 늘 인생무상이나 장수의 상징들이다.

> 강이 퍼져나간 들판이 아래로 펼쳐지고
> 갓 베어낸 건초의 냄새가 코끝을 스칠 때
> 주나라의 위대한 왕은
> 산에 쌓인 눈을 쓸어내면서 소리쳤다.
> '세상 모든 것은 모두 사라져 가라.'[39]
>
> 두 중국 사람, 그들 뒤에 세 번째 사람이
> 청색 유리에 새겨져 있다.
> 그들 위로 발이 긴 새 한 마리 날아간다.
> 장수의 상징.
> 세 번째 사람은 분명히 종자從者인 모양인데
> 악기를 들고 간다.[40]

소재에서보다는 그 내용에서, 사건에서라기보다는 그 스타일의 귀족성 내지 상징성에서, 아니면 이미지의 통일성에서, 리듬의 강도에서 예이츠가 동양을 배운 것이라고 한다면, 이 위대한 아일랜드 시인의 후기 작품은 시와 연극을 막론하고 동양 문화에 대한 깊은 이해와 사랑의 바탕에서 이룩되고 있다고 해도 과언이 아니다.

---

39 W.B. Yeats, *op. cit.*, p. 254.
40 *Ibid.*, p. 339.

보르헤스 세계 속 아시아 호랑이의 황금

나는 어렸을 적부터 호랑에 대한 열렬한 신앙심 같은 것을 가지고 있었다. 파라나의 밀실에 갇혀 있는 호랑이나 아마존의 혼돈스러운 밀림 속의 호랑이가 아니라 실제로 존재하는 줄무늬가 있는 아시아의 호랑이. 코끼리 위에 성을 만들고 전사가 대결하여 싸울 수 있는 그런 호랑이. 나는 동물원 호랑이 울 앞에서 시간 가는 줄 모르고 머물러 서 있곤 했다. 그래서 나는 거대한 백과사전이나 생물의 역사를 기록한 책들을 좋아했다. 거기에 나오는 호랑이의 찬연한 광휘가 나를 매혹시켰기 때문이었다(한 여자의 미소나 이마의 모습조차 제대로 기억도 못하는 나지만 아직도 나는 이들 호랑이의 모양만은 확실히 알고 있다).

—《창조자》, 〈꿈의 호랑이〉에서[1]

보르헤스[2] 세계에는 경계선이 없다. 있다면 공간적으로 점성학이나 우주학에까지 관심을 갖는 천체의 운행이요, 시간적으로는《영원의 역사》(1936)에서 보듯 영원이다. 그가 갖는 사실이나 현실에 대한 비전도 오히려 장자의 우주를 연상케 하는 꿈과 현실의 병치에 가깝다. 그에게 있어 환상은 사실의 다른 모습일 뿐 사실을 떠난 상상의 놀이만은 아니다. 버클리의 "인간 지식의 원칙"을 그토록 자주 인용한 것도 인간의 마음이 감지할 수 없는 것은 존재할 수 없다는 생각이,[3] 반대로 꿈꿀 수 있는 것은 바로 존재할 수 있는 것이라는 극히 보르헤스

---

1 Jorge Luis Borges, *Obras Completas*(Edo Emeie, Buenos Aires: 1974), p. 783. 이 책을 이 글의 기본 텍스트로 사용한다. O.C.는 이 책을 의미한다. 그때 때 인용한 책 이름과 페이지만 밝힌다.

2 Jorge Luis Borges(Argentina: 1899–1986). 현대 중남미의 가장 대표적인 소설가, 시인. 1920년 스페인의 아방가르드 운동 '울트라이스모'에 참여 활동하다 부에노스아이레스에 돌아와《부에노스아이레스의 열정 *Fervor de Buenos Aires*》(1923)을 냄.《불명예의 세계사*Historia Universal de la Infamia*》(1935),《창작집*Ficcones*》(1944),《알레프 *El Aleph*》(1949),《창조자 *El Hacedor*》(1960),《타인, 같은 사람 *El Otro el Mismo*》(1964),《어둠의 칭송 *Elogie de la Sombra*》(1969),《호랑이의 황금 *El Oro de los Tigres*》(1972) 등 단편 소설과 시집이 있다.《논박 *Discusión*》(1932)과《또 다른 탐구들 *Otras Inquisiciones*》(1952) 등 에세이집도 있다. 서정과 형이상학이 조화를 이룬 고전적인 그의 문학은 영미 문학계, 유럽 문학에 명실공이 오늘의 가장 지성적인 천재적 작가로 인정받고 있다. '만년 노벨문학상 후보'라는 별명이 붙을 정도로 스웨덴 아카데미의 상에는 불운했으나 '세르반테스 賞'을 비롯한 수많은 국제 문학상을 받았다.

3 Cfr. *Nueva refutación del Tiempo, Otras Inquisiciones*(1952). O.C., pp. 759–771.

적인 환상소설 창작론을 가능하게 하기 때문이다.

경계선이 없다는 이야기는 장자의 〈소요유〉에서처럼 우주의 기氣 속에서 논다는 이야기가 아니다. 우주 편에서 보면 현상 세계의 옳은 것은 그른 것일 수도 있고 맞는 것은 아닌 것일 수도, 또 그 반대일 수도 있다는 그런 미학만을 따 온 느낌이 보르헤스를 읽을 때 생각하는 점이다. 그는 철학과 윤리학, 종교학에 무척 커다란 관심을 보여 왔던 작가로 공인되어 왔다.[4] 그러나 자신은 그런 철학적이고 종교적인 생각이 차라리 그 미학적인 가치 때문에 관심을 끌었던 것이라고 토로한 일이 있다. 즉, 각각의 사고의 진위를 가려내는 철학적인 사추의 방편으로서라기보다는 오히려 이 생각 저 생각을 진실되게 반추해 보는 그 재미 때문에 사상적인 면에 관심을 두었다는 이야기다. 덧붙여 그는 이들 사고 중에서 "이상야릇하고 신기한 면이 있어"[5] 더욱 재미있어 했다고 말한다.

철학자로서 보르헤스는 차라리 그가 고백하듯 회의주의자다. 불교와 기독교, 이슬람교, 희랍철학, 유교, 도교 등 어느 것 하나 손대지 않은 테마가 없으나 그것은 그가 믿음을 구해서도, 진리 추구를 위해서도 아니다. 아니라기보다는 그것이 지성인으로서, 아니면 작가로서 가지고 있는 유일한 노리갯감이었기 때문이다. 그는 이런 행동을 장난이라고 부른 일이 있다.[6] "문학은 장난이다"라고 말하면서 그는 어린애가 장난감을 가지고 노는 성실성으로 그는 이들 사고를 가지고 놀고 있다고 피력한다. 그가 놀고 있는 정원이나 궁전, 도서관 등은 수없이 많은 사고와 실존을 위한 장난감들이 산재해 있다. 보르헤스는 이들 장난감 속에서 버릇처럼 길을 찾아보는 습성이 있다. 길은 찾아도 찾아도 알 길이 없는 미궁이다. 이 미궁이라는 것이 그가 발견한 유일한 놀이다. 어린이 대공원에서 거울과 거울에 휩싸인 미로를 헤매는 어린 아이처럼 그는 이 시간과 운명의 기로 앞에서 순간순간 절망하고 환호하며 글을 쓴다.

이런 미궁의 상징으로 보르헤스가 가장 자주 사용한 사물 중에 〈갈라지는 오솔길이 있는 정원〉,[7] 〈복잡한 계단과 방이 얽히고설켜 있는 궁전〉[8] 외에도

---

4 Cfr. José Olivio Jiménez, *Antología de la Poesía Hispanoamericana Contemporánea*(1914-1970)(Madrid: 1971), pp. 195-196.

5 Cfr. Epilogo, O.C., p. 775.

6 Cfr. juegos con el tiempo con lo infinito, O.C., p. 808.

특히 〈바벨의 도서관〉[9] 따위에서 보는 책과 서재의 소재가 흔히 눈에 띈다. 책 중에서도 백과사전, 백과사전보다는 많은 책이 있는 도서관이 미궁의 상징으로 보르헤스에 의해 선택받은 데는 이들 '6각형'의 서가에 꽂힌 책 하나하나가 인간의 삶을 기억시켜 주는 복잡한 운명의 파노라마요 내가 죽은 뒤 남을, 혹은 잊힐 먼지의 흔적이기 때문이다. 도서관 속에서 작가 보르헤스는 제각기 다르게 살다 간 선인들의 꿈과 소망과 사고를 더듬고 마침내 자신도 몇 권의 책으로 남을 수밖에 없는 숙명을 생각한다. 이 무섭게 많은 운명의 기억 속에 자신의 운명 또한 수수께끼에 수수께끼를 더하는 미궁일 뿐인 것이다.

보르헤스는 인간이 만든 도구 중에 가장 신기한 것은 책이라고 말한다. 도구들은 일반적으로 우리 육체 기능의 부속품들이다. 현미경이나 망원경이 우리 눈의 연장이라면 전화는 목소리의 연장이요, 칼이나 곡괭이는 팔의 연장이다. 그러나 책은 우리의 기억과 상상의 연장이기 때문에 다른 도구와 성격을 달리한다.[10] 기억은 지나간 것을 붙들어 매는 작업이요, 상상은 실제로 없는 것을 현실에 꿰어 매는 작업이다. 책의 기능은 우리의 생활에 붙어 있으면서도 전연 성격을 달리하는 꿈처럼 현묘한 도구다. 사실상 책 속에서 발견하는 우리의 과거란 일련의 꿈과 무슨 차이가 있는가? 꿈을 기억하는 작업과 과거를 기억하는 작업에 무슨 차이가 있을까? 이렇게 해서 보르헤스의 도서관은 평면적인 복잡성과 그 깊이의 두께 때문에 더욱 헤쳐 나갈 길이 없는 미궁으로 둔갑하는 것이다.

미궁 속의 길, 《역경》과 노장 사장

시간의 미궁, 운명의 미로는 보르헤스를 절망이나 자살로 이끌지 않는다. 그 이유와 연원을 모르는 것은 인간 인식의 한계일 뿐 삶이 반드시 그 미궁을 캐기

---

7 El Jandín de Senderos que se bifurcan(1941), O.C., p. 472.

8 Parábola del Palacio, O.C., p. 801, El palacio, O.C., p. 1130.

9 La Biblioteca de Babel, O.C., p. 465.

10 Cfr. Juan Manuel Figuerero, *Borges y el Libro*, conferencia para el Acto cultural en Homenaje al Difunto Jorge Luis Borges(25-VIII-1986), folio 1.

위해서 존재하는 것이 아니기 때문이다. 나의 삶은 어차피 그 미로 속에 놓여 있다. 산다는 것은 그 시간의 미로를 희망과 절망과 슬픔과 행복으로 맞부딪혀 나간다는 것. 그것이 보르헤스 같은 지성인, 예술인의 삶일 때 그 경험의 범주가 훨씬 폭이 크다는 것을 생각하게 할 뿐이다.

이것이 특히 책을 읽고 쓰는 보르헤스의 경우일 때 실존적 고뇌보다는 훨씬 미학적 행복의 의미를 지닌다. 그는 "난 즐겁지 않은 일이란 하지 않는다"라고 말했던 몽테뉴의 생각을 곧잘 인용했다고 한다.[11] 보르헤스는 문학이란 즐거움의 한 형태라고 이야기한다. 책을 읽고 또 읽는 것은 어떤 것과도 견줄 수 없는 행복이라고 말한다. 책은 읽지 않으면 그대로 죽어 자빠져 있는 시체다. 그 책을 열고 읽을 때 그것은 한 미학적인 실체로 우리에게 접근해 온다. 같은 책을 몇 번 또다시 읽어도 그때마다 우리에게 오는 감동은 다르다. 그것은 우리의 삶이 그만큼 달라졌기 때문에 그 삶으로 와닿는 문학이 같을 수 없기 때문이다. 글을 쓸 때도 마찬가지다. 보르헤스는 특히 한 번 쓴 테마를 몇 번이고 다시 쓰는 취미를 가지고 있었다. 이는 같은 책을 다시 읽을 때의 쾌감처럼 늘 새롭게 다른 방법으로 쓰면서 즐길 수 있었기 때문이다. 시간의 시인 보르헤스는 "아무도 같은 강물에 두 번 내려갈 수는 없다"고 한 헤라클레이토스를 인용할 때마다 불교의 '무상無常'까지 기억한다.[12] 그만큼 그는 "나 자신이 시간이라는 실체로 만들어진 존재"[13]라는 의식을 투철하게 가지고 있다. 시간으로 만들어진 실체가 시간 속, 과거의 시간과 남의 시간(나와 같은) 속을 헤엄치는 것이 독서요, 창작의 즐거움이다.

그러나 시간의 미로는 궁극적으로 나가는 길은 보이지 않지만 수많은 길이 있다. 그중에서 불교의 윤회설, 역경의 64괘가 인간의 운명을 생각하게 만들고 노장의 물화사상物化思想 등이 꿈과 현실을 다시 보게 하는 눈을 준다. 이들 사상이 반드시 동양 사상의 영향 없이는 성장할 수 없었던 세계냐고 묻는다면 보르헤스를 아는 사람은 할 말이 없다. 그것은 서양에도 피타고라스, 플라톤, 쇼펜하

---

11 *Ibid.*, folio 3.
12 Cfr. O.C., pp. 979, 1093.
13 O.C., p. 771.

우어, 니체에 이르는 '시간의 회귀' 내지는 윤회 사상이 있고 인간의 운명은 신이 점지한다는 뜻에서 운명론은 모든 종교가 갖고 있는 통설이기 때문이다.

보르헤스가 특별히 동양 사상이나 문학에 관심을 가졌던 이유를 생각해 보면 우선 그의 문학의 특질과 관련하여 다음 몇 가지를 지적할 수 있다. 첫째 그의 학문적 박학성·정확성을 들 수가 있다. 자신이 영미 문학 교수요, 희랍·라틴 문학의 대가이면서 어느 문학치고 손을 대지 않은 문학이 없을 정도였으니 중국, 일본 문학이 그의 눈길을 벗어나기는 힘든 일, 그의 시나 소설도 문학을 문학화한 독특한 장르라고 할 수 있을진대 그의 학문은 그의 문학과 평행선을 이룬다고 보아야 된다. 또한 보르헤스의 문학은 환상소설에 이르기까지 주나 해설을 붙이는 학문적 방법을 쓰고 있다. 따라서 그의 글에 나오는 동양 문학에 대한 인용에도 근거가 된 책을 비롯 세세한 부분까지 설명이 곁들여 있는 것이 보통이다. 보르헤스는 자신의 문학이 구태여 오리지널한 것이라고 아예 믿지 않는다. 왜냐하면 "시간은 가도 똑같이 남아 있는 것에 대한 역설"[14]을 누구보다 깊이 감지한 작가이기 때문이다. 그래서 그는 해설이나 평론, 차운次韻 따위를 소설이나 시의 기법에 자주 사용한다. 고대 작가나 작품, 역사적 사실에 관한 작품이 대부분이고 어휘 선택에도 오히려 일상적이고 고전적이기를 고집하는 그의 글은 새로운 비전과 경험의 제시가 시적 긴장을 유지한다고 할 정도다. 그는 "개인적인 실험이란 사실상 문학에서 가장 적은 부분을 차지한다"고 믿는다. "다만 그것이 그렇게 보일 수 있는 것은 혁신적인 글을 쓴다고 하는 작가가 일종의 박물관의 샘플을 만들 작정을 하고 써서 뒤에 오는 문학 역사가에게 이러쿵저러쿵할 심심 소일거리를 준다거나 단순한 스캔들을 일으킬 목적으로 썼기 때문"이라고 못 박는다.[15] 그의 문학의 이런 학문성 내지 전통성은 한 번 쓴 글을 몇 번이고 다시 수정하고 정정하는 습벽에서도 역력히 드러난다.

둘째의 이유는 보르헤스의 철학적 및 윤리 지향적 성향에서 비롯된 동양에 대한 관심이다. 그는 1969년 6월 24일《어둠의 칭송》이라는 시산문집 서문에서 자신이 "가톨릭 전통 국가들보다는 프로테스탄트 국가들을 선호한 이유로 후

---

14 Jorges Luis Borges, *Obras Poética*(ed. Emecé Buenos Aires: 1972), p. 113.
15 *Ibid.*, p. 114.

자의 윤리적 측면이 마음에 들었다"고 설명한다. 그는 밀턴이 자신의 제자들에게 물리·수학·천체학과 자연 과학을 가르쳤던 것을 지적하고 존슨 박사의 윤리관을 예로 끌어들인다. "정의와 지조는 모든 시대, 모든 장소에 통하는 가장 중요한 덕이며 우리는 영원히 도덕주의자이고 아주 가끔씩만 기하학자이다."[16] 이와 같이 유교의 영향이 가장 짙었던 18세기의 철학적·도덕적 취향을 선호하는 것은 보르헤스가 중국 사상에 쉽게 도취할 수 있었던 자질을 설명해 주고 있다 하겠다. 그의 도덕주의적 취향과 맥락을 같이 하는 것은 시간의 여과를 거쳐 우리 손에 들어온 고전에 대한 경앙심이다. 그가 〈고전에 대하여〉라는 글을 쓸 때《역경》을 예로 든 것은[17] 이 아르헨티나의 천재가 얼마나 동양의 오랜 전통에 대한 배려를 하고 있었던가의 좋은 예다.

세 번째 이유는 앞서 말했듯이 '신기한 것, 이상야릇한 것'을 좋아하는 환상 소설가 보르헤스의 심미적 취향에서 비롯된 것이다. 이것은 물론 고티에나 공쿠르 시대의 이국 취향과 맥을 같이한다고 할 수 있으나 보르헤스의 경우는 단순히 시대적으로 공간적으로 멀기 때문에 그리움의 대상이 될 수 있다는 경지를 떠나 보다 사실적이고 물화론物化論적인 비전에서 접근하고 있다는 게 다르다.

보르헤스 문학에 동양적인 요소가 빈번하게 등장하기 시작한 것은 1933년경, 즉 그가《불명예의 세계사》[18]를 쓰기 시작했을 때부터라고 보아진다. 작가 스스로 원천을 밝히고 있듯이《해적, 미망인 청》[19]은 기괴한 중국 해안의 여자 해적 이야기로 필립 고스의《해상 도적의 역사》[20]에서,《교양 없는 예관禮官 고스케 노 스케》[21]는 미트포드의《고대 일본의 설화》[22]에서 따온 것이다. 보르헤스가 불교의 윤회설을 그의 시간 개념에 고려하고 노장 사상을 빈번하게 따지

---

16 O.C., p. 975.

17 Cfr. *Sobre los Clásicos*, O.C., pp. 772–773.

18 Cfr. O.C., p. 289. 여기서 보르헤스는 Historia Universal de la Infamia(1935)가 1933년에서 1934년 사이에 씌어졌다고 밝힌다.

19 Cfr. O.C., pp. 306–310. *La Viuda Ching, Pirata.*

20 Cfr. O.C., p. 345. Philip Gosse, *The Histroy of Piracy*(London: 1932).

21 *El Incivil Maestro de Ceremonias Kotsuké no Suké*, O.C., pp. 320–323.

22 O.C., p. 345. A.B. Mitford, *Tales of old Japan*(London: 1921).

기 시작한 때는 1940년 이후로 보아진다. 그는 〈시간에 대한 새로운 논박〉에 1944년 글과 1946년 글을 그대로 함께 싣는데 허버드 앨런 가일스가 번역한 《장자》를 언급한 것은 후자이다.[23] 물론 그가 첫 번째로 동양 문학이나 철학에 접근한 정확한 시기는 가늠하기가 힘들다. 왜냐하면 〈고전에 대하여〉라는 글에서 자신의 "맨 처음 자극을 받은 것은 가일스의 《중국 문학사》(1901)"라고 말하고 있는[24] 것으로 보아 우리가 추정한 영향 시기는 훨씬 앞당겨질 수도 있는 일이기 때문이다. 어떻든 동양 문학에 관한 글이나 언급이 가장 빠른 보르헤스의 책은 《창작집》(1944)이고, 《역경》의 영향이 역력한 〈갈라지는 오솔길이 있는 정원〉은 1941년에 쓴 것이라고 적고 있어[25] 동양 문학에 대한 본격적인 관심은 이 무렵으로 보아야 한다. 그 이후 동양에 대한 관심은 시간이 갈수록 더욱 심화된다. 1952년에 발표된 〈또 다른 탐구들〉은 곳곳마다 불교와 도교 이야기다. 그리고 1960년 〈창조자〉 이후 시, 소설에는 이미 보르헤스의 피로 용해된 동양 문학이 자리해 간다.

그러면 우리의 명제인 보르헤스의 미궁 속에서 불교의 시간 개념이나 노장의 사상은 어떤 길들을 비추는가?

먼저 정통적인 이 서구 지성인의 시간의 회귀에 대한 개념은 우리의 욕심처럼 전적으로 불교의 윤회설에서 도래한 것이 아님을 밝힐 필요가 있다. 이것은 서양 문명의 전통 속에 살아 있는 환생설, 시간의 '영원한 복귀'에 대한 갖가지 설들을 파르메니데스에서부터 니체에 이르기까지 자세하게 갈파하고 있는 것이 보르헤스이기 때문이다. 구체적으로 《영원의 역사》(1936)라는 책과 같은 이름의 논문 〈원형의 시간〉, 〈시간 회귀의 이론〉 등등의 에세이에서 끊임없이 이 문제를 따진다. 피타고라스파, 아리스토텔레스, 플라톤, 플로티누스, 쇼펜하우어, 니체가 등장함은 물론 각각의 이론에 대한 비교 내지 자신의 생각을 토로한다. 니체의 차라투스트라의 '영원과 회귀' 이론을 제시하고 스스로 자문해 본다.

차라투스트라의 이론이 받아들여진다고 칠 때 어떻게 해서 똑같은 두 가지

---

23 Cfr. O.C., p. 768.
24 Cfr. O.C., p. 772. 시기가 가장 빠른 것은 노자(Laotsé)의 인용으로 《논박》(1932)에 나온다. cfr. O.C., p. 265.
25 Cfr. O.C., p. 427.

사건이 하나로 엉켜 붙지 않는가? 아무도 증명할 수 없는 단순한 반복이면 된단 말인가? 지금이 몇 번째 다시 돌아오는 시간인지 계산을 하고 있는 특별한 천사가 없는 바에, 우리가 지금 살고 있는 시간이 13614회째인지 첫 번째인지, 아니면 2천 번을 돌고 지금 322번을 가고 있는 것인지 누가 알며 그게 무슨 의미가 있단 말인가? 실제로는 아무 뜻이 없다. 그렇다고 생각을 못 할 바는 아니지만, 우리의 지혜로는 아무 뜻이 없다. 문제의 심각성은 거기에 있다.[26]

결국 생각하는 재미를 더해 줄 수는 있으나 알 수 없는 것이 보르헤스가 보는 시간의 늪이다. 길은 보이나 해결점은 없는 보르헤스의 미로놀이. 불교의 윤회설도 보르헤스에게는 또 다른 꿈을 위한 설교일 뿐 미궁은 계속된다. 대승불교인들의 눈에는 세상과 세상에 사는 사람들, 열반이나 윤회의 바퀴, 불타도 한결같이 실체가 없다는 주장을 인용하고 설명을 계속한다. "한 유명한 책에 의하면, 아무도 열반에서 사라지는 것이 아니다. 열반에 이르러 그 수많은 업보를 거쳐온 존재들이 사라진다면 한 마술사가 마술로 창조해 낸 그 많은 환상이 어느 결정적 순간에 바로 없어져 버린다는 이야기가 되기 때문이다. 다른 곳에 씌어진 이야기를 보면 모든 것은 순전히 비어 있는 것이며 이름뿐이라고 한다. 이 말은 쓴 책도 도 그것을 읽고 있는 사람도"[27] 이런 생각은 그가 불교, 특히 극동의 대승불교를 이야기할 때 즐겨 쓰는 이론이다.

보르헤스는 나름대로 뭔가 옛것이 되돌아오고 반복되고 있다는 생각을 한다. 그 되돌아오는 것은 어떤 실체가 아니라(불교에서도 그것은 허상이니까) 형태라고 생각한다. 그 법칙은 신이나 알고 있는 비밀이겠지만 우리는 우리의 삶에서 그것을 감지한다. 예를 들어 보르헤스의 콩트 하나를 보자.

> 완전한 공포극 분위기를 더 내자면, 카이사르가 어느 석상 밑에서 동료들의 칼질에 난자당하고 있을 때, 그 빗발치는 칼과 얼굴 중에 브루투스의 얼굴을 발견한다. 자신이 기른 거의 자식 같은 그의 모습을 본 순간 카이사르는 방어할 기력을 잃고 소리친다. '아니, 내 아들아, 너도!' 셰익스피어와 케베도가 이 안타까운 절규를 작품에 옮긴다.

---

26 Cfr. O.C., pp. 353-367, 358-396, La Doctrina de los Ciclos, El Tiempo Circular, 인용문 p. 391.

27 Cfr. O.C., p. 743. 이 외에도 *Qué es el Budismo*라는 책을 쓸 정도의 불교전문가다. Cfr. 김현창, 《현대 세계 문학 속의 동양 사상》(서울: 1984), pp. 245-251.

> 운명이란 반복과 약간의 수정, 균형을 좋아하는 습성이 있다. 19세기가 지나고 부에노스아이레스 현의 남부 지방에서 한 목동이 다른 목동들에게 린치를 당한다. 쓰러지면서 그는 그 얼굴 중에 자기가 기른 자식 같은 친구가 있는 것을 발견한다. 그는 서서히 알 것을 알았다는 듯한 목소리고 적이 놀라며(이런 말은 읽을 게 아니라 직접 들어 보아야 한다) '아니, 히어!' 하고 그는 죽는다. 그러나 그가 모르는 것은 자기 죽임이 단순히 장면 하나를 다시 반복키 위해서였다는 사실뿐[28]

방점을 한 부분에서 보듯 보르헤스는 신의 수첩에서나 봄 직한 어떤 비밀스러운 법칙이 세상을 움직이고 있는 것을 예감한다. 그 법칙이 역경의 64괘일 수도 1001야화의 내용일 수도 있다. 보르헤스는《역경》의 신비를 단순한 동양 취향의 헛소리로 받아들이지 않는다. 고전이란 수많은 시간을 두고 읽히고 되읽힌(누가 읽으라고 했으랴!) 신비라고 말한다. "고전이란 한 민족이나 같은 계열의 나라들, 아니면 긴 시간이 그 속에 씌어진 글들을 우주처럼 심오하고 숙명적이고 사려 깊게 끝없이 재해석해야 한다고 믿고 읽게 된 서적이다." 시간을 신이 지배하는 것이라고 한다면 고전은 신의 뜻에 가까운 인간이 개발한 신비라는 뜻이다. 말라르메는 "세상이란 책 안에 들어가기 위하여 존재한다"[29]고 말한다.《역경》같은 고전은 우주가 책에 들어 있다고 오랫동안 믿어 온 책이어서 공자도 앞으로 백 년을 더 산다면《주역》만 연구하는 데 바치겠다고 경탄하지 않았던가? 이런 동양의 신비가 보르헤스에게 사물을 다시 보는 눈을 길러 준 것은 의심할 나위가 없다.

보르헤스가 서구 전통의 '시간의 복귀'에서 얻은 것은 지적인 논리의 소재이며 인간 행위의 형태를 통한 반복성의 직감이다. 그러나 이는 그의 회의를 북돋워 주는 메마른 공론인 것을 누구보다 잘 안다.〈불멸의 인간〉이라는 소설에 나오는 '영생의 도시'는 끝없이 반복되는 시간의 소용돌이 속에 인내와 타성이 지배하는 비정의 사회다. 보르헤스는 주인공의 입을 통해 기독교나 이슬람교, 회교의 불멸론은 시간의 변화에 상관없이 불멸만 믿는 것을 언급한 도시와 같다고 생각한다. "오히려 내 생각에는 인도의 어떤 종교에서 보는 윤회설이 더욱

---

28 O.C., p. 793, La Trama.
29 O.C., pp. 772–773.

맞다. 처음도 끝도 없는 그 시간의 수레바퀴에는 삶마다 전생의 결과요, 업보에 따라 다음 삶이 이루어지기 때문이다. 그러나 그 어느 삶도 삶의 총체적 의미를 결정 짓지는 않는다."[30] 이렇게 해서 보르헤스는 공허한 반복의 비전을 떠나 불교의 인과응보에 따른 윤리적 영원에서 살고 얻고《역경》을 통해 사고에 대한 믿음을 얻는다. 그가 고전으로《역경》을 예로 든 것은 "어떤 믿음의 행위를 요구하는 독서"의 표범이기 때문이라 한 것에서도 드러나듯이[31] 보르헤스의 사고는 동양을 만나면서 삶 그 자체가 되고 삶과 문학의 동질성에 대한 믿음으로 변질해 간다. 즉, 그의 글은 서양에서 동양으로 발을 옮기면서 차츰 살아 있는 신비로 호흡하기 시작하는 것이다.

보르헤스의 미궁은 이성적으로 이해할 수 없는 우주에 대한 인간 인식의 회의에서 출발한다. 그는 이때 미궁 앞에 서 있다. 그러나 불교를 배우고《역경》을 읽으면서 이 시간의 반복되는 미궁이 바로 자신인 것을 감지한다. 서양적인 이성은 이 미궁이 무엇이냐에 관심을 둘 뿐 어차피 우리의 삶, 즉 사단칠정四端七情[32]적인 윤리와 미학으로 채워 가야 하는 것에는 무관하다. 보르헤스 문학이 생각하는 자신과 살아가는 자신을 가장 밀착시키려고 한 것은 그의 동양 문학과의 접촉이 얼마나 유효했는가를 말해 주고 있다. 이 미로는 설계도나 비밀을 알아내려고 했던 보르헤스는 그게 길이 아니라 자신의 혈관인 것을 안다. 시간이나 운명은 우리를 갉아먹고 파괴하는 숙명적 과제일 뿐만 아니라 바로 우리의 실체라고 한 것은 그런 뜻에서다.

보르헤스의 시간의 미궁은 과거에서 미래로 끝없이 반복되며 이어가는 선적인 개념만이 아니라 그 두께를 가지고 있다고 말했다. 그 두께란 꿈과 현실, 사고의 세계와 현상의 세계, 가공의 세계와 사실의 세계의 혼선 내지는 병합이다. 우리가 흡사 하나의 도서관, 혹은 궁전을 들어갈 때 입구와 출구로 이어지는 길이 있고 거기에는 1층과 2층, 높은 것과 낮은 것이 있듯 보르헤스의 미궁은 글자 그대로 종횡무진의 미스터리이다.

---

30 Cfr. O.C., pp. 533–544. 인용 부분은 p. 541.

31 Cfr. O.C., p. 733.

32 退溪의 이론인 仁義禮智, 喜怒哀懼愛惡欲, 四端은 윤리고, 七情은 감정 미학이다.

시간의 복선은《역경》을 비롯한 동양운명론의 특징이다. 이것을 보르헤스는 이렇게 설명한다. "뉴턴이나 쇼펜하우어와는 달리 그〔동양의 현자, 〈갈라지는 오솔길이 있는 정원〉의 주인공이 추이 펜〕는 단선이면서 절대적인 시간을 믿지 않았다. 수없이 많은 복선의 시간을 믿고 있었다. 서로 엇갈리기도 하고 만나기도 하고 병행하기도 하는, 갈수록 현기증 날 만큼 커지는 투망 같은 인연 말이다. 더러는 우리 앞에 다가오기도 하고 갈라져 나가기도 하고 절단되기도 하는 시간과 운명의 파노라마는 모든 가능성을 다 포괄한다. 이들 대부분의 시간과 운명의 파노라마는 모든 가능성을 다 포괄한다. 이들 대부분의 시간 속에 우리는 존재하지 않는다. 어떤 시간 속에는 당신만 있고 나는 없다. 또 어떤 시간에는 나만 있고 당신은 없다. 또 다른 시간 속에는 우리 둘이 함께 들어 있을 수도 있다."[33]

이상이 사람과 사람의 만남, 서로의 사이에 얼룩지는 운명의 손짓, 운수에 관한 비전이라면 우리가 인식하는 방법에도 혼선이 깔린다. 보르헤스가 인용하기를 좋아하는 장자의 나비꿈[34]이 바로 그것이다. 장자는 어느 날 나비가 되는 꿈을 꾼다. 나비가 되어 들판을 훨훨 날아다녀도 무엇 하나 거칠 게 없는 자유로운 나비였다. 그러나 꿈을 깬 장자는 여전히 침상 위에 무겁게 몸을 눕히고 있는 장주임을 발견한다. 이를 본 그는 스스로 자문한다. 지금 누워 있는 이 장주가 나비꿈을 꾼 것일까, 아니면 그 나비인 내가 지금 장주가 된 꿈을 꾸고 있는 것일까? 이런 장자의 물화론은 보르헤스에게 심각한 영향을 미친다. 사람은 늘 장자가 나비꿈을 꾼 것이라고 쉽게 단정해 버리지만 보르헤스는 시간의 복선에서와 똑같이 그 어느 사실도 절대적이 아닌 것을 안다. 꿈이 현실이 되고 현실이 꿈이 되며, 서로 평행 관계를 유지하며 현실은 현실을 낳고 꿈은 또 꿈을 낳을 수 있다고 생각한다.

〈콜리지의 꿈〉을 이야기하면서 이 영국 시인의 '쿠빌라이 칸'이라는 작품 산실의 미궁을 갈파한다. 콜리지는 1797년 어느 여름밤에 몽골 대제의 꿈을 꾸고 꿈속에서 시를 쓴다. 꿈이 깨고 나서 기억나는 대로 베낀 것이 같은 제목의 그의

---

33 O.C., p. 479, El Jardín de Senderos que se bifuracn.
34 Cfr., O.C., p. 768.

작품이라는 것. 더욱 재미있는 것은 쿠빌라이 칸도 콜리지가 꿈에서 본 그 궁전을 꿈의 선몽을 받아 지었다고. 이것이 보르헤스의 해설에 의하면 꿈이 현실이 되고 다시 그 현실이 콜리지의 꿈을 통해 시라는 현실로 바뀌는 시간의 미스터리다.[35]

위 이야기를 줄이면 구태여 꿈이라는 단계를 배제하더라도 건물이나 사물이 시로, 소설이 정원이나 물질로 대치되는 것은 보르헤스의 작품에서 빈번한 태마다. 가령 전자의 경우에 '궁전의 비유'에서 보는 것처럼 그 아름다운 궁전을 한 시인이 동가치의 시 몇 구절로 둔갑시키는 예. 중국의 황제를 모델로 삼은 것 같은, '황제黃帝'라는 왕은 그 시인에게 '네가 내 궁전을 빼앗았어!'라는 분노와 함께 목을 친다.[36] 후자의 예는 몇 번이고 인용한 〈갈라지는 오솔길이 있는 정원〉에서 잘 나타난다. 추이 펜은 윤남의 사또 자리를 포기하고 세속을 떠나 홍루몽보다 더욱 인물이 많이 등장하는 대소설을 하나 쓰고 세상의 모든 인간이 찾지 못하는 미로를 건설하겠다고 13년 동안이나 은둔 생활을 한다. 처음에 사람들은 따로 무슨 미로가 있는 정원을 짓고 소설 하나를 쓸 것으로 생각한다. 알고 보니 그것은 두 가지 일이 아니라 미궁으로 가득 찬 인간 운명의 복선을 다룬 소설 하나를 일컬음이었다.[37] 소설과 미로라는 정원의 병치 내지는 동가치의 등식이 여기서도 작용하고 있는 것이었다.

여기서 더욱 재미있는 것은 선적禪的인 시간 개념을 동시성으로 다룬 경우다. 과거는 꿈과 같고 꿈이 현실과 같다면 과거는 곧 현재고 현재는 곧 미래다. 나는 나라고 생각하지만 곧 과거의 나와 미래의 나, 그리고 지금의 나의 복합체다.

> 무언가, '우연'이라는 말로
> 꼭 집어 말할 수 없는 것이 이것들을 지배한다.
> 누군가 다른 어떤 사람이 어느 희미한 하오에
> 많은 책들과 어둠을 받아 글을 썼다.

---

35 Cfr. O.C., pp. 642-645.
36 Cfr. O.C., pp. 801-802, Parábola del Palacio.
37 Cfr. O.C., pp. 472-480. 특히 p. 475.

이 느린 화랑의 복도를 헤매면서
나는 어떤 성스럽고도 희미하기만 한 두려움으로
내가, 내가 아닌 다른 사람임을 느낀다.
똑같은 날 똑같은 길을 걸어왔던 어떤 죽은 사람.

이 둘 중의 누가 이 시를 쓰는가,
복합체인 그 다른 내가, 아니면 어둠뿐인 이 내가?[38]

앞 장에서 죽은 내가 다음 장에서 살아날 수도 있고 지금 살아 있는 내가 죽은 것으로 묘사되는 보르헤스의 소설은 시간의 두께가 또 한 번 동시성으로 두꺼워지는 현상이다. 꿈이 현실이고 사실은 보르헤스에게 환상 소설이란 따로 없다. 살아 있는 사람에게 환상이 일어나는 일이라면 사람의 리얼리티와 먼 것이 아니기 때문이다.

《불명예의 세계사》(1935)를 1954년 재출판하면서 붙인 서문은 이 같은 시간의 두께, 즉 환상과 현실의 혼동, 시간의 병치, 물질과 작품의 동가치 등이 대승불교의 공空사상에서 확신을 얻고 있음을 본다. "대승 불교의 현자들은 우주의 근본이 빈 것임을 가르친다. 이 책이라는 소우주를 이야기할 때 그 말은 꼭 들어맞는다. 해적이나 잡귀들이 이 속에는 가득하다. 〈불명예〉라는 말이 바로 제목이다. 그러나 시끄러움 속에는 아무것도 없다. 그것은 현상 세계의 허상일 뿐. 영상의 표면일 뿐."[39] 아무것도 아닌 것에 환상과 사실의 구별이 가능하랴. 이 말은 그가 인용한 불타의 말과도 통한다. 왕자의 자비를 버리고 길거리에 구걸을 나선 불타의 말 "지금부터 왕국이 없으니 내 왕국은 끝없이 넓고 지금부터 내 몸은 내 것이 아니니 온 땅덩이가 내 것이구나!"[40] 고루한 사실주의를 버린 보르헤스 소설은 모든 비전이 보르헤스 소설 속에 사실로서 용해된다.

이 외에도 보르헤스는 노자의 '무명無名'에 대해 기억한다. 플로벨이 "최초로 순수한 미학적인 의미에서 산문을 쓴 창시자"라는 말끝에 노자의 예를 끌어온

---

38 O.C., pp. 809-810.
39 O.C., p. 291.
40 O.C., p. 739.

다. “역사책을 보면 그 유명한 노자는 항상 은둔 생활을 하면서 이름 없이 살고 싶어했다 한다. 똑같은 집념이 플로벨에게는 있다. 즉, 이름 없이 살았고 그토록 유명해졌던 운명까지도.”[41] 또한 그가 즐겨 쓰는 동물 이름도 도교道教 냄새가 짙은 신화적 존재들이다. 예를 들면 “노자의 가상적인 새”,[42] “발이 여섯이고 날개가 넷인 불그스름한 초자연적인 새, 태양”,[43] “신비한 뿔 하나 달린 동물”[44] 등이 그것이다.

아시아 호랑이의 황금과 단가短歌

그러나 미궁은 역시 인간의 한계다. 인간 이성의 한계일 뿐 아니라 끝없이 살고 싶어하는 생명의 충동의 한계다. 인류의 역사는 이 한계에 끝없이 도전해 온 서사시적인 영웅들로 가득하다. 율리시즈, 카이사르, 칭기즈 칸, 진시황 같은, 보르헤스가 가장 좋아하는 투사들이 그들이다. 각 나라의 역사마다 우리는 최소한 하나둘 영웅들을 가지고 있다. 그 영웅들은 그들 스스로의 영웅적인 행적만으로 우리의 꿈을 점유할 권리를 얻은 것은 아니다. 영웅은 우리가, 즉 우리의 선조와 선인들, 앞으로 올 세대의 소망의 복합체인 우리가 삶의 꿈으로 벼려낸 칼이다.

시간은 우리를 끝없이 마모시킨다. 그러나 우리는 시간 속에 존재한다. 우리 자체가 시간이다. 나의 숙명은 조금도 오리지널하지가 못하다. 모든 사람처럼 나고 살아가다가 죽을 뿐이다. 우리의 선인들도 그렇게 해 왔고 앞으로도 그럴 것이고 나도 또한 그렇다. 이 끝없이 변모하는 나와 항상 같은 숙명 속에 놓여 있는 내가 바로 나의 역설이다.

불교는 보르헤스와 함께 말한다. “과거의 인간은 살았다. 그러나 지금은 살지 않고 앞으로도 살지 않을 것이다. 현재의 사람은 살고 있다. 그러나 과거에는 살지 않았고 또 미래에도 살지 않을 것이다.” 플루타르코스는 말한다. “어제의

---

41 Cfr., O.C., p. 265.
42 O.C., p. 769.
43 O.C., p. 283.
44 O.C., p. 710.

사람은 오늘의 사람 속에 죽고, 오늘의 사람은 내일의 사람 속에 죽는다.”[45] 이런 시간의 불연속선은 불교, 특히 선불교의 지론이다. 어차피 나의 시간은 나의 죽음으로 끝난다고 할 때 우리가 생각하는 것처럼 영원히 이어가는 게 아니다. 오히려 불교의 생각처럼 오늘 수천 번 죽고 수천 번 태어나는 것이 계속되고 있다고 꿈꾸고 있는지 모른다. 이 실체가 아닌 나의 삶, 꿈의 형체인 나의 모습에 대한 생각은 그것이 너무 허무해서 무서운 것이 아니라고 보르헤스는 말한다. “무서운 것은 다시 돌이킬 수 없는 쇠로 만든 숙명의 길이기 때문이다. 시간은 나를 이루고 있는 실체다. 시간은 나를 앗아가는 강물. 그러나 내가 바로 강이다. 시간은 나를 부서뜨리는 호랑이지만 내가 바로 호랑이다. 시간은 나를 태우는 불길이지만 내가 바로 불이다. 세상은 불행하게도 실제로 존재하고, 나는 불행하게도 보르헤스이다.”[46]

이 역설적인 실존의 상황 속에 행동하는 것이 아시아의 호랑이다. 아시아의 호랑이는 투쟁과 파멸을 자신의 몸으로 함께 지니고 산다. 첫눈에 아시아의 호랑이들은 불가사의하고 신비스럽다. 《해적, 미망인 칭》은 그 많은 노략질과 횡포 끝에 마침내 운명의 날에 봉착한다. 하늘의 아들, 대제국의 황제의 깃발 앞에 고개를 숙인다. 용의 남모르는 비호와 은덕 속에 해코지질만 하던 여우가 끝내 그 너그러움을 깨닫고 승복하듯이. 숙명을 향하여 도전하고 숙명 앞에 굴종하는 작은 영웅.[47] 《교양 없는 예관 고스케 노 스케》에 나오는 사무라이의 왕에 대한 충성심 · 복수, 복수 뒤의 하라키리 장면[48] 등은 어처구니없는 숙명에의 성실성, 목숨을 초개와 같이 버리는 명예심 등 서구의 이성으로 이해할 수 없는 인간 숙명의 용감한 이행이다. 이상의 두 예는 자기 파멸로서 운명을 따르는 호랑이처럼 조용한 도전의 양상이다.

삶의 미궁 속에 도전 중 가장 커다란 도전은 시간과의 투쟁이다. 이런 투쟁이 바로 보르헤스에게 서사시적 투쟁으로 기림받을 만한 가치가 있겠다. 그런 뜻에서 이 아르헨티나 표범의 눈에 띈 호랑이가 칭기즈 칸과 진시황이다.

---

45 Cfr. O.C., pp. 770–771.
46 O.C., p. 771.
47 Cfr. O.C., pp. 306–310.
48 Cfr. O.C., pp. 320–323.

시간 속에 나는 과거와 현재와 미래의 복합체다. 나의 삶은 진행된다. 그러나 죽음을 정점으로 끝나게 되어 있는 것을 안다. 과거는 현재의 나에게서 죽고 현재의 나는 미래에서 죽는다. 그러나 스피노자는 "모든 사물은 스스로의 존재의 상태로 영속하기를 바란다"고 말했다. 나는 죽고 싶지 않다. 과거와 현재와 미래의 복합체인 나는 죽는다. 나는 나로부터 시작되는 유일한 시간을 필요로 한다. 복합체인 내가 아닌 이 살아 있는 나를 일으켜 세워야 한다. 나로부터 불멸하는 인간이 생겼다는 그 유일한 예가 나여야 한다.

그래서 아시아의 호랑이들은 이 시간의 복합체인 나를 부수고 유일한 나를 설립하기 위해 투쟁했다. 시간 중에서 특히 어제를 부수는 내가 유일한 나로서 태어나는 작업이다. 어제가 없으면 내일도 없다. 나의 유일한 시간이 설립된다. 내재하는 과거는 나의 기억과 책과 유적과 문화다. 한마디로 나에게 의식을 눈뜨게 하는 그 모든 것이다. 그래서 전쟁의 영웅들은 무자비하게 닥치는 대로 불사르고 죽이고 없애 버린다.

횡포와 무자비의 표범으로 맨 처음 보르헤스의 눈에 띈 것은 칭기즈 칸이다. 그루세의《사막의 제국》(1939)에서 영감을 받은 그는 무지막지한 몽골족 기사들의 쟁탈사를 신나게 기록한다. "몽골족들은 북경을 점령했다. 닥치는 대로 인민들을 목을 쳤다. 집들을 약탈했다. 그리고는 불을 질렀다. 파괴는 한 달이 걸렸다. 이 유목민들은 물론 이 큰 도시를 두고 어찌할 바를 몰랐다. 자신들의 세력을 확장하기 위해 점령지를 이용할 줄도 몰랐다. 〔…〕 불태우고 죽이고, 사디즘 때문이 아니라 어찌할 바를 몰랐고 다른 어떤 방법으로도 행동할 줄을 몰랐기 때문이다." 이상의 그루세의 기록대로라면 보르헤스는 다음 이야기를 덧붙인다. 칭기즈 칸의 마지막 원정 때 장군 중의 한 사람이 이 새로운 중국인 부하들은 전쟁에 무능하기 때문에 아무 필요가 없다고 말했다. 따라서 가장 잘 할 수 있는 일이란, 전부 다 쳐 죽이고 도시들을 전부 파괴해 버린 후 끝없이 넓은 중원의 대제국을 말 먹일 목초나 가꾸는 대평원으로 놓아두는 게 좋겠다고 제의했다. 그렇게 해야 최소한도 땅을 놀려 두는 꼴이 안 되지 않겠느냐는 이야기였다. 모든 다른 짓이야 쓸데없으니까.[49]

이 충고를 따랐더라면 칭기즈 칸은 계속 칭기즈 칸이었으리라. 그러나 다른 신하의, 문화를 살리고 세금을 걷고 등등의 건의에 귀를 기울였다가 안이한 퇴폐의 길로 전락하게 된 한 영웅의 숙명을 기억하면서 보르헤스는 우수에 빠진다.

칭기즈 칸보다 더욱 보르헤스의 마음에 들었던 건 진시황제다. 그 증거로 1946년 너대니얼 호손을 이야기할 때부터 1950년《성곽과 책들》을 쓸 때까지 보르헤스는 기회 있을 때마다 진시황을 기억하고 있으니까. 앞의 글에서 호손의 '지구의 대량학살'을 이야기하다 말고 '과거를 말살'하려던 예로 진시황제를 끌어온다. 시황제의 분서갱유와 만리장성의 구축은 역사를 그로부터 시작하도록 실행에 옮겼던 아시아 호랑이의 표범이라고 그는 생각한다.[50]《성곽과 책들》은 완전히 진시황제에 대한 이야기가 전부다. 황제를 비롯 장자, 노자, 공자가 있었던 문화의 황금 시기에 진시황 같은 황제가 있었다는 사실이 그를 더욱 흥분하게 한다.

보르헤스는 진시황제가 성을 쌓고 책을 불사르고 불로장생을 찾아 동서로 약을 구했다는 기록을 검토한 뒤 이렇게 결론을 내린다. "모든 이런 자료는 공간에 성을 쌓고 시간 위에 불을 지르고 한 것이 죽음을 막으려는 마술적 장벽이었다는 생각을 하게 한다." 그는 이어, "시황제나 그 곁의 마술사들은 불멸이란 내부적인 것이어서 꼭 닫힌 공간에는 썩고 허는 것이 들어올 수 없다고 생각했는지도 모른다"고 추측한다. "어쩌면 이 황제는 시간의 시원을 다시 창조하고 싶었으리라. 그래 이름도 처음, 즉 시始라고 짓게 하고 진짜로 첫 번이 되고 싶었던 게 아닌가…."

또한 보르헤스는 책을 간직하고 불사르지 않는 자에게는 만리장성의 노역에 평생을 바치게 했다는 앨런 가일스의 설명을 기억하면서 다시 이런 생각을 한다. "어쩌면 그 성곽은 하나의 도전이었는지도 모른다. 그리고 시황제는 생각했겠지. 인간은 과거를 사랑해. 그런 사랑에 대해서 난 어찌할 수가 없단 말이야, 내 사형수들까지도 말이야. 그러나 때가 오면 나같이 생각하는 사람이 나타나리라. 그리고 그 사람이 내 성곽을 부서뜨리겠지, 내가 책들을 없애 버린 것처럼.

49 Cfr. O.C., p. 153.
50 Cfr. O.C., pp. 679-680.

그리고 그 사람이 나의 기억을 지우고 나의 그림자, 나의 거울이 되겠지만 그 자신은 모르겠지."[51]

이렇게 해서 보르헤스의 신화적인 꿈은 또다시 알 수 없는 반복의 미궁으로 빠져 들어간다. 불멸을 찾아 헤맸던 그의 작품 속의 주인공처럼 그가 마침내 발견한 것은 "투우인지 호랑이인지 모를 몸뚱이 하나, 이빨이며 내장이며 대가리가 얽히고설키고 증오하며 우글거리는 몸뚱이"[52]뿐인 것을 안다. 그는 그의 꿈의 힘으로 진짜 호랑이를 창조해야 된다고 몸부림친다. "호랑이가 나타나긴 나타난다. 그러나 박제된 소름 끼치는 호랑이. 모양이 이랬다저랬다 순수하지 못하고 크기가 제멋대로인, 잠깐 나타났다 사라져 버리는 개 새끼나 새 같은 그런 거."[53] 보르헤스의 꿈과 실존은 아무래도 그 간격을 좁히지 못하고 아픈 우수로 젖어 내린다. 내 시가 부르는 호랑이는 "오직 상징과 그림자로 된 호랑이"라고 생각하면서 그는 또 다른 호랑이를 찾는다.

> 세 번째 호랑이를 찾으리라. 이 호랑이도
> 다른 호랑이들처럼 내 꿈의 형상이리라,
> 인간 언어의 구조로 빚어진 허상,
> 신화를 넘어서 발톱으로 땅을 밟는
> 척추가 있는 호랑이가 아닌. 나는 잘 알고 있다
> 그러나 어떤 알 수 없는 것이 이 형언할 수 없는
> 어처구니없는 오래된 모험을 내게 강요한다.
> 그래서 나는 이 하오의 시간을 헤매며
> 계속 다른 호랑이를 찾는다. 이 시 속에 없는 그런 호랑이.[54]

보르헤스의 이런 호랑이, 즉 어린 시절에 꿈을 꾸었던 호랑이가 아닌, 신화와 서사시 속에서 찾았던 호랑이도 아닌 제3의 호랑이에 대한 갈구는 《창조자》(1960) 이후 곳곳의 시집에서 등장한다. 《어둠의 칭송》(1969)에 나오는 첫 시에서

---

51 Cfr. O.C., pp. 633–635.
52 O.C., p. 638.
53 O.C., p. 783, Dream Tigers.
54 Cfr. O.C., pp. 824–825, El Otro Tigre.

는 이렇게 갈구한다.

다른 사람, 지금 그의 서기가 되어 이 시를 쓰는
사람이 아닌.
내일은 호랑이 중의 호랑이가 되리라
그리고 나의 새 법을 밀림에 공포하리라.
아니면 아시아의 커다란 나무가 되든지.[55]

그의 갈구는 이미 천명天命을 아는 나이의 벽을 뚫지 못한다. 〈도서지기〉라는 시에서 보르헤스는 문득 죽은 뒤 자신의 모습을 지켜보고 있는 듯하다. "곧은 말과 예가 하늘이 인간에게 준 유일한 지혜"였다는 것을 아는 그, 《역경》 64괘를 지키고 그 갖가지 운명처럼 시달리고 즐겁고 외로웠던 삶 뒤 꿈과 먼지만 뒤덮는 도서관을 지키고 서 있는 그.

이제 내 눈에는 나날이 없다. 서가는
높은 곳에 있고 나의 나이는 그곳에 다다를 수가 없다.
수만 리 먼지와 꿈이 성을 아우른다.
무슨 거짓말을 하겠는가?
사실은 내 한 번도 글을 안 일이 없다.
하지만 나의 유일한 위안은
지나간 일이나 상상했던 세계나 매일반이라는 생각.
인간으로 살아왔고
한 도시를 보았고
그리고 그게 이제 다시 텅 비어 가는 것을
바라보고 있는 나에게 물어 보라.
내 한때 우주의 미궁을 풀어냈다고 했고
열심히 그 상징을 그려냈다고 하는데
무엇이 무서워서 그런 꿈도 못 꾸겠나?[56]

---

55 Cfr. O.C., pp. 977-978 인용, p. 978.
56 Cfr. O.C., pp. 999-910, El Guardián de los Libros.

그리고 보르헤스가 생시에 펴낸 마지막 시집이《호랑이의 황금》(1972)이었다는 사실은 그의 동양에 대한 희구가 지혜와 열정, 꿈과 시의 측면에서 얼마나 깊고 지속적이었던가를 잘 말해 준다. 시집 제목과 같은 시를 번역해 보자.

노란 황혼의 시각까지
몇 번이나 나는 바라보며 살았던가
벵갈라의 그 거대한 호랑이를.
주어진 운명의 길을 왔다갔다 하는 너,
쇠창살 위에서
그것이 너의 감옥이라는 것도 모르고.
다음에는 또 다른 호랑이들이 오리라,
사랑스러운 쇠붙이였던 제우스 신,
아홉 밤마다 아홉 가락지, 또 아홉 가락지를 낳는
가락지, 가락지.
그리고 끝이 없으리라.
해가 가면서 다른 아름다운 색깔들이
나를 버리고 떠나갔지.
이제 오직 내게 남은 것은
희미한 불빛, 뚫을 수 없는 어둠 하나
그리고 최초의 황금.
오 석양이여, 오 호랑이여, 신화와 서사시의
오 그 찬연한 광휘여.
오 가장 아름다운 황금이여, 이 두 손이
갈구하는 너의 머리칼이여.[57]

죽음 앞에 선 시인의 눈에 가장 원초적인 생명의 모습은 얼마나 절실한 것이었으랴! 깨어나기 직전의 꿈처럼 달콤한 게 어디 있으랴! 깨어나면 죽음인 것을…. 제3의 호랑이를 갈구하는 시인의 두 손은 죽는 날까지 이렇게 펼쳐져 있다.

---

57 O.C., p. 1139.

거의 후기처럼 쓰고 싶은 보르헤스의 동양에 대한 마지막 집념은 이렇게 시작된다. 먼저 이 마지막 시집에 일본의 단가를 모델로 사용한다. 일본 시의 5-7-5, 7-7음을 그대로 따르고 가끔씩 각운을 사용한다. 내용은 노경에 이른 호랑이의 아픈 신음소리다.

> 내 핏줄의 다른 사람들처럼
> 싸움터에서
> 쓰러지지도 못하고
> 이 텅 빈 밤에
> 목소리나 헤아리고 있는 사람.
>
> 달빛 아래
> 황금의 호랑이와 그 그림자.
> 자신의 발톱을 바라본다.
> 동틀 녘 한 사람을
> 으스러뜨린 것도 모르고.[58]

총 6편의 단가는 1920년대 그가 가담했던 울트라이스모의 시인들이 쓰던 하이카이를 연상시키는 '13개의 동전'이라는 짤막짤막한 단상으로 이어진다.[59] 그중 〈동양 시인〉이라는 작품이 중국의 현자를 연상시킨다.

> 가을이 백 번이 지나도록 나는
> 너의 희미한 둘레를 바라보았지.
> 가을이 백 번이 지나도록 나는
> 섬 위에 비치는 너의 둥그스런 운행을 지켜보았지.
> 가을이 백 번이 지나도록 나의 입술은
> 고요하지 않은 점이 없었지.[60]

---

58 Cfr. O.C., pp. 1088-1089.
59 Cfr. O.C., pp. 1090-1093. 이 작품들은 1972년 판 Obra Poética, op. cit에는 없다. 1974년판 우리의 O.C.에 나오는 걸 보면 이 두 해 사이에 쓴 모양이다. 이것은 그가 뒤늦게 동양 시 모방에 열을 올린 증거다.
60 O.C., p. 1090, Un Poeta Oriental.

하이쿠 스타일이 연상되는 시는,

어느 어제에, 카르타고의 어느 마당에
이 비도 또 떨어지고 있단 말인가?[61]
—〈비가 온다〉

석양의 막바지 골목.
광야가 펼쳐진다.
죽음이 펼쳐진다.[62]
—〈서부〉

1972년 그는 전집 후기에 짧은 동양 시의 형식을 좋아한다고 넌지시 얘기한다.[63] 1985년 보르헤스와 옥타비오 파스는 함께 만나 동양 시에 대해서 오랫동안 이야기를 나눈다. 물론 그 옆에는 몇 달 뒤 결혼하게 될 일본계 동양 여인 마리아 고마타가 지키고 앉아 있었다.[64] 그녀와 결혼식을 올린 지 두어 달 뒤, 다음해 6월 그는 살과 뼈가 있는 동양의 뮤즈 옆에서 눈을 감는다. 이때 이미 저 세상 사람이 다 된 호랑이는 이런 단가를 읊조렸으리라.

산 정상 높이에는
온 정원이 달일세,
황금 달.
그러나 정작 아름다운 건
어둠 속 너의 입술의 스침 하나.[65]

---

61 O.C., p. 1091.
62 O.C., p. 1092.
63 Cfr. O.C., p. 1143. 포의 "긴 시는 있을 수 없다"는 말을 인용하고 동양의 시의 습성과 비슷한 데가 있다고 한다. 이건 물론 자신의 짧은 문채에 대한 변명이다.
64 Cfr. 보르헤스 추모집, 《동서문학》 1986년 8월호, p. 61(우형강 번역, 옥타비오 파스의 고인 회고).
65 O.C., p. 1088.

옥타비오 파스와 만물제동萬物齊同의 시학

예이츠를 중심으로

장자는 시가 이것과 저것의 의미를 뛰어넘을 수 있는,
즉 어떤 형언할 수 없는 도의 세계를 지향하는 언어라고
생각한 일은 한 번도 없지만, 그의 논리를 보면 이미지의 사용,
말장난 등 기타 여러 다른 시적인 수사법을 떠나 생각할 수 없는
것임을 알 수 있다. 시와 사고는 장자에 있어서 한 가지 옷감,
즉 우리를 놀라게 하는 한 가지 천을 짜가고 있다.
— 파스의 《활과 현금》에서[1]

현대 서양 문학에 있어서 동양의 영향을 이야기할 때 우리는 그 원천이나 근거보다는 오히려 각 작가가 이들 동양 사상이나 시를 어떻게 나름대로 다르게 생각하고 작품 속에 승화시켰는가 하는 점에 더욱 흥미가 있다. 이미 영향을 이야기하기 전에 옥타비오 파스[2] 같은 시인은 바쇼의 《센다의 오솔길》의 역자요,[3] 일본은 물론 인도에서 인도를 연구한 동양 사상의 전문가이기 때문이다.

파스 자신이 서양 문학에 하이쿠의 영향을 지적하고 연구한 작가일진대 그의 작품에 동양 영향의 유무를 따지는 것은 멋쩍고 무료한 것이 되고 만다. 불교를 비롯 노장사상, 유교의 가르침은 물론 중국 시, 하이쿠, 단가, 연가에 이르기까지 그가 읽지 않은 동양 문학이 있을까 할 정도로 그는 해박하다. 또한 그는 이들 사상을 헤라클레이토스, 파르메니데스 등을 비롯 현대 정통 서구 사상과 비교할 정도로 우리와 똑같은 관심과 사유를 계속한 사람이다.[4]

따라서 파스를 연구하면서 우리의 관심사는 쉬르레알리슴 이후 현대시의

---

1 Octavio Paz, *El Arco y la Lira*(México: 1973), pp. 105-106.
2 Cfr. 옥타비오 파스 시선《태양의 돌》(seúl: 1986), p. 125.
3 Cfr. Matsuo Basho, *Sendas de Oku*(Barcelona: 1970).
4 Cfr. Eun-Joong Kim, *Poética de Silencio y Contra-silencio en Octavio Paz, tesina inédita*(seúl: II-1986), pp. 5-11.

고전으로 평가되고 있는 이 멕시코 시인의 시 세계 속에 동양 영향이 어떤 형태로 구체화되고 변형을 이루었는가를 검토하는 일이다. 어떤 의미에서 동양의 고전은 곧 세계의 고전이다. 소크라테스나 플라톤이 오늘 우리의 고전이듯이 말이다. 오늘의 작가는 동·서양을 헤매며 나를 찾고 나의 다른 모습을 더듬어 보는 국경 없는 순례자이다. 파스는 누구보다도 이 문제를 잘 알고 있다.

> 이미 말한 바이지만 오늘날에 있어서 〔동양 문학에 대한〕 작가의 관심은 반세기 전의 그것과 다르다. 그 관심은 심미성이 없을뿐더러 인종 중심적 궁금증도 없다. 일본은 이제 예술적이고 문화적인 동경의 대상에서 벗어났다. 그것은 차라리 우리와 다른 우주관, 우리와 다른 인생과에 대한 관조의 대상이다. 더 좋은 것도 더 나쁠 것도 없는, 하나의 거울이라기보다는 인간의 다른 모습을 보여 주는 창문 같은 것, 존재의 또 다른 가능성을 시사해 주는 문이다.[5]

파스의 동양에 대한 관심은 1920년을 전후한 하이카이즘의 여파에서부터 시작된다. 먼저 시 형식에 대한 관심에서 이미지를 비롯한 수사학에 대한 심취, 선불교, 도교, 유교 등에 대한 관심으로 깊이와 폭을 더해 간다. 시 형식에 미친 영향으로는 하이쿠에서 연가까지, 심지어는 두루마리식인 우리의 옛 편지 스타일까지 그의 관심을 끈다.[6] 그러나 동양 문학의 강점이 형식보다는 내용에 있는 것이라면 실제 그의 작품에 무게를 더한 동양 영향은 선불교와 장자의 만물제동萬物齊同의 비전이다. 보르헤스의 경우에서 보았듯이 파스의 동양 수용은 자생적인 그의 시학을 풍성하게 해 준다. 장자의 사고는 시학이 아니지만 파스는 그의 사고의 핵심이 시어에 의존함을 안다. 의미와 사물의 간격, 사고와 실체의 간격은 그의 시 속에서 용해되어 하나가 된다.

우리는 이 연구에서 투명성의 미학, 침묵의 시학 등으로 불리는 파스의 시세계를 동양 문학의 맥락에서 그 연원을 찾아보고 비교 연구함으로써 오늘의 현대시에 동양이 어떤 형태로 이해될 수 있는 것인가를 생각해 보기로 한다.

---

5 Basho, *op. cit.*, p. 26.

6 Cfr. Yong-Tae Min, Haiku en la Poesía de Octavio Paz, en "Cuadernos Hispanoamericanos" I-III(Madrid: 1979), pp. 1-2.

파스와 하이쿠

파스에게 있어서 일본 시 모방은 아방가르드 시대의 하이카이즘과 다르게 보다 원형에 가까운 하이카이라는 이름이 알맞다. 이미 이국 취향의 때를 벗은 원형에 대한 인식이 뚜렷한 경우이기 때문이다. 그러나 그 역시 전 시대의 중남미 시 개혁의 기수이면서 하이카이즘의 선구자였던 후안 타블라다의 하이카이에서 자극을 받고 동양 시에 접근하기 시작한다. 그 증거로 그는 기회 있을 때마다 타블라다를 이야기하고 타블라다 시학의 현대성을 이야기할 때마다 그의 동양 시 도입의 선구자로서의 중요성을 강조하는 점이다. 파스는 자신이 "맨 처음 동양을 알게 된 것은 멕시코 시인 호세 후안 타블라다를 읽고 나서"라고 역설하고 "타블라다가 최초로 스페인어권에 하이카이를 도입한 시인"이었다고 기억한다.

> 타블라다의 영향은 즉각적이었다. 곧 모든 언어권으로 퍼져나갔다. 무척 많은 사람들이 그를 모방했다. 그리고 항상 그렇듯이 대부분의 그런 모방품들은 아무도 읽지 않는 문학의 어마어마한 쓰레기통 속에 사라져갔다. 그러나 모든 그의 모방이 다 그랬던 것은 아니었다. 그렇게 빛바랜 모방이나 회화적인 모방보다 젊은 시인들은 타블라다의 하이쿠 속에서 현대시의 핵심적인 두 요소인 유머어와 이미지를 배웠다. 또한 그들이 발견한 것은 우리 언어의 시인들이 오랫동안 잊고 살던 문제, 즉 말의 절약과 객관성, 말의 의미와 눈이 보는 것 사이의 상통성을 발견한 것이다. 하이쿠를 쓴다는 것은 과거나 지금이나 일종의 정신 집중 연습을 배운다는 이야기다.[7]

여기서 '젊은 시인들'이라고 하는 것은 물론 자신을 포함해서 오늘날 문학사에서 소위 '현대시' 그룹에 속하는 페이세르, 비야우르티아, 고르스티사 등 역시 그와 함께 타블라다를 그토록 신봉했던 당시의 시인들을 의미한다. 구체적으로 파스가 타블라다의 하이카이에서 배운 건 이미지이 비약적 병치, 말의 절약, 일상어의 사용, 시에 있어서 객관성의 도입이 된다. 물론 이런 영향은 그가 뒤에 알게 된 에즈라 파운드의 시법과 함께 그의 시학의 근간을 이루게 되는 것이다. 《언어 밑에서의 자유》에 포함된 〈구름의 조건〉(1944)에는 타블라다의 하이카이

---

7 Basho, *op. cit.*, pp. 24-25.

를 연상시키는 시들이 빈번하게 눈에 띈다. 그 몇 가지 예를 들어 보면,

시계는 한밤중을
갉아먹는 듯, 초침소리가
생쥐의 갉아먹는 소리 같다.
— 타블라다의 〈꽃병〉(1922)에서

시계가 내 심장을
갉아먹는다,
독수리가 아니다, 생쥐다.
— 파스의 〈구름의 조건〉(1944)에서

시간의 흐름을 "새앙쥐가 갉아먹는다"는 이미지로 사용한 것은 타블라다나 파스가 처음은 아니다. 이미 17세기 공고라의 시 〈인생의 덧없는 짧음에 대하여〉라는 소네트에 이렇게 나온다.

시간은 널 절대 용서하지 않으리니
시간은 나날을 줄로 갈듯 갉아먹고
나날은 한 해 한 해를 생쥐처럼 갉아먹는다.[8]

어떻든 위 두 멕시코 시인의 하이쿠를 비교한 세이데 에체바르리아는, 두 시가 밤을 배경으로 한 점이라든지 '갉아먹는다'는 이미지로 시간의 흐름을 구체화한 점에서 많은 점이 일치하고 있다고 주장한다.[9] 그러나 이런 직접적인 소재의 영향보다 수사학의 면에서 《언어 밑에서의 자유》에 나오는 많은 작품이 타블라다의 생략법과 이미지 사용을 교과서로 삼고 있음을 본다. 예를 들면,

광휘와 칼,
살아 있는 사랑스러운 칼,

---

8 Dámaso Alonso, *Primavera y Flor de la Literatura Hispánica*(Madrid: 1966), tomo II, p. 15.
9 Cfr. Ceide-Echevarria, *El Haikai en la Lírica Mexicana*(México: 1967), p. 99.

칼이라기보다는 부드러운 손, 과일.[10]
—〈말〉

엊저녁 물푸레나무 하나
무언가 내게 한마디 하려다가
입을 다물었다.[11]
—〈먼 이웃〉

이상 인용한 작품들은 함축적 표현과 여운의 사용에서 타블라다로부터 배운 동양 시에 대한 관심을 잘 표출한 작품들이다. 특히 〈먼 이웃〉이라는 작품은 타블라다의 〈원숭이〉라는 작품과 함께 그에게 하이쿠가 단순한 형식미를 넘어 불교적 감성에 접근함을 보여 준다. 그의 선배 작품은,

조그만 원숭이 한 마리 나를 바라본다.
무언가 잊힐 듯, 잊힐 듯한 일을
말하고 싶은 표정으로.[12]

즉, 불교의 자비와 자연에까지 이르는 박애 사상이 역력하다. 물론 자연에 대한 사랑과 동질성, 우애에 가까운 감성은 가톨릭의 프란시스카니즘에도 있는 우주애다. 그러나 이런 자연과의 교감이 하이쿠 형식을 입고 나타날 때 우리는 그것이 바쇼로부터 하이쿠의 정신적 향기를 대변해 온 불교 사상, 특히 선불교적인 향취를 느낀다.

파스는 타블라다가 자기 시를 하이카이로 고집하여 부른 점에 착안하고 그것이 전통적인 일본 시의 입장에서도 일리가 있음을 지적한다. 타블라다의 하이카이의 유머어와 기발한 이미지의 선호는 하이진인 마쓰나가 데이도쿠(1571-1653)의 하이카이에 훨씬 가깝다는 게 그의 견해다. 그는 예를 들어 설명한다.

타블라다는 바쇼보다는 데이도쿠에 훨씬 가깝다.

---

10 Octavio Paz, *Libertad bajo Palabra*(México: 1970), primera reimpresión. p. 32.
11 *Ibid.*, p. 78.
12 Citado por "Sendas de Oku", *op. cit.*, p. 22.

그 검은 칠흑 속에
성냥 불빛이 튄다.[13]
—〈불면증〉

만약 타블라다가 데이도쿠에 가깝다면 불교적인 내용에 더욱 연연했던 파스의 하이쿠는 오히려 바쇼 계열이다. 파스의 사변적인 불교에 대한 이해는 일찍부터 그의 짧은 시의 내용적인 바탕으로 작용한다.

소나무 꼭대기에서
새 한 마리 앉아 운다.
떨리는 노래 소리에 떨리는 날개.[14]
—〈나뭇가지〉

번역을 통해 원작에서 느끼는 음상징을 통한 법열의 미각이 제대로 옮겨진 것 같지는 않지만 '떨리는 노래 소리'와 '떨리는 날개'는 '소나무 꼭대기'에서 동중정動中靜의 극치를 느끼게 한다. 불교적 무상無常의 경지는 파스가 또한 동양 시에서 배운 향취의 하나다.

하루가 손을 벌린다.
구름 세 자락
그리고 이 조그만 말들[15]

하루가 손을 벌리고 펼쳐 가는 현실은 결국 모든 것이 사라지리라는 구름의 또 다른 형상일 뿐. 어쩌면 그리 하나같이 사위어 없어지는 것 앞에서 우리는 이토록 할 말이 없다.

파스의 하이쿠에 대한 관심은 이렇게 불교 및 도교적인 내용과 형식에 대한 매혹으로 그 농도를 더해 간다. 그러나 "하이쿠가 (서구) 시의 병폐인 반복과 설

---

13 *Ibid.*, p. 20
14 Paz, *op. cit.*, p. 47.
15 *Ibid.*, p. 139.

명에 대한 비판"에서 출발했다고 보는 그의 견해를 존중하기로 한다면[16] 우선 이 장에서 우리는 하이쿠의 수사학적인 면이 그의 시에 어떻게 비중을 차지하고 있는가를 구별해서 관찰할 수 있다.

사실상 파스의 시는 타블라다를 통해 하이카이즘에 심취한 이후 이미지의 비약, 생략법 등을 시체의 주요 인자로 소화한다. 그의 시체는 명사 및 명사구의 남용, 먼 이미지의 병치 등으로 대단히 난해하기까지 한 시 전개 방법을 취한다. 에즈라 파운드식 슈퍼 포지션 기법까지 동원된 그의 시는 하이쿠가《언어 밑에서의 자유》(특히 1944년〈구름의 조건〉을 쓸 무렵) 이후 얼마나 커다란 비중을 차지하는가 잘 말해 주고 있다. 예를 들어 보자.

빛은 눈도 깜박이지 않는다.
시간이 분으로, 초로 자꾸만 비어 간다.
새 한 마리 공중에 머물렀다.[17]

현기증의 저울
바위는 우리의 그림자 이상
무겁지 않다.[18]
—〈한낮〉

물론 이들 파스의 하이쿠에는 그의 특징인 사고의 무게가 돋보인다. 반드시 불교적이기만 한 것은 아닌 꿈과 현실의 병치, 그림자와 실체의 동일한 비전 등이 문제가 된다. 그러나 순진한 이미지의 아름다움을 위해서 사용된 하이쿠 시법도 적지 않다.

마당의 나무들 푸른 불꽃들
마지막 불똥이 튀는 소리
풀섶 위 끈질기게 울어대는 곤충들.[19]

---

16 Cfr. Octavio Paz, Jacques Roubaud, Edoardo Sanguineti, Charles Tomlinson, *Renga*(Paris: 1971), p. 22.
17 Paz. p. 142.
18 Octavio Paz, *Salamandra*(México: 1973), tercera ed. p. 36.

강변에서 강변까지
항상 몸 하나가 걸쳐 있다.
무지개 하나.[20]

사랑에 취해 흐르는 물줄기,
날개 달린 물줄기,
성곽 위의 뻐꾹새.[21]

계피색 돛폭
바람이 인다.
젖가슴이 숨 쉰다.[22]

파스는 1952년에 일본을 방문한다. 거기서 그는 진정한 일본 문화와 문학이 어떤 것인가를 몸으로 보고 읽는다. 그는 여행에서 돌아와서 동료들과 일본 노 연극을 실험하고 1955년에는 바쇼를 번역하는 등 일본 열기에 산다. 그는 그 당시 자신이 "오래전부터 일본과 중국 문학에 가까이 있어 왔다"는 고백을 서슴지 않는다. 그의 이와 같은 동양열은 1962년부터 1968년까지 인도에 있으면서 더욱 고조된다.[23] 구체적인 증거로 1968년에 나온 《토포에마스》라는 시각 시집의 후기에는 다음과 같은 설명이 붙어 있다.

더군다나 전반적으로 이들 시각 시 토포에마스는 음양으로 내게 영향을 끼쳐 온 오늘이나 옛날 스승들에게 바치는 기념 시집이다. 나의 스승들은 호세 후안 타블라다, 마쓰오 바쇼, 그리고 그의 제자나 후계자들이다. 그리고 블리스, 즉 네 권의 하이쿠 영역판을 낸 그와, 내게 일본 시의 문을 열어 준 도널드 킨에게도 이 시집을 바친다. 또한 중국의 시인들과 서도가들(특히 〈이백의 시와 생애〉, 〈백거이의 인생과 그 시대〉, 〈노래집〉, 〈중국 시〉 등 많은 중국 시를 영역했던 아서 웰리)에게 이 시집을 바친다.[24]

---

19 Octavio Paz, *Pasado en Claro*(México: 1975), p. 38.
20 Paz, p. 82.
21 *Ibid.*, p. 71.
22 Paz, p. 46.
23 Cfr. Yong-Tae Min, *op. cit.*, p. 1.
24 Octavio Paz, *Poemas* 1935-1975(Barcelona-Caracas-México: 1979-1981), p. 694.

이상에서 볼 때 그의 동양 문학의 지식에 영향을 준 서적들과 특히 동양 시의 형식미에 대한 그의 심취도가 시각 시에까지 자극을 준 결과에 대해서 우리는 확인할 수 있다. 타블라다가 이백과 관련하여 서도를 연상시키는 시각 시를 시도한 것으로부터 이들에게 동양 시가 시각 시라고 생각되었던 점은 그 진부를 접어 두고라도 여간 흥미 있는 사실이 아니다. 그것이 어떤 형태로 이해된 시각 시였던가를 살펴보는 뜻으로 여기 그 한 편을 번역한다.

어디서 오는가?
　　　　　　　그대가 가는 곳
내가 가는 곳?
내가 오는 곳, 어디로 가는가?
　　　　　　　　　　　　그대가 온 곳
　　　　　　내가 어디서 오는가?
　　　　　　　　　　　　　　　내가 가는 곳[25]

오는 곳 가는 곳이 돌고 도는 소용돌이, 나와 네가 둘이 되고 하나가 되는 윤회의 바퀴 속에 우리는 우리가 밟고 서 있는 현실의 현묘한 수수께끼를 본다. 현대 문학의 주요한 테마인 시간의 미궁은 이렇게 해서 또다시 논리를 떠난 하루의 투명한 겨울을 만난다.

파스의 동양 시에 대한 관심은 하이쿠에서 시작해서 시각 시, 무의미의 시를 낳게 하고 마침내 일본의 연가의 현대시로서의 가능성을 노크하게 만든다. 인도와 아프가니스탄, 세일란 등지에서 썼다는 《동쪽 기슭》(1962-1968)에서는[26] 단가를 연속해서 쓴 시 형식을 시험한다. 음수율을 일본의 그것과 똑같이 5-7-5, 7-7음을 사용한 것으로 보아 원시의 모델을 그대로 모방했다고 할 수 있다. 〈우다이풀에서의 하루〉라는 장시는 총 14편의 단가로 씌어진 것인데 여러 시인이 합작했더라면 영락없는 연가의 형태다. 그중 이미지의 사용이 동양 시에 가까운 몇 편만을 번역해 보자.

25 *Ibid.*, p. 100.
26 Cfr. *ibid.*, p. 680.

여자고 어린애고
길을 누빈다. 쏟아진
과일들
누더기인가 번갯불인가?
광야에 펼친 행렬.
팔이며 정강이까지
신선하고 낭랑한
은전 하나가 구른다.
옷을 빌려 입고서
총각이 결혼식에 간다.

너의 이마는 호수
아무 생각도 없이 잔잔한데
송어 한 마리 뛴다.
물 위에 흩어지는 불빛
헤엄치며 방황하는 넋들.
파도치는 물결
황야는 누르스름 — 균열…
그 옆에 너의 옷자락.
어둠에 묻힌 네 유체 위
나는 램프처럼 켜져 있다.
살아 있는 수평 저울.
허공에 매달린
껴안은 두 유체.
하늘은 우리를 짓누른다.
물이 우리를 떠받고 있다.[27]

이와 같이 이미 단가나 연가에 관심을 보였던 파스는 드디어 1969년 4월 파리에서 프랑스 시인 자크 루보, 이탈리아 시인 에도아르도 상기네티, 찰스 톰린슨과 함께 넷이서 서구 최초로 '렌가(連歌)'를 쓴다. 앙드레 브르통에게 바치는 시집

27 *Ibid.*, pp. 402-403.

으로 1971년 파리서 출간된 이 혁명적인 시도는 전통적인 일본의 연가에 대한 모방이라기보다는 현대시의 과제인 집단 시의 실현을 의중에 둔 것이었다. 모델시 형식의 음수율이나 호쿠 따위 등 아무것도 지킬 의사가 없는 이들 네 시인들은 '동·서양의 재회의 순간'을 테마로 집단 시에 대한 동경을 집단 시로 쓴 것이다. 우선 파스의 해설을 들어 보자.

> 오늘날의 많은 시인들의 가장 큰 관심사인 집단 시에 대한 욕구, 작가 개념의 쇠퇴, 작가 앞에서 언어 작용의 상관관계의 우월성(언어는 때로 그 언어를 말하는 사람들보다 현명할 때가 있다), 옛 영감을 되불러 일으키는 우연의 계획적인 도입, 원작과 다른 번역 시를 구별하지 않고 싶은 의도 〔…〕 하이쿠가 시의 병폐인 반복과 설명에 대한 비판이었다면 렌가는 현대 사회의 병폐인 지적 소유권과 작가 의식에 대한 비판이다.[28]

이렇게 해서 시작된 집단 시 선언은 네 시인이 각각 프랑스어, 이탈리아어, 영어, 스페인어 순의 자국 언어로 4-4-3-3행의 소네트 형식의 긴긴 시구들을 자유롭게 펼쳐 간 것들인데, 이들 시는 자연이나 인간관계에서 우러나는 정취를 내용으로 담았던 전통시의 냄새는 찾아볼 수 없고 차라리 집단 시와 언어 표현의 본체론적 비전을 제시하는 시학에 대한 시들이다.

영어로 된 텍스트

나는 네 목소리가 되었다, 공통된 목표를
둘러싼 네 목소리, 자아와 자아의 소용돌이 속에
길을 잃은 하나의 자아를 찾는 일, 그 이름을 부르는 일.

스페인어로 된 텍스트

그래서 소용돌이는 펼쳐지고, 스스로를 부정하면서, 말을 포기하고 말한다.
다시 접어지는 태양 중심 축 천체 — 두뇌가 파열하는 진동
동에서 서까지 북에서 남까지 위로 밑으로 언어가 흐른다.[29]

---

28 Paz, *Renga*, p.22, cfr. pp. 20–26.

우리는 이런 시를 읽으면서 그들이 의도한 우연의 개입은 지나친 논리와 비논리의 거센 흐름에 막혀 맥을 못 추는 것을 본다. 새로울 것도 놀라울 것도 없는 시이지만 그러나 이것이 현대시에 있어서 최초의 집단 시론집이었다는 점에서 그 의도와 방법이 우리에게 시사하는 점은 많다.

동양 사상과 파스의 시학

위에서도 잠깐 시사한 일이 있지만 파스의 동양 시 형식에 대한 관심 못지않게 그의 시에 영향을 크게 미친 것은 동양 사상, 특히 선불교와 노장 사상, 주역의 그림자다. 이들 사상의 연원은 바쇼의 하이쿠에서 묻어 온 것이거나 60년대 이후 서구에 그토록 많은 동양 문학 번역 및 해설서에서 온 것들이다. 우리가 아는 한 그의 동양어에 대한 실력은 아직도 극히 초보 단계에 머물러 있다. 그 이유는 바쇼의 〈센다의 오솔길〉 번역도 에이키치 하야시야의 직역에서 스페인 시화시켰다는 고백이 있고[30] 또 중국 문학에 대한 지식은 아서 웰리에 의존하고 있음을 스스로 밝히고 있기 때문이다.

파스는 인도의 탄트리즘이나 기타 인도 사상보다 먼저 극동 불교적인 대승불교에 접한다. 그가 인도에 가기 전 1962년 전까지 그는 자주 선불교를 이야기했고 그 원천은 주로 스즈키의 번역 및 해설서이다. 그는 바쇼의 시를 설명하는 부분에서 선불교 사상을 심도 있게 설파한다.

> 선불교에 의하면 각覺의 순간은 지금 여기, 모든 순간이면서 한순간, 전 우주와 그 우주를 지탱하는 기氣가 한꺼번에 무너지는 순간의 계시라고 말한다. 이 순간은 시간을 부정하고 우리를 진리와 마주보게 한다. 〔…〕 생명의 원상은 그 활기에 있다. 그리고 그 활기는 바로 이 죽을 수 있는 한정된 존재가 불어넣어 주는 힘이다. 즉, 생명은 죽음으로 엮여져 있다. 언어로써 말하지 아니하고 그 삶과 죽음의 연계를 설명할 수 있는 표현이 있을까? 있다. 그게 하이쿠다. 하이쿠는 사실에 대한 비판의 언어, 의미 형성에 대한 결눈질의 조소의 언어다. 바쇼의 하이쿠는 우리에게 각覺의

---

29 *Ibid.*, p. 96.
30 Cfr. Basho, *op. cit.*, pp. 26–27.

문을 열어 준다. 의미와 무의미, 삶과 죽음이 공존한다. 대립의 붕괴나 융합으로써 도달할 수 없는 경지가 '마음의 정지' 상태다.[31]

선문답이나 선시에서 영향받은 것이 바쇼의 하이쿠라고 한다면 파스는 일본 하이쿠 시성의 시학을 설명하면서 선불교의 본질을 설명하려고 애쓴다. 그의 이런 선불교에 대한 관심이 입증하듯이 그의 시에는 이러한 '영원한 찰나'에 대한 이미지가 수없이 많다. 그의 시집의 어디를 열어도 불교 냄새 짙은 '순간'이나 '찰나'의 비전은 비일비재하다.

한순간에 모든 이름들이 채워져 있다.[32]

고요하게
가지 위에 있는 게 아니라
대기 속에
대기 속에 있는 게 아니라
한순간 속에
벌새 하나.[33]
진실은
역사가 없는 시간의 밑바닥,
무게가 없는 한순간의
그 무게.[34]

파스의 시 속에 빈번히 등장하는 반어법, 역설, 부조리, 말장난 등은 이미 스페인 17세기의 관념주의적 수사학의 경지를 떠나 선불교적 초월성의 세계에 육박한다. 그의 시에 나오는 삶과 죽음, 이것과 저것, 현실과 꿈, 사고와 실체는 항상 어떤 역설이나 부조리보다는 상호 공존의 투명성 속에 부각된다. 그는 말한다. "시는 인간을 죽음으로부터 위안시키기 위한 방편이 아니라 삶과 죽음이 불가

31 *Ibid.*, pp. 40–41.
32 Paz, *Libertad*, p. 139.
33 Octavio Paz, *Ladera Este*(México: 1969), p. 78.
34 Octavio Paz, *Vuelta*(Barcelona: 1976), p. 79.

분의 관계라는 것을 비춰 보기 위한 것이다. 즉 생과 사는 그대로 총체다."[35] 비슷한 이야기는《문법으로 만든 원숭이》(1910)에도 나온다. "각각의 시간은 다르다. 각각의 장소는 다르다. 그리고 그 모든 것은 똑같은 것, 모두가 마찬가지다. 모든 것은 지금이다."[36]

같은 논리로 그의 시에서 부정과 긍정은 항상 동가치로 등장한다. 있거나 없는 것, 보이거나 보이지 않는 것, 오는 거나 가는 것은 그의 눈에 그 순간 하나다. 하이쿠 형식을 사용한 두 시를 예로 보자.

> 눈을 감고 나는 나를 보았다.
> 빈 공간, 공간
> 거기 내가 있고 또 내가 없다.[37]
> —〈비전〉

> 인간이 먼지라면
> 저 광야를 헤매는 저것들이
> 사람이다.[38]
> —〈허깨비〉

선불교의 근본적인 통찰은 노장의 그것과 일치한다. 스즈키 박사나 앨런 와트는 이 점에 동의한다. 특히 스즈키는, "선의 가장 두드러진 특징은 자기 존재의 핵심에 깊이 도달하는데 내적 자각, 즉 자증自證의 강조에 있다"고 말하고 "이 자증이란 장자의 좌망坐忘, 심제心齊 및 조철朝徹에 상응한다"고 말한다.[39] 그런데 우리에게 무엇보다 흥미 있는 것은《도덕경》이의 1장, 2장《장자》의〈제물론齊物論〉에 나오는 바와 같이 만물제동萬物齊同이 형이상학적 이해다. 불교의 색즉시공色卽是空, 마조선사의 심외무불心外無佛 사상에서 보는 현상 세계와 참〔眞〕 세

---

35 Octavio Paz, *Los Signos en Rotación y otros ensayos*(Madrid: 1971), p. 324.
36 Octavio Paz, *El Mono Gramático*(Barcelona: 1974), p. 121.
37 Paz, *Libertad*, p. 114.
38 Paz, *Ladera Este*, p. 55.
39 Cfr. 오경웅,《선의 향연》(서울: 1973), pp. 14, 94 등등.

계의 일치, 평상 마음의 세계와 깨달음의 세계와의 접합은 이것과 저것, 우주에서 보는 비전과 여기에서 보는 비전의 상반합일相反合一, 물화일치설物化一致說과 함께 파스의 시학을 수사학에서 본체론적 탐구 작업으로 이끈 역동적 요소다.[40]

맨 앞에 인용한 파스의 장자에 대한 생각에서도 보이듯이 그는 노장 사상에서 시와 사고의 혼연일체에 대한 직감을 얻고 언어와 사물의 일체에 대한 생각을 한다.

> 이름과 사물이 혼연일체가 되고 한 가지가 되는 언어. 그것이 시다. 시는 일컫는 것이 바로 존재가 되는 영토. 이미지는 형언할 수 없는 것을 이야기한다. [⋯] 우리는 언어가 원래 말할 수 없는 것을 이미지를 통하여 어떻게 말할 수 있는가의 경지를 보기 위해 작업해야 한다.[41]

파스는 그의 이런 생각을 구약성서의 창세기까지 이끌어 올려 설명하려 든다. 창세기에 신이 하늘 있으라 하면 곧 하늘이 있었고 땅이 있으라 하면 곧 땅이 생겼다고 말한다. 그러나 에덴동산에서의 인간의 전락 이후, 일컫는 것과 사물 사이에는 메울 수 없는 간격이 생겼다고 보는 견해다.[42] 따라서 오늘 시인의 작업이란 말과 사물 사이, 표현과 실제 사이의 간격을 좁히는 피나는 투쟁을 감수해야 한다고 그는 믿는다. 그러기 위해서는 말이 가진 그 전락된 의미부터 붕괴하고 새 의미, 즉 일컫는 것이 곧 존재가 되는 에덴동산 이전의 신의 상태로 되돌려 주어야 한다는 것이다.

이를 위해 그는 눈을 끈 것이 불교나 노장 사상에서 보는 만물제동 사상이다. 장자는 이렇게 상반된 개념의 상관관계 내지 그 역동적인 성격을 설명한다. 이것이 아닌 것은 아무것도 없다. 저것이 아닌 것은 아무것도 없다. 이것은 저것을 통해서 살고 저것은 이것을 통해서 산다. 이것이 이것과 저것의 상호보완 관계

---

40 '장자'에 관해서는 우현민 역주를 참조한다(서울: 1978). I,II,III. '노자'도 같은 역자에 의한다(서울: 1978, p. 350).

41 Paz, *El Arco y la Lira, op. cit.*, p. 106.

42 Cfr. Octavio Paz, *Teatro de Singos*(Madrid: 1974), 〈La distancia entre el nombre y la cosa nombrada, el significado, es consecuencia de la separación entre el mundo y el hombre. El lenguaje es la expresión de la conciencia de sí, que es conciencia de la caída⋯〉 – Cuadrivio.

의 이론이다. 삶은 죽음 앞에서 삶이다. 그 반대로도 같은 논리가 성립된다. 긍정은 부정 앞에서 그러할 뿐. 그 반대로도 설명은 같다.[43]

파스는 이런 사고가 불교의 공空, 노장의 생성의 뿌리인 무에서 보듯 만물제동의 체득에서 나온 것임을 안다. 따라서 그의 시는 현실과 꿈, 실제와 허상 사이를 장자의 〈소요유〉에서처럼 종횡무진 헤맨다. 불립문자不立文字가 선불교라면 문자로써 문자를 세우지 않는 일, 말로써 말하지 않고 말하지 않으면서 말하는 법 도이무명道而無名이 도가의 법이라면, 일컫지 않으면서 일컫고 일컬으면서 일컫지 않는 세계를 향해 그의 글은 끝없는 돌진을 계속한다.

비사실적인
말은
침묵에게 사실을 부여한다.
말하지 않는 것은
언어의 옷감이어서
침묵은
도장
불꽃
이마에 떨어진
입술에 얹힌
증발하기 전의 그것.
나타나고 사라지고
현실과 그 부활
침묵은 말 속에 쉬고 있다.[44]

파스의 침묵은 공空이요, 무無요, 그의 다른 시를 빌리면 0이다. 다음 시각시를 보자.[45]

---

43 Paz, El Arco y la Lira, *op. cit.*, p. 102.
44 Octavio Paz, Blanco, *en Poemas*, p. 495.
45 *Ibid.*, p. 504.

여기에서 등을 맞대고 있는 C자는 합치면 0이 된다. 또한 이 그림의 배치도 0의 형태다. 그의 설명을 다르면 cifra(숫자)라는 말은 원래 cero(0)를 의미하는 것이었다고 한다. 동시에 이 말은 아랍어의 sifr(0, 혹은 空)에서 왔다고 한다. 결국 이는 산스크리트어의 sunxa(空)와 어원을 같이한다고 한다.[46] 이는 동시에 여성 성기의 모습 그것이다. 다르게 조합되는 글자는 como(같이, 같은), colmo(절정), calma(고요)라는 말이 보인다. 그러나 이것이 파스의 시이고 보면 그는 수평에 보이는 소문자의 의미, 즉 olmo(느티나무) alma(영혼)라는 말을 염두에 안 두었을 리가 없다. 수자와 0, 존재와 무, 비어 있으면서 가득한 것, 고요하면서 머물러 있는 것, 절정이면서 침묵인, 느티나무 끝에 머문 영혼이 탄트리즘의 에로틱한 신비주의와 함께 여성의 음부 모양을 반추하면서 육박해 온다.

결국 비어 있으면서 가득한 것이 언어 앞에 침묵으로 말하는 그의 시학이다. 그는 말한다.

> 우리는 침묵에서 왔다가 침묵으로 돌아간다. 이미 말이기를 그만둔 말 하나. 불타의 침묵이 말하는 것은 부정도 긍정도 아니니다. 다른 것을 말한다. 여기 있으면서 더 멀리 있는 것을 가리킨다. 공空/Sunyata을 말한다. 즉 모든 것은 가득하기에 비어 있다는 것, 말은 안 하는 것이 아니라 유일하게 말할 수 있는 것은 침묵이라는 것. 그것은

46 Cfr. *Ibid.*, p. 695.

> 허무주의가 아니라 스스로가 스스로를 무너뜨리는 상대주의요, 그 상대주의를 넘어선 어떤 것이다. 움직임은 움직이지 않는 것으로 해결되지 않는다. 움직이는 것이 움직이지 않는 상태. [⋯] 불타의 침묵은 지식이 아니라 오히려 지식 뒤에 오는 것, 곧 지혜다.[47]

이와 같이 불교적, 아니면 노장적 우주 인식론에 힘을 얻은 그의 시학은 음양오행설陰陽五行說을 바탕으로 하는《주역》에까지 손을 댄다. 그도 그러 것이 시간에 대한 집념으로 일관하는 그의 시 사상에 있어서《역경》만큼 마음에 드는 책도 많지 않았으리라. 〈동양 사상과 옥타비오 파스〉를 연구한 김현창 교수는 평론집《결합과 해체》에서부터 그가《주역》의 영향을 강하게 노출시키고 있다고 주장한다.[48] 그러나《주역》이전에 우리가 보아 온 바와 같은 동양 사상의 인식론에 친숙해 있던 그인지라 이 평론집에 나타난 내용은《역경》보다는 인도 사상, 특히 탄트리즘, 불교, 노장 사상의 감염이 심하다. 흥미 있는 것은《주역》의 8괘를 시각 시에 인용한 경우인데 이것은 시인의 고백에서도 보여 주듯이 그 영향이 의심할 바 없는 것이다.

> 나는 여러 이유로 하여 주역을 내 시의 모델로 삼기로 결심한 바 있다. 첫째,《주역》은 변환이라는 사상에 용이하다는 보조적인 뜻이 결합되어 있다. 변화하고 있는 기호를 변환하고 있는 상황에 작용시킴은 어떤 정해진 범주와 개념을 통해서 이해하는 것보다 훨씬 용이하다. 더구나 나는 이분법을 시험을 통하여 체험하였다. 실제로 시를 쓰는 데 나에게 도움이 되었다.[49]

모니크 J. 르메트르는 〈시각의 원반〉 시와 〈풍차의 날개〉가 구체적으로《주역》의 괘를 기저로 한 것이라고 말한다.[50] 그러나 언급된 시 외에도 〈되돌아오는 기념비Monumento Reversible〉 같은 그림 시, 〈3개의 주석/회전〉, 〈8각형으로 된 수수께끼〉 등은 작자도 암시하고 있듯이 같은 계열에 속하는 작품으로 이해된다.

그가 말하는 "변화하고 있는 기호를 변환하고 있는 상황에 적용"시키고자

---

47 Paz, *Teatro*, sin paginar.
48 Cfr. 김현창,《현대 세계 문학 속의 동양 사상》(서울: 1984), pp. 230, 232.
49 Citado por idem.
50 Citado por idem.

하는 그의 시도는 이미 《백지》(1966) 이후 그의 시학의 일반적인 경향을 대변하고 있다. 이것이 특히 시각적인 형태미까지 감안한 창작일 때는 더욱 그렇다. 파스에 있어서 언어는 곧 침묵이요, 사물 그것이다. 그런 언어가 표의문자인 한자처럼 형상을 구체적으로 표상할 때 파스의 본체론적 시학에는 안성맞춤이었으리라. 더군다나 시 형태가 시간과 상황에 따라 의미를 다르게 할 때, 변화 속의 조화, 이질적인 실체의 물화론적 추이, 정반합일正反合一을 넘어선 투명한 시 세계를 구축하는 데 적합한 시 표현의 방법이었음을 우리는 곧 이해할 수 있다.

파스는 《불도마뱀》(1958-1961)에서부터 자주 《역경》에서 영감을 끌어낸다. 그는 위 책의 〈지속〉이라는 작품에서 '운풍항雲風恒'의 괘사를 인용하고 "항괘는 장구하다는 뜻이리니(象曰 恒久也)"를 생각하면서 "우레와 바람 : 장구(지속) —《역경》에서"라고 구체적으로 언급한다.[51] 이 시의 내용도 "우레와 바람이 힘을 합쳐서 만물의 생육을 돕고 아내는 순종하며 남편은 일하는, 음양 호응에 의한 항구불변"의 뜻을 기저로 한다.

I
까만 하늘
　　　　노란 땅
수탉이 밤을 찢는다
물이 일어나 시간을 묻는다
바람이 일어나 너를 찾는다
하얀 말 한 마리가 지나간다

II
잎사귀의 잠자리에 든 숲처럼
너는 너의 비의 잠자리 속에 잠든다
너는 바람의 잠자리에서 노래한다
너는 불꽃의 잠자리에서 키스한다

---

51 Cfr. Paz, *Poemas*, p. 361. 《주역》본으로는 노대준의 역해를 참조한다(서울: 1986), 중판. p. 414 특히 pp. 118-121 참조.

〔…〕
IV
말하라 들으라 대답해 다오.
우레가 말하는 것을
숲이 알고 안아 준다.[52]

총 6편의 단시로 구성된 이 시는 6괘를 염두에 둔 것처럼 일치가 많다. 음양화합의 순간을 육감적인 이미지로 구사해 나가는 이 시는 손괘巽卦가 신체의 부위로서 여자의 사타구니를 의미하고 '바람'뿐만 아니라 나무와 '숲'까지 의미하는 것을 잘 알고 있는 듯 시 IV에서는 '바람'을 바꿔 '숲이 알고 안아 준다'로 에로틱한 묘사를 한다. 이 정도면 파스가 얼마나 심사숙고《주역》을 공부했는가를 알 만하다.

이 시 외에도《주역》의 괘를 사용한 이미지는 많다. 같은 시집에서 '상호보조'는 '숲'과 '태양'이 화합한다. 화풍정火風鼎의 괘를 연상시키는 이 시는 "나무에 불이 타오르"듯 상호보조하여 융성해 가는 모습이다.

내 몸에서 너는 산을 찾는다.
숲에 묻혀 있는 태양을.
너의 몸에서 나는 배를 찾는다.
한밤중에 길을 잃고[53]

이어서 그는〈물과 바람〉이라는 시를 싣고 있다. 여기에서도 '숲'과 '태양'이 음양 화합하는 장면이 나온다.

숲이 다 된 숲 위를
태양이 도끼를 들고 지나간다.[54]

---

52 *Ibid.*, pp. 361-362.
53 *Ibid.*, p. 367.
54 *Ibid.*, p. 368.

물론 이 이미지는 사랑으로 불타 버린 유체의 죽음을 넘어선 에로티시즘의 장면이다. 그 후《동쪽 기슭》(1962-1968)에서도 인용한 '일치concorde'에서 '물'과 '숲'의 음양조화가 의심할 나위 없는《주역》의 영향이다.[55] 파스는《주역》에서 자연 현상을 적용한 상象을 보고 많은 직감을 얻는다. 이들 상이 갖는 육체 부위와의 연상에서 그는 더할 나위 없이 좋은 이미지의 묘를 체득한다.《주역》에 나오는 모든 원초적인 자연의 상징은 그 후 수없이 파스의 상상력을 자극한다. 그중에서도 가장 좋아하는 것이 숲과 태양의 성교 이미지.《처음을 향하여》(1964-1968)라는 시집에서 〈축〉이라는 작품을 보자.

피가 흐르는 물길을 통해
너의 육체 속에 나의 육체
반의 샘
너의 숲속에 나의 혀의 태양[56]

그러나 파스의《주역》에 대한 흥미는 8괘의 모습까지 모방하게 만든다. 8괘는 동서남북의 공간이면서 시간의 흐름. 여기에 이것과 저것, 죽음과 삶이, 빛과 그늘이 상응하여 이룩하는 새로운 생성의 철학이야말로 이 멕시코 시인이 반할 만하다. 앞서 인용한 '숫자(cifra)'도 8괘의 양상이고 다음 시각 시 또한 하나 속일 데 없는 8괘 형상 그대로다.[57]

다음 여덟 구절을 하나하나 위 여덟 줄 위에 써 넣으시오. 1부터 8까지 읽을 때 서로 이어지는 두 구절이 하나로 연결될 수 있도록.

1. 너는 중앙에
2. 태양의 칼
3. 이 8각형을 나눈다.
4. 눈 코 손 혀 귀

---

55 Cfr. *ibid.*, pp. 445-446.
56 *Ibid.*, pp. 467-468.
57 *Ibid.*, p. 596.

5. 동과 서 북과 남
6. 이 빵을 나누어 갖는다.
7. 심연은 중앙에 있다.
8. 보다 냄새 맡다 만지다 맛보다 듣다.

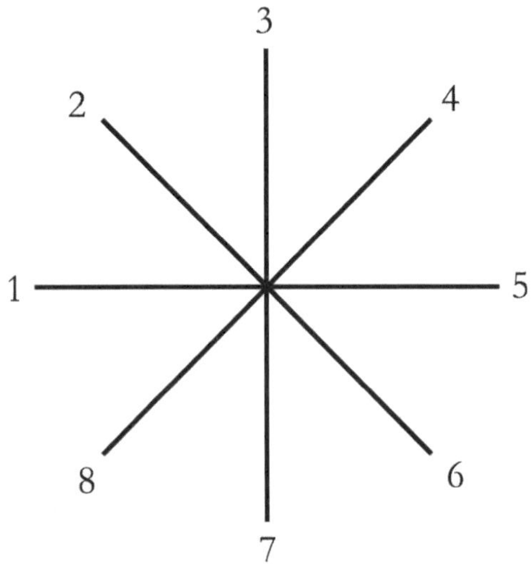

8각 형태의 수수께끼

4번에 신체 부위가 나오고 5번에 동서남북이, 8번에 오감이 나오는 걸 보면 이 시가 어디서 영감받은 줄을 알리라.《주역》이 점치는 인간 운명은 돌고 돈다(인간의 운명이 상황에 따라 달라질 수 있듯이). 이것들은 서로 어떻게 연결되어도 하나의 의미를 이루게 된다. 이 시는 의미가 없다. 의미가 없는 데서 독자의 선택, 혹은 우연한 결합에 따라 붙고 떨어지는 의미, 침묵과 말, 의미 없음과 의미의 생성, 있음과 없음을 넘어 독자의 마음과 인생에서 표출되는 의미가 우주의 법칙이다. 우주는 텅 비어 있으니까, 0이니까.

서양 시와 동양 시

수평적 비교[1]를 위한 시안

"일반화하는 것은 죄를 짓는 것"이라는 것이 학자들에게 늘 따라다니는 경고다. 한국인이 이렇다, 한국 시가 어떻다고 이야기하면 꼭 그렇지 않은 사람과 작품이 있기 마련이기 때문이다. 더군다나 서양 시와 동양 시라고 하는 어마어마한 명제를 놓고 이야기를 한다는 것은 미리부터 오류를 인정하고 들어가는 작업이다.

지금까지 우리의 관점이 서양 문학에 미친 동양의 영향을 연구하는 역사적 시안에서 씌어진 것이라면, 지금부터는 동양 문학과 서양 문학의 다른 점, 같은 점을 살펴보는 것도 재미있는 일이라 생각되어 이 글을 시작한다. 이런 비교는 동·서양의 문학의 조망을 위한 소개의 역할 정도밖에 기대할 수 없을지도 모른다. 그러나 또 한편으로는 문학을 문학으로서 이해하려는 겸손한 자세이기도 하다.

말라르메는 "세계는 하나의 시구에 들어가기 위해 존재한다"고 말한 적이 있다. 학문도 결국 하나의 시구나 에세이를 위해 존재하는지도 모른다. 역사와

---

1 '수평적 비교'란 지금까지 역사적 비교문학의 방법에 의한 연구였다면 이제 형식주의에서처럼 시간개념을 배제한 'Synchronical Point of View'로 비교함을 말한다.

문학의 구분을 최초로 시도한 아리스토텔레스는 역사란 특정한 진리를 추구하는 것이고 문학은 일반적·우주적인 진리를 추구하는 것이라고 했다.[2] 지금까지 우리가 역사적으로 조명한 동·서양의 문학 관계를 문학적으로 이해하려 한다는 이야기는 바로 이 일반적인 진리를 성찰해 보자는 의도다.

인간이 하나의 뿌리에서 비롯되었건 여러 갈래에서 형성된 것이건 이런 인류학적 견지를 따지지 않는다 할지라도 역사상의 발전 양상에서 비롯한 많은 차이점을 우리는 쉽게 간파할 수 있다. 이 다르다는 것은 많은 같은 점을 도외시한 편견일 수도 있으나 그것이 유일하게 동양 문학을 동양 문학적이게 하고 서양 문학을 서양 문학적이게 하는 개성일 수 있는 것이다.

외재율의 다양성과 동양 시

운율 면에 있어서 서양 시는 대단히 다양하다. 4음절 시행으로부터 16음절의 시구가지 자유자재로 쓸 수 있다. 프랑스 시의 알렉상드랭 시구는 14음절이고 스페인 시는 르네상스부터 11음절의 시행을 많이 쓰나 작품에 따라 그 길이는 시로 무척 다양하다. 반면에 동양 시는 중국의 7언절구·5언절구, 한국의 3-4조나 4-4조, 일본 단가의 5-7조에서 보는 것처럼 훨씬 제한되어 있다. 물론《시경》이나 악부에는 3, 4, 6언의 시구가 보이기는 한다. 그러나 그런 경우는 특수한 예이고 가장 많이 쓰는 시행은 모두가 8언을 넘지 못한다.

우리의 시조가 초장, 중장, 종장으로 시행을 이해할 때 15언을 사용한다고 할 수 있겠으나 그 운율의 내부에서 근저를 이루고 있는 율격은 4-4조나 3-4조가 완연하다. 더군다나 중국 시를 제외한 일본 시나 한국 시는 각운을 사용하지 않는다. 서양 시의 율격의 복잡성 내지는 다양성에 비해 한국 시나 일본 시는 오직 음수율에 의존한다.

각운이 없는 관계로 우리 시의 시행의 구분도 대단히 모호하다. 시조의 한 구를 "청산리 벽계수야"에서처럼 끊어 읽는 것은 단순한 음수율에 대한 인식에서 비롯된 것일 뿐 꼭 거기를 띄어 읽어야 할 다른 제약은 없다. 사실상 우리 시조

2 Cfr. Allan H. Gilbert, *Literary Criticism*(Detroit, Michigan: 1977), p. 81.

에서는 의미의 단위가 음수율의 그것보다도 시행을 결정 짓는 주요 요소다. 따라서 서구 시에서 많이 사용되는 도치법, 의미 단위를 무시하고 시행을 뛰어넘는 따위의 수사법은 우리 시에서 개발되지 않고 있다.

한국 시나 일본 시의 운율 운용은 문법적인 음절과 시의 음질에 차이가 없다. 서양 시에 있어서는 2중 모음이나 3중 모음이 말과 말을 추월하여 서로 얽히고 설켜 한 음절을 이루는 반면에 한국 시는 글자 하나가 곧 음절이고 하나의 운율 단위가 된다. 정형시를 쓸 때 한국이나 일본 시인이 음수율을 조정하는 것은 말의 생략, 음절 축소 내지는 '나아가 보니'에서 보는 것처럼 음절 늘이기 따위의 기법이 전부다.

동양 시의 외재율의 빈약성은 한편으로 일찍부터 형식의 자유를 찾는 방향으로 진전되었다. 특히 시조의 종장은 뜻에 따라 길어질 수 있게 만든 것이 바로 그것이다. 사설시조의 형태는 운율 근간이 4-4조나 3-4조라는 것을 제외하고는 거의 자유시에 가까운 운율 처리가 아닌가? 운율감이란 같은 음절의 반복 내지는 같은 각운의 반복 등에서 유래한다. 라틴어의 'versus'라는 말이 시구를 의미하는 것 이외에 '되돌아온다', '반복한다'는 뜻에서 비롯된 것도 운율이 곧 소리의 반복임을 말해 준다. 그런데 일본 전통시의 5-7-5, 7-7이나 한국 시조의 3-4, 4-4조는 그 반복도에 있어서 극히 빈약하다. 소네트가 11음절로 14행에 반복되고 있는 것과 비교하면 한국 시나 일본 시의 운율감은 거의 자유시에 가까울 만큼 빈약한 것이다.

이런 현상을 조지훈은 한국의 멋과 관련시켜 '비정형'의 미학으로 생각한다. 멋은 선적이고 율동적인 것이기는 하나 정형을 싫어하는 초월미의 경지라고 보는 것이다.[3] 이런 현상이 어떻게 이해되든 간에 동양 시가 서양에 비해 훨씬 소리의 일치에 신경을 덜 쓰는 게 사실이다.

서구의 시도 사실은 비정형에서 정형으로 발전했다는 것이 많은 학자들의 이론이다. 12세기경의 음유 서사시는 대부분이 비정형이다. 그것이 시간이 가면서 차차 정형화했다는 것이 스페인 시 운율을 연구한 엔리케스 우레냐의 결

---

3 Cfr. 조지훈, 《한국인과 문학사상》(서울: 1964), pp. 377–460.

론이다.[4] 모든 시가가 비정형에서 정형으로 발전했다는 가설이 가능하다면 우리의 시조의 발전은 완전히 역방향으로 진전된 현상의 하나다. 그도 그럴 것이 후기에 사설시조 따위로 비정형화하기 때문이다.

앞에서 보아 온 바와 같이 동양 시를 본 서양인들이 우리네 시의 인상을 자유시, 혹은 비정형의 시로 이해했던 것은 당연한 귀결이라고 생각된다. 그만큼 그들의 눈에 동양 시가 율동감을 느끼지 못하게 보였던 때문이다. 그러나 이런 리듬의 부족을 한국 시나 일본 시는 흔히 내재율로 대치해 왔다. 한국어나 일본어의 의성어·의태어가 그 도구 중의 하나다. 의성어는 항상 반복에 의한 리드미컬한 조형이다. '갈 동 말 동', '절로절로' 따위에서 보듯 이들은 하나의 시구 속에서 생동감 있는 리듬을 이룬다. 또한 동양 시에 그토록 많은 대칭법·비유법은 구문적인 리듬을 의미한다.

> 가노라 삼각산아 다시 보자 한강수야
> 고국산천을 떠나고자 하랴마는
> 시절이 하 수상하니 올 동 말 동 하여라

작별인사-호격의 이 시조를 두고 보아도 그 첫 구절은 작별인사-호격, 구문적인 리듬을 갖고 있다. 또한 종장의 받침말, 즉 "시절이 하 수상하니 올 동 말 동 하여라"에서 'ㄹ'과 'ㅇ'의 반복은 음성상징으로서 이 내용이 갖는 시인의 불안한 심경의 머뭇거림, 주저의 상태를 잘 표현하고 있다.

한국 전통시의 내재율에 대한 연구는 국문학의 중요한 명제로 생각된다. 그만큼 우리 시는 외재율에 의지해 온 흔적이 곳곳에 발견되기 때문이다. 이미 문법화된 모음조화나 의성어의 자유스러운 변용은 우리말 자체가 이런 내재율을 큰 무기로 하기에 적합했음을 입증해 준다. 그러나 서양 시가 외재율이 풍성하니까 동양 시는 내재율이 풍부하리라는 논리는 위태로울 수 있다. 그럼에도 불구하고 우리말이나 일본말의 성격을 가능하게 한 내부적인 리듬에 대한 관심은 일찍부터 시인들의 직감을 자극했으리라는 상상이 억지일 수는 없다.

---

4 Cfr. Pedro Henríquez Ureña, *Estudios de Versificación Española*(Buenos Aires: 1961), pp. 19–20.

동양 시는 짧다

서구 시의 전형은 한 연의 형태보다는 여러 연을 쓰는 것이 습관이 되어 왔다. 서구 시에서 가장 짧은 장르로 인정되는 소네트만 해도 연이 네 개다. 에피그램이나 격언 따위는 한 연으로 된 것도 있으나 서양 시의 일반적인 경향은 역시 여러 연을 잇대어 쓰는 방식이다. 여러 연을 쓴다 하는 것은 시가 길다는 이야기다.

동양 시는 중국의 7언절구·5언절구, 일본의 단가·하이쿠, 한국의 시조를 보아도 단연 한 연의 시 형식이 우세하다. 그뿐만 아니라 시행의 길이도 8언을 넘는 것이 드물다. 서구의 16음절의 시 형식을 생각하면 동양의 그것은 모두가 절반 길이에 속한다. 연도 한 연에다 그 시행의 길이까지 짧다면 동양 시는 서양 시보다 짧다는 것이 맞다.

동양 시에서 길기로 유명한 백낙천의 〈장한가〉도 120행에 7언을 사용하고 있다. 총 840글자로 씌어진 이 작품의 길이는 서양에서는 그다지 긴 작품 축에 못 든다. 서사시를 들지 않더라도 서구의 시는 보통 그 정도는 된다. 예를 들어 스페인 중세 시인 호르헤 만리케의《아버지의 죽음에 바치는 노래》만 해도 긴 작품으로 알려져 있는지 않지만 총 480행에 이른다. 우리의 가사 문학이 약간 긴 형식을 취하고 있지만 어찌 단테의《신곡》의 길이와 비교가 되겠는가?

동양 시의 길이에 버금가는 서양 시를 찾는다면 우리는 몇 낱의 민요에서 예를 발견한다. 민요란 세월을 두고 사람의 입과 입을 통해 개작되고 가장 일반적인 구미에 맞도록 되어 남은 것들이어서 세월의 물살에 씻기고 씻긴 조약돌처럼 작고 단단한 데가 있다. 그래서 더러 그 길이나 내용이 동양 시에 흡사한 것이 있는 것이다.

> 이렇게 긴긴 밤들이
> 나에겐
> 늘 그렇지는 않았었는데
>
> 우베다에서 바에사까지
> 수십 리 길.

한잔 먹고 가면
종일을 가야 할걸.

바위가 높았지.
그 바위에 핀 오랑캐꽃
바위는 높았지

거기에 오랑캐꽃이 피어났다
그리고 예쁜 클로버도.

이상의 노래들이 그중에서도 짧은 것들이다. 그러나 위의 예들이 보여 주듯이 대부분의 작품은 어느 긴 작품이나 설화에서 떨어져 나온 것 같은 인상이다. 우리가 구태여 짧은 장르를 찾자면 필자가 아는 스페인 문학에서는 세기디야라는 민요를 생각할 수 있다. 원래 얼마든지 길게 쓸 수 있지만 그 후렴만 5-7-5조로 하이쿠를 연상시키게 하는 짧은 데가 있다. 예를 들면,

그만 입을 다물어요
그 아름다운 눈길이
날 울려 죽여요

같은 것, 그러나 일반적으로 서구의 민요 장르들도 말이 많고 긴 것이 숨길 수 없는 특질이다. 서구의 시들이 이처럼 길고 설명이 장황한 것은 이들 내용이 설화나 사건을 내용으로 하는 것이 많고 그중 서정적인 단편의 작품인 경우도 우리의 그것보다 훨씬 길고 설명이 많다.

따라서 서구인들이 동양 시를 대할 때 하이쿠뿐만이 아니라 모두가 아주 짧다고 생각했던 것은 당연하다. 그것이 외국인의 눈으로 볼 때 동양 시의 특징이 무엇보다 먼저 인상적이었을 것이기 때문이다. 동양 시의 짧음은 동양 시의 본질적인 서정성과 직접 관련지어 생각할 수 있는 것으로, 우리의 정감을 압축한 표현이 시라고 생각했던 우리 선인들의 사고가 작용했던 것이리라.

형식주의적 시학과 내용주의

일본 시를 서양에 맨 먼저 소개한 체임벌린은 바쇼의 하이쿠에서 그가 서양인의 눈으로 의아하게 생각했던 점을 이렇게 이야기한다.

"그〔바쇼〕가 가장 신경을 썼던 건 윤리적 요소였다. 그에게 시란 차라리 목적이라기보다는 하나의 방편이었던 것 같다."[5]

체임벌린의 생각은 공자의 시교詩敎나 시도詩道로 이해하는 동양 시의 정신 수양적 요소를 그냥 간과하기가 힘들었던 때문이다. 공자에게 시는 '사무사思無邪'였다. 서구인으로서는 이해하기 힘든 이런 정의, 즉 "생각이 간사스러움이 없는 것이 시"라는 말은 시가 형식이 아니라 내용, 즉 생각이라는 것을 잘 말해 주고 있다.

서양에는 시학에 대한 수많은 책이 있다. 아리스토텔레스에서 롱기누스에 이르는 그 많은 시학서도 한결같이 시 쓰는 기법을 규정 내지 설명하고 있는 것들이다. 예로 아리스토텔레스의 《시학》의 첫 구절을 인용해 보자.

> 시학과 그 종류에 대해서 하나하나 설명하기로 한다. 시가 완전하게 나올 수 있도록 이야기를 어떻게 정동해야 되는가 하는 방법에 대해서도 설명하겠다. 또한 각 부분의 수와 질에 대해서도 이야기하자….[6]

이런 설명의 방법을 보아도 서양 시가 얼마나 하나의 '기술'로서 이해되는 형식에 연연하고 있었는가를 잘 말해 준다. 호라티우스의 《시학》도 법칙이 더 많을 뿐 예외는 아니다. 특히 18세기 신고전주의 문학들의 시학에 대한 규정과 설명은 복잡하다 못해 시를 쓸 엄두가 나지 않을 정도로 심각해진다. 반면에 동양 시는 중국 시의 복잡한 운율이 약간 예외이긴 하나 대부분 그 내용이, 말하자면 기氣와 의意가 늘 관심의 대상이어 왔다. 원래 동양에 시학이라고 딱 떼어서 씌어진 책은 많지 않다. 차라리 《시경》에 대한 주석이나 단편적인 시평들이 동양인의 시학의 전부라고 해도 과언이 아니다.

---

5 Cfr. Yong-Tae Min, *Lo Oriental en la Poesía Española Contemporánea*(1975), inédito, p. 282.

6 Cfr. Allan H. Gilbert. *op. cit.*, p. 69.

유교나 불교에서, 아니면 노장사상에서 보는 시는 하나의 도道였다.《시경詩經》서序에 주자가 붙인 시에 대한 설명이 그 예가 되겠다. "인성은 원래 고요한 것인데, 이것이 사물과 접할 때 움직임을 얻고 욕망이 생기는 법. 욕망이 있으매 생각이 있고, 생각이 있으매 말이 있다. 말로써 만족하지 못하면 감탄을 하게 되고 이런 감탄은 자연의 극치에 맞는 것이다. 이것으로도 만족을 못 할 때 시를 쓴다."

이상의 설명에서 무리가 느껴지는 것은 시를 어떻게 써야 하는가, 즉 그 형식에 대한 말이 하나도 없는 점이다. 형식은 마음이 있으면 자연적으로 이루어지게 되어 있는 것처럼 이야기하고 있는 것이다. 즉 동양의 시인들은 어떤 특수한 기능을 가진 기술자가 아니라 군자라면 다 시를 쓰게 되어 있다. 마음이 밝고 정서가 원만하면 자연 시를 쓰게 된다는 식의 비전이다. 뒤에 나오는 석교연의 시법도 같은 의미에서 재미가 있다.

> 기를 높이되 흥분하지 마라. 흥분하면 풍류를 잃을 것이니라. 근육을 가지되 밖으로 내보이지는 마라. 내보이면 뼈대가 부러지리라.
> 감정을 풍성하게 하라. 그러나 어둡게는 하지 마라. 어두우면 천하리라.
> 많은 재주를 부리되 뜻을 멀리 두지 마라.
> 솔직담백하라. 시가 오만해서는 안 되느니라.
> 리듬은 서서히 끌어가는 게 좋다. 하지만 스스로 중지하지 않게 이끌어가라.
> 창조적이고 독창적인 것을 찾으라. 하지만 희한한 것을 찾으라는 건 아니다.[7]

이상에서 우리가 시 쓰는 방법이라는 걸 어떻게 구체적으로 알아낼 수 있겠는가. 이것은 차라리 인간 수양의 지침서이지 시학은 아니다. 양계초도《시경》은 절제적인 온화한 감정(溫柔敦厚)의 표본이라고 말한다. 이 이야기도《시경》이 하나의 그 정서 교육의 지침이 된다는 이야기는 될지언정 시를 어떻게 써야 된다는 이야기는 아니다.

이런 윤리 중심적 시학은《한국고전시학사》[8]를 모두 훑어보아도 역연하다.

---

7 Cfr. 이가원,《중국 문학 사상사》(서울: 1959), pp. 36-37.
8 Cfr. 전형대, 정요일, 최웅, 정대림,《한국 고전시학사》(서울: 1979).

그 많은 시학의 테마도 시적 기법에 관한 이야기보다는 전부가 내용에 관한 것들이다. 심지어 수사학의 문제까지도 시경의 6의에 대한 설명을 제외하고는 많이 논란되지 않고 있다. 윤리학과 미학이 하나요, 그림과 시가 하나인 세계로 동양 시학의 세계다. 통하면 하나가 된다는 도道의 개념이 이토록 철두철미하게 시행된 분야도 없다.

동양 시는 시 이전에 시인의 마음가짐과 시 이후에 독자에게 전해지는 교훈에 온 신경을 쏟고 있다. 흡사 좋은 내용만 잡히면 곧 그대로 시가 잘 되어 나온다는 식의 사고방식이다. 서양 시학에서 시의 내용에 관한 것이 가장 역점을 두고 씌어진 것은 겨우 롱기누스 정도이다. 그러나 동양 시학은 거의 전부가 내용만을 다루고 있다. 아리스토텔레스는 "시학의 법칙이 정치학이나 다른 예술의 법칙과 다르다"고 경고하지만 동양의 시학은 오히려 반대로 모든 것이 다 같다고 본다.

내용주의적 동양 시법은 직감과 작품과의 거리를 최대한으로 좁혀 생각한다. 생각이 곧 시이니까 이태백 같은 즉흥 시인이 이상적인 유형이다. 즉흥 시란 생각과 창작이 시간적으로 가장 가까운 문학 행위를 말하니까 말이다. 이 말은 동양 시가 '추고'라는 말의 일화에서 보듯 수정과 재창작의 고뇌를 맛보지 않는다는 이야기는 아니다. 그러나 사람이 안 되었으면 시가 나오지 않는다는 사고는 동양 시가 하나의 기술이라기보다는 인간 형성에 중점을 두고 있었다는 증거가 아닐까 사려되는 것이다.

인간을 위한 자연과 본보기로서의 자연

서양의 자연은 성악설 속의 타락한 자연이고 동양의 자연은 맹자의 성선설을 연상시키는 좋은 자연이다. 크리스처니즘에서 인간과 자연은 에덴동산으로부터 떨어져 나온다. 그때부터 인간과 자연은 신의 은총을 받지 않으면 악惡 그것이다. 중세문학에서 선한 자연과 악한 자연의 개념이 뚜렷한데, 악한 자연은 인간을 공포로 몰아넣고 해치는 자연, 밀림이나 맹수가 그 예이며, 선한 자연은 산 좋고 물 좋은 '즐거운 장소locus amoenus', 즉 인간에게 즐거움을 주는 곳만이 선한 자연으로 선택받는다.

맹자는 인간이 악한 사람이 있는 것을 어떻게 보느냐는 질문에 "물이 위에서 아래로 흐르는 것이 물의 본성"이듯이 사람은 원래 선한 것이지만 낭떠러지나 분수가 있어 물이 거꾸로 흐를 수도 있는 것이 어찌 물의 본성 때문이겠느냐고 되묻는다. 물론 동양에 성악설이 없는 건 아니다. 그러나 그것은 인성에 국한될 뿐 동양 철학의 일반 맥락은 자연을 본보기로 삼는다. 노장 사상의 "도는 자연으로부터 그 법을 본받는다"만 보아도 자연이 우리의 정신세계에 차지하는 비중을 알 수 있다. 불교의 '입산수도入山修道', '방생放生'이 무엇을 뜻하는가? 모두 자연에 대한 사랑이 아니겠는가?

기독교에서는 인간이 날 때부터 원죄를 가지고 태어나듯이 자연은 원형 그대로가 악이다. 유교에서는《주역》의 해설까지를 보아도 모두 자연 숭배, 자연에서 진리를 배우는 태도가 역연하다.《주역》의 괘도 거북이 등에 씌어진 표지를 보고 만들었다고 할 정도이다. 자연이 진리이고 선인 철학이 단연 동양철학의 일치점이다. 아무리 '금수 같은 녀석'이라고 할 때 어떤 종류의 자연에 대한 선호가 없었던 것은 아니나 무술까지도 뱀, 호랑이 따위의 모습을 흉내 내는 걸 보면 자연은 역시 선생이다.

이런 동양인의 자연에 대한 사랑은 일찍부터 동양 시의 핵심적인 주제가 되어 왔다. "바람 읊고 달 노래하는 것(吟風咏月)"이 풍류요 시도詩道가 아니겠는가? 산수화나 문인화에서 자연 빼 놓고 무엇이 예술이었겠는가?《시경》의 '흥興'과 '비比' 또한 자연의 이미지를 빌려 흥을 돋우고 자연과 대비하여 인간의 심정을 토로한 것이 아니었던가?[9] 자연을 빼 놓으면 동양 시는 "이고 진 저 늙은이 짐 벗어 나를 주오" 따위의 유가적 교훈시 몇 편밖에는 남지 않는다.

반대로 서양의 시 속의 자연은 인간의 행위의 무대였거나 인간의 사랑이 이루어지는 배경 정도 밖에 역할이 없었다. 중세 문학에서 자연이 나타나면 이미 인공적으로 전형화된 '좋은 자연'이거나 신학적 비유의 뜻을 지닌 의미의 겉껍질일 뿐이다. 자연이 자연 본연의 모습으로 시인들의 감흥을 움직인 예는

---

9 Cfr. 이원섭,《시경》(서울: 1967).

극히 드물다. 민요에 '나이팅게일', '장미밭', '올리브' 나무가 나올 때도 모두 사랑의 메신저나 임이 있는 곳을 가리키는 뜻이지 자연으로서의 개성이 발견되지 않는다.

기독교 중에서 자연이나 미물에 대한 지극한 사랑을 구현한 프란시스코 사비에르파의 신학도 결국 인간이 신의 아들로서 원죄에 젖어 있는 미명의 자연을 교화하는 역할로 표현된다. 자연이 우리의 이웃이기 이전에, 우리의 선생이기 이전에, 우리가 정복하고 교화해야 할 적이거나 제자일 때 자연에 대한 사랑의 감정은 사라지지 않는다.

르네상스 문학에서 자연에 대한 취향이 발돋움한다. 같은 사랑의 무대는 자연으로 더욱 치장되고 또 자연에서 빌려온 비유·은유를 선호한다. 그러나 목가적 자연 역시 님프의 놀이터요, 인간의 오감을 즐겁게 자극시키는 '좋은 자연'의 연장일 뿐이다. 호라티우스의 《전원생활의 찬가*Beatus Ille*》의 영향으로 시골과 산중의 소박한 삶의 양상이 그려지기도 한다. 동양 시의 '농가월령가' 스타일에 가장 가까운 것이 이들 시이지만 우리 눈에는 아무래도 속세에 대한 도피의 여운이 가시지 않아 어색하고 불안하다.

17세기 바로크 문학의 자연은 인간의 아름다움을 표현하기 위해 동원된 찬란한 군대다. 모두가 하나같이 귀금속, 아름다운 꽃으로 장식된 무대이면서 우리는 그것이 지칭하는 인간의 아름다움의 대상을 찾기에 급급하다. 공고라의 시에 여자의 몸매가 '황금빛 지붕을 인 대리석 기둥'으로 둔갑하고 입술은 '루비', 젖가슴은 물기에 젖은 커다란 '오렌지'로 바뀐다. 여인의 웃음 짓는 아름다움은 케베도에게서 '주홍빛 번개'로 되살아난다. 이렇게 수사학의 방편으로 동원된 자연의 이미지는 우리이게도 아무래도 어색하다.

동양 시 속에 나타나는 자연도 차츰 전형화된 형태로 바뀌는 게 사실이다. 그러나 18세기 신고전주의의 자연은 그것이 드문 만큼 또한 극도로 정형화된 자연의 모습이다. 동·서양의 시가 자연의 모습에서 '의意'를 찾고 비유를 찾는 데는 다를 바가 없다. 그러나 그 농도 면에서는 크게 차이가 난다. 그러나 동양 시는 우주의 가장 신비스러운 힘인 '기'만 보여도 자연이 바로 시가 된다. 동양 시 속에서 자연의 의미는 극히 숨겨진 상태다. 겉에 떠오르는 향기는 자연에 대한 끝없는 사랑의 온기다. 사랑이라기에는 오히려 존경에 가까운 경배심이다.

서양의 그것과 극단적으로 다른 자연의 모습이 문인화나 산수화, 선시禪詩 속에 나타나는 자연이다.

> 대 그림자 뜰을
> 대 그림자 뜰을 빗질하고 있다.
> 먼지 하나 일지 않는다
>
> 달이 물 밑을 뚫고 있다
> 수면에 흔적 하나 남지 않는다.[10]

이런 시를 서양 시의 입장에서 관찰할 때 그 뜻이 쉽게 잡히지 않는다. 물론 선불교에 대한 배경지식을 필요로 한다. 그러나 서양 시인이어도 이런 이미지는 현묘하게 느껴진다. 이미지만으로 시가 되지 않는다고 생각하는 게 그들의 상념이지만 이렇게 자연의 이미지만으로도 시인의 감성은 만만찮은 직감을 유도한다. 그러나 이런 시는 다르다. 서양의 그것과는 완전히 다른 관조와 적寂이 있는 투명성의 세계다. 자연이 뜻을 위하여 동원된 것이 서양의 시학이라면, 자연과 뜻이 서로 입 다물고 침묵하는 속에 밝아 오는 경지는 동양 시가 이끌어 온 첨단의 길이다.

동 · 서의 수사학 비교

다마소 알론소는 아랍 시와 스페인 시를 비교하면서 아랍 시가 자연의 직접 성찰에서 빚어진 수사법을 많이 쓰고 있는 반면에 17세기 스페인 고전 시는 기존 수사법에 의거한 제2단계의 수사법을 쓰고 있다고 주장한다.

> 아랍 시는 주로 자연과 시어가 등식적인 관계를 가진 수사법을 사용하는데 이런 수사법은 순수한 뼈대만을 제시하는 공고라의 시에서는 흔하지 않은 방법이다. 후

---

10 治父道川, 석지현 역,《禪詩》(서울: 1978), p. 272.

자의 경우, 시어의 세계와 그것이 의미하는 사실의 세계를 비교해 볼 때, 공고라는 이미 기존하는 은유 위에 설립된 미학이라고 할 수 있으며, 아랍의 시는 직접 자연의 성찰에서 체험한 것을 토대로 이루어진 수사법임을 알 수 있다.[11]

이런 구분은 바로 동양 시와 서구 시의 수사법의 기본 차이다. 앞서 말했듯이 서양의 자연은 일단 신학적, 혹은 철학적 의미의 광장이다. 또한 이런 자연의 일부가 시에 동원된다 할지라도 그것은 이미 평가받은 시적 의미가 공식적으로 작용한다. 이는 흡사 유가풍의 시에서 대나무와 소나무가 지조를 뜻하는 것과 같다. "까마귀 노는 곳에 백로야 가지 마라" 한다고 여기 누가 까마귀를 실제로 생각하고 백로를 그릴 사람은 없다. 우리는 곧장 의미로 뛰어갈 것이기 때문이다. 이렇듯 서양 시는 그것이 복잡한 만큼 이미 평가받은 의미의 자연 위에 다시 설립한 수사법이 시의 세계를 이루고 있다. 공고라의 시 한 구절을 음미해 보자.

당신의 머리칼과 겨루기 위해
태양빛에 반짝이는 황금이 부질없이 빛을 발한다.
벌판 한가운데 핀 아름다운 백합이
너의 새하얀 이마를 보고 무색해한다.[12]

〈아름다운 젊음을 누리라〉라고 제목한 공고라의 소네트의 첫 구절. 여기서는 황금빛 머리칼과 백합꽃처럼 흰 이마라는 등식이 익혀져 있을 때 이해될 수 있는 시학인 것이다. 즉 황금을 의인화하고 백합을 의인화한 것은 자연의 성찰에서 왔다기보다는 주어진 수사학에 다시 수사학을 동원한 결과일 뿐이다.

수사법은 '일컫는 말'과 '일컬어지는 시적 의미'로 분석될 수 있다. 우리가 하나의 시에서 보는 것은 '일컫는 말'의 광장이다. 그 '일컫는 말'들은 하나하나 '일컬어지는 시적 의미'에 의해서만 그 존재가치를 인정받는다. 그러나 이들 두 시의 표현상의 실체는 양이나 질적으로 반드시 동수의 관계에 있는 것은 아니다. 수사법에 따라 그 양상은 판이하게 다를 수 있다. 비유와 상징 · 은유 등

11 Cfr. Dámaso Alonso, *Estudios y Ensayos Gongorinos*(Madird: 1960).
12 Dámoso Alonso, *Primavera y Flor de la Literatura Española*(Madrid: 1966), tomo, II, p. 14.

서양 시학에서 가장 빈번한 수사법을 분석해 보면,

비유

일컫는 말	일컬어지는 의미
ABCDE···	A'B'C'D'E'···

즉, 알레고리에 상당하는 비유법은 하나의 일컫는 말에 상당하는 단 하나의 의미가 신학적으로 주어진다. 물론 그 의미가 윤리적인 뜻을 가질 때도 위 공식은 적용된다. 그러나 상징의 경우는 좀 다르다.

상징

일컫는 말	일컬어지는 의미
ABCDE	A'D'···

상징은 구태여 '일컫는 말' 하나하나가 곧장 의미로, 동가치로 일컬어질 필요는 없다. '독수리' 하면 용맹성의 상징일 수도 있지만 '절벽에 선 독수리'는 '영웅', 혹은 '한계 상황에 부딪힌 인간 의지'를 상징할 수도 있다. 상징은 다각적 의미를 가진 수사법의 대표적인 경우이다. 재미있는 것은 상징의 의미 표현의 메커니즘은 자꾸만 추상적 의미로 폭을 좁혀 가는 구조를 가진다는 점이다.《신곡》의 상징적 의미는 바로 '신'이다.

은유, 즉 메타포는 '일컫는 말'과 전연 다른 '일컬어지는 의미' 혹은 사물을 지칭하는 것이 다르다. '날개 달린 무지개'가 '종달새'를 일컬을 때 우리는 '사물을 다른 이름으로 부르기'의 공식이 아리스토텔레스로부터 유효한 공식임을 안다.

은유

일컫는 말	일컬어지는 사물의 의미
A,B,C,D,E···	B', E', F, G···

서양 시학에서 말하는 이미지의 의미도 시각적인 영상이라는 점을 제외하고

는 많은 경우 메타포와 같은 메커니즘을 따른다.

이상 서양 시학이 선호하는 수사법을 검토해 보면 우리는 뜻하지 않게 이들 모두가 하나의 집약적 의미를 향해 행진하고 있는 것을 발견한다. 이 궁극적 의미는 '신'이거나 '진리'라는 하나의 의미로 농축될 때가 많다. 플라톤의 말대로라면 이들 모두가 하나의 이데아의 세계를 향한 행진을 계속하고 있다고 보이는 것이다. 서양 시의 일컫는 말과 일컬어지는 의미와의 관계를 도식화하면 다음과 같은 그림이 나온다.

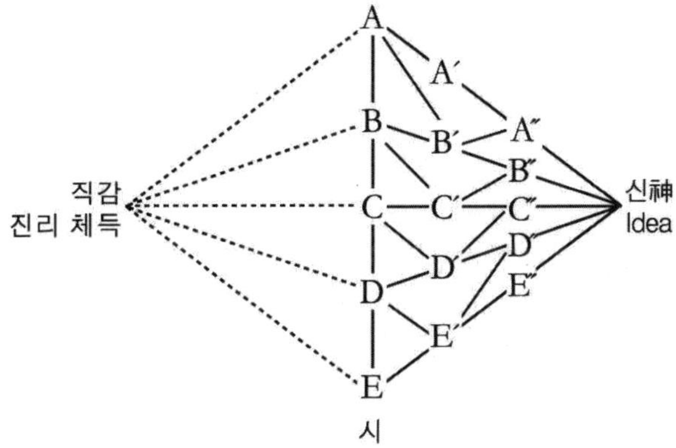

A, B, C, D, E	은유, 상징, 비유 등 일컫는 말
A′, B′, C′, D′, E′	일컬어지는 의미
……………	시작 이전의 작업
————	연상 작업

여기에서 이렇게 응축된 의미로 집약되기 위해선 의당 시가 길어질 수밖에 없다. 모아질 게 있어야 성립되는 미학이 서양 시이기 때문이다. 수사법이 더욱 발달되고 형식주의가 서양 시의 근간을 이룬 것도 이들 복잡한 메커니즘의 설립이 그토록 의도적이고 숙련된 구사법에 의해서만 가능해지기 때문이다.

서양 시학의 의미 전개 상황과 동양 시를 비교해 보면 동양 시 중 유가적 비전에서 씌어진 작품이 앞의 도표와 유사한 메커니즘에서 이해 될 수 있는 것임을 안다. 물론 동양 시의 경우 훨씬 단순하고 짧은 전망이 다르지만.

그러나 공자의 소위 '시교'라고 하는 것은《시경》에 대한 유가적 해석일 뿐이다. 우리의 이조 후기의 교훈시적 시조를 제외하고는 사실상 위에 언급한 서양 시적 메커니즘은 통하지 않는다. 실제로 유가적 발상에서 비롯된 작품이라 할지라도 작품의 이미지나 전개는 서양과 많이 다르다.

《시경》의 6의 중에서 서구적 문학 장르에 속하는 '풍사風邪' 같은 것은 제외하고라도 '흥'과 '비'가 서구의 수사학을 생각게 한다는 것은 이미 언급한 바다. 그러나 '풍'은 일컫는 말과 일컬어지는 것 사이가 가장 먼 정서적 메타포affective mataphor로 보이며 이는 차라리 객관적 유사성이라기보다는 감정이나 정서가 그렇듯 주관적 유사성에 뿌리하고 있음을 본다. '비'는 차라리 자연 이미지를 사용한 정서적 메타포이거나 이미지 계열에 속한다. 이 모두가 주관적 유사성에 뿌리하고 있음은 서구에서 낭만주의 이후에 나타나는 수사학의 성격에 가깝다.

대체로 서구의 시학에 버금가는 유사한 수사법에 대한 설명은 동양에서 찾아보기 힘들다. 있다면 '용사用事'나 표절에 대한 주의와 경고가 우리 고려 시대의 시학이다. 그 외에는 시의 본질에 관한 가르침이 모두여서 형식주의적 관점에서 보면 모두 구름 잡는 이야기다. 고려 시대의 이규보나, 이인로, 최자의 한시 작법은 어떻게 도둑 소리를 안 듣고 고인을 인용, 혹은 모방할 것인가에 신경을 더 쓰고 있다.[13] 마치 로마 시대의 롱기누스의 창조적 고전 모방론을 연상시킬 뿐이다.[14]

현대에 와서 서구의 관심의 자극을 받아 동양 예술에 대한 생각들이 정리된다. 예를 들면 일본의 쓰주미는 일본 예술을 설명하면서 관중이나 독자를 자유로운 연상 속으로 유도하는 동양 예술의 '비한계성'을 든다. 이 비한계성은 부차적인 요소로 '단편적 구성과 처리', 그리고 '작은 형식'에 대한 집착으로 성립된다고 말한다. 이런 설명은 우리의 문인화, 즉 사군자를 생각하면 이해가 빠르다.

동양의 화가는 사군자 중의 매화를 칠 때 매화나무 하나도 제대로 그린 적이 없다. 더군다나 그 옆에 있을 법한 담장이나 장독대를 그린 일도 없다. 즉 자연의 '단편'적 이미지만 부각시킨다. 그러다 보니 그림은 자연히 작다. 그러나 이런 그림의 여운은 끝이 없다. 그림에 보이지 않는 매화나무는 물론이고 그 옆에

---

13 Cfr. 전형대, *op. cit*,, pp. 73-87.

14 Cfr. Allon H. Gilbert, *op. cit.*, p. 163("Imitation is not Plagiarism").

물동이를 이고 지나감 직한 갓 시집온 새댁의 몸짓하며 먼 산의 아지랑이까지 연상하게 되는 것이다. 이것을 '비한계성'이라고 부른다.

언급한 학자는 그 사상적 배경까지 덧붙인다. 동아시아의 철학자들은 한 번도 '단독적인 자연'이라는 생각해 본 일이 없다. 인간은 자연의 일부이며 또 그 반대로도 생각될 수 있는 상호 존재 유대를 생각한다. 그래서 이론적으로는 자연에서 그 일부들(시간적이고 공간적인 의미에서) 끌어내 묘사한다는 것은 전체 우주의 일부인 만큼 그 전체를 반영하고 있다고 할 수 있다.[15]

선불교의 '돈오성불'을 생각하게 하는 위 설명은 깨달음의 한 찰나가 곧 영원의 문인 만큼 영원 바로 그것이라는 찰나와 영원, 이곳과 모든 곳이 일치하는 법열에 가까운 예술의 경지를 말하고 있다. 예술이 도이고 시가 도인 입장에서 이런 이론은 우리 선인들이 모르는 사이에 개척해 왔던 높은 이상인지도 모른다.

이론이 아니라도 동양 시의 정서적인 면, 여운에 대한 집념, 연상의 자유 등은 충분히 독자의 주관적인 해석을 유도하고 있음을 본다. 흡사 시인은 "내가 있던 그곳, 내가 산 삶, 내가 보았던 그 자리, 그 시간에 서 보아. 이게 다 보여"라고 말하는 듯싶다. 그래서 시작 전의 마음 가꾸기를 그토록 강조했고 마음이 되면 시가 된다고 믿었으리라. 그래서 내가 작듯(우주 속에서) 작품이 작다고 느끼는 순간, 쓰는 순간이 짧아서 작품이 짧았으리라.

이렇게 해서 동양 시는 작은 자연(인간까지 포함해서)에서 출발하여 큰 자연으로 통하는 길을 밝히고 있다. 이성이 아니라 차라리 순간순간 변하는 감성이나 인상, 깨우침에 의해 붓을 든다. 서양 시인들이 동양 시를 접하면서 이미지 시학으로 이해한 것도 바로 그런 연유에서다. 파운드의 말처럼 "심리적인 복합체의 순간적인 제시"로 이미지를 본 것은 그가 동양 시를 접하면서 얻은 무서운 직감이다. "위대한 작품 앞에서 갑자기 스스로가 부쩍 성장해 버린 것 같은 느낌"을 받은 것도 바로 그 우주 속의 자신을 보았던 때이다.[16]

이상의 설명에서 우리는 동양 시의 수사법이 다른 뜻보다는 우주의 크낙한

---

15 Cfr. Tsudzumi Tsuneyoshi, *El Arte Japonés*(BarcelonaÑ 1932), pp. 119-131.

16 Cfr. Ezra Pound, *Literary Essays of Ezra Pound*(New York), p. 4. edited by T.S. Eliot.

냄새, 인간의 논리를 벗어난 크낙한 뜻, 자연 본체의 모습을 향하고 있음을 본다. 자연(인간)이 자연을 보고 한순간에 느낀 것을 단편적으로 쓰고 그 속에 더 큰 우주를 아니면 자연 그 자체를 보게 하는 창문을 매다는 작업, 이것을 도식화하면 다음과 같은 그림이 나온다.

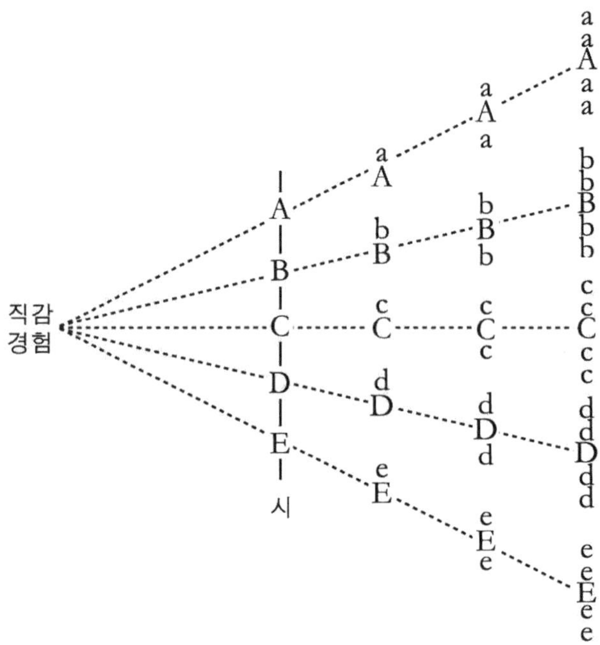

자연

A, B, C, D, E	이미지, 혹은 단편적 사물
a, b, c, d, e	각각 파생된 연상 이미지
……………	시작 이전의 작업
————	연상 파문

서양 문학 앞에서의 동양

매 세기마다 당 세기를 최현대라고 생각했다. 최현대에 가장 명확한 지식을 가진 것이 자기들이라고 생각했다. 그리고 항상 지난 세기의 후진된 생각을 비웃고 비판했다. 형식주의 문학이론이 종래의 역사주의를 비웃더니 또 어느덧 석양이다. 그건 '방법론적 횡포'라고 1970년대부터 비판의 소리가 한창이다.[1] 그렇다고 오늘부터 문학작품, 즉 텍스트를 무시한 종래의 역사주의적 문학연구로 되돌아가라는 간단한 논리는 아니다.

르네상스를 거쳐 18세기, 19세기 실증주의에 이르기까지 우리는 계속 과학주의에 열을 올려 왔다. 보고 듣고 생각하고 증명할 수 있는 것이 아니면 실체가 아니라는 생각 말이다. 형식주의니 구조주의니 언어학주의니 하는 인문과학의 방법에서도 가장 비과학적일 수 있는 문학, 인류학까지 과학적 구명을 하기에 이르렀다. 어느 여인의 아름다움도 그 아름다운 부분의 세포조직이 증명할 수 있는 현상은 하나도 없기 때문이다.

이 글에서 채택한 역사 연구적 방법도 문학 현상의 가장 변하지 않는 실체를

---

1 Cfr, Domingo Ynduráin, *Introducción a la Metodología Literaria*(Madrid: 1979), p. 10(Prólogo de Lázaro Carreter).

겉모양으로나마 감지해 보자는 겸손한 의도에서 출발한 것이다. 문학 역사는 문학 작품의 향기와 그 내부 연금술은 밝혀 낼 수 없다. 즉, 작가-텍스트-독자 사이에서 문학의 심미적 현상이 빚어진다면 이 문학 현상이 생성되는 내부를 증명하기에는 역부족이라는 이야기다. 그러나 작가가 섭취한 외적 영양분, 독자의 작품 이해를 가능하게 했던 정신적 자양분 및 근거를 구명해 줄 수는 있다. 그 야심이 약한 만큼 문학연구 방법 중에서 가장 항구적인 전통이 역사 연구다.

역사 연구는 일단 원인과 결과 관계를 연구한다. 주어진 원인에 문학 작품이라는 결과가 생겼다는 논리다. 그러나 일정한 작품이 탄생하기까지 거기에 미친 영향은 실로 다양하다. 필자가《돈키호테》를 논하면서 이야기한 바 있는 '실수의 미학'[2]까지가 작품 탄생의 미궁에 자리하고 있기 때문이다. 이런 많은 영향 자료 중에서 우리는 방편상 동양 문학이 어떻게 서양 문학에 그림자를 드리우고 있는가를 지금까지 검토해 왔다. 이런 명제의 선택에는 너와 내가 동양인이라는, 아니면 구체적으로 한국인이라는 주관적 요소가 작용했다. 거기에 민용태라는 사람의 인생과 취향과 눈이 작용했음은 말할 나위도 없다.

이런 선택의 순간에 나를 배제하고 절대 객관적인 진실을 추구하겠다는 생각은 오만이다. 역사의 진리는 객관이다. 그래서 그것을 보고 기술하는 주체는 주관적 실체다. 문학 작품이 손으로 만질 수 있는 객관적 실체라면 그것을 미학적으로 문학이게 하는, 작품과 독자와의 커뮤니케이션은 다분히 주관적 교감이듯이 말이다. 이런 뜻에서 한국인 외국문학자가 외국문학을 외국인 입장에서 논한다는 것은 거짓이다 못해 기만이다. 동양은 전래적으로 '온고이지신溫故而知新'을 강조해 왔다. 역사歷史나 사기史記로 후대에 귀감이 되기 위해 기록되곤 했다. 어제의 일을 알아 내일을 감지하는 것은 그럴 듯한 논리면서 오늘은 통하지 않는다. 소쉬르의 언어학이 '동시성' 바탕 위에서 설립된 것도 역사의 흐름에는 법칙이 없거나, 있어도 대단히 모호했기 때문이다. 소쉬르와 촘스키가 오늘의 언어학과 문학 연구를 과학으로 이끌었다면 바로 그 논리의 명료성에 있었다. 그러나 논리가 명료했던 만큼 논리적이 아니고 객관적이 아니면 처음부터

---

2 Cfr. 민용태, 〈돈끼호테의 현대성〉,《구미 문학 작품의 현대적 이해》(서울: 1985), 특히 pp. 373-376.

제쳐 두고 나가는 습성을 익혔다. 그러나 이런 방법이 '무식의 위장' 등의 욕설로 비판의 대상이 된 오늘, 우리는 구태여 어제에 의거한 내일에의 점괘를 내리면서 크게 열등감을 느낄 필요는 없다고 본다. 역시 불교의 시간도 니체의 시간도 돌고 돌아오는 것을 우리는 알고 느끼고 있기 때문이다.

여기에서 우리는 서양 문학 속의 동양의 오늘을 마지막으로 검토하고 동양 문학의 서양 앞에서의 내일을 점쳐 보고자 한다. 앞으로의 역사는 무한대의 가능성이면서 선택이다. 무한대의 가능성이란 인류 문명의 파멸까지도 기독교인들처럼 생각할 수 있으면서 우리의 예상과는 전연 반대의 역방향으로 진전할 수도 있다는 가능성이다. 그러나 어찌 되었든 우리는 그 미래의 생산자이며 또 주역이다. 주역인 만큼 좋건 싫건 우리는 그 역사를 선택할 위치에 설 것이다. 그 선택될 위치를 선택하는 입장에서 살펴보자는 것이 서양 문학 앞에서 동양 문학이 나아가야 될 길을 점쳐 보는 자세다.

동양 영향의 일반화

오늘 서양은 동양을 알고 있다고 생각한다. 또한 알지 못하고 있는 미지의 세계라고 생각한다. 아니면 대강 알고 있기 때문에 관심 밖이라고 생각하기도 한다. 첫 번째의 생각이 많은 사상가나 문학자들의 생각이라면 두 번째의 생각은 아직 그들의 잠재의식 어딘가에 숨어 있는 생각이다. 세 번째의 생각은 초기 이국 취향적 동양 애호가들이 동양을 방문한 후 실의에 빠진 키플링Rudyard Kipling의 경우나 1920년대의 하이카이 붐에 물린 시인들이 내뱉는 투정이다.

어떻든 우리가 관심의 대상으로 삼고 있는 지식층의 경우 대부분의 서구인들은 동양을 상당히 많이 알고 있다. 상식적인 선에서 그들의 지식을 보면 불교나 열반, 허무를 모르는 서양인은 많지 않을 줄 안다. 히피즘이나 비트 제너레이션이 선불교나 도교에서 영향받은 것은 앨런 와트 같은 전문가의 시도를 기억하지 않아도 충분히 알려진 사실이다. 장 폴랑은 오늘날 서구 사조에서 선불교의 영향은 데카르트의 사상의 전통에 버금간다고 이야기할 정도다.[3] 특히 제2

[3] Cfr. Robert Linssen, *El Zen*(Madird: 1960), p. 9(traducción de "Le Zen", Paris).

차 세계대전 이후 선불교의 전파는 많은 학자가 너나없이 지적하고 있는 바다. 예를 들어 데니스 그랜들은 "선불교의 발견은 헨리 밀러의 삶이나 작품에 있어서 결정적인 영향을 주었다"고 설파한다.[4]

철학자로서 오르테가 이 가설과 하이데거의 진리 포착의 방법과 순간은 선불교의 '각覺'의 순간과 유사하다는 것이 통론이다.[5] 스즈키, 블리드, 린센 등 불교선에 대한 수많은 소개자들은 오늘 서구 사상의 누구보다도 인기를 누린다. 움베르토 에코는 이오네스코와 사뮈엘 베케트에도 선의 여파가 짙게 느껴진다고 피력하고 있다.[6] 아르헨티나의 소설가 훌리오 코르타사르는 그의 대표작《라유엘라 놀이》에서 선이 크게 작용했음을 자백한다.

> 나는 여러 의미에서 선을 칭찬한다. 특히 대선사들에게서 엄숙성의 결여가 마음에 든다. 사물의 가장 심각한 근본이 때로는 이들의 농담이나 뺨을 후려치는 데서 발견된다는 사실이다. 실제로 그렇지 않은 것 같으나 이들은 사물의 본질을 이런 방법으로 파악하는 것이다. 나의《라유엘라 놀이》에서 선의 이 태도와 이 기교가 크게 영향을 주고 있다.[7]

이렇듯 사상가나 산문인들에게 지대한 영향을 끼치고 있는 것이 동양 사상이라면 오늘의 서구 시는 곳곳마다 중국 시나 하이쿠 병에 시달리고 있다. 그것은 이미 1920년대나 그 이전처럼 새로운 것에 대한 유행병으로서가 아니라 자기표현을 찾는 데서 발견한 훌륭한 매개체로서 어필한다. 오늘의 서구 시가 동양 사상 및 동양 문학 형식에 감염되어 있는 현상은 크게 보아 두 가지 연유에서이다. 하나는 지금까지 보아 온 대로 영미 문학의 이미지즘, 유럽의 아방가르드와 쉬르레알리슴이 동양 영향을 높은 함량으로 섭취한 여파들이고, 둘째는 1960년대 이후 매우 많은 동양 관계 문학 서적들이 범람한 결과이다. 거기에 갈수록 좁아지는 세계, 갈수록 빈번해지는 서로의 문화 소통이 이제는 너나 할 것 없이

---

4 Cfr. *ibid.*, p. 10.

5 Cfr. Ahn Young-Ok, *Zen y Alethéia de Ortega y Gasset*(Seúl, tesis de licenciatura, inédita, 1983), pp. 77-92(Alethéia como noción de verdad en Heidegger…y en Ortega y Gasset).

6 *Ibid.*, p. 5.

7 Cfr. 김현창,《현대 세계 문학 속의 동양 사상》(서울: 1984), pp. 239-240.

비밀이 없는 사회가 되어 간 탓도 있다.

동·서양의 문학을 읽다 보면 오늘 엄격한 의미에서 동과 서가 다른 문학이 씌어지고 있는가를 의심할 때가 많다. 물론 언어의 속성에 의지해 미학을 산출해야 하는 문학 매개체의 제한도 있지만 내용이나 수사학의 면에서 동·서양의 문학은 구별이 어려울 정도다. 국가 문학이라는 것만 해도 그렇다. 낭만주의 이후 "가장 토속적인 것이 가장 세계적이다"라는 신화 속에서 국가 문학을 많이 내세워 왔다. 그러나 진정한 의미에서의 국가 문학은 이미 존재하지 않는다. 진정한 의미에서의 처녀성이 문제가 되듯 어찌 단일 민족의 한 피를 가진 문학이 존재할 수 있으랴. 영어 몇 마디라도 안다면 작든 크든 그 언어가 갖는 향기와 의미 전개가 작품에 끼어든다. 가령 "나프탈렌 냄새 나는 두루마기"라고 했을 때, 우리는 전후의 한국 신사의 냄새를 느낀다. 그런 표현이 이미 도식화된 언어에서 순수 운운하는 것은 박물과 언어로 오늘의 감성을 쓰자는 것처럼 엉터리다.

서양 문인이 오히려 동양에 밝고 동양 문인이 오히려 서양에 밝은 경우는 요즘 종종 보게 되는 문화 현상이다. 추구하는 것이 호기심이 많은 쪽이다 보니 자연 이런 역설이 자라나는 풍토가 지구다. 그러나 이런 지식의 범람은 사이비 지식의 온상이 되기도 한다. 문학도 유행이 많고 사상도 붐을 많이 타다 보니 선진국형 지식에 적당히 작품화시켜서 적당히 시장에 내놓는 정치가형, 경제가형 문학 말이다. 이런 얄팍한 인포메이션 위주의 지식은 실제에 있어 상대 문학에 대한 관심도를 피상에만 머물게 한다. 결혼 중재에 필요한 지식 정도로 사랑을 이야기해서는 안 되듯이, 사랑에 취해 보지 아니하고 상대를 이야기해서는 안 된다. 이야기해서 안 된다기보다는 (그것은 윤리에 상관되는 일이고, 우리는 문학을 이야기하고 있으니까) 수박 겉핥기식의 얕은 문학을 산출할 위험성이 짙다는 말이다.

1980년대 이후 동양은 일본의 경제 성장과 동남아 제국의 수출 호조를 바탕으로 상업주의적 이미지가 서양에 크게 부각되고 있다. 제2차 세계대전 이후 동양의 비참한 현실에 대한 동정과 함께 동양의 고대 문화나 사상에 대한 동경이 서구 지식인들의 정신 풍토였다면 오늘은 오히려 동양 경제의 역습을 받아 꿈이 일시에 확 걷히는 것 같은 진통을 겪고 있는 것이 또 서양이다. 미국이나 유럽에 만연되고 있는 극동 경제 침략에 대한 공포는 또다시 세기 초의 '황인종이 세계를 지배한다네'식의 황인종 공포Yellow Peril를 유발하고 있다.

이런 분위기는 동·서양의 정신 풍토에 직접적으로 영향을 미치고 있는 것이 역연하다. 동양이 상업진보주의적 정신풍토와 속전속결식의 문화 현상에 연연한 만큼, 서양은 보다 보수적이고 고전적인 여유의 문화가 고개를 들고 있다는 이야기다. 수박 겉핥기식 문화 양식이 있다면 그것은 오히려 동양 쪽이다. 일본을 비롯한 한국에 500페이지에 달하는 월간지가 수백 종이 넘는다는 것은 서구인들에게 부러움과 함께 동양의 문화가 시간성에 쫓기는 속성을 지녔는가를 암시해준다.

진보주의적 문화가 있는지는 생각해 볼 필요가 있다. 진보주의적 정치·경제는 있을 수 있다. 그러나 너와 나의 꿈과 소망과 사랑을 먹고 사는 문화라는 것에 진보가 있을까? 우리의 심장이 지금 이보다 어느 속도로 더 빨리 뛰어야 우리의 가슴은 진보했다고 할 것인가? 문화는 오히려 진보보다는 죽음을 먹고 사는 동물이다. 오래된 문화가 가치가 있고 새겨볼 맛이 있고 평생을 두고 사랑할 기틀이 있다. 이런 시간적인 개념을 문화의 깊이로 살펴본다 할지라도 이야기는 마찬가지다. 역시 뜻이 멀고 깊은 것이 문화의 향취다. 동·서양의 문화가 세계화·일반화되어 가는 오늘, 가장 시급한 것은 국경이 아니라 심도의 문제다. 서양이 동양을 깊이 아는가, 동양이 서양을 깊이 아는가, 동양이 서양을 깊이 사랑하는가, 서양이 동양을 깊이 사랑하는가의 대답이 오늘의 문화의 척도다. 깊이 사랑해서 문학이 산출되는 것은 아니다. 깊이 사랑하는 것을 쓰고 싶어하는, 또 쓰는 충동과 사랑이 얼마나 깊은가가 문제다.

동양인이 서양 문학을 하는 것은 서양을 위해서가 아니라 동양을 위해서고 동양을 위해서가 아니라 내 나라 문학을 위해서고 내 나라를 위해서가 아니라 나를 위해서 한다. 남을 보며 사랑함으로써만 나를 발견하기 때문이다. 이 나를 찾는 눈이 얼마나 알차고 깊은가가 오늘 동·서양 문학의 과제다.

오늘의 서양 시를 통해서 본 동양

앞서 말한 바와 같이 오늘의 서구 시는 동양에 많이 감염되어 있다. 예를 들어 1980년도 이후 출간된 어느 서양 시의 앤솔러지를 뒤적여도 꼭 두서너 시인 정도의 동양 사상 및 동양 시의 선호에 빠진 시인을 발견할 것이다. 그것은 이미 유행이 아니라 자기 사고와 표현의 방법으로 소화한 독창적인 시들이다.

우선 손에 잡히는 대로 나의 책꽂이에 몇 편 꽂힌 앤솔러지 중에서 《5인 미국 시인》의 시선집을 본다. 출판 연대가 1979년인 것이 좀 꺼림칙하지만…. 먼저 로버트 해스의 시가 눈에 띈다.[8]

1
프랑스 학자의 말을 빌리면 그는 중국 예절을 배웠다고.
그가 꽃을 보여 준다고 친구들을 마당으로 데리고 들어가면
그들이 본 것은 모두가 중국식, 중국향의 꽃이었다나.
그는 옷도 그렇게 입었고 평생을 쇼쇼의 기러기를 그려 울었단다.

2
짧은 여름밤을 임과 어울려 자고 돌아오던
어느 해 새벽, 보아하니 오이 강 수위가
두 발쯤 내려앉았거든. 그 다음 해는 좀 나았지,
강가 갈대숲에서 거품이 가득 올라온 걸 보았거든.

테마가 도교적인 자연과의 교감 속에서 향취가 배어나고 에로틱한 이미지를 '게거품' 따위의 은유로 몰아친 것이 일품이다. 야단스럽지 않아서 미당未堂의 어떤 시를 많이 연상시키는, 제법 맛이 있는 시다. 일본의 하이쿠 시인은 부손이 이야기가 되건 중국 시가 언급된다고 서운해할 한국 시인이 있겠는가.

다음에 나오는 〈지도〉라는 시도 이미지의 비약과 짧은 시행, 시연을 사용한 것이 영락없는 동양 시 형태의 모방이다. 그중 둘을 인용해 보면

---

8 *Five American Poets*(with an introduction by Michael Schmids)(Carcanet–Manchester: 1979).

이것이 중국 상품이었다.
바다 수달피, 백단향, 그리고 해삼[9]

지난 여름…
빨간 딸기가 산사나무 숲을 물들인다.
월계수에 노란색 머리칼

너의 유채와 출렁이는
언덕의 날카로운 모서리들[10]

이렇게 보면 로버트 해스는 동양을 생각할 때 가장 선정적인 여인의 유체와 자연의 조화를 생각하고 있는 것 같다. 이 시인의 다른 작품들도 짧은 연에 파운드 스타일의 이미지 병치를 즐겨 사용하는 것으로 보아 오늘의 동양 시 모델의 시의 새 경치를 예감케 한다. 새 경지란 그 내용에 있어 자연에 대한 깊은 성찰이 곁들여 있기 때문이다.

같은 시선집에 수록된 존 페크도 〈랑팅슈쉬를 위한 기록〉이라는 시에서 16세기 중국의 시 짓기 모임을 주제로 자연과 인생과 시의 조화에서 비롯되는 동양적 심미의 경지를 그린다.[11] 지필묵과 단장에 몸을 의지한 시인들이 모여드는 사회, 안압지에서처럼 연꽃 모양의 시냇물이 흐르는 곳에 둘러앉아 시 짓기 놀이를 즐긴다. 물 위에는 술잔을 띄우고 둘러앉은 시인 앞에 잔이 도착할 때마다 한 수씩 시를 쓴다.

술은 모두 석 잔을 마시는데 이때까지 시를 못 쓰면 술만 든 꼴이 된다. 존 페크는 시 짓기 놀이가 끝난 뒤의 시냇물 줄기를 이렇게 그린다.

이제 물줄기는 더욱 펼쳐져 내려간다.
집들과 볏짐을 진 사람들이 있는 곳으로.
골짜기 밑 나무 사이 언뜻언뜻 보이는 마을로…

---

9 *Ibid.*, p. 3.
10 *Ibid.*, pp. 7–10.
11 *Ibid.*, pp. 106–107.

그리고 마시지 않은 모든 시들, 차가운 술은
다시 모아져서 빨간 술통에 채워진다.
그리고 아직, 더욱 먼 나무숲 너머
도장 찍힌 산수화 왼편으로,
시들만 혼자 내려온다…
그날 지은 시, 모든 시에 실패한 시인들의 이름과 함께 온통 서른 발이 넘는 두루마리
에 씌어진 시들의 실패한 시들이 물줄기 되어 세상으로 쏟아진다.

왜냐하면 모든 사람에게 인생은 다 이러니까, 잠깐
좋은 이야기나 높은 느낌이다가.
잠깐
인생의 목적일랑 생각지도 않고
하지만 어느새 인생은 곧바로
우리를 덮치고
죽은 자도 우리처럼 느꼈겠지,
읽어들 보라구.
바로 그렇게 우리 인생도 읽혀지게 되겠지.
그러니까 이 시 짓기 놀이에 관한 나의 기록도,
또 이 시도.
—〈나, 왕희지〉[12]

인생의 허무, 덧없음, 또 그렇게 이어가는 삶과 그 뜻 없는 것의 아름다움, 그리고 우리가 죽은 뒤 또 그렇게 살아갈 사람들에 대한 예감과 신비, 심지어 그렇게 느끼고 그렇게 열심히 살고 혹은 실패에 괴로워하고 살았던 우리를 되읽고 있는 우리의 후손들. 이렇게 해서 노장적인 무위의 향취는 미국 시에까지 느껴진다.

이번에는 1984년 발행된《현대 아르헨티나 시선집》[13] 한 권을 꺼내 보자. 하이쿠의 형식을 연상시키는 안토니오 파헤스 시와 카를로스 엔리케 시보다 더 구

12 *Ibid.*, p. 107.
13 Poesia Argentina Contemporánea, *Fundación Argentina de la Poesía*(Buenos Aires: 1984), pp. 4117–4147(tomo I, parte undécima).

체적인 이네스 말린오우의 중국 시를 본다.

중국인들 형식으로 쓴 짧은 시들

나의 사랑은
아편의 향기 같았다.
처음은 거의 느껴지지도 않더니
다음에는 거의 아프지도 않더니
또 다음에는 무섭더니,
그래도 항상 절실하게 느껴지는.

깊게 깊게,
네 이름은 그렇게 지었어야.

태어난다는 것은
어느 풍경 앞에 문득 나와 있다는 거,
그리고 돌연
취한 바람기를 느낀다는 것,
그리고 물의 정열과
하오의 아픈 신비를 느낀다는…
나는 스무 해를 태어나고 있었다.[14]

이네스의 시풍은 계속 중국적인 향기에 휩싸여 있다. 5언절구나 하이쿠를 연상시키는 짤막짤막한 구절에 자연을 배경으로 한 이미지를 인상주의적 기법으로 처리한다.

1955년에 간행한《안나 상의 노래》는 중국계 연인의 이름을 동원한 동양 시체의 시집이다. 사랑을 테마로 한 이 시집은 행복한 인연의 만남과 소망. 그리고 이별을 노래한다. 그중 아름다운 시구 몇 줄을 번역하면,

---

14 *Ibid.*, pp. 4119-4120.

빗속에
날개 젖은 나비처럼
나는 당신이 침묵 가까이 다가갔어요.
하오 앞에서 우린
한순간 사랑으로
조그마해졌어요,
가을 성질도 급하게
태양으로 치닫고요.
—〈망각〉[15]

여기저기 발견되는 유사한 작품들을 열거하려면 끝이 없다. 스페인의 시인 루이스 로살레스는 1980년《편지의 전부》라는 시집의 내부 표지에 장자의 이런 구절을 싣고 있다.[16]

말의 목적은 의미를 전달하는 것이다.
의미가 전달된 두의 말은 잊힌다.
어디에 가야 말을 잊어버린 사람을 만날 수 있을까?
그런 사람을 만나 이야기를 하고 싶구나.

초현실주의적인 기법을 구사한 이 시집에서 인용한 구절은 인생과 말을 다 살고 난 한 노 시인의 노장적인 버림과 겸손의 제스처가 보인다. 비슷한 시대의 중남미시의 대가, 쿠바 에우헤니오 플로리트의 최근 시는 또다시 하이쿠다. 오랫동안 콜롬비아 대학교에 재직하고 있었던 그는 나와 10여 년의 우정을 생각해서 이런 하이쿠를 실은 시집을 보내셨다.

---

15 *Ibid.*, p. 4126.
16 Luis Rosales, *Carta Entera*(Madrid: 1980), p. 3.

오마르 토레스와 용타에 민에게[17]

시계소리의
물방울이 우리를
과거에 버려둔다.

비가 오시리라
우리의 유리창에
눈물을 남기리라.

구름 홀로
슬픈 어린애처럼
석양으로 간다.

잎사귀 사이
참새들은 씨앗 속에서
빛을 쪼아낸다.

종소리는
색깔을 죽인다.
그 빛이면 족하다.

하이쿠의 음수율 5-7-5를 정확하게 모방하면서 서구식으로 1행과 3행을 가끔씩 각운으로 처리한 성실한 시도다. 동양의 문학이 노인에게 가슴에 오는 듯, 내용도 온건한 관조의 세계 속을 거닐고 있다.

이상이 수많은 예 중에서 내가 가지고 있는 책을 중심으로 우연히 모아 본 몇 가지 경우다. 이 책들은 물론 내가 동양 영향을 연구하기 위해 모은 책이 아니다. 우연히 선택적으로 이야기가 되는 것은 일반 현상을 체크하고 싶기 때문이다. 우리는 이런 의미에서 인용한 작품들도 그때그때 살펴본 시 중에서 뽑아

---

17 Eugenio Florit, *Versos Pequeños*(Miami Florida: 1979), pp. 71-83.

번역한 것임을 밝혀 둔다.

베스트셀러, 《도덕경》과 《역경》

위 시의 예에서도 보았듯이 종래의 동양에 대한 관심에 비해 시 형식이나 수사법보다 오늘날에는 그 내용에 있어서 변화를 겪고 있는 것을 감지하게 한다. 그것은 오늘의 서양이 그들이 가장 이해하기 힘들었던 또 다른 동양에 접근하기 위한 시도를 계속하고 있다는 증거이다. 그런 부분이 노장 사상이다. 동·서 시의 연구에서도 지적했듯이 동서의 자연관은 커다란 차이를 가지고 있다. 자연에 대한 인식과 사랑에서도 크나큰 차이를 엿볼 수 있다. 서양의 자연 자체가 정글이나 사막, 절벽들로 동양보다 더욱 거칠었던 때문인지 그들은 대부분 자연을 정복하고 순화시켜야 할 어떤 것으로 여기 온 듯싶다.

이런 그들의 감성이 제일 접근하기 힘들었던 것이 노장 사상이었던 것은 너무 당연하다. 선불교까지는 아무래도 서양 사상에 가까운 불교의 이지가 번뜩여서 나름대로 이해가 되었다. 그러나 그것이 동양화되는 데 언어적이고 정신적인 지주가 되었던 노장 사상만은 아무래도 저항감을 저버릴 수 없었다. 저항이라기보다는 매력이 없었던 것이다. 서양화에 인간이 중심이 아닌 풍경만으로 된 그림이 있었던가? 있었다면 그건 인상주의 이후다. 낭만주의에 와서야 자연이 신화적인 요소와 함께 그래도 큰 폭으로 화폭을 침범한다. 그러나 우리의 산수화에서처럼 사람 하나 없는 그림은 없다.

그러던 것이 급기야 1970년대 이후 획기적인 전기를 겪는다. 선불교의 확산에 힘입어 노자의 《도덕경》이 곳곳마다 베스트셀러로 판을 치기 시작한다. 구태여 이유를 들자면 서구문명에 대한 회의가 히피즘과 비트제너레이션으로 극도에 이르고 영화에서 이소룡 붐과 함께 도학적인 교훈이 사부들의 입에서 오르내렸던 때문일까? 동양 무도의 전파와 무도 영화의 붐은 어떻든 노장 사상의 전파와 무관하지 않다.

1970년대의 멕시코를 비롯 스페인어권에 7편이 넘는 《도덕경》 번역판이 나온다. 특히 1977년경 마드리드 알파구아라 출판의 《라오체〔老子〕》는 가장 완벽한 학구적인 주석까지 붙인 대역판으로, 지금까지 혹은 시로 혹은 금언집으로 혹은 철학서로 이해되었던《노자》에 대한 가장 완벽한 지침서였다.[18]

《노자》로 부르건《도덕경》으로 부르건 이들 노장 사상이 시로 이해되었던 것은 그 속에 '도법지연道法自然'의 의식의 일환으로 자연에서 빌려온 비유가 많고 그 표현이 현묘해서 서구어로 번역할 때 다분히 시적인 냄새가 짙은 때문이다. 또한 그들이 종교나 사상으로 이해하기에 너무 체계와 교훈이 숨겨져 있어 차라리 문학으로밖에 이해할 수 없었던 서구 사고 체계의 한계성에도 문제가 있다. 이는 '유위有爲'의 철학으로 '무위無爲'의 철학을 이해해야 되는 어려움에서 비롯된 것이라 하겠다.

1970년대 후반부터는 또다시《역경》이 독서가를 누빈다. 그러나 여기 재미있는 것은《역경》이 어떤 유가적 교훈 가치의 필요성에서 전파되었다기보다는 하나의 첨서, 즉 점 보는 책으로 인기를 누리는 점이다. "모택동이 황하를 건널 때 이 책을 통해 점을 쳤고 고대의 모든 제왕들이나 현자가 인생의 지침서로 필독을 요했던 책"이란 따위의 선전 문구가 붙은 수 개의 번역판들이 대단한 인기를 누린다.

오늘날 서구의 실증주의 이후 가장 커다란 정신적인 변혁을 경험하고 있다. 많은 미래주의 학자나 유사심리학parapsychology, 심지어 우주외계인학자ufology 들이 눈으로 보고 증명할 수 있는 세계 밖의 세계에 눈을 돌린다. 무당과 점쟁이가 다시 각광을 받고 심령학자가 죽은 자와 대화를 나누는 시대이다. 외계인이 지구인을 간음하고 납치한 증거들이 전시되고 증언된다. 중요한 것은 이들이 만화가가 아니라 과학자들이라는 사실이다.

사실 서구의 오늘은 침서, 예언서, 우주인에 관한 책의 인기가 종래의 성性에 관한 서적보다 훨씬 더하다. 의학보다는 침술이나 지압, 필리핀의 손가락 수술(?) 따위가 서민의 관심을 끈다. 요가를 통한 수련과 채식에 대한 강조, '제3의 눈' 따위의 동양 신비의 술법이 판을 친다. 달라이 라마의 후신이 스페인의 세 살짜리의 아이로 태어나고, 레이건이 외계인의 침공 때는 소련과의 협력하에

---

18 Laotché, *Alfaguara*(Madrid: 1977).

격퇴하자는 합의에 이른다.

이런 분위기에서 거북이 등의 부호를 보고 창시했다는 식의《역경》의 참서적 신비성은 서구인의 관심을 자극할 만도 하다. 서죽을 사용한 점보다는 쉽게 동전으로 칠 수 있는 점 방법이 그들을 더욱 신나게 한다. 예부터 기독교에 눌려 빛을 못 보던 점성학도 요즘은 날마다 신문에 '오늘의 운세'로 실리고, 동양의 운명 철학이 일간지를 점령할 날도 멀지 않은 것 같다.

어떻든 통속적인 의미에 있어서 동양 사상의 전파, 특히 노장 사상과《역경》의 히트는 반드시 부정적인 견해로 받아들여져야 될 성질은 아니다. 왜냐하면 동양 사상의 성격 자체가 다분히 세속적이고 인간 중심적인 패턴에서 자라 왔기 때문이다. 인간 중심이라기보다는 인간 사이의 문제가 바로 공자의 철학, 윤리관이 아니었던가. 불교와 도교가 무속과 결합되고 풍수지리설 등이 유불선의 혼합적인 정신의 산물이 아니냐는 이야기다. 이렇게 보면 세속을 떠난 동양정신은 상상할 수 없다.

엄격한 의미에서 오늘날 서구가 노장 사상의 비전을 체감하고 있다고는 생각하지 않는다. 그것은 어디까지나 우주관의 새로운 문, 보다 광활한 비전을 제시했다는 데 그치고 있다. 내가 검토한 많은 노장 냄새 나는 작품들은 자연과의 교감을 느끼기보다는 비논리를 통한 논리의 승화를 노리고 있다. 다시 말해서 멀티비전, 컬러텔레비전의 시대에 우리가 살고 있는 우주를 여러 모양과 색깔로 조명해 보는 재미가 그들을 이끈다. 이것만 보더라도 자연과의 합일과 조화 아니면 우주적 비전을 보는 달관의 경지는 그들의 성격에 비추어 아직 먼 거리다.

그러나 앞서 미국 시인들의 시에서 보았듯이 그들의 베스트셀러를 통한 동양 신비에의 탐닉은 깊은 곳에 그림자를 드리우고 있다. 다시 말해서 서구의 동양에 대한 관심은 방향을 달리하고 그 가장 먼 곳, 가장 다른 곳을 향하여 접근하고 있다는 이야기다. 동양 문학에 대한 관심의 주기가 19세기에서부터 지금까지, 불교·선불교로 제2차 세계대전 이후까지 전개되었다면 이제부터 노장 사상과《역경》의 시대로 접어든 셈이다. 여기에 물든 18세기에 그토록 인기를 누린 유교가 다시 파고들 낌새도 없는 건 아니다.

서양 앞에서의 동양

세계 문학사를 보면서 나는 갈수록 문학의 헤게모니는 정치적 발전과 무관한 것이 아니구나 하는 것을 느낀다. 근대사만 보더라도 르네상스의 기틀을 다진 이탈리아는 상업의 발달과 함께 중세 사회의 기본 패턴을 깬 부르주아지 계급이 등장하면서 세계사는 르네상스로 돌입하는 인문주의의 시대를 맞는다. 상업의 발달은 이탈리아의 문학을 위대하게 한다. 15세기, 16세기에 걸친 르네상스 문학의 주체국인 이탈리아는 사회적으로도 유럽의 중심지였다. 이것이 스페인으로 넘어오면서 신대륙의 발견 등 역사적 우연과 겹치면서 스페인 대제국의 형성을 보게 되는 것이 16세기 중반이고 이리하여 16세기와 17세기에 걸쳐 스페인은 세르반테스, 로페 데 베가, 칼데론을 산출하는 문화의 중심지가 된다. 18세기는 프랑스와 영국의 시기다. 18세기와 19세기에 걸쳐 프랑스와 영국은 정치·문화적으로 유럽의 핵을 이룬다. 여기에 19세기에 이르러 독일이 낭만주의와 함께 끼어들고 19세기 말에는 사실주의를 성공시키면서 러시아 문학이 판을 친다. 이 모두가 정치적 헤게모니와 관계된 서구 문학사의 조감이다. 20세기는 단연 미국의 시대다. 1920년경부터 유럽 문학도 미국 영향을 외면할 수 없는 위치에 이른다.

동양 문학은 현대에 이르기까지 사실상 헤게모니 다툼이 없었다. 중국 문학사와 사상의 위대성은 한국·일본 문학이 한 번도 부정해 본 적이 없다. 정치적 헤게모니의 싸움도 러·일 전쟁 이전까지 중국의 우세를 의심할 틈이 없었다. 다만 현대에 와서 일본이 중국을 이기고 한국을 식민지화하면서 동양의 문화를 자기 것으로 넘보게 되었을 뿐이다. 다만 여기서 재미있는 것은 동양 문화권에서 일본 정치·경제의 헤게모니 시대라면 문화는 서구 문화의 중계 역할을 빼놓고는 일본의 그것이 크게 중국과 한국을 좌우하고 있다고 생각되지 않는 점이다.

이것을 동서의 관계로 조감해 보면 더욱 재미있다. 칭기즈 칸 이후 르네상스로 시작된 근대사에서 동양은 항상 서구의 침략만을 받아 왔다. 16세기부터 시작된 스페인 제국의 필리핀 점령, 포르투갈의 마카오 식민지화, 오늘의 미소

양대 진영의 헤게모니는 한마디로 서양 시대라고 해도 과언이 아니다. 일본의 러·일 전쟁의 승리, 미국과의 태평양 전쟁 정도가 일화로 남아 있는 우리 동양의 발버둥이었다. 문화 면에 있어서도 기독교의 팽창을 기억해 보면 서구의 그것이 얼마나 동양에 깊이 침투해 왔는가를 이해할 수 있다.

정치의 헤게모니는 문화의 헤게모니를 좌우한다는 우리의 가설에 저항하는 부분을 좀더 깊이 관찰해 보면 이곳저곳에서 나타난다. 일본의 정치·경제적 헤게모니가 동양의 문화를 잠식하지는 못하듯이, 서양의 그것이 동양의 정신 풍토를 완전히 자기화하지는 못했다는 사실이다. 로마가 희랍을 점령하고도 문화는 희랍의 예속이 되었듯이 서양은 동양을 점령하고 문화는 동양의 그것을 본뜨려고 애를 쓰고 있는 것이 최소한 우리가 검토해 온 서구 문학 속의 동양의 내용이다. 물론 우리의 주제는 국한되어 있다. 그러나 서양의 동양 모방이 시대를 따라 갈수록 심화되고 있다는 사실은 부정할 나위가 없다.

물론 동양 정신의 영향이 동양에 뿌리 내린 기독교 신앙의 과장과 비교될 만한 것은 못 된다 할지라도 나름대로 최소한 쇼펜하우어 이후 서구 철학에는 동양 사상의 영향이 크게 작용하고 있음은 기억할 필요가 있다. 18세기 이후 동양 사상은 이상할 만큼 서구의 기독교 신앙의 약화를 틈타 기세를 올려 갔다고 보아진다. 이런 동·서 문학의 교류 속에서 가장 아이러니를 많이 경험하고 있는 문화권이 미국이다. 미국은 세계 정치의 주역이면서 세계 문화의 혼합의 온상이다. 온상인 만큼 동양 문화가 가장 깊게 뿌리를 내리기 시작한 곳이 미국이기도 하다.

오늘날 동양은 서양에 그 경제로 파문을 일으키고 있다. 일본을 비롯한 대만, 한국의 경제가 서양의 경각심을 자극시킨다. 갑자기 고요한 현자, 자연에 파묻혀 있는 줄 알았던 도사의 대륙에서 장사꾼이 일어나 갑부로 판을 치고 있다. 중국집만 장사가 잘 되는 줄 알았더니 동양인 모두가 돈에까지 지혜가 무궁무진하다. 자본주의가 서양의 전통이라면 서양에서 배워 서양을 뒤엎은 경제 괴물이 동양에서 나타난 세계를 잡아먹으려고 한다. 이건 일시적인 현상으로, 동양은 다시 빈곤과 고독을 피부로 느끼고 사는 은자의 집으로 돌아갈 것인가?

이 여파로 동양의 문화는 서양인의 마음속에서 변화를 경험할 것이다. 지금까지 서양인이 생각해 온 동양의 이미지, 즉 멀고 긴 전통의 신비의 대륙은 컴퓨터와 반도체의 천국으로 우주인스러운 의상을 입게 될 것이며 유가적 현자와 도가적 은둔의 도사는 가장 현실적인 삶의 지혜를 가르쳐 주는 스승으로 둔갑할 것이다. 이태백 같은 도교의 시인도 그 신비주의적 허물을 벗고 쾌락주의와 심미주의의 시인으로 돌아앉을 것이다. 양귀비의 아름다움을 가장 잘 노래한 시인, 술과 여인과 도락을 인생의 가장 큰 목표로 삼았던 귀감으로 가려질 것이다.

동양 사상으로는 계속《역경》을 비롯한 점보는 책들이 유행을 낳을 조짐이 있다. 신선의 이야기,《서유기》의 이야기나《삼국지》,《금병매》 따위가 이미 서구 시장에 발돋움을 시작했다. 마약 속에서나 체험할 수 있는 환상의 세계가 현실의 옷을 입고 서구인들을 즐겁게 할 것이다. 또 한편으로는 유교의 가르침이 기업가들이나 정치가들의 관심을 끌 것이다. 이미 일본의 기업의 성공 비결이 회사의 가족적 윤리에 있다고 본 학자가 있지 않았는가.

따라서 서구 사상에는 이미 파운드가 시작했듯 공자의 가르침이나 요순 시대의 태평천하가 관심을 끌 수 있다. 그보다 좀더 극단적인 이상론자는 노자의 '안민安民'의 교훈을 거울삼아, '무지무욕無知無欲'을 중심으로 한 자연주의적 무정부주의를 주창할지도 모른다. 밤이 없으면 범법자가 없고 정치가 없으면 반정부가 어디서 일어나랴. 소위 '무위'의 정치가 다음 세기에 이해될지도 모른다는 이야기다.

문학 형식으로는 이미 옥타비오 파스가 실험했듯 대화 시, 연작 시, 집단 시, 쓰기가 관심을 끌 것이다. 소위 작가 의식에 대한 비판에서 비롯된 시 형식 말이다. 낭만주의 이후 현대시는 독창성 및 개인주의에 너무 시달려 왔다. 저작 소유권 따위가 문제되고 있는 오늘의 시점에서 작가는 내 작품의 진정한 주인이 아니라는 의식이 필요할 때가 된 것이다. 한 나라의 왕이 나라의 공기와 물과 귀신과 하늘의 왕일 수는 없듯이.

글쓰기가 화투치기나 돈 놀이, 소유권 싸움이 아니라는 것이 인식될 것이다. 너와 내가 모여, 꽃과 꽃이 모여 봄을 만들듯이, 만들어 내는 시에 우주의 향기가 비치면 이보다 더 좋은 일이 어디 있으랴. 우리 선인들의 도락으로서의 높은 경지의 집단 시가 서구인의 감성을 자극할 것이다.

또 한편으로 외계인의 모습을 한 선도소설이 씌어지지 않을까 생각된다. 그도 그럴 것이, 외계인에 관한 책들을 보면 그 얼굴 모습이 눈이 옆으로 째졌다든가 하는 식의 동양인 모습을 한 것이 대부분이다.[19] 고대 잉카나 마야 시대의 사람들이 중국인을 닮았듯이 외계인이 고대 한국인을 닮은 모습을 하고 나타나도 우린 웃지를 못할 것이다. 19세기로부터 시작된 사실주의에 대한 피로가 1980년대 이후에는 역력하다. 다시 낭만주의적 감성이 고개를 들고 있는 것도 오늘날 서구 소설의 경향이다. 여기에 동양의 신선들이 주의를 끌지 않을까?

어떻든 동·서양의 문학이 크게 구분을 지을 수 없는 상호 교류의 시대에서 세계의 문학은 지역이 아니라 심도의 차이로 양분될 공산이 가장 크다. 동양을 잘 알고 사랑하는 서구인이 동양 문학에서 가장 큰 수확을 얻을 것이며 그 반대의 경우에도 충분히 가능한 시대가 오늘이다. 오르테가 이 가세트의 말대로 철학이 앎에 대한 사랑의 학문이라면 문학은 쓰고 읽는 데에 대한 사랑의 예술이다. 결국 그 사랑의 깊이에 따라 문학이 혹은 살고 혹은 죽을 것이다.

가장 피상적으로 서구 문학에 미친 동양 영향의 주기를 본다면 19세기까지 인도와 중국이 영향을 미쳐 왔다. 20세기는 단연 일본을 통해서 동양이 전달되었다. 그러나 일본이 중심이 된 동양의 이미지는 상업 괴물로 변모하고 있다. 또한 인상주의 이후 그토록 극성을 부리던 일본식 감성에 대한 신화도 많이 고개를 숙였다. 이미 서구에서 일본 문화에 대한 권태와 피로와 증오의 기운이 역력하다. 오늘은 차라리 중국의 고대 문화가 서구인의 관심을 다시 불러일으키고 있다.

서구인들의 신화적인 꿈은 반드시 동방에서 해가 뜬다는 믿음이다. 슈펭글러에서 토인비에 이르는 서구 문명의 몰락설이 역사화된다면 지금부터 서서히 동방에서 유일한 '은자의 나라'가 그들의 눈길을 끌지 않을까? 중국에서부터

---

19 Cfr. Antonio Ribera, *Secuestrados por Extraterrestres*(Barcelona: 1981).

신선이 많은 나라로 알려진 이 땅이 동방 박사를 이끌고 새 세기의 해를 맺으러 나가는 것은 아닐까?

세계 문학 앞에서의 한국 문학

우리는 어차피 미래 앞에 서 있다. 우리는 어차피 세계 앞에 서 있다. 이런 시간과 공간의 조건이 의미하는 인간 환경은 우리의 한계이면서 유원한 가능성을 시사한다. 세계 문학 앞에서의 한국 문학이란 모든 문학과 함께 한국 문학의 숙명이면서 가능성이다. 한국 문학이란 모든 문학과 함께 한국 문학의 숙명이면서 가능성이다. 한국 문학은 어차피 세계 문학이다. 한국인이면 누구나 국제법상 세계인이듯이, 우리 문학의 위치는 실제로 세계 지도상의 한국의 위치를 가늠할 때처럼, 세계 문학 속에서만 그 위상을 점칠 수 있다.

오르테가 이 가세트는 '나는 나와 나의 환경'이라고 말한다. '나'라는 존재의 나의 '환경'을 떠나서 따로 구분 지어질 것이 아니다. 나의 위치를 정의하려면 최소한도 북위 몇 도, 남위 몇 도라는 환경의 개념을 통해서만 가능하다. 그러나 그 '나'는 '환경'을 통해서만 정의될 수 있는 실체이면서 동시에 환경을 구성하고 있는 적극적인 요소다.[1]

오르테가의 숲의 비유는 이런 경우에 퍽 요긴하다. 우리가 어느 날 숲에 들어

---

1 Cfr. Julián Marias, *Filosofía Espoñola Actual*(Madrid: 1972, quinta edición), pp. 73-83.

가 시추를 한다. 나는 문득 이 숲의 모양이 어떤 것일까 궁금해한다. 앞에 있는 떡갈나무는 이 숲이 저쪽 강물을 끼고 바위를 경계로 하는 동그란 모습일 거라고 이야기한다. 또한 이쪽 상수리나무는 그게 아니라 저쪽 산등성이에 숲이 있으니 그 산자락의 길쭉한 쪽이 숲이라고 말할 것이다. 또 다른 나무는 이 숲엔 떡갈나무가 많으니 토질이 좋지 않고 바람이 많은 지역이라고 정의할지 모른다. 그러나 여기 하나 확실한 것은 이 어느 의견도 숲의 실제를 정의하고 있지는 않다는 사실이다. 이들 의견들을 종합해도, 최소공배수를 내도, 숲의 모양은 규정 지어지지 않는다.

그러나 우리가 우리의 이성으로 이 숲의 모양을 판가름할 수 없다는 사실이 이 숲의 부재를 증명하지는 못한다. 숲은 분명히 있기 때문이다. 우리의 능력으로 만지고 판가름할 수 없을 뿐이다. 오르테가는 여기서 회의주의나 이성주의를 제치고 나가야 한다고 말한다. 즉 인간이 이 숲이나 세계·진리의 본상을 파악할 수 없다고 해서 숲은 원래 아무것도 아니라고 해서는 안 된다. 아니면 그것은 우리의 논리와 이성으로 정확히 가늠해 낼 수 있다고 하는 것도 억측이다.

여기에서 오르테가의 '전망주의'나 '생명적 이성'론이 목소리를 높인다. 위 예의 숲에서 '나'라는 나무 하나를 잘라 없앤다고 하자. 이 숲은 절대적인 의미에서 그 모양이 달라진다. 반대로 '나'라는 나무가 새끼를 치고 가지를 무성하게 내뻗는다고 하자. 또다시 숲의 모습은 절대적인 의미에서 위상을 달리 한다. 따라서 '나'는 환경의 일부일 뿐만 아니라 이 환경을 만들어 가는 적극적 요소인 것을 알게 된다. 나의 삶과 생명력과 이성으로 벼려 가는 것이 세계인 것이다.

오르테가는 다시 철학이란 '앎을 사랑하는 행위'라고 말한다. 안다는 것은 세계의 문학이 무엇인가를 간파한다는 뜻이 아니라 그것이 무엇인가를 알려고 노력하는 행위, 즉 그런 행위를 사랑하는 작업이라는 뜻이다. 그런 사랑에 빠져 있는 사람을 우리는 철학자, 혹은 문학 연구가라고 하며 세계 문학 앞에서의 한국 문학을 논하는 사람이다.

정리해 보자. 한국 문학은 한국 문학과 한국 문학의 주변 환경이다. 이 환경이란 우리의 경우 지역적인 구분을 사용해서 세계 문학이다. 한 걸음 더 나아가 한국 문학은 세계 문학의 형성에 적극적으로 참여할 수가 있다. 그것은 점령이나 침략이기 이전에 문학됨의 생리다. 스스로 성장하고 자기 투여와 사랑이 있는 만큼 이 숲의 더욱 푸르른 나무일 수 있다. 모든 나무가 숲의 전체를 형성에 절대적인 것은 아니다. 여기에 세계 문학의 헤게모니론이 성립할 수 있다. 하나의 숲은 하나의 커다란 나무나 폭포 등 몇 가지 특징으로 규정될 수도 있기 때문이다.

따라서 우리는 이 글에서 한국 문학의 성숙 및 그 주변환경을 역사적인 면과 내용적인 면에서 가늠해 보기로 하자.

세계의 문학, 어디에 있는가

먼저 우리의 환경을 살펴보자. 이 환경의 성찰은 오르테가가 제시한 무기, 즉 '생명적 이성'의 눈으로 본 '전망'이다.

세계의 문학은 우선 유럽 전통의 문화에 속한다. 안토니오 그람시는 '세계 문화에 있어서 서구 문화의 헤게모니'를 논하면서 프랑스의 혁명을 염두에 둔 '정치적·법학적 전통'과 헤겔과 헤겔의 비평가를 통해 집대성된 '이론적이고 사변적인' 헤게모니를 생각한다. 이것이 물론 그의 '실천 논리'를 정당화하기 위해 주장한 다분히 정치철학 편중의 생각이라 할지라도 특수한 경우를 제외한다면 문학에서도 통용될 수 있는 역사적이고 구체적인 사실이라 여겨진다.

낭만주의와 사실주의를 젖혀 놓고 오늘의 세계 문학의 조류를 이야기할 수 있겠는가? 이들 문예 사조의 바탕이 유럽인 것을 부정할 사람이 있겠는가? 그람시는 "비록 다른 문화들이 세계 문명의 '계층적' 통합 이념의 구축에 나름대로 의미와 중요성을 가진 건 사실이라고 할지라도 〔…〕 이 기타 나라들의 문화의 역할은 유럽 문화의 형성 요소로서 기여도가 있을 때만 세계적인 가치를 인정받았다"고 주장한다.[2]

우리가 지금까지 연구한 서양 문화에 동양의 기여라는 것도 사실 유럽 문학을 풍성하게 했을 뿐 그들의 문학의 헤게모니를 다친 적은 없다. 오히려 유럽 문학은 동양의 그것을 자양분으로 더욱 살찌고 튼튼해졌다고 보아야 된다. 서구 문학이 현대 동양 문학의 사조를 낳고 있다면 그 뿌리는 서양 속에서도 유럽

---

2 Cfr. Antoni Gramsci, *Selections from the Prison Notebooks of New York*(1971), pp. 416–418.

에 있다.

그 유럽 문학의 현주소는 어디인가?

먼저, 문학 사상 면에 있어서는 헤겔 사상의 전통과 맥락을 같이하는 루카치, 그람시 등의 프락시스 문학론이 그 하나다. 마르크시스트 문학 이론은 문학과 경험적 사실의 간격을 최소한도로 줄인다. 역사적 비전이 곧 현실의 뿌리다. 따라서 변증법적 발전 단계의 총체적 비전이 문학에 주어져야 된다고 루카치는 주장한다.

카를 마르크스의 가치 개념, 즉 '유용가치'와 '교환가치'의 입장에서 보면 부르주아지 사회의 문학은 끝없이 '교환가치'화할 수밖에 없고 그 결과는 교환의 속성을 따라 끝없이 변하고 소멸하는 숙명을 겪는다. 오늘의 문학의 비인간화 내지 소외는 바로 그 교환가치에 따른 문학의 상품화라고 경고한다. 도르플레스는《비평의 전개》라는 책에서 오늘의 문학을 진단하면서 문학이 인간 본연의 생명 작용에 뿌리를 둔 '유용 가치' 본연의 자세로 돌아가야 된다고 주장한다. 이미 오늘의 전위 문학 활동에서 팔고 살 수 없는 실천 양식 자체로서의 문학이 대두되고 있다고 부에노스아이레스의 '제도 예술', '해방 문학' 따위를 예로 든다.

그러나 다른 한편으로는 낭만주의, '예술을 위한 예술'론, 쉬르레알리슴을 거쳐 오늘에 이르는 아름다움과 삶의 형식미 구축에 열을 기울여 온 계열이 있다. 문학 이론상 형식주의, 구조주의로 불리는 이들 문학 운동은 보르헤스나 옥타비오 파스에 이르면서 문학어의 저술성까지 관심을 쏟게 한다.

파스가 시의 길을 '언어가 침묵하고' 언어와 사물이 하나가 되는 곳을 향한 길로 보는 것은 궁극적으로 아담과 이브 이전의 신의 언어로 말의 기능을 되돌려주는 작업을 의미한다. 즉 '하늘 있어라' 할 때 실제 하늘이 있었고, '사람 있어라' 한 말이 곧 사람이었듯이, 태초의 언어의 기능을 회복할 때 시가 있다는 말이다.

이상의 두 가지 커다란 문학 조류는 70년대 이후 또다시 변화를 보이고 있는 것 같은 기미가 보인다. 도르플레스는 이 전환의 기점을 지안 석유 파동으로 보고[3] 문학의 '유용화 가치'를 점치고 있지만 소위 '형식주의 문학'으로 편의상

---

3 Cfr. Gillo Dorfles, *El Devenir de la Critica*(Madrid: 1979), pp. 56-58.

불릴 수 있는 후자의 경우에서도 초기 낭만주의를 연상시키는 고대 문학 내지는 이색적 풍물에 대한 향수가 반짝 눈에 띈다.

또 한편으로는 전에도 언급했듯이 미래학·우주인에 대한 연구·참서 등의 인기를 타고 서구인들의 세계관이 실증주의 이후 변화를 겪고 있다. 서구인들의 의식을 20여 세기 동안 좌우해 온 것은 크리스처니즘이다. 그것이 중세 이후 르네상스에 이르면서 믿음에 균열이 생기기 시작하고 니체 이후 오늘에 이르는 신학은 해방 신학을 예로 들더라도 완전히 철학이나 인문과학적 사고의 시종이 되고 있다.

이런 현상을 우리의 테마와 연결시키면 이제 크리스처니즘은 유일신의 사고에 타종교를 받아들이는 원시 종교의 형태를 생각해야 할 때가 된 것. 원시 종교는 무속인으로부터 수많은 민간 신앙과 불교, 도교, 화교 기타 등등 발전된 형태로서의 신앙을 통틀어 일컫는 것이 된다.

이런 가설이 사실화된다고 할 때 유일신만을 신으로 생각해 온 크리스처니즘은 가장 빈약한 문화 터전으로 전락할 것이다. 그만큼 타 종교에 대한 횡포가 컸고 저 피안彼岸에 대한 독재가 심했던 종교였던 만큼 만약 신앙의 민주주의가 올 때 열세에 몰릴 것이 뻔하다.

정신 문화상에 있어서 점성술이 신문마다 실리고 마술, 심령술, '제3의 눈' 따위가 반짝 관심을 끌기 시작한 것이 1970년대 이후의 현상이라면 소설 문학은 중남미의 '마술적 사실주의'가 유럽 문학 시장을 누빈다. 소위 '중남미 소설 붐'이라고 불리는 1960년대부터 오늘에 이르는 문학 풍토는 사실상 사실주의의 마지막 단계를 예고한다.

사실주의가 19세기의 과학주의의 분위기에서 탄생을 본 이후 사회주의 블록의 소설의 기본 패턴을 이루고 서방 세계의 사르트르를 주축으로 한 참여 문학을 낳았다면 마술적 사실주의는 현실과 환상, 이성의 세계와 마술의 세계를 동가치로 놓음으로써 그 본질에 있어서 반 사실적인 요소가 주축을 이룬 소설학을 발전시켰다.

우리가 노장 사상과 대비해서 설명한 보르헤스의 환상이나 파스의 시학은 우주의 비전과 현실의 비전 어느 것에도 절대적인 사실성을 인정하지 않는, 보다 넓은 뜻에서 본 사실주의다. 보르헤스의 미궁의 미학도 파스의 침묵의 시학도 이미 사실주의적인 근시적 시안은 찾아보기 힘들다. 현실은 보다 현묘하고 우리의 언어는 일상의 필요성과 논리를 넘어 본체론적 경지를 향한다.

시는 1960년대의 사회시의 붐이 새로운 초현실주의의 부흥으로 이어지면서 구체시 등 1970년대의 다각적인 시 현상을 낳는다. 욥 아트 등과 맥락을 같이하는 시의 서민화에서부터 언급한 시인들의 세계에서 보는 깊은 철학적 블록에 이르기까지 실로 극히 다양한 양상을 보여 주고 있는 것이 시다.

오늘에 가까워 오면서 이상 언급한 현상들은 일부의 문학가들에 의해 대부분 지속된다. 그러나 같으면서도 조금 달라진 문학 취향의 변화는 1980년대의 신낭만주의적 작품이 눈에 띄게 많아지는 점에서 관심을 끈다.

나의《문화 예술》지 110호에서 마르케스의〈콜레라 시절의 사랑〉(1985)과 스페인 작가 테렌시 모익스의〈꿈이었다고 말하지 말아요〉(1986)를 평하면서 우리 시대의 문학 취향의 변천을 체크한 바 있다.[4] 첫째, 이 시대에 사랑의 테마가 다시 고개를 들고 그리움과 향수가 가슴을 덥히는 것은 어쩌면 우리 자신이 그 많은 에로티시즘과 포르노의 범람과 쉬운 사랑의 시대에 이미 권태를 경험하고 있는지도 모른다는 느낌이다. 잡지와 영화 비디오, 디스코테크와 술집의 사랑 장난으로 우린 진정한 사랑에 목말라 있었던 것이 아닐까.

어떻든 우리는 이런 소설들을 대할 때 대단원의 사실주의 시대가 마술적 사실주의로 문을 닫고 다시 새로운 감성의 낭만주의적 감성이 재검토되고 있음을 본다. 수전 손택이 말한 소위 캠프 취향. 옛것과 문화적인 상상의 세계에 대한 향수가 그것이다. 그 기법 면에 있어서도 이런 소설은 사실적인 기법보다는 시에 가까운 감정의 묘사와 카프카 이후 많이 잃어버렸던 소설의 이야기가 되살아나고 있다.

지금까지 세계 문학 속의 한국

한국에 대한 서양인들의 인식은 일반적으로 동양이라는 이미지 외에 특별히

---

4 拙稿, 마르케스〈콜레라 시절의 사랑〉,《문화예술》110(서울: 1987.3.4).

문학이나 예술로서 부각된 일은 없다. 한국전쟁을 통해 유럽 일부 지성인들의 반미 성명, 저항 시 등이 간헐적으로 있었다. 그러나 무엇보다도 한국전쟁이 서구인 일반에게 남긴 이미지는 그 비극성과 잔혹성이었다.

구체적으로 한국 문학이 알려진 것은 19세기 말《춘향전》이 일부 프랑스어로 번역된 일이 있으나 그 여파는 중국 취향의 일부에 불과했다. 한국전쟁을 통해 한국을 피부로 경험한 미국을 비롯한 서방 세계가 가끔 한국을 무대로 소설이나 영화를 제작한 일을 우리는 알고 있다. 그러나 한국전쟁 이후 한국의 이미지는 분단의 비극을 사는 나라, 전쟁의 위험이 도사리는 미국 의존의 나라 정도가 고작이다.

쿵푸 붐 이후 태권도가 일반에게 많이 알려지고 얼마 전부터 '코레아나'라고 부르는 한국 점퍼가 인기를 누리더니 이제는 급기야 경제 강국 유망주로 이미지를 바꾸고 있다.

가끔 정경화, 한동일의 예술이 서구인의 주목을 끌고 최근 백남준의 비디오 아트가 상업주의적 한국의 이미지에 생기를 더하기도 하지만 아직 한국 문화에 대한 인식은 극히 초보 단계이다. 특수한 경우 교포 작가들의 작품이 각광을 받은 경우가 있었으나 한국 문학에 대한 관심은 아직 황무지 상태다.

문예진흥원의 노력으로 영·불·독·스페인어로 상당한 한국 문학 번역서가 출판된 것으로 알고 있다. 그러나 막상 내가 경험한 현지에서의 여파는 미미한 것이었다. 물론 이런 경우 번역자의 교우관계·명성으로 평론의 각광을 받기도 한다. 그러나 이런 경우 한국 작품의 예술성이 독자적으로 서구인들의 마음을 매혹시킨 경우가 아니어서 영향을 기대하기는 어렵다.

나는 1977년 베네수엘라의 카라카스와 1983년 스페인 마드리드에서 각각 한국 시선을 낸 일이 있다. 그때의 반향은 전자가 약 10여 편의 평론을 끌어냈고 후자가 비슷한 평가를 받았다. 물론 여기에는 나를 아는 시인 친구들의 도움이 있었던 것도 사실이다.

평론 중 대부분은 한국 시가 지닌 이미지의 참신성을 칭찬한 것들이 많았다. 시법상으로는 대칭법이 많다고 스페인의 카를로스 무르시아노는 지적한다. 또한 내용 면에서, 자연과의 교감이 서양의 어느 시와도 비교가 안 될 만큼 섬세하다고 말한 것도 기억한다. 그러나 그들이 평가하는 한국 시의 자질에 대한 견해는 대부분 역자의 서문이나 동양 시 일반에 대한 편견에서 비롯되고 있음을 보았다.

결론적으로 한국 문학이 중국, 일반 문학의 그림자를 벗고 독특한 개성과 매력을 지닌 문학으로서 군림하는 길은 아직 요원하다. 그것은 한국 문학의 속성의 하나가 서양처럼 대가를 산출하는 경우가 적고 모두가 작고 예쁜, 나름대로의 작은 걸작들만을 가지고 있기 때문인지도 모른다. 하나의 위대한 작가의 탄생은 한 나라의 문학의 이미지를 쇄신하는 데 많은 도움이 되지만 일반적인 것만으로는 아무래도 서구인의 안목을 자극하기가 어려운 까닭이다.

세계 문학의 헤게모니 역학과 한국의 가능성

그람시의 헤게모니론은 한 정당, 혹은 한 국가가 다른 집단을 효과적으로 통솔하기 위해서는 네 가지 요소가 필요함을 역설하고 있다.[5] 정치·경제·군사적 우위와 문화적 지도력이 그것이다. 한국이나 일본이 세계를 지배한다면 물론 정치·군사적 우위를 성취시킬 만할 때 가능하다. 일본의 태평양 전쟁이 바로 이런 시도였다고나 할까?

그러나 나는 여기서 정치적인 헤게모니를 이야기할 생각은 없다. 한국이 정치나 군사적으로 세계를 지배하리라고는 기대도 하지 않기 때문이다. 그러나 현실적으로 일본은 세계의 경제를 좌우하고 있는 실정이고 정도의 차이는 있겠지만 미래의 한국인이 그러지 말라는 법도 없다. 내가 지금 이야기하려고 하는 것은 문화의 헤게모니이니까 이들 문제와는 무관할 수도 있다.

여기 하나 짚고 넘어가야 할 점은 문학이 문학 자체의 질이나 힘만으로는 세계를 넘볼 수 없다는 이야기다. 즉 언급한 정치적 헤게모니 법칙은 문학의 그것을 이야기할 때 반드시 상관이 있다는 논리다. 그런 의미에서 한국의 희망적인 경제 발전은 한국 문학의 서양 전파 가능성을 높여 준다.

문학의 헤게모니나 영향력은 반드시 정치·경제적 헤게모니를 조건으로 하

---

5 Cfr. Antonio Gramsci, *op. cit.*, pp. 55-106.

지는 않지만 이들 문화 외의 조건은 필연적으로 영향을 미치게 된다. 문학이 사회 환경과는 무관한 자생적 천재성의 산물이 될 수 없듯 문학의 전파 또한 문학 외의 환경에 따라 대단히 민감하게 작용한다.

오늘 미국 문학의 영향력은 그 군사·경제·정치의 우위성에 따른 부차적 산물이다. 20세기 초 서양에 일본 문화가 판을 친 것은 러·일 전쟁의 승리, 중·일 전쟁의 승리 등 군사·정치적 역량이 크게 어필한 때문이다. 17세기 스페인 문학이 돈키호테를 낳고 돈 후안을 만들어 내고 칼데론 데 라 바르카 같은 위대한 문학을 신출시킨 것은 스페인 대제국이 그만큼 막강했던 이유를 생각할 수 있다.

그러나 한국 문학의 경우처럼 세계 문학의 헤게모니를 쥐겠다기보다는 서구 중심의 문예 사조에 한 번쯤 큰 영향을 미치겠다는 겸손한 소망이라면 그 가능성은 충분히 있다. 우리의 잠재력 역량은 헤게모니를 쥐고 있는 서양 중심의 문화권에 충분히 영향력을 행사할 수 있기 때문이다.

그 이유는 다음 세 가지로 간추릴 수 있다. 먼저 문학 외적인 요소가 문학에 대한 관심을 도와주는 경우로 첫째, 경제적으로 괄목한 만한 성장이 있다. 거짓과 모순투성이라고 이야기할지 모르나 내용이야 어찌 되었든 내 스스로 여행을 통해 피부로 접해 본 한국의 이미지는 지금 그쪽으로 기울고 있다. 일본의 이미지와 오버랩되기 시작하는 한국의 모습 말이다. 둘째, 올림픽과 월드컵 개최는 분명히 세계의 시각과 관심을 끌어들이는 중요한 모멘트로 작용하였다. 이것은 가장 직접적인 관심 유도의 실천적 방안이었다. 셋째는 한국 스스로가 가진 요소라기보다는 역사적 비전이다. 즉, 서양은 중국과 일본 문화를 많이 경험했다. 아는 사람은 알 만큼 안다고 하는 게 정설이다. 마르코 폴로 이후 계속된 '해가 뜨는 지역'에 대한 소망과 기대는 그들의 시선을 한국으로 돌리게 하는 요인으로 작용할 수 있을 것이다. '은자의 나라'는 그들에게 매력적일 수밖에 없는 호기심의 '산 너머 마을'이 되기에 충분하다. 오늘 '한류'가 멕시코를 비롯한 중남미, 프랑스, 스페인에 상당히 의미 있는 그림자를 드리운다.

그러나 이상의 가능성이 효과를 발휘하기 위해서는 오르테가 이 가세트의 군중에 대한 영향력에 대한 역학이 중요하다. 오르테가는 〈척추를 잃은 스페인〉라는 글에서 정치적·문화적 엘리트 군과 군중 사이의 영향력의 메커니즘을 언급하면서, 하나의 작가가 아무리 천재적이고 훌륭하다고 해도 군중의 열망과 신화에 의해 떠받쳐지지 않을 때 그 역량은 발휘되지 않는다는 이론이다. 즉, 한 작가가 천재적이라 하는 것은 그가 쓴 책이 일반의 생각보다 깊고 예리하고 박학하다는 것을 의미한다. 그런 책은 쉽게 상식적으로 편안하게 살고 싶은 독자에게는 어렵고 멋대가리 없는 것이 될 수 있다. 일이 이렇게 돌아갈 정도라면 한 나라의 문화는 저질화되고 구제할 수 없는 구렁텅이로 빠지게 된다. 그러나 군중이 그 작가나 지성인의 위대성을 믿고 군중적 신화로 떠받들 때, 그 이해의 어려움과 복잡함을 극복하고 고양된 문화에 접근할 수 있을 것이며 이렇게 되면 문화는 발전한다는 이야기다.

이 말을 우리의 경우에 맞게 간추리면 문화의 송신자와 수신자 사이의 역학으로도 풀이될 수 있는데 송신자의 의도와 성과가 아무리 훌륭해도 수신자측의 열망을 밑받침으로 하지 않는다면 아무런 영향도 끼칠 수 없다는 이야기다. 이 말은 한국 문학 풍토의 고양을 위해서 중요한 충고이며 한국 문학이 세계를 향할 때 많이 고려해야 할 점이다.

세계 문학과 다른 한국 문학

문학의 이끔과 이끌림은 매력의 역학과 비슷하다. 무언가 다른 점이 있기에 눈에 띄고 이끌리게 마련이다. 물론 그 다름은 한도가 있다. 이끌리는 마음이 클 때는 다름이 커도 극복된다. 그러나 너무 끌리다 보니 도무지 말을 붙일 엄두가 안 날 때 오히려 포기하는 경우도 있다.

나는 여기서 한국 문학의 다름을 다루고 그것이 오늘의 서구 문학의 문제점에 출구를 마련해 줄 수 있을까를 점검해 보고자 한다. 이것은 물론 40여 년 동안 스페인어 시인으로 살아온 나의 경험을 토대로 해 생각해 보는 가설이다.

먼저 가장 오리지널한 한국 사상으로 최치원이 언급한 '풍류사상'이 생각난다. 김동욱 씨는 〈신라 향기와 풍류 정신〉에서 한국의 풍류를 중국과 일본에 비교하면서 다음과 같이 말한다.

중국적 의미로 풍류는 우아한 것, 속사를 잊고 고상한 놀이를 하는 것, 쇄락하고 세속의 일을 초탈하는 것 등으로 표현된다. 이에 비하여 한국적인 개념으로 해서는 멋진 것, 신나는 것, 자기를 잃고 초탈한 것으로 표현할 수 있을 것이다. 이에 비하여 일본적 개념은 우아하다는 것을 아래에 깔고, 화려한 것, 과장된 것 등으로 그 모습을 요약할 수 있을 것이다.

그는 이어 신라 풍류의 '신인神人 합일 사상', '불교적 풍류', '달관과 은둔'의 정신을 내용으로 들고 있다. 원래 최치원의 "현묘한 도가 있으니"라든가 균여의 "귀신을 감동시키는" 따위의 설명이 풍류도의 논리적인 이해와 체계를 불가능하게 한다. 김 선생님의 글도 체계를 시도한 것은 아니다.[6]

내 생각으로는 풍류도와 멋은 구별되어야 하는 것이 아닌가 사려된다. 왜냐하면 우리가 '풍류'를 이야기할 때 '멋지다'는 말을 대신 사용하는 경우는 없기 때문이다. 풍류가 오히려 사상적이고 식자문학 냄새가 나는 개념이라면 멋은 사상이기 이전에 차라리 서민적 미학으로 느껴지기 때문이다.

어떻든 풍류도는 한국적 사상으로 연구를 통해 체계화할 수 있는 가능성이 높다. 단군에 관한 책이 많이 번역되고 그 연구가 깊은 것도 같은 연맥에서 바람직한 일이다. 풍류 사상이 서양에 어필할 수 있는 것은 우리가 기원인 화랑도에서 보듯 인간 종합 수양의 도였다는 점과 원화가 애초에 아름다운 여자 중에서 뽑은 지도자였다는 사실에서도 보듯 진선미 합일의 사상을 엿볼 수 있기 때문이다. 더군다나 무도 영화나 도장들의 범람을 타고 어지간히 도가의 사상이 알려진 터에 이런 초월적인 한국 사상은 그들에게 심도를 더해 주는 뿌리를 감지하게 함으로써 다분히 매혹적일 수 있다고 믿는다.

풍류보다는 서구인들에게 수용이 쉽지 않은 분야가 멋이다. 물론 댄디나 데카당, 히피즘 등 비슷한 윤리적·미학적 움직임이 있었고 스페인의 투우사의 움직임에서 보듯 멋이 넘치는 몸짓이 있으나 감성의 전파는 가장 더딘 전파의 속성을 지닌다. 더군다나 이 멋이 문학에서 구현되어야 한다는 우리의 주제의 한계성을 감안할 때 어려움은 배가 된다.

---

6 《문학정신》 창간호(서울:1986.10), pp. 144-152.

물론 풍류도나 멋이 아니라도 우리는 우리 문화나 무속의 정신을 따로 책으로 써서 영향을 미칠 수도 있다. 가령 무속에 나오는 신인합일 정신이라든지 성주풀이, 살풀이, 액풀이에서 보듯, '풀이 문화'를 따로 써 보는 것도 재미있을 것이다. 우리 문화는 어쩌면 해방과 해탈을 기본으로 살아왔는지도 모른다. 사람의 한도 풀어 주고 귀신의 원한도 풀어 주고 모두 풀어 주는 것으로 삶이 리듬을 이어간다. 그러나 그 목적은 '대동굿' 따위에서 보듯 모두 화해하고 합일하는 데 있다. 풀고 합하면서 살아가는 우리네 삶의 철학은 오늘 각박한 서구 사회의 고뇌를 풀어 주는 열쇠가 될지도 모른다.

문학의 소재로서 한국 문학은 삼국유사, 심청전, 바리데기, 다시래기 같은 비사실적·신화적 현실을 주제로 한 것이 관심을 끌 것이다. 한국의 사실주의 소설보다는 '전설의 고향'이 오히려 오늘의 서양을 노리는 문학이다. 신선에 관한 소설이라든지 설화를, 현대적 비전에서 적용할 때 오히려 우리의 소설 문학이 생기를 되찾을지도 모른다. 여기에 덧붙여서《토정비결》이라든가 점서류의 소설이 인기를 누릴 것이다.

한국적 문학의 내용으로는 역시 자연과의 교감이 우리의 강점이다. 물론 도선 사상이나 불교가 자연에 대한 사랑을 바탕으로 가지고 있지만 한국적인 자연과 한국인만이 느끼는 자연에 대한 독특한 감정은 그것이 훌륭한 문학 작품으로 이루어질 때 새 세기의 고전이 될 수 있다. 귀신을 감동시킬 문학, 자연을 꽃피울 신통력을 갖는 문학이 다음 세기를 지배할 것이다.

이런 뜻에서 이미 옥타비오 파스와 몇몇 시인들이 시도했던 연작 시·대화시는 새로운 사조로서 흥미 있다. 요즘 한국에 문제가 되고 있는 저작권 문제는 극히 자본주의적 발상이다. 하나의 작가가 전적으로 자신의 의도에 의해서 구축한 문학 작품이 몇이나 될까? 우선 그가 사용한 언어가 한국어고 그가 사용한 연필이나 볼펜이, 또 그 백지가 자기의 것이 아니다. 말과 말은 서로 부딪치면서 새로운 연상으로 이어가고 그 형식마저도 전통에서 따온 것이거나 선배들의 것에 대한 모방이다.

그렇다고 볼 때 자기 작품에 이름을 붙이고 그 작품을 남이 쓸 때 사용료를 내라는 이야기는 내가 한 번도 살지 않을 것이면서 수십 층의 빌딩을 지어 놓고 그 방이 전부 내 것이라고 하는 자본가처럼 허황되다. 내 방은 여기에서 내가 소유하는 재산으로서의 방이라는 뜻이지, 거기에 나의 삶을 영위한다는 원초적인 방의 개념과는 완전히 다른 것이기 때문이다.

우리의 선인들은 좋은 작품을 흡사 자연의 조화처럼 여길 때가 많았다. 그곳에서 그 순간에 나온 작품이었지 다시 가서 시도해도 같은 작품이 나오지 않았다는 이야기는 얼마든지 있다. 몇 시인이 자연 속에 몸을 맡기고 그때 그 자연, 그 순간의 기氣, 그들 사이의 우정과 그 모든 것이 이루어가는 끊이지 않는 시적 감흥에 심취한다는 것이 바로 연작 시다. 내가 쓴 나의 글이라는 좁은 개념을 벗어나 신비로운 대자연의 조화를 받아들이는 겸손이야말로 진짜 커다란 용기다.

잘 쓰고 못 쓰는 것이 뭐 그리 대단하랴. 도가 통하면 자연이 모란꽃을 내듯 예쁘게 씌어질 것이고 정 안 되면 버리면 될 것을! 아직 시도에 이르지 못했나 생각하고 다시 목욕재계를 할 일이다. 위대한 작품은 시간도 작가도 뛰어넘을 수 있지만 작가의 의도는 100년도 지속되지 못한다.

세계 문학 속 한국 문학의 자리

1980년대 이후 세계 문학은 변화의 태동은 보이지만 아직 행방을 찾지 못하고 있다. 사실주의의 쇠퇴는 이미 지적한 바다. 또한 신낭만주의적 취향이 발돋움하고 있다고 했다. 문학이 20세기를 청산하고 다음 세기를 향한 발돋움의 시기에 우리는 와 있다.

인류는 다시 한 번 달러의 하락 등 자본주의의 병폐와 전쟁의 위기를 순간순간 느끼고 있다. 거기에 AIDS의 공포 등은 개인 삶의 안녕을 끝없이 침범한다. 이미 히피즘이나 비트 제너레이션의 선불교적 교훈과 영향은 언급한 바다. 이 위안을 잃은 서구 사회에 풍류 사상이나 도선 사상은 크게 어필할 수 있다.

다만 이들 사상이 논리적인 서구인의 머리에 들어가기 위해서는 보다 체계적인 정돈과 많은 소개가 필요하다. 서구인에게 도덕경을 격언으로 읽을 준비는 되어 있어도 아직 그것을 체험으로 생활하기엔 그들의 기질에 대한 저항감을 불러일으키는 것이 사실이다.

또한 우주인이나 저 세상의 이야기에 목마른 그들에게 이미 말했듯이 우리 전통 속의 풍성한 자료는 청량제가 될 것이다. 인간과 신의 합일 사상에 관련된 우리의 무속이나 설화는 그들에게 마술적 사실주의가 가져다 준 위안 이상으로 삶의 현묘한 비전을 제시할 것이다.

또한 시의 생활화를 위해서나 작가 의식의 정화를 위해서 우리의 대화 시나 연작 시풍은 좋은 반응을 보여 주리라 믿는다. 쉬르레알리슴에서부터 보르헤스에 이르기까지 문학이 성실한 장남으로 생각되었다면 이런 연작 시의 방법은 자연을 통한 신비주의로 서구 시인들을 이끌지도 모른다. 더군다나 그것이 지금 서구 전통에 그토록 팽배한 작가 의식에 대한 비판이라는 점에서 퍽 새로울 수 있다.

이 밖에도 판소리의 서사시나 종합 예술로서의 가치, 마당극의 대중 참여 기법 같은 것은 지극히 현대적인 요소가 많다. 그러나 문제는 이런 전통을 어떻게 가다듬고 깊이를 심어 가느냐에 따라 승패가 걸려 있다.

우리 문학은 이제 서구 문학을 무조건 모방한다거나 그것의 가르침을 무조건 백안시할 시기를 넘어섰다. 남의 것을 배우고 생각하고 나의 것을 살찌우며 정리할 단계만 남아 있다. 많은 실험과 체험을 거친 작품의 심도화와 진지성이 마지막 남은 과제다.

그러나 역사의 향방은 나의 예상보다 엉뚱한 방향으로 흘러가기도 하리라. 시간은 미궁의 산지이다. 그 미궁의 설립에 우리는 몇 개의 벽돌장을 얹었을 뿐이다.

따라서 이 글은 물론 결론일 수 없다. 결론은 역사가 내릴 테니까. 그리고 역사는 또 가차 없이 우리를 그 행위자로 몰아붙일 것이다. 그날에 며칠 앞서 나는 여기 나의 이성과 소망과 열정을 동원하여 작은 목소리를 세운다.

오늘의 한국 문학, 어떻게 할 것인가

문학의 성패가 계획으로 성취된다거나 특별한 방안이 있을 수는 없다. 그것은 무슨 희한한 시 작법이 있어 그것만 따르면 좋은 작품이 나온다는 소리처럼 엉터리기 때문이다. 문학은 많은 경우 우연 속의 기적 같은 데가 있다. 세르반테스도 돈키호테의 위대성을 어찌할 수는 없었다. 문학 작품은 일단 씌어지기 시작하면 많은 경우 작품 스스로의 메커니즘을 창출해 가기 마련이다. 작가가 쓰는 언어, 건강, 분위기, 볼펜이나 타자기까지 그 어느 것 하나 작품의 생리와 관계되지 않는 것이 없다. 이것들이 이루어 나가는 오케스트라 같은 창작의 미궁을 독자들은 간단히 작가의 의도로 착각한다. 작가의 의도도 그 많은 요소 중의 하나에 불과하다는 것을 잊어버린다. 여기에서 더욱 재미있는 것은 작가도 상습적으로 이런 독자의 생각을 그렇다고 받아들인다는 점이다. 그래서 우리는 합의 계약하에 적당히 당연한 것처럼 우리 작품에 우리 이름을 붙이고 저작권을 운운하고 네임밸류를 따지며 살아간다.

그러나 위대한 작품일수록 한 시대의 산물이며, 한 전통의 산물이고 우주의 산물이다. 한 작가의 의도는 백 년을 넘지 못하지만 한 위대한 작품의 수명은 천 년을 넘어간다. 그것이 어찌 창생의 조화라고만 볼 수 있으랴. 명작은 오히려 신묘한 자연의 조화처럼 설명하기 어려운 데가 있는 것이다. 한여름 숲의 푸르름이 눈을 후려칠 때 우리는 구태여 조물주의 의도를 생각하지 않아도 된다. 그것은 나와 자연과의 교감 속에 이루어지는 미학이기 때문이다. 따라서 문학이 성패도 그 미학도 작가와 작품, 작품과 독자가 만나는 그 어느 곳에서 나고 죽는 생리를 가지고 있다. 르네 웰렉을 비롯한 뉴크리티시즘의 이론대로라면 이 비중이 작품과 독자 사이로 기울어질 뿐이다.

따라서 세계 문학 속의 한국 문학을 이야기한다고 하는 것은 무슨 문화 시책을 제시한다는 것보다는 근본적으로 그것이 시책이어서는 안 된다는 데서 출발해야 된다. 작품이 독자를 만나는 것은 그것이 한국 독자이거나 세계 독자를 막론하고 많은 경우 인연에 의존하고 있다. 가장 자연스러운 인연은 전생에서 점지받은 길이다. 문득 어느 책방에서, 혹은 강의실에서, 아니면 화장실에서 읽은 신문 칼럼에서 우리는 작품을 만날 수 있다. 외국 관광 여행길에 만난 친구가 시인일 수도 있고 번역가일 수도 있다. 어느 문학 선집이나 평론에서 주워들은 시의 한 구절이 한 작가에 대한 사랑으로 발전하기도 한다. 이 많은 가능성

속으로의 첫째 길은 우선 열린 마음이어야 한다는 것이다.

한국 문학, 좀더 열린 마음으로

옥타비오 파스는 사랑이란 '자유롭게 선택한 현기증'이라는 소리를 한다. 이 말에는 사랑을 위해 필요한 첫 조건이 자유임을 강조한 점. 두 번째 것은 현기증에 가까운 자의적인 어쩔 수 없는 것으로의 진적을 지적한 점이 흥미롭다. 수전 손택이 문학평론은 차라리 작품과 독자와의 사랑 문제라고 못 박은 점을 여기 감안해 본다면, 지금 내 말이 어떤 것을 시사하고 있는지 이해가 갈 줄 안다.

한국 문학은 국제결혼에 약하다. 우리의 국제결혼 경험이란 한국전쟁 때 그렇고 그런 것, 미국 시민권을 따기 위해 그럭저럭 그런 것 정도, 그리고 조그마한 예외들이 전부다. 대부분 중매조차 거치지 않은 환경의 산물이며 환경 결정론에 지배받는 기회주의적 유물들이다. 아직도 결혼 적령기니까 결혼을 해야 되고 저쪽이 장사가 되는 풍토이고 보면 이런 방식이 한국적인 가장 강한 전통이 아닌가 생각할 때도 있다.

내 이야기는 서투른 이광수식 자유연애론을 왈가왈부하자는 이야기가 아니다. 또 서구는 자유연애가 기본이고 우리도 선진 조국을 건립하기 위해서는 선진국적 연애를 따라가서 일등국민으로서의 긍지를 살려야 된다는 등의…. 내 이야기는 이제 결혼 정책적 문화 사고에서 연애 유도적 분위기로 끌어가는 것이 사리에 맞는 게 아니냐는 말이다. 물론 이게 마음대로라기보다 인연이라는 것을 잊지 않는 한도 내에서 주장하는 것이다.

문학 전파의 경우는 일단 우리 문학을 해외로 수출한다는 입장에서 볼 때, 독자 유도 및 유혹의 극히 책략적인 면이 있다. 그러나 아무리 내 딸이 잘 되기를 바라는 것이 부모의 마음이라고 하지만 내 딸의 상판대기나 사람 됨됨이도 살펴야지 무조건 일이 성사되리라고 상상해서는 말도 안 된다. 안 될 일도 힘 좀 쓰면 된다고 하는 것이 우리의 상식의 풍토이고, 로비 활동이 모자라서 우리에게 노벨 문학상이 안 떨어진다고 하는 것이 우리의 한이라면 한마디로 환장할 논리임에 틀림이 없다.

그러면 여기서 가벼운 마음으로 어떤 종류의 문학이 서양인을 '자유롭게 선택한 현기증'으로 몰아갈 수 있을 것인가를 생각해 보자.

오르테가 이 가세트는 훌륭한 정치가는 국민 다수의 열망이 만들고 훌륭한 예술가는 독자 다수의 소망이 이룩한다고 이야기한다(《척추를 잃은 스페인》에서). 훌륭한 예술은 우선 깊이가 있고 창조적이어서 일단 대중의 접근이 어렵게 된다. 상식이 대중의 구미에 맞는 것일 때, 창조적인 것은 때로 지극히 반대중적일 수도 있기 때문이다. 이것은 독자의 열망과 사랑으로만 극복될 수 있다. 이런 사랑의 능력을 가진 독자가 많을 때 한 문화는 고도의 질적 성장을 기대할 수 있다.

이것이 한국 문학 풍토의 첫째 문제이다. 첫 번째 문제이면서 나는 요즘 추세로 대단히 긍정적으로 보는 점이기도 하다. 그 예로 각종 문학잡지의 범람, 동인지의 활성화, 베스트셀러의 다양화, 그리고 특히 시집 출판의 인기 등이 심상치 않은 새 세대의 증후로 발돋움하고 있음을 보고 있기 때문이다. 또 지금쯤 아랫도리가 잘 여문 통통한 대작, 대가가 출현할 것도 같은 기대감마저 저버릴 수 없다. 이건 나의 편견이길 바라지만 한국은 세르반테스도, 셰익스피어도, 괴테도 가지고 있지 않다. 즉 대작·대가의 결핍이 한국 문학의 한 특성이었다. 문학이 구태여 대작 중심이어야 하는가의 문제는 보다 근본적인 테마이지만 그것이 지금같이 문학 정책적 테마를 입에 올릴 때 아쉬워지는 점이다.

말을 바꾸어 보자. 어쩌면 한국 문학의 이런 대작 결핍증이 다음 세대에 한국 문학을 빛내게 할 세계적 증후인지도 모른다는 생각, 한국의 땅이 좁고, 사람이 작고 여자가 오목조목하고, 산도 오밀조밀한 것이 우리다운 게 아니냐는, 최소한 그렇게 생겨야 진짜 예쁜 것이 아니냐는 생각 말이다. 나는 서구적 기준에 맞춘 어느 미스 코리아도, 더군다나 미스 유니버스도 나의 사랑의 상대로 생각해 본 일은 없다. 여자는 역시 목소리까지 작아야 예쁘다는 것이 나의 구미이기 때문이다. 나의 구미라기보다는 세계의 구미의 하나일 것이기 때문이다. 실제로 세기 초부터 일본의 하이쿠가 그토록 서양인의 마음을 후려잡은 것도 그 겨우 5-7-5조 규모가 커서라기보다는 너무 작아서였다는 점도 생각할 수 있다. 어떻든 이건 노벨 문학상감은 아니다. 노벨 문학상은 잘난 녀석, 잘난 작품이 판을 치지, 한 민족의 서정에 대해 주어지는 일이 없기 때문이다.

이야기를 다시 원점으로 돌려 한국 문학의 두 번째 문제점을 이야기해 보자. 이것은 보다 핵심적인 테마로 한국 문학의 자유에 관한 논설이 되겠다. 문학의 자유가 사회·정치적인 요소에서 오는 것인지 우주의 신비에서 오는 것인지는 내 역량으로 구명할 수가 없다. 그러나 그것이 어느 한 곳에서 연유된 것이 아니라는 점만은 분명하다. 실제 창작자의 작품의 산실에 군림하는 신은 하도 복잡다단한 얼굴을 가지고 있어서 괴물에 가깝다. 환경의 부자유는 작가에게 자유의 한계를 감지하게 하고 자유의 윤곽을 일깨워 주기도 한다. 배고픔은 풍요에 대한 꿈을 더욱 자유의 윤곽을 일깨워 주기도 한다. 배고픔은 풍요에 대한 꿈을 더욱 절실하게 하고 더러움은 깨끗함에 대한 염원을 피부로 느끼게 한다. 이런 역설적이기까지 한 산실의 미궁은 단 한 가지, 산모의 건강과 에너지를 필수 요건으로 한다. 이 에너지는 목매달아 죽어 가는 사형수의 안간힘에서부터 정력제를 많이 먹은 부르주아지의 그것까지 또 한 번 다양하다. 다만 이 모든 것은 생명의 원초적 에너지의 발아 상태인 만큼 하늘의 푸르름처럼 번데기의 쪼그라진 모습처럼 자유롭고 무위적이다.

이렇게 일정한 형태가 없다는 것, 무위적이라는 것을 나는 창작 속의 자유라는 이름으로 부른다. 이런 자유는 그것이 비어 있는 만큼 항상 채워질 수 있다. 빈 컵이라야만 물도 술도 채워질 수 있듯이, 독자의 마음을 채우기 위해서는 다시 한 번 이런 수도승 같은 겸손함, 내용 없음, 의도 없음의 경지에 들어가야 한다. 이런 산실의 마음이 독자를 향할 때, 독자의 마음만 닿으면 채워질 수 있는 자세로인 것이다. 채워 주고 채워지는 마음은 둘이 아니라 하나다. 채워지려면 빈자리가 있어야 한다.

외국 독자가 따로 있다고 나는 생각하지 않는다. 최소한도 나의 연애에 있어서 상대에 대한 인종 차별은 없다. 흑인이 좀 냄새가 짙고 백인이 좀 노린내가 나지만 그것도 사랑하게 될 때 오히려 향기로 변한다. 언어의 장벽도 좋아하고 싶은 마음을 가로막지는 못한다. 손짓발짓이 있고 하체가 있고 꿈이 있다. 문학이 손짓 발짓을 배제한 게 흠이지만 정 다급하면 나의 손짓 발짓을, 아니면 한국어를 배우러 오라고 하라.

세계만방에 풍류도를 선언하다

풍류도 선언

1. 풍류인은 바람 가듯 물 가듯 살아가는 자유와 행복과 무병장수를 꿈꾼다.
2. 풍류인은 인생의 목표가 죽음이 아니듯, 문학예술의 목표가 작품이 아님을 안다. 풍류인은 인생의 프로, 예술의 영원한 아마추어이다. 작품에만 얽매이지 않으며, 창작 과정과 작품 모두 풍류의 터, 신바람의 발원지임을 안다.
3. 풍류인은 작가가 독자이고 독자가 작자임을 안다. 작품은 독자를 통하여 살아가고 부활하기 때문이다. 따라서 완성된 인생이나 완성된 작품, 완성된 작가는 없다. 살아가는 과정, 창작하는 과정, 읽고 즐기는 과정이 살아 있는 행복한 예술을 만든다.
4. 풍류인은 어울러 즐기는 것을 좋아한다. 자연과 인간, 사람과 사람의 만남과 어우러짐 속에서 즉흥과 대화, 집단 창작이 이루어지기를 바란다. 우리 선인들을 본받아 영산靈山 영수靈水의 좋은 기氣를 받아 함께 나누고 즐기고 예술하는 교감, 공감을 통해 좋은 기운과 좋은 예술이 탄생함을 안다.
5. 풍류인은 문학예술의 장르나 형식, 예술 하기 자체에도 구애받지 않는다. 인생을 예술로 예술을 인생으로 사는 사람이 진정한 풍류인이다.
6. 풍류인은 여자가 아름답다고 조각상을 만들거나 은행나무가 좋다고 은행나무 바둑판을 만들지 않는다. 무등이 지란을 키우듯, 적벽이 잉어를 기르듯, 화순 은행

나무가 천년 사랑 열매를 나누어주듯 영원한 양생養生의 도를 본받기로 한다.

7. 끝으로 이 선언문은 언약도 맹세도 시학도 아니다. 바람에 쓴 글, 물 위에 뜬 말. 이 선언이 나를 옥죄이거나 얽매이게 하면 잊어버리라. 잊고 또 잊으라. 이것이 진정한 풍류의 시작이다.

이상이 2007년 여름 전남 화순 적벽강에서 전국 문화 예술인 200여 명과 함께 발표한 '풍류도 선언'문이다. 지금까지 이 책의 어느 '전망'이나 이론보다는 실천이 먼저라는 생각에서 나온 실제 풍류도 선언이다. 선언에 참여한 시인 작가들은 그냥 우연히 자연스럽게 동참한 분들이지 특별한 사람들은 아니다. 그냥 취지에 동감하고 있는 예술인들. 그날은 시인인 과테말라 대사 라파엘 살라사르Rafael Salazar와 작가인 멕시코 대사 레안드로Leandro 등 외국인도 참석했고, 이 선언문은 김삿갓 시들과 함께 내가 손수 스페인어로 옮겨서, 자못 세계적 문화인 선언의 성격을 과시하려 했다. 그날 과테말라의 살라사르 시인은 "어쩌면 그리 내가 평생 생각해 온 예술론, 철학과 이렇게 일치하고 있는지 실로 감탄을 금할 수 없다"고 '풍류도 선언' 취지에 절대적 공감을 표시했다. 그 뒤 미겔 갈라네스Miguel Galanes를 비롯한 스페인 시인들이나 라울 아세베스Raúl Aceves 등 멕시코 시인들, 특히 미국 콜롬비아 대학교 명예교수인 필립 실버Philip Silver는 "20세기 초 서구 쉬르레알리슴 선언 이후 최고의 혁명적 선언문"이라고 격찬했다.

"풍류도 선언"을 생각하게 한 동기는 구체적으로 김삿갓 탄생 200주년을 맞아 무슨 그럴싸한 문화 행사를 가질 수 없을까 하는 생각 끝에 나온 것. 여러 모로 볼 때 우리 문학예술에 있어서 김병연 선생의 위치는 다시 생각해야 할 만큼 크고 위대하다. 특히 서양 문학을 본받아 생겨난 우리 신문학이 미처 경험하지 못한 서구의 데카당 문학(프랑스 퇴폐주의 예술론), 보해미안이즘의 진수를 우리 김삿갓 선생은 몸으로 표현하고 보여준 예이기 때문이다. '데카당'을 모르고 우리는 서구 현대 문학이나 상징주의를 이야기할 수는 없다. 그것은 문학예술을 도덕성이나 실용성의 잣대로 보아서는 안 된다는 미학이이다. 예술이 곧 삶이고 삶 자체가 예술이라는 가장 현대적 탐미주의가 이것이다. 예를 들어 우리가 알고 있는 보들레르나 오스카 와일드 같은 문인들….

나는 우리 김삿갓 선생에게서 서구 보헤미안이즘과 데카당의 선구자의 진면모를 보았다. 그리고 나아가서 '고갈의 문학', 혹은 위기의 문학예술이 논의되고 있는 21세기 예술의 숨통 트기 대안으로서의 '풍류도'가 생각난 것. 그때 나는 김삿갓 풍류의 미래성과 퍼포먼스 시에 대하여 궁리해 보았다. 사실 나는 이미 전에 출간한《서양 문학 속의 동양》에서 "21세기 세계문학의 비전으로서의 풍류도"를 말한 바 있다.[1] 또한《세계 문예사조의 이해》에서 〈풍류 혹은 시도로서의 문학예술하기〉[2]에서 우리나라 풍류도가 얼마나 세계성과 미래적 비전의 도인가를 말한 바 있다. 더 나아가《한국 시의 꽃과 보석*Flor y oro de la poesía coreana*》이라는 한국 고전 현대 명시선의 서문에서는 〈한국 시의 에스프리, 풍류도〉라는 글로 우리 시정신이 '고갈'에 빠져 있는 현대 예술에 얼마나 큰 대안이 될 수 있는가를 이야기했다.[3] 특히 이 책 출판을 계기로 멕시코 과달라하라 상공회의소에서 개최된 출판 기념 연설에서 300여 명에 달하는 그곳 독자들에게 커다란 감동을 안겨주었던 우리 풍류 정신의 현대성을 잊을 수가 없다.

우리 풍류도의 미래성은 이제 문학예술이 더 이상 책이나 무대, 전시관, 박물관용이어서는 안 된다는 현대 예술의 위기와 그 몸부림에 대한 해답일 수 있기 때문이다. 그 몸부림은 이미 서구 상징주의의 '저주받은 시인들', 랭보나 말라르메, '데카당'이나 보헤미안으로 19세기 말 시인들로부터 시작된다. 1863년 전남 화순 동복에서 죽은 우리의 김삿갓 또한 시대적으로나 그의 보헤미안적 행적으로 보아 서구인들의 고뇌를 앞질러간 선구자라고 할 수 있으리라.

우리의 김삿갓은 삶이 곧 예술이고 예술이 곧 삶이었던 시인이다. 19세기 말의 보헤미안이나 지난 1966년에 일어난 미국 히피가 곧 김 갓이다. 그는 히피들처럼 관료주의와 기술 문명에 저항하고, 평화주의, 극단적 자유주의, 마약 대신 술을 즐겼던 탐미주의자였기 때문이다. 물론 김삿갓은 '탐미주의자'라든가 어떤 '퇴폐주의자'라든가 하는 어떤 서구적 정의보다 우리의 풍류객이라는 말이 가장 잘 어울리는 시인이었다. 내가 참고로 하고 있는《죽장에 삿갓 쓰고

---

1 참조. 고려원, 1987, pp. 343-353.
2 참조. 문학 아카데미, 1990, pp. 319-324.
3 Cfr. Editorial Aldus, México, 2001, pp. 7-11

방랑 삼만리》의 저자 신경림도 이 점은 인정한다.

> 여기서 간과할 수 없는 것은 풍류 시인으로서의 김삿갓이다. 달과 바람과 산수는 그의 시에서 빼놓을 수 없는 요소들이다. 그러나 이러한 것들이 다른 많은 시인들에게서처럼 사람이 사는 일과 따로 떨어져 표현되어 있지 않은 점이 이 시인의 특징이다. 그의 풍류 시를 살펴보면 아름답게 표현된 산수 그 어느 한 구석에 초라한 이 시인의 행색이라든가 또는 가난하고 덧없는 삶의 조각이 떨어져 있다. 시는 시대로, 삶은 삶대로 영위해 온 다른 시인들에게서는 좀체 보기 어려운 점이라고 하겠다.[4]

그렇다. 니체로부터 문제시되어온 언행일치言行一致가 불가능한 현대인의 위선성, 삶과 예술의 불일치는 김삿갓의 삶과 시에서 최소한의 위안을 얻는다. 시인이 꼭 모든 것을 다 버리고 방랑하며 살아야 진짜라는 말이 아니다. 김삿갓은 시만을 위하여 산 프로 시인이라기보다는 시로 빌어먹고 산 풍류객이었으니까. 그에게서 그의 삶이 삿갓 하나로 지탱할 만큼 가벼웠듯이 시 또한 웃고 즐기고 떠날 만큼 가벼웠었다. 그의 '삿갓'이라는 시는 시인의 풍류가 우주의 순행과 함께 하기임을 말한다.

> 浮浮我笠登虛舟　빈 배처럼 둥둥 떠다니는 내 삿갓
> 一着平生四十秋　한 번 쓴 것이 벌써 40번째 가을을 맞는구나
> 〔…〕
> 俗子衣冠皆外飾　세상 사람들 의관은 다 겉모양으로 쓰지만
> 滿天風雨獨無愁　이 삿갓 하나 쓰면 하늘 가득한 비바람에도 나 홀로 걱정 없나니.

생활이 곧 시였던 풍류

세상사에 초연한 것을 풍류라고 생각하기 싶다. 그러나 그것은 모든 사람이 가장 중시하는 돈이나 세상의 일을 오히려 가벼이 여긴다는 뜻이지, 세상 나 몰라

---

4 참조. 신경림 편역, 《죽장에 삿갓 쓰고 방랑 삼만리》(시인사, 1980), p. 218. 앞으로의 시 인용은 이 책을 근거로 한다.

라 풍월만 읊는 다는 것으로 보면 안 된다. 이런 태도야말로 '겉모양으로' 풍류를 즐기는 사람들의 모습이다. 말하자면 기생이나 좋아하고 춤 장구, 노래, 시 짓기나 좋아하는 한량 노름이 풍류라면 그야말로 일 안 해도 먹고 사는 부자 놀음일 수밖에 없다.

김삿갓은 그럴 돈도 없이 그런 짓을 다 한 사람이다. 어떻게 보면, 일 안 하고 돈도 없이 음풍영월로 허송세월한 사람이 김삿갓이다. 김삿갓을 퇴폐주의자라고 한 것은 바로 이 때문이다. 말을 바꾸면, 인생이, 혹은 예술이 실용적이고 도덕적이어야 가치가 있다는 생각을 뛰어넘는 높은 품격과 향기를 지녔기 때문. 사람들의 통념을 깨뜨리고 김삿갓은 스스로 방랑과 고행이라는 길을 택한다. 몇 번이고 집으로 돌아가자고 회유를 했으나 번번이 도망치고 말았다고 전한다.

김삿갓의 시인묵객으로서의 행각은 그가 선택한 길이다. 그는 당당히 과거에서 장원에 급제한 장래가 보장된 선비였다. 과거에서 충의를 저버리고 비겁하게 도둑에게 항복한 김익순을 통렬하게 비난한 글로 영광을 안았다. 그리고 자기가 비난한 그분이 바로 자신의 선조임을 안 김병연. 장원은 취소되고 그는 안팎으로 시달린다. 세상으로서의 비난과 스스로의 영달을 위해 선영을 욕되게 한 죄. 그는 분연히 삿갓을 쓰고 세상을 등지고 떠돌기로 한다. 이미 결혼하여 이미 아들이 있었고, 3년 뒤 귀가하였다가 다시 집을 나간 뒤 57세로 사망하기까지 한 번도 집에 돌아오지 않았다고 한다.

따라서 김삿갓의 삶은 세상의 영욕에 대한 회의의 산물이다. 그가 집을 나선 때가 스물 둘이었으니, 그가 작은 집을 버리고 세상을, 우주를 자기 집으로 택한 것은 소극적 도피 생활이 아니었다. 특히 그가 두 번째 결심을 하고 집을 떠날 때는 자신의 타고난 기질인 풍류를 좀더 적극적으로 실현하기 위한 선택의 길이었다. 그는 세속적 삶에 대한 욕심을 줄이고 풍류를 삶으로, 시를 생활로 실천하고 살기로 한 것.

그의 풍류는 고행이었다. 김삿갓의 풍류는 돈 많은 사람의 신선놀음이 아니었다. 연속 사흘을 굶고, 곳곳에서 하룻밤 잠자리를 거절당하고, 어느 집 아궁이 속에 들어가 추운 몸을 녹이려던 김삿갓. 그는 이렇게 울고 있다.

九萬長天擧頭難　구만장천 하늘이 높다더니 머리 하나 처들 수 없고
三千地濶未足宣　넓고 넓은 땅이라더니 발 하나 뻗을 수 없네.
五更登樓非翫月　새벽에 누각에 오름은 달을 감상하기 위함이 아니요
三朝辟穀不救仙　사흘 밥 굶은 것은 신선놀음 하기 위함이 아니니.

그의 생활이 고해苦海요 고행의 연속이었던 만큼 못된 관리나 무례한 서당 훈장들에 대한 풍자시도 많다. 어렸을 때 우리 아버지가 들려준 이야기 하나. 우리 고향 능주 고을인가 어딘가에서 서당을 찾았다. 시 짓기 놀이나 하고 밥 한 술 얻어먹을까 하는 생각이었단다. 그런데 학생 몇몇이 시 짓기를 하고 있는데 선생이란 작자는 얼굴도 내비치지 않았다. 김삿갓은 신경질이 나서 슬그머니 욕 몇 마디를 써서 놓고 나왔다.

學生諸未十
先生來不謁

5언절구로 보면 "학생은 모두 열 명이 못 되고/선생은 와서 뵙자고를 않더라"는 말인데, 욕으로 읽으면 "학생은 제미(제 어미) X이요, 선생은 내 불알이다!"가 된다. 김삿갓의 기발한 풍자와 유머는 그 당시나 그 후에도 널리 세간에 퍼져 있었다. 그에 대한 기록이《해동시선海東詩選》에 남아 있고 더 자세한 것은 황오黃五의《김사립전金莎笠傳》에 있는데 '사' 자 하나가 더 있으나 김삿갓임이 분명하다.[5] 그러나 이 외에도 사람들의 입과 입을 거쳐 더러는 전해지고 더러는 지어진 김삿갓 시들이 많이 퍼져 사람들을 즐겁게 했다.

그러나 우리 민중 시인들이 민중시인의 모델로 보려하듯 그의 시에 당시 사회나 정부, 압제자에 대한 커다란 저항성이 있었던 것은 아니다. 김삿갓의 풍자와 유머는 가벼운 웃음을 선사하는 꽃일지언정 총칼은 아니었다. 풍류 정신의 가장 큰 덕목이 "물처럼, 바람처럼" 웃고 지나가는 가벼운 발걸음이기 때문이다. 가벼움과 흐름을 잃으면 풍류를 잃는다. 김삿갓의 풍자와 웃음은 인생을

5 신경림의 책, 재인용. p. 213.

이 고생과 고통의 바다에서 살짝 건져 주고 햇살을 비추는 청량제였다. 그가 떠돌이 거지 생활, 혹은 풍류 행각 속에서 자신의 삶을 노래하고, 구름 위로 웃음을 띄워 올린 것은, 그가 생활을 떠난 한량이 아니라 고통스러운 삶의 예술적 승화를 꿈꾸는 도인이었음을 보여 준다. 어느 집에서 죽 한 그릇을 얻어먹고 지은 시를 보자.

四脚松盤粥一器　네 다리 솔소반 위 멀건 죽 한 그릇
天光雲影共徘徊　맑게 갠 하늘 구름 함께 떠돈다.
主人莫道無顔色　주인이여, 부끄러워 무안해하지 마오
吾愛靑山倒水來　물속에 비치는 청산을 내 좋아하외다.

여기 저기 이 백을 비롯한 한시 인용이 눈에 띈다. 이것은 한시 짓기에서 용사用事를 비롯한 시 품격 높이기를 위해 자주 썼던 기법이다. 그러나 이것이 김삿갓의 시에서는 오랜 풍류도를 따르는 고양된 선비, 시선詩仙의 향이 묻어난다.

퍼포먼스 시

김삿갓은 쉬운 말로 즉흥 시의 대가이다. 그의 모든 시가 즉흥卽興·즉정卽情의 산물이라는 말이다. 그의 시에는 흔히 묘사하는 대상의 객관적 모습과 그 모습을 본 시인의 시적 상상이 함께 나와 있다. 이는 김삿갓의 시가 즉흥을 기저로 하면서 동시에 시 창작 행위를 자연스럽게 시로서 보여 준다는 말이 된다. 그의 송편 빚기를 주제로 한 시를 보자.

手裡廻廻成鳥卵　손에서 뱅뱅 돌려 새 알을 만들고
指頭個個各蛙脣　손끝으로 하나하나 주물러 조개 입술 만들고
金盤削立峰千疊　다 만들어 고운 상 위에 올리니, 뫼부리 첩첩 쌓인 수천 봉우리,
玉箸懸登月半輪　젓가락으로 집어 올리니 반달이 넌지시 떠오른다.

어떤가. 송편을 빚는 손길이 보이지 않는가. 각 시구의 앞부분은 모두가 송편

만들기의 현실적 상황 묘사이다. 다음은 그것을 보고 느낀 상상의 무늬들. 송편이라는 자체로 소나무 이파리로 만든 떡이지만, 송편 만들기와 자연 풍경이 이렇게 평행선을 이루며 무리 없이 하나됨이 황홀하지 않은가. 한쪽은 송편 빚어 잔칫상에 올려 하나 집어 먹는 모습이고 또 다른 한쪽은 산 속의 새와 강가의 조개가 있는 풍경, 거기 멀리 첩첩 산봉우리가 보이는데 그 위로 넌지시 반달이 얼굴을 내민다. 송편을 빚던 색시 얼굴인가, 송편 맛의 황홀함인가, 산골 마을의 풍류인가….

이것이 시 속에 나타난 송편 빚기, 시 짓기의 동시 촬영이라면, 그 밖의 많은 시들은 즉흥으로 혹은 나쁜 자들을 비웃기도 하고 혹은 어려운 송사를 풀어 주기도 한다. 그러나 김삿갓 풍류 시의 절정은 언문풍월이나 파격 시들도 재미있지만 그가 즐겨 나눈 대화 시들이다. 특히 금강산 입석봉 아래 사는 시에 능한 중을 찾아가 지었다는 대화 시는 오늘 누가 보아도 놀랄 만한 절구들이다:

僧. 朝登立石雲生足　아침 입석봉에 오르니 구름이 발밑에 일고
笠. 暮飮黃泉月掛脣　저녁에 황천 샘물 마시니 달이 입술에 걸린다.
〔…〕
月白雪白天地白　달도 희고 눈도 희고 천지도 희고
山深水深客愁深　산도 깊고 밤도 깊고 나그네 수심도 깊고

燈前燈候分晝夜　등잔 앞 등잔 뒤로 낮과 밤이 갈리고
山南山北判陰陽　산 남북으로 양지 음지 갈린다.

역시 김삿갓의 풍류는 인간적이고 맛이 깊다. 저녁에 샘물을 마시니 달이 입술에 걸리는 걸 느끼는 시인…. 스님이 득도의 경지처럼 천지가 하얀 설야를 말하니, 김삿갓은 한 수 높다. 좀더 인간적으로, 깊은 산, 깊은 밤 속에 깊은 나그네 수심을 짚는다. 이만하면 아름다운 자연 풍광 속에서 스님과 대화하는 격조 높은 풍류 맛이 손에 잡히는가.

동양 예술에서는 기운생동氣韻生動를 심미성의 최고의 경지로 쳤다. 좋은 기氣를 찾아 영산靈山 영수靈水를 찾아 생동하는 자연의 기운을 온 몸으로 느끼고

창작하던 우리 선인들. 그들은 기가 흘러서 통하는 것을 안 도인들이었으며 20세기 후반 퍼포먼스 예술의 선구자들이었다. 우리 백남준 선생을 비롯한 존 케이지 등 '다다 시인들과 화가들'(1951)이 추구한 전시회, 책 없는 행위로서의 시와 예술은 바로 동양의 풍류 미학의 영향이었다. 우리 삶이 시간 속에 진행되고 생명이 일회성이듯이 예술 또한 일회성, 생명의 흐름을 포착하자는 그들의 소망은 우리의 서도의 붓 한 번 긋기가 그 모델이 될 수 있다.[6]

김삿갓이 실행에 옮긴 그 많은 시 경합, 시 짓기 놀이는 문학이 새소리처럼 닭 울음처럼 사슴들이 뛰놀 듯이 의미 없는 생명성의 장난임을 알았기 때문이다. 그가 인생의 마지막에 풍류를 즐겼던 화순 적벽 같은 절경을 찾았음은 그 속에서 좋은 기운을 얻고 좋은 사람들과 풍류를 즐김으로서 더욱 즐겁고 오래 살고 싶어서였으리라. 풍류는 퍼포먼스 예술처럼 시나 그림이라는 결과가 주요한 것이 아니라 그 창작 과정을 중시한다, 마치 인생이 죽은 뒤 잘 살았다는 결과를 위해 살지 않듯, 예술은 작품을 남기기 위해서만 존재해서는 안 된다.

최치원 선생께서 말씀하신 풍류도는 '유불선儒佛仙'을 합친 현묘지도이다. 즉 지덕체智德體의 함양으로 화랑들처럼 좋은 지도자가 되거나, 잘 먹고 잘 사는 건강한 사람이 되는 길이 풍류도이다. 동양 문학이 그토록 중시한 기의氣意는 물과 꽃 이파리, 물 위에 뜬 꽃 이파리 같아서, 우선 꽃 이파리가 아름답게 눈에 들어오나 사실 그것을 밭치고 있는 기운이 더 중요하다.[7] 우리는 시를 쓰는 것이 낭만주의 시인들처럼 일찍 죽음에 이르는 길이어서는 안 된다. 오히려 좋은 기를 길러 건강하게 오래 사는 시도詩道, 풍류도를 부활시켜야 한다.

내가 오늘 다시 '풍류 시학'을 이야기하려 함은 이미 시작한 우리 문화 예술의 혼의 세계성과 미래성을 재고하고 다시 정리해보겠다는 취지에서다. 구태여 김삿갓 시와 시 정신에 국한하지 않고 우리민족의 혼인 '풍류도'를 다시 살피고 생각하고, 그것이 21세게 시학이나 도道, 혹은 생각 생활양식으로 서의 영양가를 가늠해 보는 것이 우리 임무이다. 나는 요즘 안호상 선생의《배달—동이는 동아문화의 발상지》[8]를 읽고 우리 문화와 풍류도 만년에 가까운 뿌리를 가지고

6 Cfr. Performance Art, in *Encyclopedia of Aesthetics*, 3(Oxford, 1998), pp. 466-474.
7 참조. 전형대 외,《우리 고전 시학사》(홍성사, 1979), pp. 56-59.

있음을 알았다. 또한 유동식 선생의《풍류도와 한국의 종교 사상》[9]을 읽고 기독교신학의 눈으로 본 우리 풍류 정신을 눈여겨보았다.

우리 '풍류도 선언Manifiesto del Fungryu-Do'은 진행형이다. 우리 문학 월간지《문학바탕》[10]에서는 매달 표지에 선언문이 나가고 있다. 참고로 '풍류도 선언' 스페인어 선언은 다음과 같다.

Manifiesto de Fungryu-do

1. El hombre que practica el Fungryu-do, o el Fungryu-ín aspira a virir siempre libre, feliz y longevo como el viento(fung)que sopla, como el río(ryu) que fluye.
2. El fungryuín sabe que la finalidad del arte no consite en una obra perfecta y bien acabada, objeto para el museo, como no consite en la muerte la finalidad de la vida. El fungryuin es profesional en vivir bien y aficionado eterno en el arte, compañera de la vida. No estamos atentos solamente a la perfección de una obra sino también y a veces más, al proceso mismo de la creación artística, porque éste es--sabemos --la ocasión y el lugar, óptimos para la práctica del fungryu-do.
3. El fungryuín sabe que él es el creador y la criatura de una obra y de una vida, al mismo tiempo. Una obra artística vive y resucita através de la lectura de los lectores receptores. Por consiguiente, no existe una obra acabada, una vida acabada, sin compartir con la vida de los otros. La felicidad en el proceso de crear solo o en la colectividad es la condición sine qua non y muy necesaria de una obra verdadera o de una vida hermosa.
4. Al fungryuín le gusta gozar de la vida y del arte, compartiendo la felicidad y alegría con todos otros. El arte verdadero consiste en vivir del hombre en armonía con la naturaleza y con los hombres. Por eso a los de fungryu-do nos gusta escribir o hacer el arte a modo de improvisación o en la colectividad, asumiendo el chi o la energía vital cósmica que se encuentra aquí y ahora en los buenos montes y en los ríos divinos, como los han hechos nuestros buenos antecesores, clásicos artistas coreanos y orientales.
5. Los hombres que practicamos el fungryu-do, no somos esclavos de los géneros literarios

---

8 한뿌리, 서울, 2006(거듭펴냄).
9 연세대출판부, 2004, 2판(초판 : 1997).
10 도서출판 문학바탕.

o artísticos, ni de las valoraciones arbitrarias, ni de nada que nos limite o categorice. Lo que nos importa verdaderamente es hacer el arte con nuestro vivir o es lo mismo, hacer nuestra vida feliz y longeva, junto con el arte.

6. El fungryuín no hace de una mujer bella una estatua, ni de un árbol de gingo bello, una tabla de ajedrez. Respetamos la gran ley de la naturaleza que anima el universo, viendo ejemplos de cómo cria las orquídeas la Codillera de Mudung, de cómo cría los barbos el Lago Chukbyuk, Corea del Sur y de cómo reparten sus frutos de amor los olivos milenarios de la Ciudad Real y los árboles de gingo milenarios de Hwasún, Corea.
7. Por último, este Manifiesto no es juramento ni poética como no lo es la escritura que se escribe en el agua o en el viento. Si este Manifiesto te esclaviza o te reprime, olvídate de esto. Olvídate y olvídate de todo aquello que te haga pensar y que no te deje vivir. Esto es el primer paso que hemos de seguir, para ser el fungryuín verdadero.

부록

- Haikaísmo en España
- Canciones de Bambú y Simbolización Fonética en F. García Lorca
- Las Imágenes del Extremo-Oriente en el Quijote
- 용어 해설

HAIKAÍSMO EN ESPAÑA*

I. Dos precursores

Antes de llegar el año 1920, fecha en que se introducirá el haikaísmo europeo en España de una manera insospechable, se ha cultivado ya en el terreno de la poesía española nuestro género en cuestión. No se trata de los "haikais virtuales"[1] clasificación fácil para abarcar todos los géneros breves e imaginísticos, escritos por los españoles, sino de aquellas obras, más o menos influídas por el modelo. Nos referimos a los casos de Juan Ramón Jiménez, a partir de "Eternidades"(1916-1917), y de Ramón Gómez de la Serna, con sus "Greguerías." Interésanos estudiar aquí el caso de estos dos precursores del haikai español, en primer lugar por su prioridad en cuanto a la asimilación del género lírico japonés y en el segundo, por su influencia ejercida como tal poeta haikaísta entre los poetas de entonces, sobre todo en los jóvenes.[2]

El suelo estaba abonado en ambos casos por sus japonerías anteriores,[3] pues el interés nunca les faltó a estos dos grandes escritores para asumir, antes que nadie, la influencia del lirismo japonés.

1. Juan Ramón Jiménez

Han notado muchos en el Juan Ramón de la segunda época la concentración y la exactitud de las expresiones, el sentimiento cotidiano y el versolibrismo.[4] Han advertido también que

---

* Artículo publicado en la Revista de Investigación de "Hankuk University of Foreign Studies", 1980, pp. 87-118.

1 Cf. Plancarte, Alfonso Méndez: Presentación(de la primera antología del haiknai hispanol), en "Hojas del Cerezo" de Alfredo Boni de la Vega. en "Abside," México. 1951. p. 418.

2 Cf. Para el caso de Juan Ramon; Diego, Gerardo: "Segunda Antología Poética," en "Revista de Occidente," tomo I. 1923, pp. 367-368.

3 Me refiero a la etapa postmodernista de ambos escritores y su exotismo.

4 Por ejemplo, Cf, Barbudo, A. Sanchez: "Diario de un poeta recién casado"(con comentarios de). Labor, Barcelona,

dichos indicios reflejan claramente el credo imaginista.[5] Para comprobar una vez más, basta hojear el manifiesto de Amy Lowell, comparando con las notas de la "Segunda Antología" de Juan Ramón Jiménez.[6] El movimiento imaginista, paralelo al orientalismo americano a nuestro ver, influyó, pues, en las obras juanramonianas a partir del "Diario de un Poeta recién casado"(1916).

Pero antes de contentarnos con estas vaguedades, vamos al grano. Cabe preguntarnos dos cuestiones fundamentales acerca del nuevo estilo que adoptará Juan Ramón Jiménez después de su viaje a América del Noroeste: uno, su "misticismo panteísta"[7] y otro, su "Hokku-like verse" en "Eternidades"(1917-1941) y "Piedra y Cielo"(1911-1918) en adelante.

El poeta andaluz-universal trae de América una nota importante que muchos han querido pasar por alto:el misticismo oriental, La prueba más tangible para ello sería la cita del Sánscrito, (traída de un texto de Tagore) en el mismo pórtico del "Diario...": "El día de ayer no es sino un sueño y el de mañana es sólo una visión..."

El andaluz-universal encuentra pues en América su gusto por el contenido oriental: allí encuentra a Tagore y poetas muy afines a éste.[8] Yeats es el primer descubridor del poeta indio, junto con Ezra Pound, su propagandista, y es América donde gana Tagore votos más fervorosos. Entre los poetas que lee Juan Ramón existe un punto común: el amor a la

---

1970, p. 11.

5 Cf. "Pero en las universalidades que sugerían Frost y Masters y en el deseo no siempre logrado del credo "imaginista" de emplear la palabra de las cosas y en muchos nuevos como el verso libre, Juan Ramon hallaba eco a sus propias ambiciones poéticas, que después del regreso a España habrían de lograrse en sus futuros versos. "De Nerns, Graciela Palau: "Vida y Obras de Juan Ramon Jimenez," "Gredos," Madrid 1957, pp. 201-202.

6 Véase por ejemplo la noción de la exactitud y la precisión y la de concentración. tan repetida en el texto: "Sencillo. Lo conseguido con los menos elementos; es decir, *lo* neto, lo apuntado, lo sintético, *lo justo*"; "concentración en el objeto o sujeto de la pasión; IV por lo tanto. exactitud en la personificación o la descripción." "...a un cerebro de precisión que no puede trabajar con ruido. Pero *el arte es ciencia* también"; "aquella exactitud absoluta que la haga desaparecer. dejando existir sólo el contenido "ser" ella el contenido"(*op. cit.*, pp. 261-263). Compárese con las frases de Amy Lowell: "1) To use the language of common-speech, but to employ always the "*exact*" *word, not the-nearly-exact*, nor the merely decorative word." 4) To present, an image(hence the name, "Imagist"). We are not a school of painters, but we believe that poetry should render part iculars, *exactly* and not deal in vague generalities. however magificent and sonorous," "Finally, most of us believe that concentration is of the very essence of poetry." Cf. Tendemcies in Modern Poetry, New York. 1979, p. 239. Los conceptos de exactitud y concentracion son algo diferentes entre ambos casos, sin embargo. son parecidos en general, en cuanto a su planteamiento o enfoque.

7 Denominación global a los elementos del pensamiento oriental. en Juan R. Jiménez.

8 Los poetas americanos. preferidos por Juan Ramon Jiménez: Edwin Arlington Ro binson, Yeats, Robert, A. E., Francis Thompson, Whitman, Gerard Manly Hopkins, Emily Dickinson y Robert Browing. (Cf. la Revista Mejicana. "El Hijo Pródigo," núm. VI(septiembre). 1943, citado por Barbudo. A. Sanchez, *idem.*) Y fijense en la inclinación de estos poetas al misticismo panteísta(Whitman, Hopkins, Yeats, Emily Dickinson, etc.).

naturaleza y el misticismo, no siempre cristiano; elementos muy afines al pensamiento oriental. El poeta moguereño intuía algún parentesco entre la poesía angloamericana y la del Oriente. Prueba de ello es que el poeta habla, a propósito de prologar "Presagios," de Pedro Salinas, así:

"Presagios" me ha ganado desde el primer estado 'sentimiento' que 'emana, ' de ese que nos llena el 'corazón' pensativo' para siempre. No sabe usted qué alegría tengo de poder dar en "Indice" un libro así, tan raro en este' momento en España y de fuera —exceptuando Oriente, Irlanda y los Estados Unidos—, libro de 'maestro interior' sin otra palabara que la exacta para el sostén expresivo..."[9]

La ecuación establecida por Juan Ramón entre Oriente, Irlanda y los Estados Unidos, significa algo más que una pura coincidencia, porque estos señalan el norte del gusto juanramoniano de aquel entonces. ¿Qué podría ser una ecuación que puede haber entre un Tagore (Oriente), un Yeats (Irlanda) y una Emily Dickinson y un Walt Whitman (Estados Unidos)? ¿Nos equivocaríamos si lo interpretásemos como un misticismo afin a lo oriental? De esta manera, encuentran su unidad nombres tan heterodoxos en el "corazón pensativo" del poeta místico español.[10]

Sin embargo, hay otro elmento, todavía más importante para nosotros, entre los que se encuentran en la maleta del "poeta recién casado," después de su viaje a América. El cambio más notable que sufre la poesía juanrarnoniana de la segunda época consiste en el estilo, o sea, en esa otra forma de expresar. Jiménez, en una carta a Luis Cernuda declara:

"En 1916, insisto, ví...que la lírica latina, neoclasicismo grecorromano total, no es ol mío; que siempre he preferido, en una forma u otra, la lírica de los nortes, concentrada, natural y diaria."[11]

¿A qué sector o faceta de "la lírica de los nortes" se refiere eso de "Concentrada, natural y diaria"? ¿No se referirá a esos elementos de la poesía oriental, filtrados en los imaginistas norteamericanos? Lo cierto es que aquí no dice casi nada Juan Ramón sino algo que habia olido en el ambiente poético de entonces.

A propósito, es de advertir una coincidencia del estilo del "Diario" con ciertos diarios de los escritores medievales japoneses, que ya estaban traducidos al inglés, por ejemplo, con "The Tosa Diary"(1912) vertido por Porter.[12] La novedad y originalidad que aporta

---

9 Citado por De Nemes. Graciela Palau, *idem*, p. 242.

10 La aparición de los elementos panteístas. ya en el- "Diario..." la ha notado A. Sanchez Barbudo. *Cf. Idem.*

11 "A. Luis Cernuda," en "El Hijo Pródigo." *op. cit.*

el "Diario" juanramoniano consiste en el estilo del diario, lleno de notas impresionistas sacadas de la realidad inmediata del contorno cercano y en esa mezcla de la prosa y verso libre en un libro que significa, al fin, y al cabo una unidad. El esquema significativo del "Diario," o sea el viaje por el mar, diario en prosa y en verso, encontrará muchos antecedentes en los diarios orientales clásicos.

"The Tosa Diary" trata concretamente un viaje por el mar que hace Ki No Tsurayuki, su autor, en el camino de vuelta a Kioto después de terminar cuatro años de servicio corno funcionario. Aston escribe sobre la importancia estilística del libro:

"The Tosa Diary" is a striking example of the importance of style. It contains no exiting adventures or romantic situations; there are in it no wise maxims or novel imformation; its only merit is that it describes in simple yet elegant language, and with a vein of playful humour, the ordinary life of a traveller in Japan at the time when it was written."[13]

No creo que el poeta español haya leído dicho libro porque el diario japonés tiene poco que ver, excepto el esquema que hemos presentado, con el contenido del diario español. Sólo quiero decir que ese estilo ya estaba en el aire de la época, aún sin olvidar "Can Grande's Castle" de Amy Lowell, en que se mezclan también "la prosa polifónica" con los poemas para describir un viaje por el mar.[14]

En cuanto a nuestro tema central, o sea "Hekku like poems," podríames buscar fuentes en los poetas estudiados anteriormente; concretamente en Fletcher,[15] Lowell, Pound, etc. Sin embargo, Jiménez no hizo suyo el estilo de haikai hasta que descubriera el ejemplo en su admirado colega indio.

R. Tagore escribe, cuando viajaba por América el poeta andaluz, unos versos semejantes al haiku,[16] que recogerá el matrimonio Jiménez en "Pájaros Perdidos,"(1917). No es casual que los libros de Juan Ramón escritos en estas fechas ("Eternidades," y "Piedra y Cielo," posteriormente "Canciones") fueran influídos por el estilo del poeta bengalí. Juan Ramón denomina el estilo de "Pájaros Perdidos" como aforismo. aunque él mismo sabe que el carácter del mismo se asemeja notablemente al haikai japonés. Además dicho libro está

---

12 "Fronde" London, 1912.

13 *Op. cit.*, p. 75.

14 Cf. The complete Poetical Works of Amy Lowell," *idem.* pp. 166-167. en que se nota la inspiración oriental de la obra.

15 Cf. "Fletcher: Japanese Prints," en "Amy Lowell: Tendencias in Modern American Poetry," *op. cit.,* pp. 336-341. Amy Lowell explica por su parte los haikais de Basho.

16 Cf. Caballero, Agustin: Prólogo, obra escogida de R. Tagore, "Aguilar," 1964(7 a edicion), pp. 13-55, especialmente p. 48.

dedicado expresamente a un poeta japonés.

La influencia de "Pájaros Perdidos" en los libros mencionados del poeta andaluz-universal fué señalada a su tiempo por el ilustre crítico de la época, Cansinos-Assens:

"...así el poeta Juan Ramón Jiménez, que en el Diario de un poeta recién casado(1914). (sic)" se inclina a un humorismo nuevo en él y cultiva la imagen gráfica y caricaturesca;y en "Eternidades" y "Las piedras Hambrientas"(1918) aspira al poema cerrado como un orbe dionisíaco y un versolibrismo, en el que la expresión se hace tenue y sutil, como un dibujo trazado con sombra. Pero Juan Ramón aun en estas transfiguraciones, conserva siempre su "pathos" romántico, su sentimentalismo juvenil de "Rimas" y "Arias tristes," y si alguna vez logra el capricho mórbido y el rasgo fantasista, en geneal, consigue la nueva dimensión extremando la espiritualidad de sus intuiciones, atinando su técnica simbólica y llevando de un dulce rocío índico los colores de sus antiguas flores. Porque, al traducir a Rabindranath Tagore, algunas de las virtudas búdicas del poeta indio se le comunicaron en una transfusión inadvertida, pero tan eficaz que alguna vez pasan ahora a su obra rasgos de una semejanza fraterna que maravillan y desorientan, Así en el poema inscrito en el pórtico de ese palacio de ternura que se titula "El cartero del Rey," y así también en muchos instantes de sus últimos libros "Eternidades" y "Las piedras hambrientas," en los que parece haber fructificado el arte epigráfico y sutil con que Tagore raya las páginas de "Pájaros perdidos." En esta su última manera redime la técnica de Juan Ramón Jiménez de muchos perjuicios estéticos, se despoja de cáscaras, se hace más monda y nos entrega casí el alma, la blanca almendra que se desangra en zumos."[17]

Aunque el tagorismo en la poesía de Juan Ramón ha sido tema de muchas discusiones arduas.[17] me parece que la deuda del poeta moguereño con el bengalí, en este caso es evidente. Aun descontando el parentesco que puede haber en la traducción y la composición de los versos, por ser del mismo autor (por consiguiente el mismo estilo),[18] el haikai "aforístico" y "epigramático" del poeta indo encuentra en las breves composiciones poemáticas de Jiménez un hermano consanguíneo.[19] El mismo Gerardo Diego, hasta ahora, negador de

---

17 En favor; Cf. Cansinos-Assens, R: La nueva literatnra III, Madrid, 1929. Hyun-Chang Kim: "Tagore y Juan Ramón Jiménez"(tesis inedita); Martínez. J. Manuel: "Rabindranath Tagore o el ansia de Dios," en "Oriente," Madrid, num. 46, V -1959, pp. 95-97. En contra: Gerardo Diego: "Tiempo y Música en Tagore" en "Boletín de la Biblioteca de Menéndez Pelayo," 1963, año XXXIX. num. 4, pp. 271-291.

18 Cf. Diego, Gerardo, *ibidem.* p. 284, "falsa especie de influencia...."

19 Se ha estudiado la influencia de "Los pájaros perdidos" en Juan Ramón Jiménez por R. Johnson, Cf. Jackson, Richard: "The Gregueria of Ramón Gómez de la Serna, Antecedents and Originality," en el "Symposium," invierno 1967, p. 295.

la influencia de Tagore en Jiménez, reconoce latentemente una similitud en cuanto al uso de epigramas y aforismos tanto en la poesía como en la prosa:

Si volvemos a la comparación con Juan Ramón Jiménez, el poeta de "Canción" o de "Piedra y Cielo," libros más o menos epigramáticos, Rabindranath Tagore nos ofrece ambigüedades similares de verdadera denominación. Recordemos dos ejemplos contradictorios de Juan Ramón. "La rosa, ¿cómo puede estar vestida y desnuda a un tiempo? Esta maravilla de poesía" ¿dónde la sitúa el poeta?. No en un libro de poesía sino en una serie de aforismos. Es pepita de pensamientos, lección de forma y fondo, ¿pero no es también plena desnudez de auténtica poesía, llena de emoción natural y humanísima? En cambio, la famosa frase: "No le toques ya más, que así es la rosa." Que se diría un consejo moral de artista o artesano a sus discípulos, resulta que para Juan Ramón es poema precisamente sobre el tema y que lo escribe en dos versos.[20]

El aforismo de Tagore no es un aforismo como tal, sino "haikaizado," o en otras palabras, poetizado y el de Juan Ramón, también. El haikai tagoreano tiene un carácter inconfundible respecto al haiku propiamente dicho, particularmente por su emotividad, más bien expresa, o por su sentimentalismo y por su contenido intencionadamente intelectual y moralizante.

Los puntos en que coinciden el haikai del poeta indo y el del español están precisamente en esos deslindes, o en sus diferencias respecto de su modelo; v. gr.: el sentimiento cósmico trenscendental, explícito; la personificación de la naturaleza, constante en Tagore y en Jiménez pero no demasiado frecuente en el modelo; carácter aforístico, epigramático y sentencioso; la intencionalidad expresiva de la imágenes y metáforas, en contra de la sugestividad ligeramente orientadora del modelo.

Ya hemos hablado del parecido entre "No le toques ya más,/que así es la rosa," y "Tocando, puedes matar; retrayéndote, puedes poseer," de Tagore.[21] Y esta vez, no es el parecido, sino la diferencia en cuanto a su modelo japonés; véanse estas sentencias de ambos poetas, que ya no tienen nada que ver con el haikai:

Leemos mal el mundo, y decimos luego que nos engaña.
(Tagore)
Es verdad ya. Más fué
tan mentira, que sigue

---

20 *Op. cit.,* pp. 289-290.

21 Cf. nuestro estudio sobre el budismo zen en Juan Ramón Jiménez: "Lo Driental en la poesia espanola contemporénea"(inédita).

siendo imposible siempre.
(Jiménez)

La importancia de "Pájaros perdidos" como patrón de ciertos haikais españoles, junto con las obras mencionadas del poeta moguereño, queda fuera de la duda. Gerardo-Diego, sin ir más lejos, menciona en dicho ensayo "Pájaros perdidos" como obras que "más le acercaría a la mente eurcpea[22] por su "tanto tesoro de fantasía, meditación y experiencia todo ello exento de forma aparente poética, es sin embargo, poesía, casi poesía pura."[23] "Tagore fué entonces (hace casi medio siglo) para muchos lectores una revelacióny después de algunos lustros de moda orientalista hasta en la tonadilla y el baile, su poesía y sus personajes encontraban campo abonado en la sensibilidad impresionista del europeo, que vería descubriendo año tras año los atractivos exóticos y por momentos demasiado fáciles y sospechosos, de tales tesoros de Oriente.[24]

Los poemas del poeta andaluz-universal en su segunda época se han considerado como "haikais" o "poesía japonesa" por los críticos de la época: Gerardo-Diego, esta vez, crítico de la "Segunda Antología Poética" de Juan Ramón dice, refiriéndose a los poemillas de "Eternidades" y de "Piedra y Cielo": "Esta tendencia a la copla, al epigrama a la célula (antología alejandrina, poesía japonesa)[25] Y Díez-Canedo señala el haikaísmo en Juan Ramón, citando una obrita de "Eternidades":[26]

¿El lucero del alba?
¿O es el grito
del claro despertar de nuestro amor?

2. Ramón Gómez de la Serna

La relación genealógica del origen de la "greguería" con el haikai es difícil de probar, si no improbable, por la sencilla razón de que la greguería tenía una fisonomía suficientemente formada, cuando estaba de moda el haikai en Europa(1920). Lo que influye en Ramón para teorizar su género inventado y con ello, tomando parte de la fisonomía fundamental de la

---

22 Diego. Gerardo, *Idem.* p. 290.
23 *Idem.* pp. 277-278.
24 *Idem.* p. 283.
25 Diego. Gerardo, *op. cit*, p. 368.
26 Diez·Ceanedo, E.: "Haikais" en "La Vida Literaria," El semanario "España," 9-X-1920. año VI, núm. 284, pp. 11-12, especial-mente p. 12.

greguería es ese otro tipo del orientalismo: el exotismo y el budismo teosófico y zen. Dicho de otro modo, la greguería tenía desde el principio una condición muy favorable para dejarse influir por el haikai; sin embargo, el mismo género no deriva de ningún tipo de poesía japonesa.

Ramón debió conocer el haikai o el uta japonés, antes de llegar la moda a España, porque su empeño exotista de relacionar su género invented con algo japonés es cosa que va desde 1918, fecha en que sale su primer libro de greguerías de fisonomía bien formada. Hemos citado ya varios ejemplos; entre ellos, cabe recordar estos dos:

"La greguería es como esas flores de agua que vienen del Japón, y que siendo como son unos ardites, echadas en el agua se esponjan, se engrandecen y se convierten en flores."

"...Greguerías, "Gregue" como yo las llamo en la intimidad, sino ante el cual he sospechado si será un signo japonés con su significado genuino, un significado que debe definir mejor que eso de "Greguerías" el nombre de ellas."

Aún sin descartar la posibilidad de que Ramón, al escribir estas líneas, tenga en la mente, la poesía japonesa, podemos citar como posible fuente de su información sobre el "uta" la reseña que hace Díez-Canado. sobre greguerías, mencionando el citado género japonés.[27] Además, en los libros de Hearn figuran los haikais traducidos por Cansinos-Assens. Su condición del vanguardista nato y contactos frecuentes con el círculo literario francés, por ejemplo, con Jean Cocteau, Max Jacob, etc.,[28] nos pueden servir también de fuentes posibles.

En los momentos del haikaísmo en España (1920-26) las greguerías se adelgazan notablemente y asimismo se hacen más líricas. "El alba y otras cosas" nos ofrece unos pasajes. que recuerdan el haikai por su imaginismo paisajístico:

> Los árboles se mueven en el alba con meditativo cabeceo.
> La tarde estaba vestida de mandarín.[29]

Ya no es necesario discütir si el Ramón de esta época conoce o no el género lírico japonés, porque las mismísimas revistas en que él colabora ("España" y "La Pluma"), protagonizarán el haikaísmo en España.

Sin embargo, tengo que confesar que el dato más positivo o la mención directa del haikai en el prólogo de su libro de greguerías data de la fecha ya muy tardía: libro "Flor de Greguerías"

---

27 Cf. Apéndice de "Automoribundia" p. 172, "la gracia, alada de estas diez líneas. comparable a la "u ta" japonesa..."

28 Para la influencia de los escritores franceses véase Gómez de la Serna. Gaspar: "Ramón (Obra y vida). "Taurus," Madrid, 1963, pp. 105-106.

29 "Editorial Saturnino Calleja," Madrid, 1923, pp. 26, 96, respectivamente.

fechado en 1935.[30] Veamos:

"Si la greguería puede tener algo de de haikai, pero es haikai en prosa, así como es una kasida menos amorosa que la kasida.

No obedece a esa sujeción de diecisiete sílabas del haikal repartidos en tres versos en columnas:

5
7
5
—
17

El haikai es sólo rocío de greguería, seda de una oruga que se nutría como de hojas de morera de hojas de greguería.

Nubes de flores.
¿La compaña de Uyeno?
¿La de Asa Kusa?

¿Vuelven al tallo
las hojas desprendidas?
Son mariposas.

Siembra de ensueño
para todos de día:
Luna de otoño.

Brisa marina.
En la vacía barca
Un cangrejito.

La greguería tiene menos retintín de cristal y menos boca chica de epigrama sentimental. No puede ser escrita en abanicos.[31]

No es ni demasiado poético, ni lo demasiado chabacano. Por ejemplo: el tipo de greguería de que debe defenderse la greguería es de la que proclama que "La sopa de letras es buena

---

30 "Espasa-Calpe," p. 240.

31 Es curioso observar la insistencia ramoniana sobre el "haikai escrito en abanicos." Véase también su descripción-del café Lhardy y sus "ay-kay"(sic) escritos en los "pay-pay" "Biografías Completas." *op. cit.,* p. 1346.

para analfabetos."[32]

Ahora, es cosa segura que Ramón se interesa declaradamente por el haikai a partir de este momento. "Total de Greguerías" nos ofrece ya una visión completa, no sólo de sus greguerías sino también de su relación con el haikai. Las variantes o ampliaciones del texto de "Total de Grequerías," respecto del primer texto (1935), son éstas:

1) Cita a André Breton para traer al "apóloge zeno" de Basho, ya citado anteriormente por nosotros.

2) Añade más haikais, sustituyendo a otros anteriores: quita, por ejemplo, "Nubes de Flores.". . y añade:

> Luna velada...
> Es vieja el agua
> en que salta una nutria.
>
> Un grano de arena
> en la concha:
> playa dorada.
>
> La hora en que el canto de las cigarras
> es tan fuerte,
> que las ramas de bambú
> tiemblan.
>
> El ave y el pez lloran.
> La primavera nos abandona.
>
> Al caer la camelia
> saltaron una gotas de agua fresca.
>
> El gran espejo me mira con sus ojos glaciales de destino.

3. Pone más comentarios, por ejemplo:

"El Oriente y el Occidente se abrazan en la greguería."

"Pero agün siendo tan otro género que la greguería (se refiere al haikai) los plagiarios prefieren decir que son influídos por los "haikais,"[33] sin que les sirva mucho eso porque

---

32 *op. cit.,* pp. 16-17.

33 En "Total de Greguerías," el haikai se eseribe con "kaikai," i errata de imprenta?

la metáfora que copian es la metáfora castellana fuerte y desnuda."[34]

Y ahora, el libro tiene imnumerables alusiones al haikai en sus propias greguerías, v. gr.:

"Los haikais son telegramas poéticos."

"Con el dolor que hay en el !ay! se puede hacer un hai-kai."

"¿Por qué los japoneses pillan tan bien lo poético?. Porque son cazadores de libélulas."[35]

"Lo que más le duele al árbol que cercenan es que el hacha tenga mango de palo."[36]

Total, las greguerías ramonianas no han nacido bajo la influencia del haikai, pero sí han crecido, nutriéndose de sus savias. La influencia fué relativamente tardía, como hemos observado. Sin embargo, su exotismo de temas japoneses, y chinos y el pensamiento teosófico y Zen, innatos en las greguerías, junto con el carácter fragmentario de éstas, han hecho creer, desde fechas muy temperanas, de Ramón un haikaísta ejemplar.

Las greguerías, antes de que en éstas influya el haikai como tal, han influído por su parte, como modelos del haikai hispano, en otros haikais escritos por los autores españoles e hispanoamericanos. El parentesco La relación del haikai y las greguerías se menciona muy frecuente en varios autores. Luis Cernuda dirá, por ejemplo:

"haikai, cuya moda había llegado a nuestra poesía, favorecida por las greguerías de Gómez de la Serna"[37]

Carlos García Prada dice:
"muchas greguerías son verdaderos haikais"[38]

Y otros sospechan aún:

"Ramón Gómez de la Serna, Spaniard, lays c1aim to having invented his greguería around 1910. They are straingely similar to the haikais..."[39]

Finalmente un diccionario:

"El haikai: Breve poema japonés de 17, sílabas, cuyo tema es un estado de la naturaleza

---

34 Las citas proceden de, *op. cit.,* pp. 26-37.

35 Alude al haiku de Chiyo: "El cazador de 1icélulas/hasta que región/se me habrá ido hoy...? "Rodríguez Izquiero. F., *op. cit.,* p. 307.

36 Resonancia del haiku de Tagore: "El hacha del leñador pidió su mango al árbol, y el árbol se lo dió," *op. cit.,* p. 33. Las greguerías citadas pertenecen a las pág ines 173, 1196, 1358 176, respectivamente.

37 "Estudios sobre Poesía española contemporánea," "Edicione Gudarrama," Madrid. Bogotá. 1957, p. 115.

38 Prada Carlos García: La poesíaimaginista y el Haikai, en "Letras Hispanoamericanas" Madrid. 1963, 2a. series, p. 100

39 Palabras de Sarah M. Eason, citadas por Richard L. Jackson en "The Greguería of Ramón Gómez de la Serna: Antecedents and Originality," en "Symposium," Carleton Univ., invierno-1967, p. 295.

o una metáfora. Se parece mucho a la moderna "greguería"."[40]

Si en realidad ha sido muy grande la influencia de la greguería ramoniana en la poesía española e hispanoamericana[41] es por lo que ésta tiene del haikai, o por su "rocío de greguerías," según su propia definición. "El espíritu de la prosa" que tiene la greguería ramoniana, tal vez no haya podido desbordar su linde para dejar su influencia directa en la poesía contemporánea;[42] sin embargo, ¿quién ignora lo mucho que tiene de poesía la prosa de la época, no sólo de Ramón, sino también de Gabriel Miró?.[43] He aquí la razón por la que pudo influir la greguería como modelo del haikai hispano, aunque los plagiarios seguirán prefiriendo decir que son influídos por los haikais.

II. Noticias del Haikaísmo Occidental en España

La introducción del haikaísmo en el ámbito español tiene más o menos tres etapas o caminos bien distinguibles. La primera trata una etapa en la cual es proragonista José Juan Tablada, primer haikaísta de la lengua española con su "Un día..." A Tablada se le conoce ya en la España de 1919, como autor de "Poemas sintéticos." La segunda etapa pertenece a la de la introducción de los imaginistas americanos en España, que tendrá lugar aproximadamente a fines del año 1919. Y la última etapa, la más importante, es el momento en que repercute en España la noticia del "año del haikai" francés.

La primera noticia que concierne directamente al haikaísmo, o sea, esa manera de escribir los poemas a imitación del haiku japonés, es la de Refael Cansinos-Assens en "Cervantes," en enero de 1919. El líder, entonces, del grupo ultraísta, recién nacido, o su animador, traduce esta vez el prólogo de "Le Cornet á Dés" de Max Jacob, con el fin de enseñar a los jóvenes vanguardistas cómo es el estilo poético "novísimo" para guiarse.[44] Lo que ocurre es que

---

40 Ruiz, Luis Alberto "Diccionario de la Literatura Universal," tomo II, Buenos Aires(Editorial Raigal), 1956, p. 2.

41 Cf. Jackson, Richard L.: "Apuntes sobre la lengua gregueristica en la poesía contemporánea hiapanoamericana," en "Hispanófila", año X, septiembre-1966, pp. 49-53. Gómez de la Serna, Gaspar, *op. cit.,* pp. 103-108. Vide la, *op. cit.,* pp. 17-24.

42 Cf. Hierro, José: "El primar Lorca," en "Cuadernes: Hispano-arnericanos," Madrid, agosto-septiembre, núm. 224-225, pp. 432-462.

43 Cf. Guillén, Jorge: "Lenguaje y Poesía." "Alianza Editerial," Madrid. 1961, pp. 145-179.

44 El ilustre crítico dice como nota: "Les he traducido porque tienen el valor de un manifiesto literario y definen un género cultivado en poesía por novísimos "cr easionistas" como Reverdy, Cendras, Huidobro, y otros...Cf. La novísima literatura francesa" en la revista referida. pp. 55-61.

en este prólogo, el poeta francés declara en favor del haikaísmo, o de la brevedad de las obras. Dice textualmente:

"No suelen estimarse más que las obras largas; pero es difícil conservarse mucho tiempo hermoso. Puede preferirse un poema japonés de tres versos a la "Eva" dc Peguy, que tiene 300 páginas;..."[45]

Cansinos-Assens añade que ha traducido ya algunos fragmentos de dicho libro en la revista "Grecia," 1919, lo cual quiere decir que ya en el umbral de este año se ha hecho visible ese tipo de poemas parecidos al haikai en España.

1. Haikais de Juan Tablada en España

Aún antes de salir a la calle el primer libro de haikais de Tablada se conocen esas mismas obras en España. La revista "Cervantes" se encarga, esta vez, de divulgar los poemitas japoneses del poeta mexicano.

César E. Arroyo menciona en marzo de 1919 a José Juan Tablada entre "Modernos poetas mexicanos," diciendo:

Y otras, el Japón suntuoso y milenario: el espejismo ilusorio de un sueño de opio, en el que se confunden pagodas y volcanes, gheishas y crisantemos, dragones y lotos en un paisaje de laca, no por extraño menos real, pues este poeta (Tablada) ha vivido en el Imperio del Sol Naciente, y es un niponófilo sincero, hasta el punto de exclamar en una estrofa:

> ¡Japón! Tus ritos me han exaltado
> y amo ferviente tus glorias todas:
> ¡yo soy siervo de tu mikado!
> ¡yo soy el bonzo de tus pagodas! ...[46]

Y cinco meses después, escribe otro artículo[47] sobre la evolución reciente de Tablada, en el cual traerá junto con una carta de Tablada unos cuantos haikais del primer haikaísta en la lengua castellana. En la carta Tablada dice:

"Tengo en prensa, en esta ciudad (Caracas), en estos momentos, dos nuevas obras de versos: "Un día...(poemas sintéticos)" y "Li-Po (poemas ideográficos)," que en su

---

45 *Idem* p. 57, Texto original: "Il est difficile d'être-longtemps beau. On peut préférer un poéme japonais de trois lignes à l'Eve de Péguy, qui a treis cents pag es," citado por Schwartz, *op. cit.*, p. 216.

46 En "Cervantes," Madrid, marzo 1919, pp. 89-94.

47 "La Nueva poesía en América, la evolución de un gran poeta," en "Cervantes," agosto 1919, pp. 103-113.

oportunidad tendré el gusto de remitir a ustedes."[48]

Seguidamente el articulista anuncia haber recibido unas cuantas, así:

"Nos remite la bellísima poesía inédita, "Lavándula," que tenemos el honor de reproducir en otro lugar, y dos números de "Actualidades," de Caracas, en las que aparecen originalísimas poesías ideográficas y sintéticas, admirables dentro del "Ultra literario y purificador."[49]

Arroyo dice en dicho artículo:

"Y triángulo excelso, tres grandes artistas son en los vastos dominios de la lengua castellana, los portaestandartes del arte nuevo: Rafael Cansinos-Assens, en España y Vicente Huidobro y José Juan Tablada, en América."[50]

El articulista entusiasmado explica el nuevo estilo de Tablada:

"En sus poemas sintéticos, el artista llega a una suprema consición y a una suprema sencillez: poemas de tres versos de arte menor que dan una impresión, una vibración de idea y de vida, que no hacen sino surgir una emoción, que el lector hará suya y ampliará después, llegando a tener la ilusión de que no fué por nadie transmitida, sino que surgió en suyo."[51]

La revista trae unos once haikais de Tablada, aparte del poema "Prólogo," que es toda una poética del haikai:

Arte, con tu áureo alfiler
Las mariposas del instante
quise clavar en el papel.

A la planta y el árbol
Guardar en estas páginas
Como las flores del herbario.

En breve verso hace lucir
Como en la gota del rocío
Todas las rosas del jardín.

Taumaturgo, grano de almizle
Que en el teatro de tu aroma
El pasado de amor revives.

---

48 *Idem.* pp. 106-108.
49 *Idem.* p. 108.
50 *Idem.*
51 *Idem.* pp. l08-111.

Parvo caracol del mar.
Invisible sobre la playa
Y sonoro de inmensidad[52]

Los poemitas selecionados constituyen una sucinta antología del nuevo género, que por sí puede dar una información suficiente de lo que es el haikai de Tabalada: incluye aparte de "El Saúz," ya citado, estas obritas:

Las abejas

Sin cesar gotea
Miel el colmenar.
Cada gota es una abeja.

El insecto

Breve insecto, vas de camino,
Plegadas las alas a cuestas
Como alforja de peregrino.

El bambú

Cohete de larga vara,
El bambú apenas sube, se doblega,
En lluvia de menudas esmeraldas.

Caballo del Diablo

Caballo del diablo.
Clavo de vidrio,
Con alas de talco.

Pavo real.

Pavo real. largo fulgor.
Por el gallinero demócrata
Pasas como una procesión.

La garza

Clavada en la saeta
De su pico y sus patas
La garza vuela.

---

52 *Idem.,* p. 112.

Violetas

Apenas la he regado
Y la mata se cubre de violetas
Reflejos del cielo violado.

La Tortuga

Aunque jamás se muda
A tumbos, como carro de mudanza.
Va por la senda la tortuga.

El murciélago

Los vuelos de la golondrina
Ensaya en la sombra el murciélago
Para luego volar de día?

El cisne

Al lago. al silencio. a la sombra.
Todo candor el cisne.
Con el cuello interroga...[52]

César E. Arroyo menciona por último la influencia de "Historias Naturales" de Jules Renard y "Lettre Ocean" de ApoI1inaire en los libros mencionados.[52]

Posteriormente, Tablada encuentra en Diez-Canedo el mejor propagandista de sus haikais. Díez-Canedo escribe "Tablada y el Haikai" en el que resume a modo de crítica todos los libros del haikai que ha escrito el poeta mexicano.[53] Respecto de la calidad de los haikais de Tablada, dice el crítico:

"Los haikais de Tablada apresan al vuelo-creemos que basta lo citado para hacerlo evidente-algunas imágenes en que tiembla la poesía de lo vivo."

A partir de 1919, aparecen en las antologías algunos haikais de Tablada.[54] y a éste se le trata como un "joven poeta mexicano" por su entusiasmo renovador:

"Las novísimas tendencias del poeta José Juan Tablada (nacido en 1871) se dan cabida en esta sección de poetas jóvenes."[55]

---

53 Artículo recogido en "Letras de América," Estudios sobre las literaturas continentales. "El Colegio de México," México. 1944, pp. 216-221. La cita: p. 219.

54 Cf. "Lírica Mexicana. antología publicada por la legación de México con motivo de la Fiesta de la Raza. 12-0c tubre-1919" pp. 210-216.(Tablada).

55 Citado por Hêctor Valdês en el prólogo de "Obras." *op, cit.,* p. 23. Se refiere a "Antología de jóvenes poetas mexicanos"

Ya los buscadores de la novedad en España tendrá al alcance de sus manos unos cuantos poemitas japoneses de Tablada sin mucha dificultad.

2. El Haikaísmo angloamericano en España:

John Brown señala el año 1920 como fecha-clave para el comienzo de "un movimiento de interés por la literatura americana"[56] en toda Europa. En cuanto a España. es Henríquez Ureña el que opina lo mismo, aunque con una fecha más adelantada. o sea, alrededor de 1919.[57]

Diez-Canedo, primera autoridad en el círculo literario de la época, trata esta vez la literatura americana actual. El ilustre crítico y poeta publica en el semanario "España" una serie de artículos sobre los "poetas modernos," inc1uyendo W. B. Yeats, Richard Aldington, etc.[58] Y en 24 de julio de 1919, presenta a los "poetas de los Estados Unidos" de una manera concisa, pero rica de contenido.[59] Trata principalmente los poetas imaginistas en que no faltan alusiones al orientalismo de ciertos poetas. Menciona a Amy Lowell, John Gould Fletcher, autor de "Irradiations." Frost, Masters, Carl Sandburg y dedica una explicación bastante extensa a Ezra Pound:

"Ezra Pound ha logrado una popularidad literaria, si puede pasar la expresión; como dice Carl Sandburg "en toda conversación acerca de la literatura se va a parar a Ezra Pound. Conocedor de literaturas extranjeras (la francesa, la italiana, la latina; ha traducido a Propercio y a Guido Cava1canti, los "No" japoneses Y los poetas chinos según versiones de Ernest Fenollosa; hasta hay en alguno de sus libros cierta adaptación de un villancico de Lope), en las poesías de Ezra Pound hay siempre un tejido de alusiones sutiles, un resplandor intelectual, compaginado, no siempre a derechas, con atrevimiento en la forma expresiva que le ha llevado a ser como el eslabón que une a los versclibristas del "imaginismo" con la "tribu nómada y sin principios de 'otros'". Estos 'otros', denomindos así por su revista "Others," hoy desaparecida, se agruparon alrededor de Alfred Kreymborg (autor de Mushrooms) para cultivar un arte sutil y a veces profundo, que no desdeña el humorismo

---

de José D. Frías. 1922.

56 Cf. Brown, John: "Panorama de la Literatura Norteamericana"(traducida del francés. por Eduardo Caballero Calderón), "Ediciones Guadarrama," Madrid, 1956, p. 12.

57 Cf. "American Literature in Spain" de John de Lancey Fir guson(una reseña), en "Revista de Filología Española" 1920, tomo VII, pp. 62-71

58 Cf. "Poetas Modernos," en "España," núm. 220, 26 de junio de 1919, p. la en adelante.

59 Cf. en "España," núm. 224, 24 de julio de 1919, pp. 15-16.

exagerado."[60]

Seguidamente traduce Díez-Canedo unos trozos de "Spoon River Anthology" de Masters, unos poemas de Carl Sandburg, de Ezra Pound y de John Gould Fletcher.

El docto crítico repite el mismo gesto en el año siguiente, en la revista "Hermes," con el mismo título, ahora ampliando un poco más la informacion.[61] Al referirse a la antología de Miss Harriet Monroe, el crítico español explica sobre el imaginismo o el versolibrismo angloamericano, lo cual le llevará a tratar el tema de la influencia oriental en dicho movimiento:

"Viene después el descubrimiento de Oriente. (Los japoneses, los chinos, R. Tagore; uno de los tomos gemelos de las antologias imaginistas es "Japanese Poetry," formado por las versiones de Lafcadio Hearn)."[62]

Díez-Canedo se ocupa del "credo imaginista" de Ezra Pound: "Para Ezra Pound, la "imagen" era "lo que ofrece un complejo intelectual y emocional, en un instante de tiempo" Los imaginistas la han reducido a lo visual, a la emoción de lo visual, si se quiere. Considera en resumen, la concentración como la propia esencia de la poesía."[63]

Ahora viene lo más curioso: en "Hermes," colabora directamente Ezra Pound, escribiendo "El Arte poético en Inglaterra contemporánea" en el número 62 (agosto de 1920).[63] En dicho artículo, el poeta americano explica la poética imaginistica o "el primer manifiesto de una "nueva escuela" del año 1912.

La colaboración siguiente de Ezra Pound para "Hermes" versa sobre la poesía francesa contemporánea. Con el título de "La Isla de París."[64] Pound da una revista panorámica de las tendencias más candentes de los poetas parisienses, incurriendo inconscientemente en la propaganda de la poesía oriental, así:

"Aragon ofrece el equivalente mental del hokku de un "short-stop" chino en

Casino des Lumiéres Crues.

Un soir des plages à la mode on joue un air Qui fait prendre aux petits chevaux un train Et la fille se pâme et murmure Weber dénfer Moi je prononce Wébre et regarde la mero."[65]

Pound presenta a los futuros poetas surrealistas como Aragon, Phillipe Soupault, André

---

60 *idem.*, p. 16.

61 año VI, núm. 56, febrero de 1920, pp. 83-87.

62 *idem.*, pp. 85-87.

63 *idem.*, pp. 447-450.

64 año IV, núm. 65, noviembre de 1920, pp. 665-673.

65 *idem.*, pp. 665, 672, respectivamente.

Breton etc. y teoriza el arte visual que estos están practicando en la poesía:

"El arte visual en la poesía alcanzó su zénit con Li Po, el Chino; la onomatopeya, el arte lírico tuvieron su más cabal expresión por lo menos, nunca han llegado a mayor altura, que en partes de Homero, Bióny Safo."[65]

Total, se escucha también en España resonancias del haikaísmo angloamericano, en fechas tan tempranas, especialmente, por medio del "famoso poeta americano" que era Pound.

3. El Haikaísmo francés y "Proposiciones sobre el Hai-Kai" en España

En el mes de junio de 1920. más concretamente, en el primer número de la revista "La Pluma," presentan ya el texto fundamental de los haikaístas franceses: me refiero a "Sages et Poétes d'Asie" de Paul-Luis Couchoud, comentado por J. M. V. (muy posiblemente, iniciales de José Moreno Villa).[66]

La reseña no es muy extensa, pero bastante sugestiva, para comprender la impresion favorable que ha producido al poeta español:

"El libro me interesa especialmente por el capítulo de "Epigramas líricos del Japón." poemitas enanos, de 47 sílabas(sic), que aun perdiendo mucho al ser traducidos, hacen su efecto. Poesía discontinua, nada oratoria, ni explicativa, tal como la soñaba Mallarmé. Aconsejaría su lectura a todo poeta español, sin embargo.[67]

El comentarista comprende con esta lectura cómo es el haikai o el epigrama japonés:

"Verá cómo se corresponden exactamente la poesía y su pintura. Rara vez los elementos visuales van mezclados con los ideológicos: son impresiones breves, y al mismo tiempo extensas, de la Naturaleza. El gran saber de los orientales radica en la esquematización: así en la gotita de agua vemos reflejarse el panorama y el carácter de todo el país."[68]

La reseña trae ocho haikais traducidos al castelllano, entre los cuales citaremos estos cinco:

Espanto!
He pisado en el cuarto
el peine de mi mujer muerta.

---

66 pp. 46-47.

67 pp. 46-77, respectivamente. "47silabas" sería una erranta del impressori deberiâ ser 17 silabas.

68 artículo ya citado. p. 11.

Sobre una rama pelada
un cuervo tieso.
Fin de Otoño.

Preñada de nueve meses,
vientre adelante,
ella planta el arroz.

Al menor viento
las hojas tiemblan:
joven bambú.

Acosada por el joven,
la criada
traza una es piral.[69]

Moreno Villa recoge la noticia de que "el haikai, estrofa de tres versos el segundo, de siete sílabas, los otros dos, de cinco" se ha cultivado en Francia, durante la guerra, porque "realmente, para los momentos de emoción y peligro, nada se presta como el apunte (gráfico de color). el haikai." Y termina diciendo que "en España mismo podríamos citar algún influido."[69]

Cuatro meses después, Diez-Canedo publica un artículo de rigor informativo perfecto sobre el género lírico japonés: "Haikais." El crítico tantas veces mencionado recoge la noticia más improtante de la historia del haikaismo francés, sólo con un mes escaso de retraso. La "Nouvelle Revue Francaise" publica en su número del primero de septiembre unos haikais de los doce haikaístas franceses, seguidos de un prefacio en que se dan la definición del haikai y un manifiesto. El articlo del crítico español se basa fundamentalmente en dicha fuente francesa, reflejándolo por su parte en la poesía española contemporánea.

El articulista se pregunta: "¿qué es un haikai?" Y como respuesta, expone dos tipos de haikais:

"Uno que, por meros detalles o alusiones, sugiere una idea de poesía, por ejemplo:

¡Nube de flores!
¿La campana de Uyeno?
¿La de Asakusa?

---

69 *idem,* p. 12.

Esto, que apenas quiere decir nada-refiere Aston- significa para el habitante de Yedo todo un panorama de cerezos en flor, a orillas del Sumida, con faunos y santuarios en las proximidades. La otra clase de "haikais" captura, en sus tres versos, una imagen pintoresca:

¿Vuelven al tallo
las hojas desprendidas?
¡Son mariposas!

He aquí, por tanto. que unos requieren la colaboración del que escucha y otrcs hablan[69] por sí. Podríamos llamarlos "haikai" de imagen o descriptivos y "haikais" de evocaión o recuerdo."[68]

Díez-Canedo señala la "semejanza del cantar español con la tanka y con el haikai japoneses" y la analogía de unas obras ("Eternidades") de Juan Ramón Jiménez y de Antonio Machado, con el género japonés, por "la brevedad y la concentración del sentido."[68]

El artículo de Díez-Canedo fue seguido un mes después por "Proposiciones sobre el HaiKai" de Adolfo Salazar, primer"[70] proclama haikaísta en España:

"Al salir al bazar literario la última novedad—flor exquisista del jardín japonés—, se descubre que, más o menos sospechadamente, esa flor se daba también en nuestros climas.

¿Pero era el mismo su perfume, penetrante tanto como sutil? Si la arabesca geometría de su aspecto simulaba un reflejo ficticio, por entre la fina traba de sus hojas no se enreda igual aroma.

Cultivemos, pues, la variedad nueva. Nuestro invernadero occidental puede hacerla crecer de una manera insospechada."[71]

Los cenceptos que dan del haikai en el manifiesto de Adolfo Salazar son:

1) "una forma leve y redonda-en la agudeza de sus puntas estrelladas-, menuda "a tenir dans la main" y ágil como un éter, el motivo principal para la sugestión. Gota transparente, el rayo se quiebra en ella luciendo sus siete colores:sea ésta su estética;un puntillismo de sensaciones que construya la imagen en el fondo de la intuición."

2) "Nace el Hai-Kai a flor de agua; burbuja irisada y vertiginosa, vuela por el azul, breve espejo universal y al instante aprecia el ánimo que nos separa de él una distancia infranqueable."

3) La armonía vocal interesa más en el Haikai europeo que su construcción métrica.

---

70 en "La Pluma," núm. 6 del año 1, noviembre de 1920, pp. 269-271.

71 *idem*, pp. 269-270.

Su brevedad no tolera una repetición silábica; aun la asonancia es ya redundante: que la eufonía resulte de la armónica variedad sonora de la sílaba."

4) "El título es como la llave de su esencia secreta. Hoy se da sólo título a cada grupo de Hai-Kai. Pero se podría, en rigor, aclarar con ese rayo a cada uno; ensanche de luz que sería como la vértebra de la serie, dejando a cada Hai-Kai una libre indiferencia para sus compañeros."

5) "Una gota de ironía, a veces, daría su sazón. Pero el lirismo del Hai-Kai proviene de la atmósfera en que se mueve, herencia del tono musical de que ha brotado."[71]

El gran musicólogo y esta vez, poeta haikaísta, escribe, a modo de prueba o de ejemplo, seis haikais de temas variables.

El afán de Adolfo Salazar por la poesía japonesa fue bastante constante y después de un año y medio, encontró otro motivo para discurrir sobre "las canciones japonesas" a propósito de informar acerca de "Las tres poesías de la lírica japonesa" de Strawinsky.[72]

Respecto de la poesía japonesa, el artículo trata de explicar el tanka, según W. G. Asten:

"La poesía japonesa, reducida al corto poema lírico, puede, a falta de otro término mejor, ser considerada como lo que se llama en literatura "epigramas" "Es esencialmente la expresión de una emoción," añade exactamente su escritor. Y en el cambiante panorama de la naturaleza, reducido a unos términos exquisitos lo que constituye preferentemente para el japonés fuente de sus emociones poéticas. Jamás se encuentra en esa poesía una representación del amor, por discreta o velada que estuviese. En su lugar, la lluvia, las primeras nieves, el monte Fusi-Jama, el cerezo en flor, las ramas floridas del ciruelo, los patos silvestres, las rosadas neblinas primaverales..."[72]

Con la influencia del haikaísmo francés, ha llegado, de lleno, el haikaísmo a España. El haikaísmo español tuvo suerte de encontrar a unos promotores de mucho prestigio: CansinosAssens, Díez-Canedo y Adolfo Salazar. y gracias al esfuerzo de estos promotores, el movimiento del japonesismo poético encontró muy pronto unos adeptos fervorosos en el ámbito de la poesía española.

---

72 "Las Canciones Japonesas de Strawinsky" en "Cosmópolis, núm. 42, año IV, junio de 1922, pp. 144-148. La cita viene de la página 145.

III. Desarrollo Histórico del Haikaísmo Español

1. El Haikaísmo a través de las Revistas

"Proposiciones sobre el Hai-Kai" de Adolfo Salazar acompaña una pequeña muestra del haikai escrito en castellano por el mismo autor, la cual sería un preludio del haikaísmo español:

Abril

Acacias en la calle desierta
Fría claridad perfumada
Los árboles están llenos de trinos

Interior

Flores sobre la mesa
El blanco mantel se ofrece
Abre la risa de tus labios

Encuentro

Furtivo sobresalto transparente
Ya estás en la sazón armoniosa
No me ha olvidado tu mirada

Estío

El mar a través de las hojas
Arpegios de velas lejanas
Te has disuelto toda en el sol.

Viaje

El humo se enreda en el paisaje encharcado
Un árbol seco sobre los lívidos desgarrones fugaces
Tibio dormitar junto a tu cuerpo

Cotidianamente

Las dos Sol-Ventas
Gris Vaivenes Cocido[73]
No. 4

---

73 Adolfo Salazar, *op. cit.,* p. 271.

Un descripcionismo paisajístico. muy poco apretado. sólo vagamente sugerente y bastante apegado a las sensaciones exteriores...esto es, en suma, el haikai de Adolfo Salazar que, a pesar de su teoría magnífica, lleva poca poesía dentro.

El primer promotor del haikaísmo repite el mismo gesto en otra revista vanguardista, "Reflector," con otros tantos haikaia.[74] Así acaba el año 1920, sólo con el preludio de un haikaísta, repartido en esas dos revistas.

Sin embargo. el año 1921 empieza con nuevos haikaístas españoles. Antonio Espina García, poeta de "Concéntricas" inventa un extraño subtítulo para su pequeño género lírico: "Casi Haikais." El joven poeta publica en "España"(15-I-1921) cuatro "casi haikais":

Caricia al alma.
El deséxito moral
En el crepúsculo.

La casita aislada
Tan sola
Que parecía que no estaba.

Bufos de la muerte.
Un amarillo de risa
Y
otro amarillo enfrente.

Tarde de Madrid
Hace un frío frío

De frío muy frío
Y un azul de tul
Muy tul. Tul azul
Y en un coro de oro
Oro multifloro Sonoro
Y
Azul.[75]

Y le sigue, esta vez, el gran veterano del orientalismo, Enrique Díez-Canedo. En marzo del mismo año, nuestro poeta publica "Haikais de Cuatro Estacionas" en la revista madrileña

---

74 citado por "España." I ° II -1921.

75 p. 12.

"La Pluma." Es interesante notar que estas obras. están dedicadas a Adolfo Salazar, promotor, (como hemos dicho) nominal del haikaísmo en España. El poema consta de cuatro haikais, que, a su vez, corresponden estrictamente al orden cronológico de cuatro estaciones y de "un haikai de entretiempo," como el poeta denomina:

I
En la capilla de la noche
velos de nieve
¡Primera comunión de invierno!

II
Hoy le ponen a los aleros
las golondrinas
sombreros de paja.

(Un haikai de entretiempo)

Todavía...Pero no:
mira el campo, las nubes, tu alma:
¡ya!...Pero no: Todavía ...

III
La tierra llega hasta el mar
y llega el mar hasta el cielo
y el cielo llega hasta Dios.

IV
Al escaparate todas
las riquezas del año:
liquidación por derribo.[76]

Desde ahora en adelante, el haikaísmo está más o menos, de moda, Adriano del Valle es uno de los haikaístas mas asiduos que publican en las revistas. Dicho poeta empieza escribiendo este tipo de piezas en "La Pluma," en el número de noviembre de 1922, con el título de "Biombo japonés,"[77] que no es más que haikais "exóticos":

---

[76] ano II, nñm. 10, III-1921, p. 140(vol. segundo).

[77] año III, núm. 30, p. 388. "Biombo japonés" se llama también un poema de Antonio Espina. publicado en la misma revista (año IV, núm. 37, VI-1923, p. 475), cuyo exotismo japonés("Farolillo japoné...") se asemeja a lo de Adriano del Valle.

Una estrella-cigüeña
sueña sobre la arboladura de un velero.

El Sol luce un kimono
con un dragón sentado en un lucero.

Un arrozal
y un mandarín
en un palanquín
y Li-Ta-Pe
cantando el samovar
del Té.[78]

Y en "España," publica "Hai Kais en siete colores," los cuales seguirán unos preceptos métricos casi libres, oscilando entre tercetos o cuartetos sin rimas. Veamos unos ejemplos:

I
En la escarcha de claridad del cielo
se abrió la estrella de tres puntas como
si fuera un trébol.

V
Cada paisaje dejaba
algo de olor en tus besos,
algo de estrella y de agua,
de tierra y de pensamiento.

VI
Viento que conduce nubes,
pastor violento,
por la pradera celeste
del cielo'

VII
Llevaba el alma del campo
un bello jubón de plumas
como los pájaros...[79]

Al llegar a "Kai-kais de cuatro versos"(sic), los poemitas de Adriano del Valle se hacen

---

78 *idem.*, p. 388.
79 año IX, núm. 372, 2-VI-1923, p. 10.

más largos:utilizan versos mayores, medidos y con rimas de tipo ABAB. Los "Kaikais" de nuestro poeta se han convertido así en "quatrains" francés, influído, a su vez, por la poesía china. ¿Habrá leído "Livre des Quatrains" de Francis Jammes, que debe también a la poesía china? He aquí los versos:

La Taza del Té

En la taza rosaban, entre luceros,
suscitando un vago temblor de campana,
los poetas chinos, como jardineros
que cuidan las rosas de la porcelana.

Piano de Cola

Dragón de la música alada
que defiendes al Príncipe Abril
ante el Sol, que te clava su espada...
Boquiabierto y sonoro marfil...

El Canario Flauta

"Tenorino" de la jaula,
Rigoletto amarillo,
pájaro sabio,
limón que canta...[80]

A partir de 1923. los haikais se publican en forma de libro:uno de estos casos sería una sección de "Hélices" de Guillermo de Torre. El poeta ultraísta publica en "España," esos haikais, extraídos del libro. doce poemitas en total.[81] Y en la misma revista, encontramos estos hai-kais de un tal Tito Liviano. interesantes por su métrica de 5-7-5:

Hai-kais de última hora

Se ha estremecido
la musmé y se ha quebrado
la porcelana.

El mar, ¿Pacífico?,

---

80 en "España." año IX, núm. 379, 21-VII-1923.

81 año IX, núm. 356, 17-II-1923, p. 10.

ha robado otra Atlántida.
¿Por qué el castigo?[82]

Creo que la moda cambió de fase, al entrar en el año 24, ya que encontramos pocas publicaciones de este género en los periódicos con ese nombre exótico. Ya esporádicamente, encontramos unos intentos de tipo semejante. Veamos haikais de César M. Arconada:

Pababras en Abanico

I:Azul

(Primeros hai-kais) Gotas de cielo cernido. Mañana habrá mariposas en el jardín. — En el jardín, niña.

5: Ojos

(Segundos hai-kais) Niña: el amante no quiere caricias; —No quiere. No quiere caricias. —Porque las caricias se quedan en la superficie alisando al amor. — Alisando al amor. Al amor.[83]

En 1928, Shizuo Kasai, estudiante japonés traduce unos doce haikais de Matsuo Bashó en "La Gaceta Literaria"[84] y al calor del mismo intento, publica Juan José Domenchina unos haikais escritos por él, que lleva como subtítulo "De antaño":

Lluvia de estío:
en los árboles verdes
cuelga sus nidos.

Besos azules:
noches de luna, claras;
cielo sin nubes.

Sol de la noche:
ella, dormida y blanca,

---

82 año IX, núm, 386, 8-IX-1923, p. 7.
83 en "Revista Papel de Aleluyas," Huelva, VIII-1927, citado por Díaz-Plaja, Guillermo: "El poema en prosa en España," "Ed. Gustavo Gili," Barcelona, 1952, pp. 149-151.
84 núm. 35, I-VI-1928, pp. 4, 6 haikais en total.

dice tu nombre.[85]

2. Haikais en los Libros:

A partir de 1923, empiezan a aparecer los haikais en los libros, con su propio nombre, "Hai-Kai" o "Jaikais," lo que se refiere al fin al cabo, al mismo género lírico japonés u oriental.

Guillermo de Torre tiene, en el libro ya mencionado, una sección aparte, que se titula "Hai-Kais-occidentales"[86] Dicha sección lleva en su pequeña portadilla una cita de "No le toques ya más..." de Juan Ramón Jiménez. El miembro activo del ultraísmo y crítico del vanguardismo durante toda la vida se podría haber informado del haikaísmo europeo en su momento debido. En vista de que dichos haikais ocupan la última sección del libro compuesto entre 1918-1922, a De Torre le parece haber influído el haikaísmo alrededor del año 1922. En el momento de publicar el libro, le importaban mucho aún estos haikais, al juzgar por el hecho de que engregó él precisamente 'éstos a la prensa, para hacerse conocer del libro.[87]

En 1924, sale el poemario de Isaac del Vando-Villar: "La Sombrilla japonesa."[88] El libro entero pretende ser una colección de haikais, o de japonerías. Adraino del Valle, esta vez prologuista del libro, empieza hablando, desde el principio, sobre" Isaac del Vando-Villar en siete colores" y no habla más que de "Jardines de Nikko," "Isaac y las tacitas de porcelana de sus haikais" y "las diez y siete sílabas, las diez y siete temperaturas del haikai." Y añade:

"He aquí el arte, he aquí la estética del haikai. Poesía en miniatura, poesía japonesa, con

---

85 núm. 27, I-II-1928, p. 2. Respecto de Shizuo Kasai, dice: "pensionado del Japón, que hace sus estudios de letras entre nosotros...," Traduce: "Atardecer de primavera," "Neblina de la Mañana," "Idilio de Gatos," "La Alondra." "Viejo Estanque," "Hermanos Gorriones," "Flor de Ornruelo," "Violeta," "Hierba," "La cigarra," "Silencio," "Atardecer de otoño" y "Ensueño," Las traducciones son en general verbosas:

Viejo Estanque
Salta una rama
y en el viejo estanque
rumorea únicamente el sonido de las ondas.

Y compárese con éste de Octavio Paz:
Un viejo estanque:
salta una rana ¡zas!
chapaleteo.

86 "Hélices, poemas(1918-1922) Contiene "Versiculario Utraísta," "Trayectorias," "Bellezas de hoy," "Pahabras en libertad," "Puzzles," "Inauguraciones," "Ealeidoscopio," "Poemas fotogénicos," "Frisos," "Haikais occidentales." "Editorial Mundo Latino," Madrid, 1923.

87 Véase en "España," *op. cit.*

88 "Ediciones Tableros," Madrid, 1925(sin páginas).

cuya técnica podríamos pintar el Fusi-yama-el volcán sagrado del Japón sobre la diminuta y sonrosada uña de "Musmé": Así uña de "Musmé": Así uña de mujer que hubiese sido decorada por Hokusai...[89]

Así, la explicación de una poética completa del haikai sirve de introducción de un libro de haikais "exóticos," cuyo contenido no respetará demasiado las normas ofrecidas por el prologuista.

"La sombrilla japonesa," poema que se sirvió del título del libro empieza así, con un haikai:

> Abriste la sombrilla,
> maravillosamente,
> japonesa amarilla.[89]

El libro, en realidad, cuenta con un número considerable de poemas que tienen poco que ver con el haikai; sin embargo, es de advertir que el empeño del poeta era, por aquel entonces, encajar su poesía en el lirismo exótico de boga.

Enrique Díez-Canedo, que ya tiene unos haikais no declarados en "Algunos versos,"[90] publica en 1928 un libro de haikais, que se titula "Epigramas Americanos."[91] Aquí, la técnica impresionista para apuntar en breve las sensaciones del viaje no nos recuerda más que el haikai, porque en el epigrama occidental no tememos antecedentes de técnica semejante, o sea, del imaginismo impresionista. El poeta no insiste en ocultar el modelo que tiene en la mente:

> Hay-Kay de Buenos Aires
>
> La curva criolla de una voz
> vuelve americana
> la calle.[92]

Ahora, en las fechas tardías, Manuel Machado pública "Hay-Kais" en "Phoenix"[93]

---

89 *idem.* la segunda páginae del prólogo. El poemita per Tenece a la primera página del poemario. p. 143.

90 "Cuadernos Literarios," Madrid, 1924. Para nuestra hipótesis del haikaísmo, véase particularmente las obras "Soldado" y "Cantares rimados a la manera toscana." pp. 19-21, 128-130, respectivamente.

91 "Talleres Espasa-Calpe," Madrid. 1928, p. 42.

92 *idem.* p. 10.

93 "Obras Completas," *op. cit.,* p. 251.

(1935) y Alejandro Mac Kinlay, un libro con título de "Hai-Kais," en París, en 1936.[94] Veamos unos haikais de este último:

Hai-Kais

I
¡Ay, que entre la luna
y la loma,
no hay, maroma
ninguna!

II
El día
roza, toca
o lía.
Noche, no eres tan loca.

III
¡Qué pena
dejar
rastro en la arena
cuando sube el mar![95]

Adriano del Valle recoge sus obras escritas entre 1920 y 1923 Y publica "Los Gozos del Río," en 1940,[96] libro en que recogen los haikais ya mencionados (ya sin nómbre genérico de las obras). Dicho libro es practicamente un buen manuel de diferentes tipos de haikais escritos en España, y de calidad notable, como lo era Del Valle en su haikaísmo.

Aparte de los libros referidos, cabe mencionar dos poemarios, más; cada uno, por un motivo diferente: me refiero a "Amour et Paysage" (1920) de Josep-Maria Junoy y "Canciones" y "Suites" de Federico García Larca. El poeta catalán, director de la revista vanguardista "Trossos" (1916)[97] escribe en francés el libro mencionado que contiene treinta haikais como éste:

---

94 citado por González-Ruano, César. en "Antología de poetas españoles contemporáneos en la lengua castellana "Gustavo Gili." Barcelona, 1946, pp. 143-145.

95 *idem.*

96 "Editorial Apolo," 1940, p. 78.

97 Cf. Corbalán, Pablo: "Poesía Surrealista en España," "Ediciones del Centro," Madrid. 1974, p. 32(Vanguardía y Surrealismo en Cataluña).

Mais en exil
A quoi bon cette fleur, cet insecte,
Ce nuage?[98]

Si queremos discutir el haikaísmo escrito por el español, Junoy tiene innegablemente una prioridad merecida dentro de nuestra breve historia del japonesismo, sin embargo, no sabemos hasta cuánto pudo influir dicho libro en el circulo literario español.

Lorca tiene otro motivo, diferente del poeta catalán. Nuestro poeta escribe en "Canciones" cierta parte de sus poemas "en la irregularidad simétrica del Japón,"[98] Y compone, desde 1921, "suites"[99] verbales, que nos recuerdan los caso de Adriano del Valle, o en cierto modo, de Adolfo Salazar, aun sin recurrir a los haikaístas franceses que utilizaban el mismo nombre genérico para sus composiciones de haikai. Teniendo en cuenta la buena amistad que dispensaba el primer Lorca a los poetas de haikai, referidos, no nos extraña la influencia de estos poetas sobre el joven Lorca. Además, ahí tiene Lorca, Vando-Villar, otro amigo, ya muy entusiasta del japonesismo. La semejanza que comparten los haikais de Adriano del Valle y de Vando-Villar, respecto de los poemitas de Lorca, es un tema interesantísimo, de lo cual ya hablaremos en su sitio.[100]

IV. Juicios y Testimonios sobre el Haikaísmo en Espana

Hasta aquí hemos tratdo el "haikaísmo declarado," denominación que adopto, para distinguirlo de este otro tipo del haikaísmo, no declarado por boca de los propios autores. Nos ha interesado particularmente el haikaísmo declarado en dos sentidos: en primer lugar, la evidencia de los datos por la autoconfesión del propio autor, ya según el titulo "haikai," ya con otros métodos evidentes, y en el segundo, la eficacia propagandística que pudieran tener estas obrbitas, cuando los autores las intitulan "hai-kais" o "kai-kais"; mejor dicho, su significación como un elemento del movimiento.

En realidad, todo esto que hemos tratado hasta ahora, no pasa de ser un pico de "iceberg,"

---

98 Schwartz, W. L. *op. cit.,* p. 210.

99 Cf. "Canciones"(1921-1924), "Revista de Oceidente," Madrid, 1929, segunda edición, p. 47("Andaluzas" A Miguel Pizarra(en la irregularidad...)

100 Para más detalles. véase nuestro estudio. "Lorca, poeta oriental" en "Cuadernos Hispanoamericanos" Madrid, IV-1980, núm. 358, pp. 129-144.

porque ningún poeta que escribe el haikai, está obligado a intitularlo "Hai-Kai," como no lo puede estar ningún sonetista para escribir su soneto con el título "Soneto." Escribimos un soneto o en soneto, sin embargo, no podemos decir que sólo aquello que tiene por título "Soneto" es soneto.

Lo que pasa es que el haikai estaba de moda; no sólo intitular "Kai-kai" cualquier orbita breve, sino también, escribir a modo del haikai, escondiendo su verdadero nombre genérico. Si aquello era el método que adoptaban principalmente los jóvenes poetas vanguardistas, con no pocas intenciones efectistas o sensacionalistas, esto era la postura preferida de los poetas consagrados de porte clasicista.

Desde 1921 hasta 1923, el haikai era el único género lírico, o poética nueva, conocida y cultivada por la mayoría de los poetas españoles. En el mes de julio de 1921, la revista "La Pluma" habla de "la predilección de los más jovenes por el "haikaísmo"[101] en septiempre de 1923, Gerardo Diego mencionará "la moda penúltima" de "poesía japonesa"[102] La moda venía favorecida y fortalecida por la influencia arrolladora del poeta de "Eternidades" y de "Piedra y Cielo," cuyas obritas se identificaban, sin más, con el haikai, para los poetas de entonces.[103]

De esa gran oleada del japonesismo, pocos se pudieron librar. Ni Antonio Hachado ni Manuel ni Valle Inc1án ni José Moreno Villa pudieron ser una excepción, para no hablar de los poetas jóvenes de entonces: Jorge Guillén, Pedro Salinas, Antonio Espina, Gerardo Diego, Luis Cernuda, Lorca, Alberti, Fernando Lapi, José María Hinojosa, Mauricio Bacarisse, etc. ect.[104]

Ya en 1923, se historia cierta parte del japonesismo en la poesía hispánica por la mano diestra de Enrique Díez-Canedo. Nuestro gran orientalista español habla primero de "Tablada y el Haikai," sin olvidar a otros seguidores del haikaísta mejicano[105] y en junio del mismo año, se pone a hablar sobre "Antonio Machado, Poeta Japonés"[106] ¿Se imagina

101 núm. 41, p. 58. El artículo trata la poesía de Juan José Domenchina("Del poema eterno" y "Las interrogaciones del smlencio"), cuyo autor es C. R. C. Dice textualmente: "Cierto que la poesía que este nuevo poeta ensaya no es adecuado al gusto de la fácil musiquilla sentimental que acostumbran improvisar los zaqueros del movimiento modernista de hace veinte años. Menos aún se compaginan con la predilección de los más jóvenes por el "haikaísmo" y otras minucias poéticas de última hora."

102 *Op. cit* (Segunda antología poética: Juan Ramón J.) p. 358.

103 Cf. nuestro estudio sobre "Juan Ramón Jiménez" como precursor del haikaísmo.

104 Para los casos de cada uno de estos poetas en relación con el haikai, tengo un estudio completo como tesis doctoral de la Universidad Complutense. aun inédita.

105 *Op. cit.*

106 en "El Sol"(diario independiente) añoVIII, rúm, 2. 142, Madrid. 20-VI-1923, p. 4.

ahora el ambiente de la época en que el gran crítico pudo discurrir tranquilamente sobre el japonesismo de un ilustre poeta, de la talla de Antonio Mcahado?

Mucho se ha cambiado. Todas las historias de literatura española han silenciado, por unanimidad, el haikaísmo de dichos poetas, que es ya un hecho, para nosotros. Son escasos los juicios o testimonios con que podamos contar en la actualidad. Carlos García Prada habla del haikaísmo de Gómer de la Serna, Valle-Inclán, los Machado, Juan Ramón Jiménez, Lorca y Alberti etc.,[107] sin ofrecernos muchos indicios o fundamentos. Igual ocurre con Alfonso Ménedez Plancarte, quien evita el problema histórico de sus haikaístas españoles antologados, diciendo que éstos son "virtuales," en su antología.[108] Sin embargo, hablan, hablan sobre el haikaísmo u orientalismo como Gerardo Diego, quien dice "algunos lustros de moda orientalista hasta en la tohadilla o el baile,"[109] o como Cernuda, quien dice: "haikai, cuya moda había llagado a nuestra poesía, favorecida por las greguerías de Gómez de la Serna"[110] Y más recientemente, Octavio Paz:

"En España el fenómeno (el haikaísmo) es un poco tardío que en América:hay un momento japonés en Juan Ranón Jiménez y otro en Antonio Machado;"[111]

Ahora, por último. nos queda por citar (aunque no muy acertada,) la opinión de un diccionario:

"En la poesía española contemporánea, el haikai ha tenido felices representantes en Alejandro Mac-Kinlay y Manuel Machado:[112]

Todo te lo di.
Jugando contigo,
Todo lo perdí..."

---

107 Cf. "Presentación" en "Hojas del Cerezo," idem. pp. 417-418, Y también. "Primer y Primavera del "Haikai" en "Ábside," México, 1950, pp. 495-541, particularmente, p. 522 en adelante.

108 "La poesía imaginista y el haikai," *op. cit.,* pp. 108-109.

109 "Tiempo y música en Tagore," *op. cit.,* p. 283.

110 frase ya citada.

111 "Matsuo Bashó, Sendas de Oku," "Barral Editores," Barcelona, 1970, p. 25. También se puede consultar un estudio de L. Antonio de Villena: "Del Haiku, sus seducciones y tres poelas de lengua española" en "Prohemio," IV, pp. 143-174.

112 Sainz de Robles, Federico Carlos: "Ensayo de un Diccionario de la Literatura," tomo I(Términos. Conceptos Ismos literararios). "Aguilar," Madrid. tercera edición aumentada, 1965, p. 579.

CANCIONES DE BAMBÚ Y SIMBOLIZACION FONÉTICA EN F. GARCIA LORCA*

Lorca fue influído por el haikaísmo desde 1921 hasta 1924: época de "moda penúltima de la poesía japonesa",[1] según Gerardo Diego. Lorca paseó por todos "los terribles campos de ensayo" vanguardistas y fue mayormente beneficiado por una poética que se entendía en aquel entonces por un modo del haikai-cantar andaluz. En el poeta granadino se dan eco tres modos diferentes de la poética haikaísta que practicaban los poetas españoles: el haikaísmo de tipo de chinería multicromática en la línea de Isaac del Vando-Villar y Adriano del Valle; el hakaísmo epigramático o los suites-haikai, en la línea juanramoniana, y por último, el halkaísmo-cantar andaluz, semejante a "Nuevas Canciones" de Antomio Machado.[2]

Si los dos primeros modos del hakaísmo[3] reflejan más o menos fielmente la influencia de los haikais occidenales que estaban de moda en aquel entonces, el haikai-cantar andaluz es resultado de la interpretación típicamnente española respecto del "haiku" propiamente dicho. Al respecto ya hemos hablado en nuestro trabajo anterior: "Curiosa conjunción de Andalucía y Japón".[4] A Lorca le importó mucho este último modo de pensar haikaísta, porque éste, lejos de ser una manera de imitación servil del modelo exótico, les hacía volver a la tradición española, quiero decir, les ofreció los impulsos y las vistas nuevas y renovadoras para ver en el "cante jondo" o en las canciones andaluzas una fuente de poesía nueva,

---

* Artículo publicado en "Actas del Cuarto Congreos de Hispanistas de Asia," Séul, 1966, pp. 179-191.

1 Cf. en el artículo "Segunda antología poética", Revista de Occidente, t. 1. 1923, pp. 367-368, v'ease especialmente p. 368.

2 Cfr. Yong-Tae Min: "Lorca Poeta Oriental", trabajo publicado en la revista "Cuadernos Hispanoamericanos" Madrid, abril 1980, núm. 358.

3 Preferimos llamar nuestro fenómeno con el nombre del "haikaísmo," porque aquella moda europea y española denota muchas veces una característica muy distinta del modelo japonés que les sirvío de fuente.

4 Cfr. publicado en Actas del Primer Congreso de Hispanistas de Asia, Seúl, Corea, 1985, pp. 289-304.

universal. En una conferencia de 1922, Lorca habla sobre el cante jondo: "...las canciones más emocionantes y profundas de nuestra misteriosa alma...Viene de razas lejanas, atravesando el cementerio de los anos y las frondas de los vientos marchitos...."[5] Lorca ya sabe que en el cantar andaluz hay algo universal, "misterioso" de "razas viejas", ya sean de origen árabe o de raíces más remotas.

Sabido es que a Lorca no le gustaba que le llamaran "poeta gitano", a pesar de tanto éxito que le había traído "Romancero gitano": "...Me va molestando un poco mi mito de gitanería. Confunden mu vida y mi carácter. No quiero de nunguna manera. Los gitanos son un tema. Y nada más. Yo podría ser lo mismo poeta de agujas de coser o de paisajes hidráulicos. Además el gitanismo me da un tono de incultura, de falta de educación y de 'poeta salvaje' que tú sabes bien no soy...."[6] No, de ninguna manera, nada de "inclutura". Lorca estaba creando comscienzudamente un nuevo estilo andaluz-universal, no al estilo de Juan Ramón Jiménez sino más bien, muy cerca de la nueva manera de cantar- haikai evocativo de Antonio Machado, señalada a su vez por Enrique Diéz Canedo. Veamos la estrofa que le sirve a Diéz Canedo para probar el "haikai evocatico" en Machado: Aquí los tres versos capturan una sensación con la perfecta economía radiante de la poesía japonesa:

> Junto al agua negra,
> olor de mar y jazmines.
> Noche malagueña.[7]

Ningún investigador discute la enorme capacidad asimiladora del poeta granadino y éste aprende el estilo de "haikai evocativo" bien a través de la poesía de Machado que tanto estimaba o bien mediante las críticas ya mencionadas en nuestro trabajo citado,[8] porque la poética de los "romances" recién inventados se caracteriza, como se sabe, por la gran fuerza evocativa de las anécdotas históricas o pseudo-históricas que abundan en los romances o cantares andaluces.

En realidad, Lorca habla poco de las posibles fuentes de su haikaísmo, aunque en sus "Canciones", "Suites" y en "Cante jondo" son muy frecuentes ciertas resonancias del

---

5 citado por Allen Josephs y Juan Caballlero, en "Introduccíon" de "Poema del Cante Jondo, Romancero gintano, México, "Letras Hispánicas", primera ed. 1987, primera reimpresión, 1994, p. 56.

6 en una carta a Guillén, citado por Allen Joseps y Juan Caballero, *op. cit.*, p. 83.

7 E. Díez-Canedo: "Antonio Machado, poeta japonés", en el Diario "El Sol", Madrid, 20-VI-1923, núm. 2. 142, ano VIII, p. 4.

8 Véase nuestra cita núm. 4.

imaginismo haikaísta que estaba de moda en aquel entonces. Tal vez sea de segunda mano el reflejo del orientalismo en su poesía, bien a través del estilo poético de Jiménez, Machado o bien mediante la interpretatción muchas veces tentantiva de Enrique Díez Canedo, Adolfo Salazar y otros haikaístas. Sin embargo, ese algo oriental que estaba en el aire de la época le alcanza de lleno en el momento culminante del ahinco creador del poeta después de la publicación de "Libro de Poemas"(1921).

A Lorca no le interesa la poesía oriental por lo que es en sí misma, sino por lo que pueda coincidir con el cantar andaluz. El poeta granadino ya sabía que la moda haikaísta occidental estaba equivocada:

> "En la orilla del agua cantan los marineros,
> canciones de bambú y estribillos de nieve.
> Mapas equivocados relucen en sus ojos
> un Ecuador sin lumbre y una China sin aire"[9]

Lorca nunca menciona directamente el nombre del género japonés. Quiero decir que el halikaísmo lorquiano es un orientalismo mixto entre la chinería rubeniana y la manera de cantar oriental, "muy semejante al cantar andaluz" tantas veces señalado desde Enrique Gómez Carrilo hasta Díez Canedo.[10] Aquí habla precisamente de "una China sin aire", ahí donde se debería decir "un Japón sin aire". De hecho, a nuestro poeta le importa poco lo que puede ser un haiku propiamente dicho y cree vagamente que si hay algo bueno y auténtico en esas canciones orientales, ese "aire" ya no se palpa en los haikais occidentales. Aquí Lorca sigue la crítica negativa respecto del haikai español, señalada también por Aldolfo Salazar, primer reseñador de su "Libro de poemas," músico y amigo suyo:

"Al salir al bazar literario la última novedad—flor exquisita del jardín japonés—, se descubre que más o menos sospechadamente, esa flor se daba también en nuestros climas.

Pero, ¿era el mismo su perfume, penetrante tanto como sutil? Si la arabesca geometría de su aspecto simulaba un reflejo ficticio, por entre la fina traba de sus hojas no se enreda igual aroma.

Cultivemos, pues, la variedad nueva. Nuestro invernadero occidental puede hacerla

---

9 Lorca, refiriéndose probablemente al haikaísmo de Guillermo de Torre(Cfr."Haikais occidentales" en el poemario "Hélice", Mundo Latino, 1923), a éste le dedica el poema citado, hablando de "canciones de bambú y estribillos de nieve", claros indicios del haikaísmo entendido por Lorca. Véase F. García Lorca: "Así que pasen cinco años. Diván de Tamarit. Odas. Poemas Póstumos." Buenos Aires, Ed. Losada, sexta ed. p. 216.

10 Cfr. Yong-Tae Min: "Curiosa conjunción entre Andalucía y Japón", *op. cit.*

crecer de una manera insospechada.[11]

"Una China sin aire" de Lorca equivale al haikai español donde. "...no se enreda igual aroma" según la crítica del musicólogo. Ahora, Lorca sigue el buen consejo de su Maestro o prepara un buen "invernadero occidental" para hacer florecer la flor japonesa "de una manera insospechada." Es decir, Lorca quiere descubrir por su propia cuenta imaginativa lo que es y lo que podrìia haber sido realmente "la canción de bambú", ese cantar auténticamente poético-universal, sumergiéndose nada menos que en su propio corazón andaluz.

1. Canciones de bambú y la sugestividad intensificada

Como ya hemos observado, "En la orilla del agua cantan los marineros/canciones de bambú ..." Y esto nos suena el haikai machadiano ya citado: "Junto al agua negra...Noche malagueña." En la orilla malagueña bien se puede oir las canciones de los marineros. Y también en alguna orilla de los mares de China. Lorca ve en "canciones de bambú" ese "aire" que está impregnado de los suspiros del amor y de la muerte en cuatro costados del mar del mundo.

En una palabra, Lorca aprende la fuerza evocativa de los cantares andaluz-japoneses en la moda haikaísta de la época. Más que anda, en el haikaísmo típicamente español encuentra el joven poeta la viablilidad de su voz poética, todavía muy hecha al concierto de Albaicín, Falla...etc. para una poética en que se reconciliaran la música, ambición suya frustrada en calor[12] y la poesía andaluz-universal.

El gusto semejante coincidía también con la admiración que sentía Lorca hacia Verlaine, porque éste decía a propósito de su poética simbolista: "Antes que nada, la música!", En efecto , Lorca dedica una canción a Verlaine:

> La canción,
> que nunca diré,
> se ha dormido en mis labios.
> (···)
> Sobre las madreselvas
> había una luciérnaga,

---

11 Adolfo Salzar: "Proposiciones sobre el Hai-Kai", en la Revista "La Pluma", núm. 6 del año 1, noviembre de 1920, pp. 269-271.

12 Cfr. Eutimo Martín: "Fedrerico García Lorca, Antología comentada", Madrid, Ediciones de la Torre, 1988, pp. 35-38(Introducción).

y la luna picaba
con un rayo en el agua.
[…]
Canción llena de labios
y de cauces lejanos.
canción llena de horas
perdidas en la sombra.[13]

La música era para Verlaine y para Lorca esa expresión de algo inefable, de "la canción/que nunca diré..." La música era aquello tan íntimo y tan natural que puede haber "una luciérnaga" y que "la luna" picase con una rayo en el agua, sin saber por qué. No hay por qué explicar, o poder explicar las cosas inconexas, si no estamos obligados a ser Dios. Ahora, sí puede haber una correspondencia mallarmiana(para no decir analogía), es decir, esa comunicación misteriosa de árbol al árbol con su lenguaje insondable.

Digo que la música era la poética de misterio para los primeros simbolistas y para Lorca aunque éste descubrió en las canciones supuestamente orientales aquel "misterio" de poetización tantas veces soñada, ya antes de darse a la poesía. Fíjense en estas confesiones: "Hay algo de inquietud y de muerte en estas ciudades calladas y olvidadas. No sé qué sonido de campana profunda envuelve sus melancolías." Y añadirá: "Este va lentamente arrastrando su gran prestigio de evocaciones históricas al sonido grave y suave que produce..."[14]

El haikaísmo de evocasión le vino de joya al joven Lorca de modo que éste pueda inventar con seguridad y firmeza un estilo sugestivo e inefable, muy al gusto del músico que acabamos de mencionar, porque Lorca quiso ser a toda costa español y andaluz y al mismo tiempo, original, universal y sobre todo, actual. Quiero decir que tanta ambición creadora del joven Lorca no pudo encontrar un modelo a seguir, más que en la "moda penúltima de la poesía japonesa"(según Gerardo Diego), por tres razones ya mencionadas: su deseo de ser un poeta "espanol-andaluz", "original-universal" y "actual y de moda", y todos, al mismo tiempo.

La poética lorquiana se triunfa por el uso sabio y conscienzudo de la sugestividad de las imágenes muchas veces irracionales, y esto ya mucho antes de ser influído por el surrealismo. Lorca se hace el Lorca de "Romancero gitano", por la enorme sugestividad que aun hoy se burla de tantos críticos.[15] Ya sabemos que Lorca es irresponsable con sus

---

13 El poema "Verlaine", Eutimo Martín, *op. cit.*. pp. 178-179.

14 Cfr. "Nota autobiográfica", en "Obras Completas", Madrid, Aguilar, 1977, tomo 1, p. 1167.

15 Fernando Lázaro Carreter citará una declaración de Lorca(hacia 1935): "hay gran sensación de anécdota, un agudo ambiente dramático, y andie sabe lo que pasa, ni aun yo, poruq el mismterio poético es también misterio para el poeta

imágenes y símbolos, aunque nunca menospreciaremos los caprichos ya consumados de los inmortales. Tanta "liberalidad"(el término es de Cervantes) que ha tomado el poeta granadino, nos deja a veces a todos los investigadores en un abismo o en una ambigüedad insuperable.

Nos interesan en especial los libros escritos entre 1921(después de la publicación de "Libros de poemas" y 1928(fecha de publicación del "Romancero gitano"). Nos referimos a "Suites", "Poemas de Cante jondo", "Canciones", además del "Romancero", porque por estas fechas la imaginería lorquiana alcanza un vuelo verdaderamente inusitado y porque se lo debe todo esto—creemos—a cierto estímulo del haikaísmo español.

Lorca aprende de las manos de Enrique Díez Canedo la poética de evocación haikaísta. Veamos la explicación del crítico-poeta titulada "Haikais":

> "¡Nube de flores!
> ¿La campana de Uyeno?
> ¿La de Asakusa?"

Esto que apenas quiere decir nada—refiere Aston—significa para el habitante de Yedo todo un panorama de cerezos en flor, a orillas del Sumida, con faunos y santuarios en las proximidades."[16] Y anadirá la semejanza que tiene el haikai al cantar andaluz.

Tal vez tengan razón Díez-Canedo y Lorca al admitir la semejanza evocativa que hay entre los cantares españoles y los orientales, aunque los hispánicos suelen ser más verbosos. Lorca intensifica la sugestividad de los cantares tradicionales. mediante las imágenes insólitas, así para crear un estilo muevo, quasi-haikaísta. A propósito nos serviría de modelo una estrofa de "Baladilla de los tres ríos":

> "El río Guadalquivir
> va entre naranjos y olivos
> y los dos ríos de Granada
> bajan de la nieve al trigo."[17]

---

que lo comunica," véase, en "Sobre el Romance sonámbulo," en "Los Domingos de ABC", 17 de agosto de 1986, p. 15.

16 Enrique Díez-Canedo: "Haikais", en la columna "La Vida literaria" de la Revista "Espana", 9-X-1920, núm. 284, ano VI, pp. 11-12.

17 Cito por la edición de Allen Josephs y Juan Caballero. Federico García Lorca: "Poema del Cante Jondo, Romancero gitano", México, Letras Hispánicas, Red Editorial Iberoamericana, 1994, primera reimpresión, p. 142.

Y si seguimos el modo de comentar de Díez-Canedo, éste diría como lo siguiente: Esto que apenas quiere decir nada, significa para el habitante de Andalucía todo un panorama de naranjos y olivos, la Sierra Nevada , tantos riachuelos y los trigales abajo. Lorca descubre por fin un estilo poético en que se abrazaran el cantar andaluz y el hakai evocativo de Enrique Díez-Canedo.

Angel Balbuena Prat nota ya el cambio estilístico en "Cancione(1927)": "Una clara depuración, una elaboración, que apenas se muestra en una ágil y leve miniatura de poemas, produce un exquisito tintineo de imagen y musicalidad, como en "Cortaron tres árboles", "Cazador", "Alrequín". Las composiciones "para ninos", superan los intentos anteriores en las graciosas y aladas "Cancioncilla sevillana" o "Canción china en Europa"; donde aparece un nuevo género logrado de encanto y finura, de aparente sencillez, pero de intensa seguridad de poeta.[18] Citemos pues este último poemilla:

Canción China en Europa

La señorita
del abanico
va por el puente
del fresco río.
los caballeros
con sus levitas
miran el puente
sin barandillas.
La señorita
del abanico
y los volantes
busca marido.
Los caballeros
están casados
con altas rubias
de idioma blanco.
Los grillos cantan
por el oeste.
(La señorita
va por lo verde.)
Los grillos cantan
bajo las flores.

---

18 "La poesía popular de García Lorca", en "Historia de la Literatura Española", tomo III, Barcelona, Editorial Gustavo Gili, 1964, p. 637.

(Los caballeros
van por el norte.)[19]

Nos interesa el poema arriba citado, primero por su motivo oriental, en segundo lugar, por lo que puede significar esa "Cancion china en Europa"? No estaría refeериéndose nuestro poeta al haikaísmo europeo de aquel entonces, personificándolo en la figura de "la señorita/del abanico"? Siendo así, a la señorita del abanico(al haikai) no le van los caballeros casados ya con "altas rubias/de idioma blanco", o con esa extraña "arabesca geometría de su aspecto..." de los hiaakis euroepos, según comenta Adolfo Salazar,[20] porque la señorita china busca un marido "verde", es decir, natrural y vital, al mismo tiempo. Los grillos occidentales, o los seguidores del haikai oriental "cantan por el oeste", o por donde se pone el sol, o por donde ya no se siente el calor natural y humano, mientras "la señorita va por lo verde", o por el oriente donde salen el sol. Los auténticos "grillos" o poetas deben cantar "bajo las flores", junto al río del sentimiento vital del pueblo.

No hay duda. Lorca se refiere aquí al haikaísmo europeo, criticánodolo de artificioso, antinatural, nada "verde", criterio semejante a lo de su amigo Adolfo Salzar. Lorca opta a un "invernadero" de su amigo-músico donde "los grillos cantan/bajo las flores", admirando la belleza solitaria de la señorita de abanico. Repito que nuestro poeta quería imitar el haikai auténtico en su aire natural y vital, y que no tenía otro remedio que buscarlo en el río de la tradición espontánea de su pueblo. Valbuena Prat ha observado bien "la intesa serguridad de poeta",[21] porque éste ya ha encontrado su lugar popular y universal al mismo tiempo, a través de la admiración hacia "la señorita de abanico".

Nuestro poeta maneja sabia y líricamente las evocaciones históricas y anecdóticas. El pueblo siempre canta las historias de amor pasadas con una emoción renovada. Lorca cree encontrar en esa voz del pueblo un hermano cosanguíneo de su poesía cuyo secreto consiste en la intensa sugestividad evocadora. Lorca suprime más los apoyos anecdóticos para dejarlos en puros esqueletos emocionales. O como dice Aldolfo Slazar, deja solamente "una forma leve y redonda—en la agudez de sus puntas estrelladas—, menuda "a tenor dans la maín" y ágil como un éter, el motivo principal para la sugestión."[22] Veamos un ejemplo:

19 Cito según la cita de Valbuena Prat, ibidem.

20 Véase nuestra cita núm. 10.

21 Valbuena Prat, *op. cit.*

22 Adolfo Salazar, *op. cit.*, ibidem.

Canción de Jinete

Córdoba.
Lejana y sola.

Jaca negra, luna grande,
y aceitunas en mi alforja.
Aunque sepa los caminos
yo nunca llegaré a Córdoba.

Por el llano, por el viento,
jaca negra, luna roja.
La muerte me está mirando
desde las torres de Córdoba.

¡Ay, qué camino tan largo!
¡Ay, mi jaca valerosa!
¡Ay, que la muerte me espera
antes de llegar a Córdoba!

Córdoba.
Lejana y sola.

Sabemos que esta obra está basada junto con otra "Canción de Jinete(1860)" en las anécdotas pasadas de los bandoleros que solían perder la vida en el camino entre aquellas sierras tan ásperas. En la sección titulada "Andaluzas" está incluídas dicha obra. Y lo curioso es que las dos canciones están escritas, como declara el mismo poeta, "en la irregularidad simétrica del Japón".[23] Pues bien, ahora nos toca hablar, sin miedo de perdernos en la pedantería, sobre la poética de evocación haikaísta en Lorca, porque éste concibe en el mismo vientre el fruto de Andalucía y del Japón.

Lorca habla aquí de un oscuro "jinete" de antaño, yendo a camino de Córdoba. Lo malo es que en este poema está sumprimido el motivo capital de la tragedia por lo que se tiene que morir el jinete. Sin este desenlace concreto, ya no sería la tragedia en un drama o en una novela. Sin embargo, el poeta se calla y sigue con las miras de mal aguero alrededor del jinete: "la luna roja", "la muerte me está mirando/desde las torres de Córdoba".

El lector ya sabe que el jinete va a camino de muerte: "Aunque sepa los caiminos/yo nunca llegaré a Córdoba"; "!ay, que la muerte me espera/antes de llegar a Córdoba". A los

23 Cito según la edición de Eutimio Martín: "Antología comentada", Madrid, "Ediciones de la Torre", 1988, pp. 171-175.

mejor, la explicación histórica puede ser diferente de lo que se cuenta en el poema o de lo que se calla. Dicen que había muchos bandoleros y asaltadores en el camino a Córdoba. Sin embargo, el poeta nunca explica, sólo repite que "yo nunca llegaré a Córdoba" Así se convierte Córdoba en un símbolo de invento intesamente sugestivo: aquel lugar adonde nunca podemos llegar antes de la muerte, o sea el amor feliz, o la felicidad misma o el sueño de la inmortalidad.[24]

El haikai de recuerdo o de evocación a que se refiere Enrique Díez-Canedo se limita muchas veces al hallazgo de una analogía sinestética sorprendente entre dos imágenes aparentemente dispares: ¡Nube de flores!/¿Campana de Uyeno?..., mientras el poeta andaluz va más allá del juego de imágenes, creando así un mundo de símbolos profundamente emocionales y significativos.

2. Estribillos de nieve en la irregularidad simértica del Japón

Lorca, cuando habla de la canción china o japonesa, nunca se olvida de mencionar sus aspectos musicales y rítmicos: "canciones de bambú, estribillos de nieve"; "Andaluzas, en la irregulariad simértica del Japón" Y estas "Andaluzas" están dedicados a su amigo Miguel Pizarro que va de profesor al Japón.

Eutimio Martín habla de Miguel Pizarro Zambrano(1857-1956): "Paisano y amigo de Lorca, trabajó como periodista en "El Sol" antes de marchar al Japón, en cuya universidad de Osaka dió clases de español de 1922 a 1930. Lorca le testimonió su afecto en un poema titulado "Miguel Pizarro" donde alude al viaje al Extremo Oriente: "Olas de la mar pajiza/no detengan a tu barco./Aires oblicuos te besen/en el siniestro costado."[25]

Suponemos que entre su amigo y él hablaran sobre los géneros líricos del Japón. De ahí, junto a la dedicatoria, vendría la nota al parecer un poco extraña: "irregularidad simétrica". Cierto es que a los ojos occidentales les pareció el haikai un género de medidas poco regulares, que no tiene rima ni prosodia aparente. Los poetas occidentales no podían pensar en una forma lírica tan breve con tan pocos elementos rítmicos. Y muchos hubieran pensado que el género original tendría un soporte rítmico secretamente mantenido.

Respecto del ritmo de la canción oriental, Lorca se imaginó dos cosas: 1)El haikai

---

24 Repecto del "poder evocativo" del poema, cfr. Francisco García Lorca: "Córdoba, lejana y sola", en "Federico García Lorca" Madrid, Taurus Ediciones, 1988, pp. 275-285, ya publicado en "Cuadernos Americanos", VII, 4(julio, agosto, 1947), pp. 233-244.

25 Eutimio Martín, *op. cit.,* p. 171.

consitiría en unos estribillos igual que el estrambote de seguidilla métricamente idéntico(5/7/5), quiero decir, una forma desgajada de un poema más largo. No se ha equivocado demasiado, si Lorca se hubiera enterado de que el haiku viene del Renga, o sea de una serie de Dankas un poco más largos. 2)El haikai tendría algún mecanismo rítmico interior, basado en cierta armonía vocálica. Al respecto, ya menciona Adolfo Salazar tantas veces citado:

"La armonía vocal interesa más en el Haikai europeo que su construcción métrica. Su brevedad no tolera una repetición silábica; aun la asonancia es ya redundante: que la eufonía resulte de la armónica variedad de la sílaba"[26] De todas formas, Lorca practica "la irregularidad simétrica" y "los estribillos" como una nota general de su estilo poético hasta "Llanto por Ignacio Sánchez Mejillas". Sin el uso de los estribillos, Lorca ya no sería el Lorca que hoy conocemos. Ahora, nos intersa analizar el aspecto rítmico de "la irrgularidad simétirica del Japón."[27]

Además de la canción ya citada cuyo simbolismo rítmico ya es evidente y clásico,[28] otra "Canción de jinete" utiliza estribillos de "¡Caballito negro!/¿Dónde llevas tu jinete muerto?, haciendo par con "!Caballito frío!/!Qué perfume de flor de cuchillo!. Además de dichos estribillos, se repite constantemente" en la luna negra! Pues bien, si el poema no tiene una medida regular cien por cien, la tiene abundantemente a nivel de la repetición léxico-morfológico-sintáctica. En este ambiente musical tan intenso, ningunas metáforas o imágenes aparentemente incoherentes se resistirían sin reconciliarse o sin remitirse a otra analogía simbólica insólita.

"Adelina de Paseo" tiene un estribillo con una finalidad imaginífera central del poema. Si el estribillo ayuda en algo central, ambientándolo, aquí es donde ocupa la métáfora principal cuando dice: "La mar no tiene naranjas,/ni Sevilla tiene amor, porque acabaría el poema diciendo: "La mar no tiene naranjas. /Ay, amor. /Ni Sevilla tiene amor!. Empieza Sevilla con su esperanza del amor-naranja y acaba con el lamento por la ausencia del amor.

He aquín una observación: Lorca elige los estribillos con unas imágenes, a toda costa, insólitas. Entendemos que un estribillo suele llevar una connotación sugestiva y abarcadora de la emoción del poema en general, como en el caso de "!Ay, qué trabajo me cuesta/quererte como te quiero!" , o como éste: "!Ay, amor/que se fue y no vino". Pero muchas veces Lorca

---

26 Adolfo Salazar, *op. cit.* ibidem.

27 Desde aquí en adelante citamos según Eutumui Martín, *op. cit.*, sección "Andaluzas" pp. 171-177.

28 Véase, Francisco García Lorca, ibidem, pp. 283-285.

lanza una saeta o unos estribillos que tienen una fuerza imaginífera insólita por sí misma. Empecemos por "La mar no tiene naranjas, /ni Sevilla tiene amor". Nadie ignora que la mar no tiene naranjas. Entonces Sevilla tampoco puede tener amor. Sin embargo, el significado poético de dichos versos es todo lo contrario: La mar tiene las olas doradas como las naranjas al sol. Y en Sevilla tiene que haber amores.

Analicemos este otro:

Galán,
galancillo.
En tu casa queman tomillo.

Ni que vayas, ni que vengas,
con llave cierro la puerta.

Con llave de plata fina.
Atada con una cinta.

En la cinta hay un letrero:
"Mi corazón está lejos."

No des vueltas en mi calle.
¡Déjasela toda al aire!

Galán,
galancillo.
En tu casa queman tomillo.

Desde luego, aquí tampoco existe regularidad en los estribillos, en comparación con los octosílabos con rima, principales. Sin embargo los estribillos construyen por su propia cuenta una rítmica aparte por su repetición léxico-semántica. Si a eso se refiere "la irregularida simétrica", bien poca cosa es el invento. Ahora, el invneto o la novendad consiste en escoger las imágnes y símbolos totalmente nuevos e inconexos incluso, y se los repite como lo debe ser un estribillo, así para producir un signficado simbólico de invento.

En el poema citado el estribillo dice: "Galán,/galancillo. /En tu casa queman tomillo." Empezando por el tono jugetón de "Galán,/galancillo", no dice nada al principio aquello de "En tu casa queman tomillo." Ahora, con la marcha de los versos, el "tomillo" que queman adquiere una fuerza sugestiva totalmente inesperada. Y ya se converte en un olor o dolor del amor que quema las entrañas del galán desgraciado.

En realidad, no todas la canciones de "Andaluzas" tienen estribillos. Por ejemplo, no los tienen los poemas de "Zarzamora con el tronco gris..." , "Mi niña se fue a la mar..." y "Tres álamos inmensos/y una estrella..." Sin embargo se repiten tantas palabras y sintagmas que parecen rítmico-armónicos, con igual fuerza simbólica. Los estribillo que han merecido tantos elogios como "Córdoba. /Lejana y sola" denotan las mismas caracteríscas que hemos senalado:el significado simbólico de Córdoba, totalmete nuevo.

Y por fin Lorca llega a utilizar unos estribillos sin sentido. Veamos un caso:

Arbolé arbolé
seco y verdé.

La niña del bello rostro
está cogiendo aceituna.
El viento, galán de torres,
la prende por la cintura.

Pasaron cuatro jinetes.
sobre jacas andaluzas
con trajes de azul y verde,
con largas capas oscuras.
"Vente a Córdoba, muchacha."
La niña no los escucha.
Pasaron tres torerillos
delgaditos de cintura,
con trajes color naranja
y espadas de plat antigua.
"Vente a Sevilla, muchacha"
La niña no los escucha.
Cuando la tarde se puso
morada, con luz difusa,
pasó un joven que llevaba
rosas y mirtos de luna.
"Vente a Granada, muchacha."
Y la niña no lo escucha.

La niña del bello rostro
sigue cogiendo aceituna,
con el brazo gris del viento
ceñido por la cintura.

Arbolé arbolé
seco y verdé.

Y ¡qué palabras más raras del estribillo: "Arbolé arbolé/seco y verdé!" Ni "arbolé", ni "verdé" vienen en el diccionario de la Rela Academia. Se supone que estas palabras pueden ser "arboleda" y "verde" como lo conocemos normalmente. Aun así, el juego ha ido demasiado lejos, capaz de hacer enfadar a los buenos académicos.

No, no es un juego trivial este agramaticalismo. Lorca está utilizando los términos con una finalidad, del todo, musical simbolizadora, deformándolos ligeramente. Primero, el estribillo está basado en el isovocalismo de la "é" acentuada. Lorca , para salvar el simbokismo fonético, quiere romper el hábito normal y gramatical, haciendo resaltar la musicalidad pura de los versos. Así consigue un sentido simbólico sorprendente con la repetición del sonido de la "é". La musicalidad del estribillo se carga de todos los sentidos de las anécdotas de los pretendientes y su frustración. "La niña del bello rostro. sigue cogiendo aceituna" sin atender a los que la quieren llevar a las ciudades de amor, y ¿ por qué?

Ahí empieza el famoso duende andaluz de "Yerma" y de "Bodas de Sangre". A los mejor es la tierra desértica la que niega beberse en el agua. La arboleda está siempre verde, pero siempre seca de frutos. El amor nos lleva a la muerte y los dos nunca se casan: "Arbolé arbolé/seco y verdé" hasta la eternidad. En fin, "arbolé arbolé..." está cargado con todo el dolor del duende misterioso y su eterna hermosura intocable.

Lorca encuentra en su práctica del haikaísmo un camino totalmente diferente de aqueilo japonés que le pudo haber servido de modelo. Por un camino insospechado, Lorca encuentra el encanto del simbolismo fonético y lo utilizará en toda su poesía, cada perfeccionándolo. Para muchos y especialmente para el propio Lorca, "Romancero sonámbulo" es un misterio. El ilustre Don Fernando Lázaro Carreter hablará también sobre el misterio del poema en cuestión:[29]

¡Cuánto ha hecho desbarrar el primer verso. "Verde que te quiero verde"! Y es palpable que se trata de una adaptación y, a la vez, una violación de esquemas intensificadores coloquiales. El autor cruza "Dale que te dale" con la fórmula que produce superlelativos del tipo "Terne que terne" (es decir, permuta el vervo por un adjetivo), e introduce el vervo 'querer' que , en la locusión "Que si quieres", expresa la tenaz negativa de otro, enunciándolo en primera persona, con lo cual afirma con la misma energía la presnecia cromática que va

29 Cfr. Lázaro Carreter, artículo ya citado.

a impregnar los sucesos del romance. Utilizando recursos del idioma común, y combinándolos, forja el poeta una acunaación personal e inconfundible. (Pero todo esto puede ser una divagación, si a Juan Ramón Jim;enez no le fallaba la memoria cuadno aseguró haber oído una copla que empezaba: "Verde que te quiero verde, /del color de la aceituna".)

En cuanto al verde, se justifica, creo, sólo por razones simbólicas. Ese color, explican Chevalier y Gheerbrant en su "Dictionnaire des symboles", evoca tanto la vida como la muerte, posee potencia maléfica y nocturna. Con ella contagia al poema entero..."

Y el gran académico sigue hablando sobre "El barco sobre la mar/ y el caballo en la montaña." diciendo que el protagonsita podría ser un contrabandista.

Bueno, todas las fuentes posibles pueden ser intersantes e incluso la suposición de las circunstancias que le rodean al protagosnista gitano, contrabandista que andaba así sobre la mar como en la montaña. Sin embargo, no hay que olvidar que la verdad poética sólo se justifica por el poema mismo. A nuestro parecer, el simbolismo de los primeros veros del "Romance" es obvio:las vocales acentuadas de los primeros versos señalados son como siguen:

Verde que te quiero verde.
Verde viento. Verdes ramas.
El barco sobre la mar
y el caballo en la montana.[30]

Y está claro que el color "verde" se acentúa al compás del ritmo creado por tanta insistencia repetitiva de la "é", en dos versos primeros. Después sigue el isovocalimso basado en la "á." La voz narradora quiere ansiosamente "Verde". ¿Qué será entonces aquello verde que tanto quiere? Una situación semejante a "El barco sobre la mar/y el cabalo en la montana." Es decir, un estado claro y pacífico como lo simboliza la repetición de la vocal "á", abierta, clara y tranquilizadora. Además, el significado de los versos lo asegura, porque el barco debe estar ante todo, sobre la mar y el caballo en la montaña como es lógico, o sea, cada cosa en su sitio.

Siguiendo el hilo narrativo, el gitano busca primero un lugar donde descansar, un hogar o una cama "con sábanas de Holanda", porque viene herido, porque ya sabe que va a morir. En tal situación, el gitano herido busca la vida, no la muerte aunque luego resulte que ese

---

30 Federico García Lorca: "Poema del Cante Jondo, Romancero gitano", Edición de Allen Josephs y Juan Cabollero, REI, México, 1987, p. 234.

deseo de la vida le lleva a la muerte. Así, el simbolismo fonético del estribillo está dramáticamente conseguido con la ayuda de los sentidos de los versos citados.

"La irregularidad simétrica del Japón" le ha llevado a Lorca hasta la irregularidad gramatical y paradigmática, en pro de la musicalidad, así para crear y resucitar el signficado verdaderamente íntimo-poético nuevo. Y debo advertir también que el uso del simbolismo fonético es frecuente ya en otras obras de la época[31] y que se intensificará más, andando el tiempo con la conexión de las palabras, cada vez más irracional.

En conclusión, diré que el poeta granadino nunca propuso en su poesía una imitación servil del género chino o japonés. Sólo quiso llegar a lo hondo y auténtico del lirismo universal, impulsado por el hakaísmo de la época. Para comprender la postura de Lorca, merece la pena escuchar casi la última declaración del poeta:

"Yo soy español integral, y me sería imposible vivir fuera de mis límites geográficos;pero odio al que es español por ser español nada más. Yo soy hermano de todos y execro al hombre que se sacrifica por una idea nacionalista abstracta por el solo hecho de que ama a su patria con una venda en los ojos. El chino bueno está más cerca, de mí que el español malo."[32]

---

31 Cfr. Eutimo, *op. cit.*, p. 27. El investigador analiza minuciosaemnte el poema "Cazador" y dice: A nivel fónico se traduce esta brusca solución de continuidad por la irrupción de la palatal 'í' tónica de 'herida' que rompe la armonía del acorde vocálico en 'ó˜a' de tod el eje rítmico: ó˜a/ó˜a/í˜a/ó˜a

32 Entrevista en "El Sol"(10 de junio de 1936), citada en "Obras Completas," Madrid, Aguilar, tomo II, p. 1087.

LAS IMAGENES DEL EXTREMO-ORIENTE EN EL QUIJOTE*

Muy pocos le toman en serio cuando Cervantes habla de la China o de la invitación que le ha hecho—dice en la "Dedicatoria" de la segunda parte — "el grande Emperador de la China".[1] Clamencín dirá: "En todo esto gasta Cervantes el humor festivo y aun chocarrero que corresponde a la idea de un propio que, despachado por el Emperador del Catay, se viene desde Pekín a Madrid con sus alforjas al hombro a entregar una carta en la calle Francos o de las Huertas"[2] y Don Martín Ríquer: "Desde luego, esto es una pura fantasía y donaire".[3]

Poco respeto se nota desde luego en el tono de dichas interpretaciones, sobre tood, cuando se le oye hablar a un Maestro de talla de Cervantes, "puesto ya el pie en el estribo/con las ansias de la muerte". Nadie niega el buen humor de Cervantes y es en parte cierto que nuestro autor gasta bromas de chinerías en la 'Dedicatoria'. Sin embargo habrá que pensar también que este no es el lugar propio para hablar chocarreramente de la 'pura fantasía', porque al Cervantes 'pobre y enfermo' como él mismo lo dice, le urge más que nada pedir lomosnas al Conde de Lemos. Creemos que hay parte de la verdad en lo que ha dicho Cervantes respecto de las enseñanzas del español en China. Por cierto, esto no es 'una pura

*Artículo publicado en "Actas del II Congreso Internacional de la Asociación de Hispanistas,", Universidad de Alcalá, junio de 2002, pp. 401-411.

1 Miguel de Cervantes Saavedra: Don Quijote de la Mancha(Texto y notas de Martín Ríquer), Editorial Juventud, Barcelona, 1968, p. 534("Dedicatoria al Conde de Lemos"). Utilizaremos dicho libro como texto a seguir en nuestro artículo. Desde ahora en adelante citaremos solamente las páginas en las notas según el orden del libro arriba citado, junto con la numeración de la parte y del capítulo correspondientes. Hemos consultado también las ediciones como la de Francisco Rodríguez Marín, Espasa-Calpe, Madrid, 1964 y otras. Citaremos en cada ocasión cuando sea necesario.

2 Citado por "El Ingenioso Caballero Don Quijote de la Mancha" , edición y comentario de Vicente Gaos, Gredos, Madrid, 1987, p. 26, nota 12c

3 *Op. cit.*, p. 534(la nota 4).

fantasía', es decir, un 'producto mental de la creación imaginaria, que no tiene ningún fundamento real', por decirlo así, citando la definición de la palabra 'fantasía' según el Diccionario.[4]

Para empezar, confesaremos que ni a Cervantes ni a Don Quijote les interesaban demasiado las cosas asiáticas o las del Lejano-Oriente. Sin embargo nuestro héroe como buen hombre de su tiempo incurría muchas veces en las fantasías de la China o del Catay. Un crítico de hoy nos recuerda:

"Entre 1500 y 1800, de los puertos portugueses y españoles— de 1600 en adelante del Acapulco mexicano-partían las naos hacia la India, Catay y Cipango, en busca no sólo de mercaderías, sino de inspiraciones artísticas. De la India sacaron temas y motivos los arquitectos y decoradores del barroco portugués y del mudéjar español, y muchas prendas suntuarias pasaron del Oriente a nuestro mundo, que las adoptó como propias;alfombras, porcelanas, lacas, colgaduras de jade y de marfil. Las peinetas de carey. las mantillas de encaje y los mantones de Manila llegaron a identificarse con las mujeres españolas de aquende y allende el mar."[5]

Pues, hablar de 'la remota China', o 'las perlas de China' era cosa común y corriente[6] y a nadie le parecía raro que se calzase 'las chinelas' una señora de la época, aunque "no era absurdo pensar que las chinelas procedieran de la China" según Joan Coromominas.[7] Desde el famoso viaje de Marco Polo y su libro "Il Milione" tan difundido en Europa,[8] Catay era el lugar común para denominar la tierra de las riquezas enormes u otro polo extremo del globo.

Ahora es interesante observar que por estas fechas abundan las imágenes del Oriente en las obras maestras de la literatura renacentista de Europa. Nos referimos a "Orlando furioso" de Ludovico Ariosto(1526) y a "Os Lusíadas" de Camões(1572). El gran poeta portugués viajó personalmente a Goa, y tuvo una amarga experiencia de naufragio en la

---

4 Véase 'fantasía', Nueva Enciclopedia Larouse, Editorial Planeta, Barcelona-Madrid, 1984, tomo cuarto. p. 3838.

5 Carlos García Prada: "La poesía imaaginista y el haiku", en "Letras Hispanoamericanas", segunda serie, Ediciones Iberoamericanas, Madrid, pp. 97-98.

6 "Nuestro dramaturgo(Lope de Vega) menciona, en total, 72 veces las características de China, que aparecen, por casualidad, tantas veces como las de la India. La impresión que tiene de que es un país 'remoto' es más fuerte que en el caso de la India, ocupando 40.3%." Cfr. Hyung Gang Woo: "Las Imágene del Oriente en el Teatro de Lope de Vega", 1994, tesis doctoral inédita, pp. 427-428

7 Ved 'chinelas', Diccionario crítico etimológico castellano e hispánico(por Joan Corominas), Ed. Gredos. 1980. tomo II.

8 Cfr. Juan Barja de Quiroga:el Prólog de "Viajes de Parco Polo". Madrid, Akal editor, 1983, p. 14.

desembocadura del Río Mekong o Cambodge. Camões describe minuciosamente lo que ha visto y lo que hubiera soñado en su viaje a China:

Inda outra muita terra se te esconde
Até que venha o tempo de mostrar-se
Mas não deixeis no mar as ilhas donde
A natureza quis masi afamar-se:
Esta, mea escondida, que reponde
De longe á China, donde vem buscarse,
E Japão, onde nace a prata fina,
Que ilustrada sera coa Lei Divina.[9]

Los detalles que describe Camões son partes de la realidad geográfico-histórica del Extremo-Oriente, mientras el Catay que Ariosto menciona es una tierra lejana de sueños, bellezas y traiciones. porque del Catay viene Angélica la bella para hacer llorar eternamente a su tierno enamorado cristiano. Angélica es hija de Galafronte, rey del Catay(China septentrional) y el gran Orlando se enamora de ella. Pero ésta rechaza el amor del héroe cristiano, escapándose por fin a su tierra natal con Medoro.[10]

Ya se sabe que el "Orlando Furisoso" infuyó en el Quijote[11] y que tenía siempre en su memoria frases como ésta: "Forsi altro canterá con miglior plectio",[12] o sea "quizá otro cantará con mejor plectro",[13] o pluma, como traduce el propio Cervantes en el capítulo primero de la segunda parte.

I. Ducinea del Catay

Hay momentos que Dulcinea deja de ser del Toboso, para convertirse en la oriunda del Catay: Nos referimos al episodio de la penitencia que hizo Don Quijote en Sierra Morena. Sabido es que la penitencia era unos de los tópicos de los libros de caballerías y el Caballero

---

9 Luis Camões:Os Lusíadas (edicáo brasileira comeorativa do IV centenario do poema), Brasil, 1972, p. 590(canto X, 132).

10 Cfr. Mario Oliveï: Antología Ariotesca(Orlando Furioso), Paravia, Torino, 1955, p. 3.

11 Cfr. Marco A. GArrone: "Orlando Furioso" considerado como fuente del Quijote, citado por Juan Luis Alborg: "Historia de la Literatura Española, época barroca", Gredos, Madrid, 1974, pp. 130-132.

12 Don Quijote de la Mancha, I, cap. LII, p. 523.

13 Verso del "Orlando Furioso", de Ariosto(canto XXX, estrofa 16), que, correctamente escrito, es: "Forse altri canterá con miglior plettro". Cevantes lo traduce en p. 551, II, cap. 1.

de Triste Figura quiere imitar en efecto al don Roldán furioso, "cuando halló en una fuente las señales de que Angélica la Bella había cometido vileza con Medoro, de cuya pesadumbre se volvió loco, y arrancó los árboles, enturbió las aguas de las claras fuentes, mató pastores, destruyó ganados, abrasó chozas, derribó casas, arrastró yeguas y hizo otras cien mil insolencias, dignas de eterno nombre y escritura", tal como dice Don Quijote en el texto.[14] Puesto que Don Quijote hace la penitencia que hizo el Roldán loco y furioso del "Orlando Furioso", Dulcinea se convertirá irremediablemente en Angélica la tradidora del Catay o en Dulcinea la ingrata del Catay, como se le llame.

De hecho, Don Quijote hace la penitencia: "desnudándose con toda la priesa los calzones, quedó en carnes y en pañales, y luego, sin más ni más dió dos zapatetas en el aire y dos tumbas a cabeza abajo y los pies en alto, descubriendo cosas...."[15] Y recuerda otra vez los motivos por los que se volvió loco don Roldan, o don Orlando, sea "por las señales que halló en la Fortuna y por las nuevas que le dió el pastor de que Angélica había dormido más de dos siestas con Medoro, un morillo de cabellos enrizados y paje de Agramante..."[16] Sin embargo nuestro protagonista no tarda mucho en despertarse de la locura: "...pero yo, ¿cómo puedo imitalle en las locuras, si no le imito en la ocasión dellas? Porque mi Dulcinea del Toboso osaré yo jurar que no ha visto en todos los días de su vida moro alguno, ansí como él es, en su mismo traje, y que se está hoy como la madre que la parió;haríale agravio manifiesto si, imaginando otra cosa della, me volviese loco de aquel género de locura de Roldán el furioso."[17] De esta manera Dulcinea se salva del posible agravio que podría haber cometido su amante, pensando que ella fuera tan tracionera como Angélica del Catay. Queremos decir que Dulcinea recobra así su buena fama y su origen honroso del Toboso, aunque "no causó poca risa en los que hallaron los versos referidos el añadidura 'del Toboso' al nombre de Dulcinea..."[18]

Con todo Cervantes nunca olvida la imagen de Angélica o del Catay, porque dirá también en un epitafio del primer libro:

> el brazo que su fuerza tanto ensancha,
> que llegó del Catay hasta Gaeta,

---

14 pp. 237-238, I. cap. XXV.
15 p. 250, I, cap. XXVI.
16 p. 251, I, cap. XXVI.
17 p. 251, ibidem.
18 p. 253, ibidem.

la musa más horrenda y más discreta
que gravó versos en broncínea plancha.[19]

¿Qué quieren decir estos versos? si leemos tal como lo dice en el texto, se entiende que la fama del fuerte brazo de Don Quijote se ensanchó tanto por todo el orbe, que llegó la musa más horrenda y más discreta del Catay hasta Gaeta, Puerto de Italia para grabar versos en broncínea plancha. Pues bien, ¿qué musa sería ésa que viene del Catay hasta Gaeta, para alabar la fama y la valentía de Don Quijote ? ¿No sería la musa la misma Angélica o una imitación de ésta? Total, el epitafio querrá decir que una "musa más horrenda y más discreta" se enteró de la gran fama de Don Quijote y volvió de China para grabar versos para nuestro héroe. Bueno, ¿a quién alude de verdad cuando habla de "La musa más horrenda y más discreta"? ¿A Angélica o a Dulcinea?.

No es casual el hecho de que Don Quijote quisiera imitar a don Roldan que sufre la tradicion de Angélica, porque estaba de moda escribir algo sobre la 'Hermosura de Angélica' como lo prueba este título de la obra de Lope de Vega. Cervantes se recuerda de la moda: "Véese esta verdad clara, porque después acá un famoso poeta andaluz lloró y cantó sus lágrimas y otro famoso poetaa castellano cantó su hermosura."[20] Se refiere a "Las lágrimas de Angélica" de Luis Barahonda de Soto(1582) y a la obra ya mencionada de Lope(1602). Cervantes no pudo ser una excepción al dejarse seducir por el encanto de Angélica del Catay, porque nuestro autor recuerda seis veces a 'Angélica la bella' sólo en la primera parte del Quijote.[21]

Tanto Angélica como Dulcinea son 'damas fingidas' de los poetas por decirlo así en términos de Cervantes, porque éste dice:

"Así que, Sancho, por lo que yo quiero a Dulcinea del Toboso, tanto vale como la más alta princesa de la tiera. Sí, que no todos los poetas que alaban damas, debajo de un nombre. que ellos a su albedrío les ponen, es verdad que las tienen. ¿Piensas tú que las Amariles, las Filis, las Silvias, las Dianas, las Galateas, las Alidas y otras tales que los libros, los romances, las tiendas de los barberos, los teatros de las comedias, están llenos, fueron verdaderamente damas de carne y hueso, y de aquellos que las celebran y celebraron? No, por cierto, sino que las más se las fingen, por dar sujeto a sus versos, y porque los tengan por enamorados y por hombres que tienen valor para serlo. Y así, bástame a mí pensar y creer que la buena

19 p. 519.
20 p. 551 II, cap. 1.
21 Cfr. Hyung Gang Woo, *op. cit.*, p. 96.

de Aldonza Lorenzo es hermosa y honesta; y en lo del linaje importa poco, que no han de ir a hacer la información dél para darle hábito, y yo me hago cuenta que es la más alta princesa del mundo."

Y tanto Dulcinea como Angélica son las damas más hermosas y las más altas princesas del mundo, dignas de ser amadas eternamente por sus caballeros. En la conversación entre Don Quijote y el barbero del pueblo, éste le pregunta al caballero:

"—Dígame, señor don Quoijote-dijo a esta sazón el barbero—, ¿no ha habido algún poeta que hay hecho alguna sátira a esa señora Angélica, entre tantos como la han alabado?

—Bien creo yo—respondió don Qiujote—que si Sacripante o Roldan fueran poetas, que ya me hubieran jabonado a la doncella;porque es propio y natural de los poetas desdeñados y no admitidos de sus damas fingidas-o fingidas, en efeto, de aquellos a quien ellos escogieron por señoras de sus pensamientos-vengar con sátiras y libelos, venganza, por cierto, indigna de pechos genersoso;pero hasta agora no ha llegado a mi noticia ningún verso infamatorio contra la señora Angélica, que trujo revuelto el mundo."[22]

Está claro:tanto don Quijote como don Roldan eran de 'pechos generosos' y sabían amar a sus damas fingidas y bien amadas, porque ambas musas no eran 'de carne y hueso' y que venían de las tierras remotas de la realidad, ya sea del Toboso, ya sea del Catay.

II. Candaya y las tierras del Preste Juan de las Indias

En la Europa medieval estaban muy conocidas las tierras del Preste Juan, estado cristiano legendario , situado más allá del mundo musulmán. Se trataba primeramente de Tugrul, wang kang de los qarait, pueblo turco de Mongolia, convertido al nestorianismo. Este rey fue derrotado y muerto por Gengis Kan(1203). De todas meneras Europa no dejó de poner sus esperanzas en el gran Preste Juan de las Indias, porque con este soberano de los mogoles —creían— podría hacer frente con más eficacia al Islam.[23]

Cervantes sabe de memoria las cosas del soberano legendario del romoto Catay y lo cita con frecuencia a propósito de las cosas lejanas o increíbles. En el prólogo de la primera parte, dice:

---

22 pp. 551-552, II, cap. II.

23 Cfr. Jung, Su-Il: " Estudios sobre la Ruta de Seda"(en coreano), Seúl, 2001. pp. 319-321. El profesor Jung cree en la existecia real del Reino chino del Preste Juan, monarca nestoriano.

“—Lo primero en que reparáis de los sonetos, epigramas o elogios que os faltan para el principio, y que sean de personas graves y de título, se puede remediar en que vos mesmo toméis algún trabajo en hacerlos, y después los podéis bautizar y poner el nombre que quisiéreis, ahijándolos al Preste Juan de la Indias o al Emperado de Trapisonda, de quien yo sé que hay noticia que fueron famosos poetas;”[24]

Es interesante observar que Cervantes pensara en el monarca mogol como poeta, aunque aquí el amigo no habla más que con donaire. Don Quijote lo recuerda otra vez cuando hace un discurso sobre los disparates de las novelas de caballerías:

“¿Qué ingenio, si no es del todo bárbaro e inculto, podrá contentarse leyendo que una gran torre llena de caballeros va por la mar adelante, como nave con próspero viento, y hoy anochece en Lombardía, y mañana amanesca en tierras del Preste Juan de las Indias, o en otras que ni las describió Tolomeo ni las vió Marco Polo?”[25]

Ya sabemos que las tierras del Preste Juan de las Indias no eran más que un tópico para referirse al Lejano Oriente extraño, fantástico y legendario. Sin embargo, Cervantes no lo inventa sino recoge fielmente unas leyendas que ya ha habido en la época.

Ahora nos toca hablar sobre un topónimo de invento: Candaya. Martín Ríquer dice que es un nombre ‘seguramente artificioso’.[26] En torno a Candaya todo es cuento o invento, aunque La Trifaldi explica como si Candaya fuera algún reino real y verdaderaemnte existente:

“Del famoso reino de Candaya, que cae entre la gran Trapobana y el mar del Sur, dos leguas más allá del cabo Comorín...”[27]

Y esta descripción geográfica nos recuerda los pasajes parecidos de “Os Lusíadas”:

“Ves corre a costa célebre indiana
Pere o sul, até o cabo Comori,
Ya chamado Cori, que Trapobana
Que ora é Ceilão, defronte tem de si”[28]

No sabemos si Cervantes se inspiró para el caso de Candaya en dicho pasaje de Camões o en el libro de viaje de Marco Polo. Lo cierto es que el famoso reino se encuentra entre la isla de Ceilán y el mar del Sur. El profesor Frederick A Armas cree que Candaya es Camboya

---

24 pp. 21-22, I.

25 p. 479, I, cap. XLVII.

26 p. 815, la nota 13, II, cap. XXXVIII.

27 ibidem.

28 *op. cit.*, p. 578(Canto décimo).

también llamada Cambaya:

"La crítica ha presentado varias teorías sobre el origen de este nombre. Torbert resume las posibilidades: 'Possibly an invented name in one of the books of chivalry or a legendary place in Southeast Asia.' Rodríguez Marín, por ejemplo, piensa que Candaya se deriva de Guindaya 'de donde fueron a Constantinopla los príncipes del linaje de Amadís de Grecia'. Schevill y Bonilla, por otra parte, sugieren que'recuerda el nombre 'Candu' del "Libro de Marco Polo." Clemencín es el que más se acerca a la teoría que se sugiere en este ensayo, pues explica: "En la invención de esta palabra pudo tener presente Cervantes las ciudades de Asia, Cambay o Candahar, o bien la isla de Camboja... Aunque la descripción de Trifaldi ciertamente contiene, como dice Clemencín, "disparates acumulados... para hacer la relación más ridícula", se esconden tras estos disparates cierta verdad geográfica pues Candaya, o sea Camboya, se encuentra entre la India y el mar del Sur. Hay además varios puntos de coincidencia entre la relación de Trifaldi y la leyenda de Gallinato, el más importante siendo que Clavijo, al igual que Gallinato no es príncipe sino 'un caballero particular' que se casa con una princesa del reino o sea este Candaya o Camboxa."[29]

Como se insinúa en la ultima parte de la cita, Don Frederick está seguro también de que el viaje de Juan Juárez Gallinato a Camboxa es la fuente directa del cuento de las aventuras de Candaya. Nuestro profesor dice que el mismo episodio dió pie a la comedia de "El nuevo rey Gallinato" de Andrés de Clamamonte que se representa por primera vez entre abril de 1599 y enero de 1699 y el tema de Gallinato estaba muy conocido entre los autores de la época. Dicho profesor compara los episodios:

"En ambos relatos, un tirano usurpa el reino. Mientras que en la historia de Gallinato es el tirano Anacaparán o Huncar Prabantul, en la narración de Trifalda es 'el gigante Malabruno' quien ha dejado encantados a la princesa y su nuevo esposo. En ambas historias, una embajada va en busca de españoles para que estos ayuden contra los enemigos del reino. Mientras que en la relación de Gallinatos, Ruiz Blas y Belloso van a las islas Filipinas en busca de ayuda, en el Quijote, la condesa Trifaldi y su escudero viajan a España. La condesa no necesita la ayuda de muchos soldados. Sólo requiere los servicios de don Quijote...

Al crear el ficticio reino de Candaya, Cervantes puede muy bien estar recordando los eventos que supuestamente ocurrieron en Camboxa donde un pobre soldado se casó con la princesa y se hizo rey. Y otro suceso histórico notable: En el año 1601, el Rey de Camboja

29 Frederick A. de Armas:El Reino de Camboya en la Literatura del siglo de oro: Claramonte y Cervantes, en "Actas del III Congreso de hispanistas de Asia," 1993, Tokio, pp. 525-532.

escribe al Emperador Felipe III, agradeciendo la expedicíon del éjercito español en ayuda de su reino para para expulsar a los rebeldes y visita a España, invitado por el Emperador español.[30]

No cabe duda: a Cervantes le interesó el reino de Camboja o Candaya, por dos razones, una, histotico-real y otra, dicha historia tan exitosa de Gallinato, casado con una princesa oriental exótica, porque un pobre soldado fracasado que era él mismo, hubiera soñado siempre casarse con alguna princesa hermosa. Como indica el profesor americano, abunda en el Quijote este tipo de historias. Don Quijote imagina tener a una princesa en sus brazos cuando Maritornes cae por encima de él, andando en busca de su harriero. En las ficciones que inventan Dorotea y Dolorida, las princesas proponen casarse con Don Quijote si éste matara a los malos gigantes. Y por fin, Dulcinea es también princesa. El Caballero de Triste Figura sueña casarse constantemente con princesas, sueños nunca realizados por la manía de los malos encantadores o por la burla cruel de los que se ríen de los pechos generosos del noble caballero.

Pues Candaya se encuentra en un lugar de sucesos reales y de sueños y deseos lejanos, o en algún lugar del Oriente paradisíaco, donde efectivamente ocurrían—dicen—esas cosas milagrosas. Candaya sigue siendo un lugar borroso o borrado del mapa mundi, porque hay un gran trecho entre Candaya, Cambaya, Camboja y Tandaya, que era también otro nombre de la Filipina.[31] Y Cathaya se llamaba también el Catay, como vemos en el ejemplo siguiente:

> "La parte Cathaya con su muchedumbre
> de sus provincias y Tartara gente."[32]

Cambaya, Cathaya, Tandaya.... ¿Cuál de los tres está más cerca de Candaya? No

---

30 *Op. cit.*, pp. 528-529. Cabe recordar también que a Cervantes le encanta el tema de un pobre soldado que se casa con una princesa. Ya en la ficción creada por el cura y Dorotea, esta se disfraza de la princesa Micomicona del reino de Micomicón de Etiopía. Su reino fue usurpado por el gigante Pandafilando. La princesa propone que ella se casaría con Don Quijote si éste matara al gigante(I. caps. 29, 30). Respecto de la expedicíon de los soldados españoles a Camboja y la carta de agradecimiento de perte del rey de Camboja, cfr. " Sucesos del Reinado de Felipe III," por Zarco, en Revista "Ciudad de Dios", 1922, p. 345(basado en la carta del manunscrito 2. 577 de la Biblioteca Nacional de Madrid, por el Fray Jeróonimo de Sepúlveda.)

31 Cfr. José López de Velasco: Geografía y descripción universal de las Indias, ed. de Marcos Jiménez de la Espada, Madrid, BAE. CCXLVIII, 1977, p. 299. Y dice: "Tandaya, por otro nombre dicen Filipina, a devoción del Rey Don Felipe...."

32 Ved. Juan de Padilla: Los Doze Triumphos de los Doze apostoles, en Cancionero castellano del siglo XV, I, ordenado por R. Foulché Delbosc, Casa Editorial Bailly Bailliére. Madrid, 1912, p. 306.

sabríamos contestar de verdad. Y Cervantes seguirá diciendo: ...era un lugar del Oriente cuyo nombre no quiero acordarme.

Ahora, no hay que olvidar que Candaya y las tierras del Preste Juan tienen un punto común:ambas son países de poetas. Cervantes dice que el Preste Juan era un poeta famoso y que "también en Candaya hay alguaciles de corte, poetas, y seguidillas, por lo que puedo jurar que imagino que todo el mundo es uno."[33] Es decir, el poeta Cervantes no viaja ni conoce bien los lugares del lejano oriente sino que sueña en su biblioteca con los países de poetas en el Oriente donde sale el sol y sabe dicir: "...imagino que todo el mundo es uno."

III. La China

Ya hemos dicho al principio que no son del todo 'pura fantasía' las chinerías que dice Cervantes en la dedicatoria al Conde de Lemos. Leamos con atención la parte que nos interesa:

"Enviando a Vuestra Excelencia los días pasados mis comedias, antes impresas que representadas, si bien me acuerdo dije que don Quijote quedaba calzadas las espuelas para ir a besar las manos a Vuestra Excelencia; y ahora digo que se las ha calzado y se ha puesto en camino, y si él allá llega, me parece que habré hecho algún servicio a Vuestra Excelencia, porque es mucha la priesa que de infinitas partes me dan a que le envíe para quitar el hámago y la náusea que ha causado otro don Quijote, que con nombre de segunda parte se ha disfrazado y corrido por el orbe, y el que más ha mostrado desearle ha sido el grande Emperador de la China, pues en lengua chinesca habará un mes que em escribió una carta con un propio, pidiéndome, o, por mejor decir, suplicándome se le enviase, porque quería fundar un colegio donde se leyese la lengua castellana, y que quería que el libro que se leyese fuese el de la historia de don Quijote. Juntamente con esto me decía que fuese yo el rector del tal colegio.

Preguntéle al portador si su Majestad le había dado para mí alguna ayuda de costa. Pespondióme que ni por pensamiento.

—Pues, hermano—le respondí yo—, vos os podéis volver a vuestra China a las diez, o a las veinte, o a las que venís depachado; porque yo no estoy con salud para ponerme en tan largo viaje; además que, sobre estar enfermo, estoy muy sin dineros, y emperador por emperador, y monarca por monarca, en Nápoles tengo al grande conde de Lemos, que, sin

33 p. 818, II. cap. XXXVIII.

tantos titulillos de colegios ni rectorías, me sustenta, me ampara y hace más merced que la que yo acierto a desear.

A fin de aproximarnos al grado de fantasía de la dedicatoria arriba citada, analicemos los puntos siguientes:

1. ¿Cabe la posibilidad de que algún Emperador de la China le hubiese enviado a Cervantes cierta carta de invitación personal?

La respuesta es que no. Ahora tal imaginación no es del todo falsa ni fantástica, porque ciertos hechos históricos prueban que ha habido casos de intercambio cultural semejantes. Por ejemplo, Felipe II envió al Emperador de la China dos retratos suyos encargados al pintor de cámara Sánchez Coello y se irán los mensajeros a China en 1580 por mandato de su Majestad. Queremos decir con esto que en esa época ya ha habido bastante tráfico artístico-cultural entre España y el Extremo-Oriente.[34] Y se podía imaginar que el Emperador de la China enviase sus 'propios' a España para tratar cosas de interés mutuo, como lo hizo el Emperador del Japón, mandando a sus embajadores a Madrid en 1614, fecha-clave en que probablemente estaría redactando Cervantes dicha dedicatoria. Por estas fechas Lope de Vega empieza a cultivar con más ahinco temas del Extremo-Oriente.[35]

2. ¿Existían allí en realidad los colegios donde se leyese la lengua castellana?

La respuesta es que sí, que sí existían en el Extremo Oriente varios colegios y escuelas donde se enseñaba la lengua española. El fray Antonio de Remesal(1570-?) dice en su 'Historia General de las Indias', publicada en Madrid, en 1620:

"…. y también les ayuda mucho la crianza y doctrina que le dan los padres en la escuela a los hijos de lso chinos, donde los tienen a todos desde muy niños; y les enseñan a leer y escribir en español, y en latín, ..."[36]

Además hay muchos escritos y cartas de los misioneros de la época que comprueban estas cosas: En el Japón y en China ya había varios tipos de centros donde se enseñaba el castellano y el portugués y el latín.[37] Por otra parte ya traducían a los idiomas orientales

---

34 Cfr. Margarita Estrella:Tráfico artístico entre Filipinas y España, en "El ExtremoíOriente Iberico", Agencia española de Cooperación internacional, Madrid, 1989, pp. 593-605, 600,

35 Cfr. Hyung Kang Woo, *op. cit.*, p. 429.

36 Cfr. Antonio de Remesal: Historia General de las Indias Occidentales y Particular de la Gobernación de Chiapa y Guatemala. II, ed. de Carmelo Sáenz de anta María, Madrid, BAE. CLXXXIX, 1966, p. 415.

37 Cfr. Park Chul:Aspectos culturales de la labor misionera, inédito, pp. 336-366.

muchos evangelios , salmos cristianos y también "Guía de pecadores" de Fray Luis de Granada.[38] Por lo tanto no sería del todo extravangante imaginar que le invitara a Cervantes al puesto del rector de tales colegios.

Ahora, está clara la razón por la que escogiera Cervantes al Emperador de la China como protagonista de su cuento chino. Es para hablar con cierto donaire y exageración risueña sobre la importancia universal de su propia obra, o sea, de don Quijote que va a besar las manos del conde Lemos. Cervantes escoge a la China como símbolo de 'otro polo' y la utiliza para exaltar la grandeza de la fama de don Quijote y de Cervantes mismo. Sabido es el anhelo imperialista de Cervantes, señalado a su vez por Ricardo del Arco y Garay. He aquí unos versos que vienen al caso:

> "se tiene que extender de gente en gente
> sin poderlo estorbar fortuna avara.
> Resonará el valor tan excelente
> que os ciñe, cubre, ampara y os rodea,
> de donde sale el sol hasta occidente.
>
> Que vuestro poderío se parece
> del católico Rey la suma alteza
> que desde un polo al otro resplandece"[39]

Cervantes, soldado y escritor de su tiempo, arde esta vez con su gran fé imperialista en alabar al Rey Felipe II. Pero el imperialismo cervantino cambia de signo, cuando escribe la dedicatoria tantas veces mencionada:es imperialista solamente en el camplo literario. Veamos:

> "Es verdad, señor—dijo Sansón—, que tengo para mí que el día de hoy están impresos más de doce mil libros de la tal historia;si no, dígalo Portugal, Barcelona y Valencia, donde se han impreso; y aun hay fama que se están imprimiendo en Amberes, y a mí se me trasluce que no ha de haber nación ni lengua donde no se traduzca."[40]

---

38 Ibidem. pp. 352-356. Además de lo citado, se mencionan las traducciones de 'Flor sanctorum y otros libros deuotos, para prouecho de las almas', 'Sumario de la doctrina o catesismo' de Fray Luis de Granada, 'Ejercicios espirituales' de San Ignacio de Loyola, 'Esopo no Fabulas', etc.

39 "Poesía heróica del Imperio" , t. I. pp. 562-571. citado por Ricardo del Arco y Garay, en "La Idea del Imperio en la Política y la Literatura españolas", Espasa-Calpe, Madrid, 1944, p. 17, y especialmente. pp. 287-296.

40 p. 559, II. cap. III.

Cervantes es imperialista literario con razón y con visión clara, porque pronto se hará realidad la profecía de que 'no ha de haber nación ni lengua donde no se traduzca'. Cervantes era vate o adivino o vidente, porque ya sabía que le va a llegar de verdad la fama y 'el cetro literario' del Catay. El mismo lo dice:

> "y cómo del Catay recibió el cetro
> quizá otro cantará con mejor plectro."
>
> Y sin duda que esto fue como profecía;los poetas tambián se llaman 'vates', que quiere decir 'adivinos'.[41]

En conlusión, podemos decir que en el Quijote se encuentran los mejores ejemplos del orientalismo de la época. Las imágenes del Catay y Candaya pertenecen al ciclo de Marco Polo. Cervantes las aprende poéticamente de las manos de Ariosto, de "Orlando furioso". Aquí el Catay es la tierra lejana de los poetas, tierra donde viven la hermosura y la poesía, y los poetas sufren por ellas, como Don Quijote por Dulcinea.

Sin embargo, no hay que olvidar que en el segundo libro aparece otra imagen más realista de la China. Cervantes habla relativamente en serio cuando dice que le invita como rector a un colegio chino. Decimos 'relativamente', porque el texto de la Dedicatoria mantiene un tono muy literaturizado, haciendo 'calzarse don Quijote' en vez del autor. Queremos decir que el motivo de la China es realista, no fantástico dentro del ambiente ficticio que reina en los párrafos anteriores. Cervantes le pide limosnas al conde como si lo dijera en broma, porque le da siempre un poco de corte en hablar de estas cosas. E inventa la historia del Emperador de la China, cuento que contiene propósitos de filo doble: por una parte, el autor quiere que lo tome en broma de manera que se divierta a la ligera de los buenos humores que gasta siempre Cervantes y por otra, intenta darle a entender, por ejemplo, lo triste y resentido que se había quedado la otra vez al no poder acompañarle a Nápoles[42] y recordarle que ha estado deseando como siempre trabajar en las Indias aunque sea en la remota China.

---

41 Es curioso observar que Cervantes dice "del Catay" en vez de "de l' India", que es lo que está en el original: e del "Indiaa a Medor desse lo scettro, / forse altri canterá con miglior plettro." Ved. Vario Oliveri, *op. cit.*, p. 304, 'Canto trentesimo'.

42 Cfr. "Cuando se tuvo notocia en Madrid del nombramiento del conde de Lemos para el virreinato de Népoles, debieron de llover las peticiones de desaprensivos para acompañarle, y vivir a su costa, a mesa y mantel, en la espléndida , riquísima y españolósima ciudad del Vesubio(Astrana)...." Cristóbal Zaragoza:Cervantes, Vida y semblanza, Biblioteca Mondadori, 1991, p. 319.

Es muy posible que Cervantes tuviera noticias del Lejano Oriente a través de las cartas de los misioneros o de su amgio-enemigo y vecino Lope de Vega que andaba muy metido entonces en los temas del Extremo-oriente y que le interesaran especialmente las enseñanzas del idioma castellano en esas tierras extrañas y lejanas. Repetimos que Cervantes no podía estar con ánimo demasiado festivo y fantástico en el momento de redactar la dedicatoria, porque como él mismo lo confiesa, "sobre estar enfermo, estaba muy sin dineros."

Cervantes no fantasea aquí sino confiesa casi irónicamente sus deseos y anhelos de la vida, ya nunca realizables.

Ahora, es cierto que el buen humor nunca le ha abandonado a Cervantes hasta unas pocas horas antes de morir. Cristóbal Zaragoza puntualiza a propósito del prólogo del "Persiles...": "....el relato cervantino es un derroche de humor contenido, tierno, tremendamente triste, profundamente conmovedor..."[43] Así es y así lo ha sido también el humor que ha gastado Cervantes hablando de la invitación que le hiciera el Emperador de la China.

Cervantes no conció al Extremo-oriente y lo inventó casi todo en su imaginación. Lo más curioso del caso es que acertó a decir más certeramente que aquellos que lo habrían visto, porque Cervantes sabía que "todo el mundo es uno" y porque el vate Cervantes era v en efecto vidente tal como él mismo lo dice. El gran Manco de Alcalá de Henares ya sabía desde hace cuatro siglos que en la China y en el Exremo-oriente fundarían un mar de "colegios donde se leyese la lengua castellana, y que querrían que el libro que se leyese fuese el de la historia de don Quijote." tal como hoy estamos observando en el apogeo del hispanismo asiático.

---

43 Ved. *op. cit.*, pp. 354-355.

용어 해설

19세기와 그 이후 The Nineteenth Century and After　예이츠의 작품.

3개의 주석/회전3 anotaciones/rotaciones　옥타비오 파스의 시각 시.

3월의 보름달 Full Moon in March　예이츠의 작품.

5언절구五言絶句　五言으로된 絶句(4행시), 당나라 때 五言律詩와 함께 유행.

8각형으로 된 수수께끼 Adivinanza en Forma de Octagono　옥타비오 파스의 시각 시.

가르시아 로르카 Federico García Lorca(1898-1936)　스페인 20세기의 시인·희곡작가. 그의 시는 서민적인 것을 수용하여 모든 계층 사람으로부터 사랑을 받았다. 상징주의의 특징인 음악적인 것을 많이 사용. 희곡은 산문과 운문이 혼용되어 있으며 스페인 20세기 시극의 정상을 이루었다. 그의 〈피의 결혼Bodas de Sangre〉은 우리나라에서도 공연된 바 있다.

가르시아 얀소 Antonio García Llansó　스페인 예술애호가, 외교관.

가르시아 프라도 Carlos García Prado　스페인 문학평론가.

가부키歌舞伎　춤과 노래·연극이 종합된 일본의 총체극.

가브리엘레 단눈치오 Gabriele D'Annunzio(1863-1938)　이탈리아의 작가. 시·소설·연극 등에 활발한 참여를 함.

각覺/Buddhas/Bodhi　부처의 깨달음의 경지, 완전한 인식. 불교에서 말하는 현상 세계Samsara의 허상Maya을 깨고 진眞의 세계Nirvana의 경지로 들어가는 깨달음의 순간.

갈라지는 오솔길이 있는 정원 El Jardín de Senderos que se bifurcan(1941)　보르헤스의 작품.

갈보리의 수난 Calvary　예이츠의 1920년 작품. 예수의 십자가 수난길.

갓 결혼한 시인의 일기 Diario de un poeta recién casado　1916년 후안 라몬 히메네스Juan Ramón Jiménez의 시집.

강의 환희 Los Gozos de Rio　1940년 아드리아누 델 바예Adriano del Valle의 작품집.

거울The Looking Glas　예이츠 시집《발견*Discoveries*》에 삽입된 시.

게이John Gay(1685-1732)　영국의 시인이자 극작가. 처음에는 시를 썼으나 1728년에 집필한 〈거지 오페라Begger's Opera〉가 호평을 받자, 그 후 많은 작품을 썼다. 의적義賊 매클리스를 주인공으로 하여 사회의 모순과 부패상을 통쾌하게 풍자하였다.

결합과 해체 Conjunciones y Disyunciones 옥타비오 파스의 평론집.

고갱Paul Gaugin(1848-1903) 프랑스의 화가. 1888년 남부 프랑스 아를에서 고흐와 함께 생활하다가 고흐의 발광으로 결별. 세잔, 고흐와 함께 후기인상파의 대표 화가.

고답파高踏派/Parnassien 19세기 후반에 프랑스에서 일어난 유미주의적 경향의 한 시파.

고르스티사Gorsotiza '현대시' 그룹에 속하는 멕시코의 중견시인.

고메스 데 라 세르나 Ramón Goméz de la Serna(1891-1963) 스페인에 전위문학을 소개함. 소설·희곡·비평 등을 썼으나 그를 유명하게 만든 것은 그레게리아라는 것이다. 작품으로는〈그레게리아스Gregerías〉,〈여섯 편의 거짓소설Seis Falsas novelas〉,〈현대인물전, 아소린과 바예 잉클란Azorin, Valle-Inclán, Retrafos Contemporáneos〉 등이 있다.

고메스 카리요 Enrique Goméz Garrillo 과테말라의 여행가, 신문인. 특히 동양 여행기를 스페인어로 써서 세기 초 동양의 이국 취향 분위기 형성에 기여. 주로 스페인과 프랑스를 중심으로 활약. 루벤 다리오의 친구였음.

고전에 대하여 Sobre los Clásicos(1952) 보르헤스의 작품《또 다른 탐구들》중.

고티에Théophile Gautier(1811-1872) 고답파 시인.

고흐Vincent Van Gogh(1853-1890) 네덜란드 근대의 화가. 1886년 3월 파리를 방문, 인상파의 영향을 받았으나, 차츰 독자적인 화풍을 전개하고 이때 고갱, 베르나르 등을 사귀었다. 작품으로는〈아를의 방의 카페〉(1888),〈알프스 풍경〉(1890),〈감자를 먹는 사람들〉(1885),〈해바라기〉,〈귀 잘린 사나이〉(1888) 등이 있다.

공고라Luis de Góngora y Argote(1561-1627) 스페인의 시인. 살라망카 대학에서 수학하고, 코르도바 대성당의 승려가 되었다가 펠리페 3세의 교계사教戒師에 임명됨. 그의 시는 과식주의적誇飾主義的인 것과 기상주의적奇想主義的인 문체로 유명하다.

공자(B.C. 522-B.C. 479) 중국 춘추시대의 학자, 정치가·대사상가, 성인, 유교의 개조.

공쿠르 형제 Goncourt, Edmonde(1822-1896), Gogules(1830-1870) 초기 18세기 사회사에 흥미를 가졌던 작가. 특히 인상주의 예술과 문학에 동양선풍을 주도했음. 저서인《Outamaro》(1891),《Hokusai》,《北齊》(1891-1896)는 커다란 영향을 미침.

과학주의Sciensm 과학 만능주의를 지칭.

괴테Johann Wolfgang von Goethe(1749-1832) 독일의 최대 시인·작가·과학자·정치가. 고전파의 대표.

교양 없는 예관禮官El Incivil, Maestro de Ceremonias kotsuk no Suké(1935) 보르헤스 작품.《불명예 세계사》중.

구름의 조건 Condición de las Nubes 옥타비오 파스의 작품.

구부러진 층계 The Winding Stair 예이츠의 1933년 작품.

구조주의Structuralism 언어학으로부터 출발한 인류학파. 유기적인 전체 기능의 구조를 연구하는 사고방식.

굿맨Paul Goodman　일본 노能에 심취했던 미국 현대 극작가. 작품으로는 〈Stoplight, 5 dance poems〉(1941).

궁전의 비유 Parábola del Palacio(1960)　보르헤스의 작품 《창조자》 중.

균여均如(923-973)　고려의 명승. 수도에 힘쓰는 한편 불교의 보급에 노력. 〈보현십종원생가普賢十種願生歌〉라는 11수의 향가를 지었다.

그레고리오 세스페데스 Gregorio de Cespedes(1551-1611)　포르투갈의 가톨릭 신부. 예수회 소속. 스페인의 마드리드 출생. 임진왜란 시 小西行長의 초청에 의해 종군신부 자격으로 조선에 돌아옴.

그리피스Eliot Griffis　《한국, 은자隱者의 나라*Corea, The Hermit Nation*》의 작자.

그림 시 Poesía Visual/Poesía concreta/Ideograma　아방가르드 시 운동의 일환으로 시와 그림의 조화, 글자의 상징성·회화성에 입각한 시어의 개발이 중요. 선구자로 아폴리네르의 〈서도書道〉(1918)를 들고 있음.

기사의 노래 Canción de jinete　로르카의 시.

기예르모 데 토레 Guillermo de Torre　현대 스페인의 울트라이스모 이론가이면서 시인. 《아방가르드의 유럽 문학*Literaturas Europeas de Vanguardia*》(1925), 《문학의 문제*Problemática de la Literatura*》(1951).

기예르모 발렌시아 Guillermo Valencia(1873-1943)　콜롬비아 시인. 모더니즘 시인으로 동양적 취향 동경 시의 선구자.

길 잃은 새들 Stray Birds　1917년 타고르의 작품.

꽃병Florero(1922)　후안 타블라다의 작품.

꿈의 호랑이 Dream tigers　보르헤스의 작품 《창조자》 중.

나뭇가지Una Rama　옥타비오 파스의 작품.

낭만주의Romanticism　18세기 말-19세기 초에 걸친 근대 문예 사조. 고전주의와 합리주의에 반대하여 자유와 개성을 구하고 감정의 우월을 중요시하며 개성을 강조하고 중세 문화에의 부활을 이상으로 하여 무한한 자연에의 동경을 표출함.

노能　12-13세기, 특히 무로마치 시대에 탄생했다고 하는 일본 전통극. 당시의 선불교적禪佛教的 문화의 일환으로 전쟁에 얽힌 설화를 주제로 한 게 많음. 대표 작가로 세아미(1363-1443), 치카마쓰(1653-1724) 등이 있음.

노래Canción　가르시아 로르타의 시집명.

노래Cancionero　1933년 Alberto Guillén의 작품.

노자老子　성은 李, 이름은 耳, 字는 伯陽. 무위자연無爲自然의 도가道家 철학자.

노장사상老莊思想 도가道家의 중심 사상을 이루는 노자老子/Lao Tzu와 장자壯者/Chuang Tzu의 철학.

놀라움La Sorpresa 로르카의 시집《칸테 혼도 타령조의 시》에 나오는 시제.

농가월령가農家月令歌 농가에 관한 노래. 농가에서 해야 할 일, 계절마다 알아야 될 풍속과 지켜야 될 범절 등을 1월부터 12월까지 월별로 갈라서 월령체月令體로 지었음.

뉴크리티시즘New Criticism 미국에 1930년대 말에 엘리엇T.S. Eliot(영국 비평가)의 비평 태도가 받아들여져, 사회학적 비평을 반대하고, 작품 자체를 세밀하게 분석하려는 태도가 주조를 이루는 문예 비평.

뉴턴Issac Newton(1643-1727) 수학자, 물리학자, 천문학자. 지동설을 만유인력의 발견과 수학적 방법에 의하여 역학 체계로 집대성.

니체Friedrich Wilhelm Nietzche(1844-1900) 철학자. 쇼펜하우어의 의지철학에 경도. 권력의지를 생의 원리로 하는 사상은 신이 없는 근대정신의 본질을 상징.

다다이즘Dadaism 1919년 취리히에서 토리스탄 차라Toristan Tzara를 중심으로 일어나, 파리에서 브르통, 아라공, 수포 등이 전성기를 이루었으나, 그 중요 세력이 쉬르레알리슴을 제창함으로써 1924년에 대체로 종료. 문학·미술에 있어 전통 어법 등 일체 제약을 벗어나 개인을 도그마와 형식과 속박으로부터 해방시키자는 것으로 기존의 모든 질서를 파괴하는 방향의 운동으로 나타남.

다마소 알론소Dámaso Alonso 스페인의 시인이며 학자. 그의 시는 생의 비극적 느낌을 기저로 하여 동시대의 불안·분노를 표현하고 있으나 절망적이라기보다는 자기 자신과 타인에 대한 깊은 동정을 통해 불안과 고통을 주재하는 신神 앞에 나가고자 한다. 비평서 및 연구서로는《공고라의 시어*La lengua poétca de Góngora*》,《스페인 시*Poesía española*》,《현대 스페인 시인*Poetas española contemporđaneos*》,《스페인 시인 4인*Cuatro poetas españoles*》등이 있다.

단테Dante(1265-1321) 이탈리아의 시인, 사상가, 정치가. 이탈리아 문학의 아버지, 중세기 정신의 총합, 문예부흥의 선구·예언자라고 불린다.《신곡》의 저자.

대승불교Mahayano Buddhism 제법개공諸法皆空의 이치를 깨달아 중생을 제도, 열반涅槃의 피안에 옮겨 성불시키려는 보살의 법문法門.

대화 시 주고받는 동양의 시 짓기 방법. 특히 김삿갓과 선승禪僧과의 대화 시는 유명함.

데카르트René Descartes(1596-1650) 프랑스의 철학, 수학자. 그는 먼저 '회의'로부터 출발하여 모든 현존의 지식은 불확실한 기반에 놓여 있기 때문에 의심되어질 수 있는 것은 무엇이나 다 회의하여야 한다고 말하며 의심하는 것은 사유하는 것이고, 사유하는 것은 존재하는 것이라 하여 'Cogito ergo sum'이라는 명제를 남겼다.《방법서설》,《제1철학성찰》,《철학원리》,《정념론》,《지리학》등의 저서가 있다.

도교道教　황제黃帝 노자老子를 교조로 하여, 근대에 이르기까지 중국 민중의 세속적 신앙을 뒷받침한 민간종교. 도덕교道德教.

도널드 킨 Donald Keene　현대 미국의 일본 문학 교수, 대표작에《Japanese Literature》(1953)이 있음.

도법자연道法自然　무위자연無爲自然의 노자 사상의 근본. 즉 마지막 절대 도道는 자연自然을 본받는다는 뜻, 자연은 들으려도 들을 수 없지만(希言自然) 도道 또한 그러하다. 이것이 영원불변하는 진리다.

도서지기El Guardián de los Libros(1969)　보르헤스의 작품《어둠의 칭송》중.

도이무명道而無名　노자의 '무명천지지시無名天地之始' 등 노장 사상의 만물의 절대적 근원에 대한 사고. 만물의 근원에 있는 무無는 이름이 없다. 즉 태허太虛이다.

돈 후안 Don Juan　파우스트처럼 전 유럽에 전파되어 있던 전설상의 인물. 스페인의 작가 티르소 데 몰리나Tirso de Molina에 의해 문학상의 한 성격으로 정착하였다. 찰나적인 향락과 이에 따른 신의 징벌이라는 종교적 측면과의 긴장 아래 전개된다.

돈오성불頓悟成佛　소승에서 대승大乘에 이르는 얕고 깊은 차례를 거치지 아니하고, 처음부터 바로 대승의 깊고 묘한 교리를 듣고 단번에 깨달아 부처의 경지에 이름.

돈키호테Don Quijote　세르반테스가 1605, 1615년에 펴낸 걸작 소설. 근대 소설의 효시.

돌과 하늘 Piedra y Cielo　1918년 Juan Ramón JIménez의 작품.

동시성Synchronism　공시성共時性, 수평적 시간개념. 구조주의 이후 학문 연구 방법으로 선호된 개념으로 통시성通時性/Diachronism에 반대되는 개념, 소쉬르에 의하면 언어 현상에서 시간적 변천은 논리가 없고 오직 동시성으로 연구할 때 그 시스템상에 논리와 구조가 있다고 보고 언어학의 연구 분야로 규정함.

동양 시인 Un Poeta Oriental　1972년 보르헤스의 작품《호랑이의 황금》중.

동쪽 기슭 Ladera Este　옥타비오 파스의 작품.

되돌아오는 기념비 Monumento Reversible　옥타비오 파스의 작품.

두보杜甫(712-770)　중국 당대唐代의 시인. 자는 子美. 중국 문학사상 제1의 시인으로 불린다. 율시律詩를 완성하고 고체시古體詩를 신생新生케 함. 종래 문학전통의 집대성이라는 형식으로 서정시·서사시를 창조했다.

드가Edgar Degas(1822-1917)　본명은 Hilaire Germain Edgar de Gas. 프랑스의 화가. 라모트Latis Lamothe(1822-1896)의 제자. 그를 통하여 앵그르의 영향을 받았다. 파리에서 출생. 1865년 살롱에〈오늘레강시의 불행〉을 출품하고 보불전쟁(1870) 후, 인상파 전람회에 참가했으나(1874-1886) 뒤에는 독자적인 길을 걸었다.

라 플루마 La Pluma　1920년대에 마드리드에서 출판된 전위성 문학잡지.

라유엘라 놀이 Rayuela Julio Cortázar의 소설로서 원형구조를 통해 두 가지 방법으로 독서할 수 있는 가능성을 지니며 현대문명의 공해이며 변증법적인 만화경을 제시한다.

라파엘 로사노 Rafael Losano 멕시코 현대 시인. 모더니즘의 동양 취향의 하이카이 시를 씀.

라파엘 칸시노스 아센스 Rafael Cansinos-Assens 스페인 문학 평론가.

랭보Arthur Rimbaud(1854-1891) 상징주의 시인. '견자見者/voyant'가 되는 것을 시인의 사명으로 생각.

레오폴도 루고네스 Leopoldo Lugones(1874-1938) 아르헨티나의 시인으로서 모더니즘의 향기를 짙게 풍기는 〈황금의 산들Las Montanas de Oro〉(1897), 〈감상적인 태음력太陰歷 Lunario sentimental〉(1909)같은 작품들이 있으며 후에 모더니즘 시에 큰 영향을 미쳤다.

로맹 롤랑 Romain Rolland(1866-1944) 프랑스의 소설가, 극작가, 평론가, 음악연구가. 드레퓌스 사건 때 드레퓌스 옹호자로 군국주의·국가주의에 반대. 진취적 여성상을 그린 《매혹된 영혼*L' Âme Enchantée*》의 작자.

로버트 해스 Robert Hass 미국의 현대 시인.

로웰Amy Lowell(1874-1925) 브루클린 출생의 시인이자 비평가로 이미지즘 시인들과 활동. 작품으로는 《색유리 장식의 돔*A Dome of Many Coloured Glass*》(1921) 등이 있음.

로페 데 베가 Lope de Vega(1562-1635) 스페인 황금세기의 극작가.

롱기누스Kassios Longinus(213-273) 그리스의 철학, 수사학자. 플라톤 철학을 신봉. 플로티누스에 반대하여, 이데아는 노우스nous에 독립하여 있음을 주장했다.

루벤 다리오 Rubén Dario(1867-1916) 본명은 Félix Rubén García Sarmiento. 니카라과 모데르니스모의 선구자. *Azul* 등의 대표적 시집이 있다.

루이스 로살레스 Luis Rosales 스페인의 현대 시인.

루이스 세르누다 Luis Cernuda(1904-1963) 현대 스페인 시인으로 초기에는 서정적 표현을 주로 다루었으나 쉬르레알리슴의 영향과 함께 보다 깊숙이 시세계에 몰입하여 내면세계의 진지하고 심오한 표현을 구사. 〈공간의 윤곽Perfil de aire〉(1927), 〈새벽을 기다리는 사람처럼Como Quien Espera el Alba〉(1947) 등.

루이스 프로이스 Luis Frois 17세기 동양 여행기 작가.

루카치Georg Lukács(1885-1971) 헝가리의 정치가, 철학자, 문학이론가. 독일 철학, 특히 신헤겔주의의 영향을 강하게 받음.

르네 모블랑 René Maublanc 프랑스 하이쿠 작가며 시인.

르네상스Renaissance 14, 15, 16세기 동안 유럽에서 일어난 예술, 문학, 학문의 재생으로 이탈리아에서 시작되어 인접 국가들로 전파됨.

마네Edouard Manet(1832-1883) 프랑스의 화가. 인상파의 창시자. 근대회화의 아버지로 불린다.

마누엘 마차도 Manuel Machado(1874-1947) 세비야 태생의 스페인 시인. 모더니즘시의 대표인물로서 98년대 시인 중 한 명. 〈영혼Alma〉, 〈세비야Sevilla〉, 〈죽음의 기교Ars moriendi〉 등의 작품이 있음.

마담 블라바츠키 Madam Blavadski 20세기 전후를 통하여 유사 불교적인, 프랑스를 중심으로 한 서구의 종교단체, 신지학의 종주.

마당극 마당은 우리나라 민속극에서 한 단락을 이르는 말. 과장科場이라고도 한다. 연극이나 오페라의 막幕과 통하는 말로 탈춤, 산대놀이, 오광대놀이, 꼭두각시놀음 등에 널리 쓰인다.

마르셀 프루스트 Marcel Proust(1871-1922) 소설가. 지성보다는 신비주의적 성향을 우위에 둠.

마르케스Gabriel García Márquez(1928-) 콜롬비아의 작가. 〈백년 동안의 고독Cien años de soledad〉이라는 소설로 1982년도 노벨 문학상을 받음.

마리아 고타마 María Gotama 일본계 아르헨티나인이며 보르헤스의 비서로 그의 일을 돕다가 보르헤스 말년에 그의 부인이 되어 그의 임종을 지켜보았음.

마술적 사실주의 Realismo mágico 1960년대 이후 중남미 소설의 성격을 규정 짓는 말로 사실주의에 초자연적 현상을 가미, 또는 조합시킨 현실의 우주적·총체적 비전을 보여 주는 소설 기법. 대표 작가로 아스투리아스, 카르텐티에르, 마르케스, 보르헤스의 소설이 이 부류에 속함.

마쓰나가 데이도쿠 Matsunaga Teitoku(1571-1653) 에도 초기의 배우·가인歌人. 사도무라 죠우하里村紹色에게서 렌가連歌를 배움. 교우가狂歌의 제1인자.

마조선사馬祖禪師(709-788) 馬祖道一은 선종의 역사상 六祖慧能 다음으로 중요한 인물이다. 四川 成都 출신인 그는 12세에 승려가 되어 남악산般若寺의 주지로 있던 懷讓선사 밑에서 득도. 그의 설법은 모두 육조의 기본사상. 즉 "마음밖에 부처가 없다(心外無佛)"는 데 근거한다.

마차도, 일본 시인 Antoni Machado, poeta japonés 엔리케 디에스 카네도가 스페인 일간 신문 《엘솔*El Sol*》에 낸 평론.

막스 자코브 Max Jacob(1876-1944) 전위시인. 비순응주의非順應主義의 마지막 기수.

만물제동萬物齊同 장자의 제물론의 중심사상. 특정한 개물個物에서 출발하지 않고 개물이 아닌 보편의 경지에서 출발하여, 거기서 개물의 모습을 바라보고 개물이 절대적 실재가 아님을 깨닫는 것. 이것을 표현하는 말로는 天倪, 天鈞, 天均 등이 있다.

말라르메Stéphane Mallarmé(1842-1898) 프랑스의 시인. 베를렌, 랭보와 함께 프랑스의 상징파 시조.

말Palabra 옥타비오 파스의 작품.

맹자孟子(B.C. 372-B.C .289) 중국 동주東周 시대의 유교 사상가. 성선설性善說로 유명.

메리메Prosper Mérimée(1803-1870) 프랑스 사실주의 단편소설 작가. 로맨티시즘의 풍조에서 리얼리즘으로 넘어가는 과도기의 특이한 작가로 객관적이고 간결한 문체를 지녔다. 작품에는〈샤를 9세Charles IX 연대기〉,〈카르멘Carmen〉,〈콜롬바Colomba〉등이 있다.

메이스필드John Masefield(1878-1967) 영국의 극작가로 일본 가부키의 영향을 많이 받음.

모네Claude Monet(1840-1926) 프랑스의 인상파 화가. 모네는 물에 대해서는 대가로서, 수면에 작용하는 빛의 갖가지 강약을 미묘한 감각으로 그리고 있다. 그 색채는 풍부하며, 관찰은 정밀하다.

모데르니스모Modernismo 19세기 말엽 니카라과의 시인 루벤 다리오가 창시한 새로운 문학 경향. 라틴아메리카에서 유럽으로 문학상으로는 처음 수출한 일대 문학사건으로서 시 형식이나 표현 방식에 있어서 절대적인 개인주의를 지향. 19세기 동안 부르주아적 시에 의해 매장되었던 미美를 자유와 열정 속에서 되찾으려 했으며 강렬한 주체성主體性에 감각적 활력 또는 음악적 리듬이 가미된 문학 운동임.

모방Mimēsis 희랍 문예 사조의 예술론 '이데아의 모방'(플라톤)이거나 '자연의 모방'(아리스토텔레스의《시학》)이라는 것이 그들의 예술의 본질에 대한 사고였음.

모파상Guy de Maupassant(1850-1893) 프랑스의 소설가. 그의 문체는 간결하고 비유가 넘치며, 예리한 사고의 테마를 강렬하게 부각시킨다. 작품에 흘러내리는 페시미즘에는 결코 표면에 나타나지 않은 인간에 대한 깊은 공감과 동정이 숨겨져 있다. 작품에는〈비곗덩어리〉,〈메종 텔리에〉,〈여자의 일생〉등의 장편과〈목걸이〉등의 단편이 있다.

몽테뉴Michel de Montaigne(1533-1592) 모럴리스트. 회의 사상가.《수상록*Essais*》(1580)을 써서 후대 철학·문학에 영향력을 끼침.

무어Thomas Sturge Moore(1870-1944) 빅토리아풍의 고전적 취향의 시인. 예이츠와의 서간문이 흥미 있음(1953년 간행).

무위無爲 작위된 것이 아니고 인연에 의하여 생멸하지 않는 상주불변常住不變의 본질을 말한다(노장사상 참조).

무정부주의Anarchysm 일체의 정치권력이나 강제를 부정하고, 개인의 완전한 자유와 독립이 보장되는 사회를 실현하려고 하는 주의.

문법으로 만든 원숭이 El Mono Gramático 옥타비오 파스의 작품.

물화론物化論 만물의 가치에 차별을 두지 않고 일체를 긍정하는 것이 '만물제동'의 경지로서 생사生死조차 동일시하는 것이며, 따라서 어떠한 변화가 찾아오더라도 자기를 잃는 법이란 없다. 이러한 만물제동의 경지에서 분별을 뛰어넘는 것을 물화物化라

한다.

물화일치설物化一致說　이승의 세계와 꿈의 세계의 일치(노장사상 참조).

미당未堂　서정주. 1936년 동인지 시인부락詩人部落의 중요 멤버로 작품 발표하여 등단. 주요 저서로는《화사집》,《귀촉도》,《서정주시선》,《신라초》등이 있다.

미래주의Fluturology　사회의 전환기에는 보편적으로 미래를 공상적으로 예측한다(유토피아). 현대 또한 전환기이나 종래의 공상적 구상과는 다른 현실적인 미래 예측의 가능성을 열고 있다. 1960년대부터 미국, 프랑스, 일본 등지에서 그 체계화가 이루어졌다.

미셸 르봉 Michel Revon　《20세기 일본 문학 선집*Anthologie de la Littérature Japonais des Origines au XXe siécle*》의 저자. 20세기 초 일본 시 연구가.

미카도御門　일본 조정, 황실, 천황을 의미. 천황의 국사 역시 의미한다. 천황을 의미할 때 帝라 쓰기도 하며 미카도라 읽는다.

미트포드Mitford. A.B.　《고대 일본의 설화*Tales of old Japan*》(1921)를 편역한 사람.

밑바닥의 짐승 Animal de Fondo　1949년, Juan Ramón Jiménez의 시집명.

바다와 땅의 신 Boletines de Mar y Tierra　1930년 Jorge Carrera Andrade의 작품

바벨의 도서관 La Biblioteca de Babel　1941년 보르헤스의 작품.

바쇼芭蕉(1644-1694)　본명은 松尾宗房. 일본 겐로쿠元祿 시대의 가인歌人. 어려서부터 하이타이를 공부하고 젊어서 교토京都를 비롯하여 여러 곳을 방랑하다가 1672년 에도江戶에 와서 가집歌集을 출판하고 그 후《하루 니멘인春二面韻》,《에도산바쿠인江戶三百韻》등을 내었으나 독자적인 작품을 보이지 못하다가 1672년 바쇼암芭蕉庵으로 들어간 뒤에 그 특색을 나타내었다. 두보杜甫의 영향을 많이 받은 자연시인이다.

바예 잉클란 Ramón María de Valle-Inclán(1869-1936)　모더니즘 색채를 띤 스페인 시인, 소설가. 음악적이고 서정적이며 또한 감각적인 문장으로 순수한 어휘를 우아하게 구사한 모더니즘의 대표작가. 대표작으로는〈가을 소나타Sonata de otoño〉,〈여름 소나타Sonata de estio〉,〈봄 소나타Sonata de primavera〉,〈겨울 소나타Sonata de Invierno〉등이 있다.

발견Discoveries　예이츠의 1907년도 작품.

밤La Noche　1919년 José Juan Tablada의 작품.

배고픈 돌들 Piedra hambrientas　Juan Ramón Jiménez의 작품.

백낙천白樂天(772-846)　일명 百居易. 중국 당나라의 시인. 호는 향산거사香山居士.

백지Blanco　옥타비오 파스의 그림 시집.

뱅자맹 크레미외 Benjamin Crémieux　프랑스 1920년대 시인.

버클리George Berkeley(1685-1753)　아일랜드 출신의 18세기 영국의 대표적 철학자. 로

크 등 영국 경험주의 철학의 발전에 공헌.

버텀레이Gordon Bottomley(1874-1948) 영국의 극작가로 일본 노의 영향을 받은 작품을 많이 씀.

벌거숭이 시 Poesía desnuda Juan Ramón Jiménez의 시풍.

벚꽃꽃잎들Hojas del Cerezo Alfredo Boni de la Vega의 작품.

베를렌Paul Verlain(1844-1896) 상징주의 시인. 미학적·철학적 이론에 무관심하고 구어체 시에 심취.

벤조를 켜는 사람A Bonjo Player 예이츠의 시집《발견*Discoveries*》에 삽입된 시.

병풍Biombo 1925년 Jaime Torres Bódet의 작품.

보르헤스Jorge Luis Borges(1899-1986) 시인, 소설가, 비평가. 남미에 '극단주의Ultraísm' 시 운동을 보급.

부아진Gilbert de Voisine 상징주의 시인. Heredia의 사위로 1910-1930년 사이에 프랑스 시단에 동양풍의 시로 유명해짐. 특히 그의 4행시quatrains는 중국 시에서 모델을 딴 것.

본론체Onthology 현상의 근본·본질에 관한 이론. 현상이 지각에 의하여 인식되는 데 반하여 이는 사유에 의하여 포착된다는 것으로 플라톤이 이성의 대상인 이데아를 본체로 본 이래 형이상학의 논점이 되었음.

부손Yosa Buson(1716-1783) 화가이자 시인으로 Basho, Issa, Shiki와 함께 하이쿠 4대 거장 중의 한 사람.

부활The Resurrection 예이츠의 1931년 작품.

불도마뱀Salamandra 옥타비오 파스의 작품.

불립문자不立文字 문자에 의하여 교리敎理를 설명하는 것이 아니라는 뜻으로 이심전심以心傳心을 통한 교리에 근거를 둔 선불교의 좌우명.

불면증Insomnio 옥타비오 파스의 작품.

불멸의 인간 El Inmortal 1949년 보르헤스의 작품《알레프》중.

불명예의 세계 Histroria Universal de la Infamia 1935년 보르헤스 작품.

불사조Fénix 1935년 Manuel Machado의 작품.

브레히트Berthold Brecht(1898-1956) 독일의 극작가, 연출가, 시인. 이화異化 효과를 도입한 서사극 등 독자적 연극론을 폄. 〈심류 오페라〉, 〈억척 어멈과 그 아이들〉 등의 작품이 있음.

블리드R. H. Blyth 영국의 동양학 전문학자. 저서《Zen in English and Oriental Classis》(1960).

비교문학Comparative Literature/Littérature Comparée 문학비평가의 분석 및 평가 방법의 고유한 부분으로서, 다른 언어로 씌어진 작품들을 염두에 두어 그 다른 언어 문화의 산물을 하나의 조명시켜 주는 맥락으로 사용하거나, 여러 다른 언어의 문학에 실현된

(변형된) 어떤 광범위한 토픽이나 테마를 연구함으로써 한 작품의 특성에 관한 인식을 높여 주려는 비교 기술.

비잔티움Byzantium 예이츠의 작품.

비전Visión 옥타비오 파스의 작품.

비트 제너레이션 Beat Generation 제2차 세계대전 이후 서구 문명·냉전에 환멸을 느끼고 사회적 긴장과 섹스의 압박을 덜기 위해 아무렇게나 옷을 입고 기분 내키는 대로 행동하는 사람들.

사단칠정四端七情 맹자의 惻隱, 羞惡, 辭讓, 是非의 마음과 子思의 喜, 怒, 哀, 樂, 愛, 惡, 欲.

사또의 칼 '사또'라는 일본인으로부터 그의 조상 대대로 물려받은 칼을 선사받은 예이츠는 그 칼로부터 그의 詩作에 많은 영향을 받았다고 함.

사무사思無邪 공자의 詩에 대한 지론. '시는 한마디로 마음에 邪스러움이 없어야 한다'는 뜻.

사뮈엘 베케트 Samuel Beckett 아일랜드 태생의 희곡작가. 베케트의 작품은 대체로 인간은 어떤 것에 대해서도 확신을 가질 수 없다는 것이 주 테마를 이루고 있다. 이러한 태도는 주제와 기법에 모두 반영되고 있다. 대표작 〈고도를 기다리며〉, 〈엔드게임Endgame〉 등등.

사실주의寫實主義/Realism 19세기 전반 1830년대에 있어서 유럽에 대두하기 시작한 것이 점차로 주위 여러 나라의 문학과 회화 등의 획기적 변모와 영향을 준 예술사조.

사이먼Arthur Symons 상징주의 문학의 시인으로 공쿠르의 신봉자였음.

사크 영 SarkYoung 《The Filomer in Drama》에서 일본 노의 영향을 받아 비평을 시도한 20세기 영국 평론가.

살풀이 남도의 巫舞 계통의 춤으로 살, 즉 한 厄을 푼다(제거한다)는 뜻이 담겨 있다. 일반적으로 흰 치마저고리에 가볍고 부드러운 흰 수건을 들고서 추는데 한국 무용의 특징이 되고 있는 靜中動, 動中靜의 美가 극치를 이루는 환상적인 舞作이다.

상징주의Simbolism 19세기 말에서 20세기 초에 걸친 프랑스 시의 주류를 이루는 경향과 이를 뒷받침하는 시학詩學. 고답파와 낭만파의 잔재에 반발하여 나타난 문학 경향으로서 데카당티즘décadentisme이라는 말기 현상을 거쳐, 20세기에 들어서면서부터는 지나친 기교와 난해성이 비판되어 차츰 신고전주의, 신낭만주의에로 교대됨. 대표작가: 보들레르, 랭보, 말라르메, 라포르그, 베를렌 등.

새로운 노래 Nuevas Canciones 안토니오 마차도의 시집명.

색즉시공色卽是空 반야경般若經에 나오는 말. 색色이란 유형有形의 만물을 말하며, 이 만물은 모두 인연의 소생所生으로서, 그 본성은 실유實有의 것이 아니므로 공空이라는 뜻.

색채의 조화 Harmonies　휘슬러의 작품.

생명적 이성 Razón Vital　합리주의는 이성의 남용을 가져왔기에 근본적 실제는 자아에 있는 것이 아니라 주변환경circunstancia과 자아의 관계에 있는 것이다. 즉 생활 속에 있는 것으로 모든 것은 '순수이성'이 아닌 '생명적 이성'을 따라야 한다. 오르테가 이 가세트의 철학이론.

서경書經　삼경三經 또는 오경五經 중의 하나. 중국 요순 때부터 주周나라에 이르기까지의 정치사. 정교正敎를 적은 중국에서 가장 오래된 경전. 공자孔子가 수집하여 편찬한 것이라고 함.

서정극Lyric Plays　버텀레이의 1932년 작품.

석양El Crepúsculo　1919년 José Juan Tablada의 작품.

선불교禪佛敎　석가의 설교를 소의所依로 삼는 교종敎宗에 대하여 좌선을 닦는 종지宗旨라는 뜻임. 좌선座禪을 주로 함.

세기디야Seguidilla　스페인의 전통적인 민요의 장르, 세기리야Seguiriya라고도 함.

세르반테스Saavedra Miguel de Cervantes(1547-1616)　스페인의 소설가. 돈키호테의 작가. 1571년 레반트Levant 해전에서 부상당하여 외팔이가 되었고, 귀국 도중 흑인에게 잡혀 알제리에서 5년간 노예 생활. 1580년 귀국하여 1605년에 돈키호테 前篇을, 1615년에 後篇을 냄.

세스르 E. 아로요César E. Arroyo　스페인 아방가르드 운동인 Ultraismo에 속했던 시인이며 음악 평론가.

세이데 에체바리아 Ceide Echevarría　멕시코의 하이카이 영향을 연구한 학자.

세헬Zejel　아랍의 지배를 받던 시대의 이베리아 반도에 살던, 스페인化된 아랍인의 서정시에서 유래. 대체로 후렴, 3또는 4행시copla, 후렴과 韻을 함께 하는 1행vuelta, 그리고 후렴으로 구성되며 각 행은 8음절을 주로 한다. 스페인 서정시의 모태라는 설이 일반적임.

센다의 오솔길奧の細道　바쇼의 작품.

셰익스피어William Shakespeare(1564-1616)　극작가, 시인, 배우.

셸링Fredrich Wilhelm Joshep von Schelling(1775-1854)　독일의 낭만주의 철학의 대표자. 예나대학, 베를린대학의 철학 교수 역임. 독일 낭만주의 작가 및 영국의 시인이자 비평가인 콜리지에게까지 큰 영향을 끼침. 저서로는 자연철학의 이념, 선험적 관념론의 체계 등이 있다.

소리 높은 종달새 La Alondra Encandilada　1921년 Rafael Losano의 작품.

소쉬르Ferdinand de Saussure(1857-1913)　프랑스 언어학자. 구조주의 언어학의 창시자.

소요유逍遙遊　《莊子》內篇 제1장. 천지에 소요하여 心意 自得하는 자유로운 경지를 노래.

소칸山崎宗鑑/Yamazak Sokán(1465-1553)　렌가의 작자. 배우. 하이카이의 시조. 모리다케와 함께 하이카이 렌가에서 하이카이가 독립하는 계기를 만듦.

쇼펜하우어Arthur Schopenhauer(1786-1860)　철학자. 칸트의 인식론, 플라톤의 이데아론, 인도철학의 범신론과 염세관을 총합함.

수전 손택 Susan Sontag(1934-2004)　미국의 현대 소설가 및 비평가. 주요 저서는《The Benefactor》(1964),《Against interpretation》(1967),《Styles of Radical Will》(1969).

순수시Poesia pura　Juan Ramón Jiménez의 작품.

쉬르레알리슴Surréalisme　초현실주의. 제1차 세계대전 이후 파리에서 앙드레 브르통A. Breton이 중심이 되어 일으킨 시·문학·회화의 전위적 예술운동을 말한다.

슈워츠L. Schwartz　프랑스 문학에 동양 문학의 영향을 연구한 학자.

슈퍼 포지션 Super-position　에즈라 파운드가 규정한 하이쿠 시학. 연상관계가 없는 이미지의 병치를 통한 뜻하지 않은 시적 동일성을 추구함.

슈펭글러Oswald Spengler(1880-1936)　《서구의 몰락*Untergang des Abendlandes*》을 통해 서구의 몰락을 예언하였으며 그의 세계관의 일반적·철학적인 바탕은 노골적인 생물학주의이다.

슐레겔Friedrich von Schlegel(1772-1829)　독일 낭만파 이론의 최고 지도자. 그의 형 Angust Wilhelm Schlegel과 함께《아테네움》을 발간하여 낭만주의 이론의 확립에 노력했다. 저서로는《그리스 문학 연구》,《그리스 로마 문학사》등이 있다.

스웨덴의 하사품 The Bounty of Sweden　예이츠의 1925년 작품.

스위트Suite　짤막하고 서정적이면서 풍경을 묘사하는 소곡小曲을 일컬으며 특히 인상주의 작곡가인 드뷔시의 스위트가 유명함.

스윈번Algernon Charles Swinburne(1837-1909)　모든 운률시형을 자유자재로 구사한 기교상 空前의 영국 시인. 그리스 고전극을 본뜬 극시〈Atlanta in Calydon〉(1865)은 유려한 시재를 나타내고 있어 세상의 절찬을 받았다. 1866년에 나온〈Poem and Balads〉, 1878년의〈안녕Ave atque Vale〉등이 유명하다.

스즈키Daisetz Teitarō Suzuki(1870-1966)　불교철학자이며 서양에 선불교를 소개하였다. 영문학을 전공했으며 중국철학, 불교철학 및 서양철학에 깊은 관심을 갖고 있었다.

스피노자Baruch Spinoza(1632-1677)　철학자. 데카르트가 실체라 한 물체와 정신을 각기 유일한 실체, 곧 신의 속성인 연장과 사유로 보아 개개의 사물은 실체의 특수화로서의 양상이라는 범신론 주장.

시각의 원반 Discos Visuales　옥타비오 파스의 시각 시 작품.

시간과 20 Hora y 20　1927년 Carlos Pellicer의 작품.

시경詩經　五經의 하나. 春秋 시대의 민요를 중심으로 집대성한 중국의 最古의 시집. 공자가 殷代부터의 민요 3천여 편의 시 가운데 311편을 선택 편찬한 것임. 四言形이 특색이며 중국뿐 아니라 우리나라 고대 문학에도 크게 영향을 미쳤다.

신곡Divina Comedia　단체의 종교적 서사시.

신비주의神秘主義/Misticism　종교나 철학에서 절대자(신, 최고 실재, 우주의 근본 원래 등)를 자기 속에서 직접 체험하고 신과 자기와의 합일을 구하는 입장.

신인합일사상神人合一思想　天人合一이라고도 함. 하느님이나 神에게 인간의 속성과 성격을 부여하는 사고. 특히 신선사상이나 한국 전통무속에 두드러짐.

신지학Theosophie　20세기 전후를 통해 유사 불교적인, 프랑스를 중심으로 한 서구의 사이비 종교 단체로서 동양 사상 관심자들의 초기 주목을 끌었던 종교 원리.

신토이즘Sintoism/神道　일본 고유의 민속종교. 유고, 불교에 대하여 일본 고대의 神社 및 皇室을 중심으로 하여 민족 종교로 행하여짐.

실수의 미학　현실과 환상이 섞이고 소설과 사실의 세계가 뒤범벅이 되는 상황에서 독자와 작가가 함께 만들어 가는 자유의 광장에서 작자의 실수는 또 하나의 소설 미학을 이룬다. 예영수 편저,《구미 문학 작품의 현대적 이해》(1985), p.373 참조.

실증주의Positivism　오귀스트 콩트가 이룩한 철학체계로서 명확하고 과학적인 사실과 이들 간의 관계 그리고 자연법칙에 기반을 둠.

심미주의Aestheticism　19세기 후반에 유럽에 나타난 문예사조, 아름다움만을 최고의 목적으로 생각하여 이를 추구함. 보들레르Baudelire, 와일드Wilde 등이 대표자임.

심외무불心外無佛　'마음 밖에는 부처가 없다'라는 뜻으로 육조혜능의 뒤를 이은 馬祖 선사의 불법의 근간이다.

아돌포 살라사르 Adolfo Salazar　스페인의 20년대의 대 음악평론가. 문학에 있어서 스페인의 하이카이즘 선언을 한 것으로 흥미 있음.

아드리아누 델 바예 Adriano del Valle　스페인의 Ultraísmo에 속했던 시인. 시집《Gozos del rio》등이 있음.

아라공Louis Aragon(1897-?)　시인, 소설가, 미술평론가. 쉬르레알리즘의 창시자의 한 사람. 시집《엘사의 눈동자*Les yeux d'Elsa*》(1942).

아라키다 모리다케荒木田守武(1473-1549)　〈하이카이 렌가俳諧連歌〉의 작가. 야마자키 소칸과 함께 하이카이가 연가로부터 독립하는 계기를 만듦. 후세 하이카이의 규범이 되었다.

아름다운 젊음을 누리라gozad de la Hermosa Juventud　공고라의, 젊음의 향락을 권고·구가하는 전형적인 소네트.

아름다움Belleza 1924년 Juan Ramón Jiménez의 작품.

아리스토텔레스Aristoteles(B.C. 384-B.C. 322) 철학자. 소요학파의 개조. 형식 논리학을 확립하고 모든 존재자를 형상eidos과 질료hulé로 설명.

아리오스토Ariosto 이탈리아의 르네상스 서사시인. 《분노한 오를란도*Orlands Furioso*》 등 많은 작품을 남김.

아마도 네르보 Nervo Amado(1870-1919) 모데르니스모modernismo 시인. '아메리카의 시인'으로 추앙받았음.

아방가르드Avant-garde 아방가르드는 12세기의 프랑스어에서 비롯했다. 군대의 선두에 서서 행군·전투하는 정예부대란 뜻이나, 20세기 초의 기성예술을 부인하고 나선 미래주의, 큐비즘, 다다이즘으로 불리는 전위문학운동 혹은 초현실주의 첨단을 걷는 문예 사조를 말한다.

아버지의 죽음에 바치는 노래 Coplas por la muerte de su padre 15세기 스페인 Jorge Manrique의 작품으로 현세 생활의 무상함을 노래함.

아서 웰리 Arthur Waley 중국 문학 번역가 및 학자.

아시아의 시인과 현자들 Sages et Poétes d'Asie 20세기 초에 출간된 쿠슈의 동양 시집론.

아침mañana 1919년 José Juan Tablada의 작품.

악부 악장가사樂章歌詞 고려시대로부터 조선 초엽까지 전해 오던 속악과 가곡을 수록한 책.

안달루시아의 노래 Andaluzas 로르카의 시집 《노래》에 나오는 한 장.

안달루시아Andalucia 스페인 남부 지방.

안토니오 데 비예나 Luis Antonio de Villena(1951-) 현대 스페인의 시인이며 평론가.

안토니오 마차도 Antoni Machado(1875-1939) 20세기 스페인의 3대시인 중 한 사람. 세비야 출신의 스페인 전통시인으로서 마누엘 마차도와 형제 시인임. 카스티야를 통해서 스페인의 상징을 나타내려 했으며 이를 주제로 많은 시를 썼음. 카스티야의 풍경과 생활을 담담하게 그리고 깊은 철학적 영혼으로 아름답게 승화시킴. 주요 시집으로는 《고독*Soledades*》, 《새로운 노래*Nuevas canciones*》 등이 있음.

안토니오 에스피나 Antonio Espina 스페인 시인이며 소설가, 미학이론가.

안토니오 파헤스 Antonio Pajes 아르헨티나의 현대 시인.

알레한드로 막 킨라이 Alejandro Mac-Kinlay 스페인의 모데르니스모에 속했던 시인. 《Halkais》라는 시집을 썼기에 유명할 뿐이다.

알렉상드랭Alexandrin 알렉산더 대왕의 칭송의 시에서 기원되었다고 하는 프랑스 대표적인 14음절의 시구.

알베르코 기예 Alberto Guillén 페루의 현대 시인. 시집에 《Cancionero》(1933)이 있음.

알프레도 보니 데 라 베가 Alfredo Boni de la Vega(1927-) 스페인 27년대 시인. 멕시코에

망명하여 살면서 하이카이를 썼음.

앙드레 브르통 André Breton(1896-1966) 1924년 쉬르레알리슴 선언monfiesto를 발표한 시인이며 이 운동의 선구자. 시집에《Soupault》와《공작인*Les champs magnétiques*》(1921),《Les Vases Communicants》(1932) 등이 있음.

애스턴W. G. Aston 20세기 전후의 초기 미국 동양학자. 일본 문학에 관한 저서를 남김.

액풀이 살풀이를 볼 것.

앨런 와트 Allan Watt 미국의 동양 사상 전문가. 특히 禪 사상에 조예가 깊으며 히피즘의 정신적인 지주였다고 함. 저서에《The Spirit of Zen》(1958),《The Way of Zen》(1957) 등이 있음.

앨만Richard Ellomann 현대 평론가로 예이츠에 대한 많은 연구를 남김.

야부도천冶父道川 고대 중국의 禪詩 詩人.

양계초梁啓超 중국 문학의 근대 평론가.

어느 하루 Un diá 1919년 José Juan Tablada의 작품.

어둠의 칭송 Elogio de la Sombra 1969년 보르헤스의 작품.

언어 밑에서의 자유 Libertad bajo palabra 옥타비오 파스의 작품.

언어학주의 소쉬르와 촘스키의 언어학 연구의 진전으로 레비스트로스의 인류학까지도 그 연구방법이 전파되는 언어학 붐의 현상이라고 일괄적으로 일컬은 것임.

에두아르도 상기네티 Eduardo Sanguineti 이탈리아의 현대 시인.

에드워드 스토러 Edward Storer 이미지즘 초기의 상징주의 영향을 받았던 시인.

에드윈 아널드 Sir Edwin Arnold(1832-1904) 영국의 시인, 저널리스트. 수많은 詩作 중 長詩〈아시아의 빛The Light of Asia〉이 유명하다.

에르네스토 사바토 Ernesto Sábato 아르헨티나의 소설가. 정신분석학과 실존주의에서 많은 영향을 받았다. 대표작〈터널el túnel〉,〈영웅과 무덤Sobre héroes y tumbas〉등.

에르메스Hermes 20년대 빌바오에서 출판된 문학잡지.

에머슨Ralph Waldo Emerson(1803-1882) 미국의 사상가, 시인. 당시의 물질주의에 반항하고, 교회의 전통에 반기를 들어 개인의 인격의 존엄과 범신론적인 신비주의를 주장했다. 그의 저서《自然論》에서는 자연은 정신의 상징이라 하여 상징시를 전개한 시인이기도 하다. 40년대에 동양의 경전에서 진리의 보편성을 발견하여 그의 시편〈브라흐마나〉에는 그 영향이 현저하다.

에머의 질투the Only Jealousy of Emer 예이츠의 작품.

에밀 브레몽 Emile Blemont 19세기 말 프랑스의 동양 전문가. 저서《중국의 시*Poèmes de Chine*》(1887).

에밀 졸라 Emile Zola(1840-1902) 자연주의 운동의 중심 작가.

에스파냐España 20년대에 마드리드에서 출판된 전위성 문학 잡지.

에스프리Espirit 詩精神.

에우헤니오 플로리트 Eugènio Florit 쿠바 현대 시인으로 쿠바 특유의 서정적 리듬의 시 및 전위 계열의 실험시도 씀.

에이키치 하야위 Eikichi Hagashiya 일본의 외교관으로, 문학에 조예가 깊으며 옥타비오 파스와 함께 바쇼의《센다의 오솔길》을 스페인어로 공역함.

에즈라 파운드 Ezra Pound(1885-1972) 미국의 시인, 비평가. 20세기 영시 발전에 가장 강력한 영향을 끼친 시인 중의 한 사람. 시란 적극적인 사고 활동을 요구하는 기술이라고 생각. 이미지즘 운동을 제창.

에피그램Epigram 경구, 풍자시.

엔리케 디에스 네도 Enrique Diez Canedo(1879-1944) 스페인 시인, 문학평론가. 대표 작품으로는 〈El desterrado〉, 〈Sala de retratos〉, 〈Conversaciones literarias〉가 있음.

엔리케스 우레냐 Henríquez Ureña Pedro 스페인 현대 문학자로서 Buenos Aires, México 등지에서 교수로 재직하였음.

엘 임파르시알 El Imparcial 스페인 마드리드에서 출간되는 1920년대의 일간신문.

엘뤼아르Paul Eluard(1895-1952) 초현실주의 시인. 초현실주의적인 영감에서 우러난 새로운 사랑의 시를 노래.

여왕 연기인 The Player Queen 예이츠의 작품.

역경易經 유학의 경전. 6경의 하나. 周易이라고도 함.

역사주의Historicism 역사주의 문학론이란 러시아 형식주의 이전까지 번성했던 유럽적인 문학연구 방법론으로 문학에 대한 역사적 접근 방법을 말한다.

연가Renga/連歌 옥타비오 파스의 작품. 일본의 시가의 형태로 5-7-5의 長句와 7-7의 短句와의 조화를 기본으로 함.

연작 시 여러 시인이 이어받아 쓰는 시 짓기 형식이나 한 작가가 이어 쓰는 장시 계열.

열반Nirvana 불교의 궁극경지, 고뇌를 초극한 정신의 평화를 뜻함.

영원들Eternidades 1917년 Juan Ramón Jiménez의 시집명.

영원의 역사 Histroia de la Eternidad 1936년 보르헤스 작품.

영향연구주의자 역사주의 문학 방법론 참조.

예이츠Yeats William Butler(1865-1939) 영국의 시인, 극작가. 주요 작품으로 〈The Wanderings of Oisin and Other Poems〉, 〈The Land of Heart's Desire〉, 〈The Wind among the Reeds〉, 〈In the Seven Woods〉, 〈The Green Hamlet〉, 〈Last Poems and Plays〉, 〈The Shadowy Waters〉 등이 있다.

오르테가 이 가세트 José Ortega y Gasset(1883-1956) 스페인의 철학가로 신칸트파의 철학 전공.《四歐誌*Revista de Occidente*》를 발간하여 스페인 문예 발전에 기여.

오스카 와일드 Oscar Wilde(1854-1900) 영국의 극작가, 소설가, 시인, 세기말 문학의 대표적 작가로 일찍이 예술을 위한 예술을 제창했지만 원래는 월터 페이터의 지적인 유미주의의 영향을 받아 그것을 극단적으로 관능적·역설적으로 한 것이다. 저서로는 예술론인《의향론》(1891)과 소설〈도리언 그레이의 초상〉등이 있다.

옥타비오 파스 Octavio Paz(1914-) 멕시코에서 태어났으며 현대시와 비평에 영향력 행사. 1949년〈언어 밑에서의 자유Libertad bajo palabra〉이후'선회하는 기호'라는 그의 시 개념에 상응하는 새로운 詩作 형태를 찾아 언어 및 형식에 대한 실험을 하였다. 대표작〈야생의 달Luna silvestre〉,〈인간의 뿌리Raíz del hombre〉,〈언어 밑에서의 자유〉,〈고독의 미로El laberinto de la soledad〉등등.

온유돈후溫柔敦厚 마음이 온화하고 두터움, 문학에서는 기교를 부리거나 노골적으로 쓰지 않고 독실한 정취가 있는 작품의 경향을 일컫는다. 시경의 성격을 규정 짓는 유가적 해석.

와일더Thornton Wilder 미국의 소설가이자 극작가.

요네 노구치 Yone Noguchi 이미지스트 시인들. 특히 플레처에게 하이카이와 일본 시에 대한 취미를 가르친 일본계 영국 시인. 작품으로〈From the Eastern Sea〉(1903),〈The Summer Clouds prose Poems〉(1906),〈Japanese Hokkus〉(1920) 등이 있음.

우다이풀에서의 하루 Un día en Udaipul 옥타비오 파스의 작품.

우주외계인학Ufology 외계인이 있다고 믿고 지구에 외계인의 흔적, 그들의 모습, 과학기술 등을 연구하는 학문.

우타歌 일본의 전통가요 형식.

울트라이스모Ultraísmo 1915년경 모더니즘이 사라지면서 과거 문화와의 단절과 함께 새로운 전위예술의 그룹이 형성되었다(Grupos de vanguardia). 형식의 자유와 새로운 것으로의 추구가 두드러진 성격으로 스페인에서 그 첫 번째의 운동이 바로 울트라이스모Ultraísmo이며, 모더니즘의 장식적 기교를 버리고 음악적·감상적 요소를 제거하고 근대세계에서의 가장 활동적인 주제에서 감흥받은, 본질적으로 은유적인 시의 부활을 주장했던 운동이다. 1919년경부터 1923년까지 지속됨.

움베르토 에코 Umberto Eco(1932-) 이탈리아의 현대 미학자 및 기호학 전문가. 현재 볼로니아 대학 교수. 저서에《Obra abierta》,《일반기호학 이론》및《독자》,《장미의 이름*El nembre de la rosa*》등이 있음.

원숭이El pequeño mono 후안 타블라다의 작품.

원형의 시간 El Tiempo Circular 1936년 보르헤스의 작품《영원의 역사》중.

월트 휘트먼 Walt Whitman(1819-1892) 미국의 시인, 수필가.〈풀잎〉으로 유명해지면서 시인은 예언자라는 그의 설에 알맞게 민중의 정신적 지도자로 자처했다.

위고Victor Marie Hugo(1802-1892) 시인, 작가, 극작가. 19세기 프랑스 낭만주의를 대표.

위철리William Wycherley(1640-1716) 영국의 극작가. 신년 시절을 프랑스에서 지내고 영국으로 돌아와 법학원에 들어갔으나 문학으로 전향. 주요 작품으로〈숲속의 사랑〉, 〈남성 무용사〉,〈시골 아낙네〉 등.

유사심리학Parapsychology 정통 심리학과는 달리 최면술, 텔레파시 따위의 초자연적 인간 기능과 마음의 역할을 연구하는 학문 일체를 일컫는 말.

유위有爲 불교 용어로서 因緣에 의하여 生滅하는 일체의 事象이다. 그의 본질적 의의는 무상성이고 가상이며 본체에 대하여 현상적 의의를 갖는다.

육의六義 《詩經》의 시체의 여섯 가지 분류인 風, 賦, 比, 興, 雅, 頌, 특히 風, 賦, 比는 수사법상의 구문.

윤회(설) Samsāra/Karma 流轉, 轉生. 인도사상의 근본 개념의 하나. 고대의 영혼 轉住說에서 발달. 業說karmen theory와 결부. 우파니샤드 시대에 대성.

음악적 색채감 Symphonies in White 휘슬러의 작품.

음양오행설陰陽五行說 우주나 인간사회의 모든 현상을 음양 두 원리의 消長으로부터 설명하는 음양설과 이 영향을 받아 만물의 생성 소멸을 木, 火, 土, 金, 水의 변전으로부터 설명하는 오행설.

음유서사시 중세에 음유시인들에 의해서 구전되던 무용담.

이국 취향 Exoticism 낭만주의 이후 시간적·공간적·사회적으로 먼 것에 대한 것을 동경하는 문학적 취향.

이규보李奎報(1168-1241) 고려의 문장가. 초명은 仁氏, 자는 春卿, 호는 白雲山人·백운거사. 저서로는《東國李相國集》,《白雲小說》,《麴先生前》,《高麗史》 등.

이미지 병치 Parallelismo/Super-position 두 개, 혹은 그 이상의 전연 상관없는 이미지의 병치를 통해 비약적인 일치성을 산출시키는 시학.

이미지즘Imagism 에즈라 파운드, F.S. 플린트 등에 의한 시 운동. 이러한 명칭은 파운드의《응수*Ripostes*》(1912)에 수록된 T. E. Hulme의 시 노트에서 처음으로 사용됨. 문학사가들에 의하면 프랑스 상징주의에 대한 영·미 변형태로서 이미지즘을 말하고 있다. 파운드에 의하면 프랑스 상징주의를 음악과 같은 시라면 이미지즘은 조각 또는 회화와 같은 시라고 한다.

이삭 델 반도 비야르 Issac Vando-Villar 스페인 현대 시인. 동양 취향적·모더니즘적 시를 즐겨 씀. 하이카이 시집인《일본 파라솔*Parasol Japonica*》(1924)이 있음.

이오네스코Eugene Ionesco 전통극에 반하여 자신의 연극을 '반연극antiplay'이라 명칭. 그의 희곡에서는 줄거리가 진행되지도 않으며 대부분의 등장인물이 비슷하여 서로 교체될 수도 있다. 한편 대화는 거의 상투어로 이루어져 있다. 주제의 무의미한 반복은 연극적 기법과 평행을 이룬다. 대표작으로는〈대머리 여가수〉,〈의자〉 등.

이인로李仁老 고려시대의 한학자. 文章天性論을 주장. 저서로는《破閑集》이 있다.

이태백Li Po(701?-762) 이백李白. 두보와 더불어 중국 당대의 대표적 시인. '樂府', '歌行',

'七言古詩' 등의 장편에 뛰어났고 '칠언절구' 등의 단편에도 특색을 보임.

인간지식의 원리A Treatise Concerning the Principles of Human Knowledge　1710년 버클리의 저서.

인디언의 우주 Cosmos Indio　1938년 Flavio Herrera의 작품.

인문주의Humanism　어떤 형태이든 인간을 해방하며 또는 인간성의 존엄성을 인정하는 동시에 그것을 충분히 발휘시키려 하는 것으로 내용이 대단히 복잡하다.

인상주의Impressionism　자연이나 사물에서 받은 주관적·감각적인 인상을 작품에 직접 표현하는 데 중점을 두는 문학상의 한 主義.

인생의 덧없는 짧음에 대하여 De la brevedad engañosa de la vida　공고라의 소네트.

일본 뮤즈musa Japónica　José Juan Tablada의 작품.

일본 파라솔 La Sombrilla Japonesa　1924년 Issac Vando-Villar의 작품.

일본문학사A History of Japanese Literature　애스턴W. G. Aston의 저서

일본의 격조 높은 비정형 문체로 En la irregularidad simétrica del Japón　로르카의 시집《노래》에 나오는〈안달루시아의 노래〉의 부제목.

일본의 어떤 고상한 연극들 Certain Noble Plays of Japan　예이츠의 1916년 노能 번역집.

일본인을 모방하여 Imitated from the Japanese　예이츠의 작품.

일본인의 시적 감정 El Sentimiento Poético Japonés　엔리케 고메스 카리요의 평론.

일치Concorde　옥타비오 파스의 작품.

입체주의Cubism　피카소·브라크가 1908-1909년까지 프랑스에서 일으킨 운동. 포름의 새로운 결합을 획책. 사물의 형태를 기하학적 기본구조로 분석, 그 구조를 재구성하려는 원리.

자연주의Naturalism　이상화하지 않고 추악한 것 따위를 꺼리지 않으며 현실을 다만 있는 그대로 묘사하려는 문예사조로서 19세기 말 프랑스를 중심으로 일어남.

자크 루보 Jacques Roubaud　프랑스 현대 시인.

장 코엔 Jean Cohen　프랑스의 현대 시인이며 문체론에 대한 전문가.〈Structure du Langage Poétique〉(1966)라는 연구 평론이 있다.

장 폴랑 Jean Paulhan(1884-1968)　항독운동을 편 소설가. 비평가, 시인.

장면과 연극들 Scenes and Plays　버텀레이의 1929년 작품.

장자莊子　老子와 함께 道家를 대표하는 철인. 이름은 周, 字는 子休.

장한가長恨歌　백낙천의 시작품.

전망주의Perspectivismo　오르테가는 사물과 개인의 태도에 대한 관점이란 절대적일 수 없으며 현실과 진리에 대해 부분적이고 제한되었으며 상대적인 면만을 생각할 수

밖에 없다고 주장한다.

전원생활의 찬가 Beatus Ille 호라티우스의 작품.

제2선집 Segunda Antolojía 1923년 Juan Ramón Jiménez의 시선집.

제도 예술 Arte de Sistemas 아르헨티나에서 있었던 전위 문학운동. 저항 문학과 예술운동.

제물론齊物論 《장자》 내편 제2장. 萬物齊同, 절대 무차별 논리가 전개된다.

제임스 조이스 James Joyce(1882-1941) 아일랜드 소설가. 처음에는 전통적인 사실 소설부터 출발하였으나 차차 인간의 내면 의식을 그리는 방법으로 변하였다. 최후에는 인간의 半睡狀態 또는 꿈을 꾸고 있을 때의 의식 상태를 묘사하고자 하여 이야기 중심의 종래 소설 개념을 깨뜨리고 '의식의 흐름'과의 소설을 완성하였으며 금세기의 소설사상으로 가장 중요한 작가로서 문학에 있어서 미지의 분야를 개척한 업적은 높이 평가된다.

조르주 사비롱 George Sabiron 프랑스의 20년대 시인.

조지훈趙芝薰(1920-1968) 시인. 본명은 趙東卓. 1939년 《文章》 3호에 〈古風衣裳〉으로 추천되어 문단에 나와 청록파의 한 사람으로 〈봉황수〉, 〈산우집〉, 〈풀잎단장〉 등의 시를 남김.

존 펙 John Peck 미국의 현대 시인.

죽어 가는 여인 위에 Upon a Dying Lady 예이츠의 1919년 작품.

죽음의 기교 Ars Moriendi 미누엘 마차도의 후기 시집명.

중국의 배 Nao de la China 1902년 José Juan Tablada의 시집.

쥐디트 고티에 Judith Gautier 테오필 고티에의 딸로 중국 시를 번역함. 중국 시 번역시인 《옥피리》가 있다.

쥘 르나르 Jules Renard(1864-1910) 프랑스의 소설가, 극작가. 자연주의 색채가 강한 〈콧수염La Bigote〉 이라는 극작품 등이 있다.

쥘리앵 보캉스 Julien Vocance 프랑스 20년대 시인.

지속Duración 옥타비오 파스의 작품.

진보주의Progressivism 산업혁명 이후 동양과 서양의 史觀을 대변하는 주의로 뉴턴적 절대공간에서의 우주의 量化와 '직선적' 시간 개념을 바탕으로 한 서양의 목적론 Teleslogy을 일컬음.

진시황秦始皇(B.C. 259-B.C. 210) 秦 36대 왕. 통일왕조 秦의 시조. 이름은 政.

집시 가요집 Romancero Gitano 가르시아 로르카의 시집.

찰스 톰린슨 Charles Tomlinson(1927-) 영국의 비평가, 시인. 시인으로서의 모든 자질을 갖추었으나 감정 처리에 미숙하다고 함. 그의 시에서 풍경은 분위기mood를 위한 은유로 사용됨.

참사를 쓴 하이카이 Haikais con Palabras Pivote 1925년 José Maria González의 작품.

창작집Ficciones 1944년 보르헤스의 작품.

창조자El Hacedor 1960년 보르헤스 작품.

책임들Responsibilities 예이츠의 1914년 작품.

처음을 향하여 Hacia el Comienzo 옥타비오 파스의 작품.

체임벌린Basil Hall Chamberlain 세기 초 서구에 일본 시 등을 소개한 동양학 전문가.

촘스키Noam Chomsky(1928-) 미국의 언어학자. 1957년《구문론 구조》에서 '변형 생성 언어학transbormalist theory'을 주창, 오늘의 언어학의 대표적 저서를 냄. 저서《언어학의 번번한 문제들》(1964),《영어의 음성학 모델》(1968) 등.

총체적인 계절 La Estación Total 1923-1946년까지의 Juan Ramón Jiménez 작품.

최자崔慈 고려시대의 한학자. 저서로는《補閑集》이 있다.

최치원崔致遠(857-?) 신라의 대학자. 경주 최씨의 시조. 자는 孤雲, 海雲.《討皇巢檄文》이 유명하다. 작품에《桂苑筆耕》,《중산복귀집》,《석순응전》등이 있으나《계원필경》과《향악잡영》등 한시 몇 수와 金石文 약간이 전해지고 있다.

축제La Feria José Juan Tablada의 작품.

축Eje 옥타비오 파스의 작품.

침사枕辭 하이쿠에 있어서 첫 구에 오는 계절 감각을 나타내는 詩句.

칭기즈 칸 Gengis-khan(1162-1227) 元의 태조. 몽골제국 창건자. 아명은 테무진鐵木眞. 세계사상 굴지의 대영웅.

카를 마르크스 Karl H. Marx(1818-1883) 독일의 정치학자, 경제학자, 공산주의의 창시자. 엥겔스와 함께《독일·이데올로기》를 집필하여 유물사관을 확립시켰다. 1848년에〈공산당선언〉을 공포하였으며 1864년 제1인터내셔널 때, 엥겔스와 함께 실질적 지도자가 되어 노동조합주의나 무정부주의와 싸웠고 1871년 파리코뮌이 성립되자《프랑스의 내란》을 집필하였으며 1867년 유명한《자본론》을 간행하였는데 완성하지 못하고 사망하였다.《경제학 비판》등의 저서가 있다.

카를로스 무르시아노 Carlos Murciano 스페인의 현대 시인. 평론가.

카를로스 엔리케 Carlos Enrique 아르헨티나의 현대 시인.

카를로스 페세르 Carlos Pellicer 멕시코의 아방가르드 시인. 신성을 반영하는 자연에 대한 시를 많이 씀.

카프카Franz Kafka(1883-1924) 유대계 독일의 소설가. 20세기 최고 작가 중의 한 사람.

그의 문학상의 독자성은 단편〈판결〉,〈변신〉에서 발휘되었다. 모두 부조리의 세계, 이상한 사건을 억제된 사실적 문체로 표현한 것이다.

칸테 혼도 타령조의 시 Poema del Cante Jondo　가르시아 로르카의 시집.

칼데론 데 라 바르카 Calderón de la Barca(1600-1681)　스페인의 시인·극작가·수도가. 철저한 스페인 정신의 시인으로 왕에의 충성·가톨릭 신앙·정조관 등의 신조를 바탕으로 추상적인 감동을 구하였다. 성찬신비극이 유명하며 작품으로는〈인생은 꿈La vida es sueño〉,〈명예 있는 의사El médico de su honra〉등이 있다.

캠프Camp **취향**　Susan Sontag이 주장한 옛것에 대한 집착 내지 향수. 그녀의 말대로라면 '따스한 감정'이다.

케베도Franciso de Quevedo(1580-1645)　스페인 소설가, 시인. 바로크 시대의 개념주의Conceptismo적인 풍자문체로 유명.《부스콘 傳*Historia de la vida del Buscón*》이 그의 작품이다.

콕토Jean Cocteau(1889-1963)　프랑스의 시인, 소설가, 극작가, 연출가, 배우, 화가.〈시집Poésies〉(1920) 등의 시,〈포토막Le Potomack〉(1917) 등의 산문,〈에펠탑의 신부〉(1924) 등의 극으로 제1차 세계대전과 다다이즘의 운동을 하고 화려하게 등장하였다. 전후의 혼란 속에서 시대에 민감하고 자기에 충실하며, 그리고 고전미학 위에 그 존재를 지탱하는 것이 그의 생활방식이었다.

콜리지의 꿈 El Sueño de Coleridge　1952년 보르헤스의 작품〈또 다른 탐구들〉중에 나오는 이야기에 콜리지가 쿠빌라이 칸의 꿈을 꾸고 꿈에서 불러 준 대로 썼다는 시.

쾌락주의Epicureanism　쾌락을 善이라고 생각하여 인생의 목적 가치의 표준으로 치고 도덕은 쾌락을 실현하기 위한 수단이라는 학설.

쿠슈Paul Louis Couchoud　1905년 최초의 하이카이 시를 쓴 프랑스 시인(일본의 하이카이 시를 모방하여 프랑스어로 시를 지음).

클리셰Cliché　상투 문학어.

키플링Rudyard Kipling(1861-1941)　영국의 작가, 시인.

타고르Rabindranath Tagore(1861-1941)　인도의 시인, 극작가, 사상가,《Gitanjali》로 노벨 문학상 수상.

타블라다와 하이카이 Tablada y el Haikai　1923년 Enrique Díez Canedo의 글.

타캄바로Tacámbaro　1921년 José Rubén Romero의 작품.

탄트리즘Tantrism　힌두교, 자이나교 및 티베트 불교의 영적 경험의 획득과 지상의 욕망의 달성을 목적으로 행해지던 秘敎的 예배 형태. 종교적 이론보다는 실질적 방법에 중점을 두며 신체의 정화와 생리적·심리적 과정을 통제하려는 비밀스러운 예배를 다룬다.

탑The Tower　예이츠의 작품.

태양빛에, 달빛 아래 Al Sol y Bajo la Luna　1918년 José Juan Tablada의 작품.

터너W. J. Turner(1889-1946)　호주 출생으로 영국에서 활동한 음악 비평가, 소설가, 극작가. 작품으로는《Selected Poems》(1939),《Fossils of a Future Time》등이 있다.

토나딜랴Tonadilla　스페인 민요. 춤과 함께 노래하는 전통 가무.

토인비Arnold Joseph Toynbee(1889-1975)　영국의 역사가. 세계사에 있어서의 21세기의 문명에 관하여, 각 문명의 발전 단계 및 문명과 문명의 마주침에 관하여 비교 연구했음.《역사의 연구》,《시련에 선 문명》등의 작품을 남김.

토포에마스Topoemas　옥타비오 파스의 작품. Topos(地形)+Poemas(詩)의 합성어.

파르메니데스Parmenides(B.C. 544-B.C. 501)　철학자. 엘레아학파의 비조. 존재의 유일 부동을 주장. 제논의 스승.

파리섬La Isla de Paris　에즈라 파운드Ezra Pound가 1920년대에《Hermes》(Bilbao) 잡지에 기고한 기사.

판소리　광대의 소리와 대사를 일컫는 말. 조선 중기 이후 南道 지방 특유의 곡조를 토대로 하여 광대 한 명이 鼓手의 장단에 맞춰 일정한 내용을 肉聲과 몸짓의 唱劇調로 부르던 민속예술 형태이다.

팬터마임pantomime　대사를 쓰지 않고 몸짓이나 표정만으로 행위나 시상을 표현하는 연극 형식.

퍼시벌 로웰 Percivall Lowell　《朝鮮, 고요한 아침의 나라*Choson, The Land of Morning Calm*》의 저자.

페놀로사Ernest Franciso Fenollosa(1853-1908)　미국의 철학자, 동양학자, 일본 미술 연구가. 일본에 가서 도쿄대학에서 철학·논리학·理財學 등을 강의. 귀국 후 보스턴 미술관의 동양부장이 되었고 재차 도일하여 도쿄 고등사범학교 교수. 다시 유럽으로 갔다가 런던에서 사망. 저서에《미술 진실》《미국 기타 시의 발견》,《Masters of Ukiyoye, Epochs of Chinese and Japanese Arts》,《'No' or Accomplishment》등이 있다.

페드로 살리나스 Pedro Salinas(1891-1951)　마드리드에서 탄생하여 보스턴에서 죽음. 사랑을 테마로 한 시를 주로 썼다. 사랑의 참된 아름다움을 추구한 시인은 수사학적·장식적 요소를 배제하고 내밀하고 순수한 표현을 주로 하였다. 대표작으로〈네게 빚진 말La voz a ti debida〉과〈사랑의 말Razón de amor〉이 있다.

편지의 전부 Carta Entera　로살레스의 1980년대 최신 시집.

포터W. N. Porter　초기 동양 문학 번역가.

폴 발레리 Paul Valéry(1871-1945)　프랑스의 시인, 사상가. 말라르메에게서 사사하여 상징주의의 감화 아래 뒤의《구서첩》에 실려 있는 우아한 시를 쓰고 있었으나 감동과 예술적 영감의 애매함을 거부하고 엄밀하고 명석한 정신의 훈련에 전념할 결의를 하여〈레오나르도 다빈치의 방법서설〉과〈테스트 씨와의 하룻밤〉에서는 지적 청춘의 엄격한 이상을 극한까지 묘사하고 있다.

푸치니Giocomo Puccini(1858-1924)　이탈리아의 작곡가. 대표작은〈나비부인〉.

풍수지리설風水地理說　이에는 地理, 地術, 堪輿 등의 명칭이 있으나 일반적으로는 땅의 氣運을 얻어 인생의 행복을 얻고자 하는 사상에서 형성된 方術의 하나.

풍차의 날개 Aspa　옥타비오 파스의 자품.

프란시스카니즘Franciscanism　이탈리아인인 Fráncis of Assísi(1182-1226)에 의해서 1209년 죽음·청빈을 본령으로 하는 수도회의 창설로 시작되었다. 보나벤투라Bonaventura(1221-1274)와의 상호 영향으로 인간 이외의 다른 생물 존재들에서의 '육체의 형상'인 '영혼'의 가치를 생각하며, 성 이그나티우스 데 로욜라Ignatius de Royola와 함께 예수회를 창설한 프란시스코 사비에르Francisco Xavier(1506-1552)에 의해서 1542년 이래 인도를 거쳐 1549년-1551년 사이에 최초로 일본에서 개교되어 아시아 전도의 길을 열었다. '세계는 그 제작자의 상징과 유사물로 충문하다'는 사상은 보나벤투라와 프란시스코 교단사상이 주요 경향이기도 하다. 자연에 대한 정복이 아닌 융화의 정신은 불교에서의 '자애'정신과 유사하며 모더니즘 시 정신에서의 '자연을 노래함'의 경향과 연결된다고 할 수 있다.

프란시스코 비야에스페사 Francisco Villaespesa(1877-1936)　스페인 모더니즘의 대표 시인. 초기에는 화려하고 기교적인 어휘를 사용했으나 차츰 감상적·율동적·색채적 그리고 동양풍의 어휘를 사용했음. 주요 작품으로〈Ttristitia Rerum〉,〈La Gruta Azul〉,〈El Alcázar de las Perlas〉,〈Aben-Humeya〉 등.

플라비오 에레라 Herrera Flavio　과테말라의 현대 시인.《인디언의 우주*Cosmos Indio*》(1938)의 작가.

플라톤Platon(B.C. 427-B.C. 347)　철학자. 변증법으로 진리에 도달하는 방법과, 진리는 이데아의 연식이라는 이상주의 철학 주창.

플레처John Gould Fletcher　이미지스트들에게 일본 시와 禪의 영향을 준 시인. 이미지즘의 선구자.

플로베르Gustave Flaubert(1821-1880)　소설가. 객관주의·과학주의적으로 감상적인 서정이나 주관적인 묘사를 극력 부인.

플로티누스Plotinos(205-270)　철학자. 신플라톤주의 이론의 대성자. 세계는 하나의 근원적인 존재의 유출emanatio이라 함. 후세 신비주의 사상의 원천.

플린트Francis Stewart Flint(1885-1960)　영국의 시인, 번역가. 런던 출생. 제1차 세계대전 말기로부터 在來의 전통적 시풍에 회의를 갖고 애매한 일반개념을 피해 정확한 용어로 詩作하려는 新詩의 이미지즘 운동에 적극적 참여. 시집《별의 그물 속에》,《諧調》,

《다른 세상》 등.

피에르 로티 Pierre Loti(1850-1923) 프랑스의 소설가. 본명은 쥘리앵 비오Julien Viaud. 지역주의regionalism와 이국정서 취향exoticism위주의 자연주의에 반발한 작품을 씀.

피츠제럴드Robert Stuart Fitzgerald 미국의 詩人. 뉴욕州 출신으로 하버드 대학, 케임브리지 대학에서 고전과 철학을 공부. 1933년부터 1935년까지 《뉴욕 헤럴드 트리뷴》지의 기자로, 그 후 7년간은 《타임》지 幹部 기자로 있었음. 사라로레스대학에서 교편 잡음. 주요 작품으로는 〈詩集〉, 〈바다에 바치는 花環〉 등.

피타고라스Pythagoras(B.C. 582-B.C. 497?) 철학자, 수학자, 종교가. 數를 만물의 근원으로 보고, 올페우스적 신비주의를 주창.

필리프 수포 Phillippe Soupault(1897-1990) 초기 초현실주의 시인, 작가. 앙드레 브르통과 함께 〈磁場Les Champs magnétiques〉이라는 작품 발표.

하얀 앨범 Albúm blanco 1921년 가르시아 로르카의 작품집명.

하오La Tarde 1919년 José Juan Tablada의 작품.

하우저Arnold Hauser(1892-1978) 헝가리 태생. 부다페스트, 비엔나, 베를린, 파리 등지의 대학에서 수학. 1938년 이후 영국에 거주하며 저작 활동. 저서로는 《문학과 예술의 사회사》, 《예술사의 철학》, 《매너리즘 연구》, 《예술사회학》 등.

하이데거Martin Heidegger(1889-1976) 독일의 철학자. 그의 철학을 '기초적 존재론'이라고 부르고 있으나 기초적이라는 것은 주관·객관의 대립 이전의 존재를 기초로 하는 것을 뜻한다.

하이메 토레스 보데트 Jaime Torres Bodet(1902-1974) 멕시코 아방가르드 시인. 1928년 발간된 《동시대인》의 동인. 확실한 것이 모두 사라진 꿈의 세계를 그린 〈밤들los Nocturnos〉(1931)이 대표작.

하이카이들Haikais 엔리케 디에스 카네도의 작품.

하이카이俳諧 재치나 유머어를 형식으로 하는 일본 고대 短詩歌. 하이쿠의 모태가 됨.

하이쿠俳句 일본 전통 短詩. 5-7-5조.

학교 아이들 사이에서 Among School Children 예이츠의 작품.

학의 샘에서 At the Hawk's Well hawk의 원뜻은 '때'이나 그 이미지는 동양의 '학'에 해당하므로 위와 같이 의역함. 예이츠의 시극.

한낮Mediodía 옥타비오 파스의 작품.

한유韓愈(768-824) 唐의 문학자, 사상가, 정치가. 자는 退之. 당송팔대가의 제·인자로 대귀와 음조를 주로 하는 四六騈驪文에 반대하고 자유로이 표현할 수 있는 산문문체(古文)를 주장. 유교 중심주의를 강조하여 불교·도교를 맹렬히 공격하였다.

합창 연극 Choric Plays 버텀레이의 1939년 작품.

해적, 미망인 칭 La Viuda Ching, Pirato 1935년 보르헤스의 작품《불명예의 세계사》중.

햇빛이 드는 시들 Poemas Solariegos 1928년 Leopoldo Lugones의 작품.

허깨비Fantasma 옥타비오 파스의 작품.

허버트 앨런 가일스H.A. Giles 동양 문학 연구 및 번역 전문가.

헌Lafcadio Hearn(1850-1904) 아일랜드-그리스계 혈통으로 일본의 도쿄대 영문학 교수. 일본을 비롯한 동양의 여행기를 남김.

헤라클레이토스Herakleitos(B.C. 544?-B.C. 483?) 철학자. 영원히 사는 불이 만물의 근원, 생성유전이 그 진상이며 모순·대립은 그 계기라 하는 변증법의 실마리를 열어 놓음.

형식주의Formalism 인식 또는 도덕의 보편타당성의 근거가 순수하게 형식적인 법칙에 의거한다고 보는 사조로 러시아의 혁명기(1916-1930)에 처음으로 문학이론에 나타남. 여기서는 주로 문학어와 일반어의 차이를 '낯설게 보이기singularization'로 규정하는 등 문학어의 특질에 접근한 F. Saussure 등을 통해 언어학의 발전에 모태가 되고 후에 구조주의로 발전함. 특히 언어학에서의 언어의 體(substance)와 形(form)을 구분하고 소리와 의미의 관계의 시스템을 연구하는 학파.

호라티우스Flaccus Quintus Horatius(B.C. 65-B.C. 8) 로마의 시정·풍자시인. 베네치아 사람. 아우구스투스 황제의 총애를 받았으며 기교가 탁월하고, 도회인적인 유머어와 인간미가 가득 찼다. 로마 서정시의 완성자로《서정시집*Odae*》4권은 그의 서정시의 최고를 이룬다. 작품으로는〈Saturae〉,〈Epistles〉,〈Ars Poetica〉등.

호랑이의 황금 El Oro de los Tigres 1972년 보르헤스의 작품.

호르헤 만리케 Jorge Manrique(1440?-1479) 엔리케 4세 시대의 시인. 자신의 아버지 don Rodrigo, Maestre de Santiago의 죽음에 대하여〈Coplas por la Muerte de su Padre〉라는 시를 남겼다.

호르헤 카레라 안드라데 Jorge Carrera Andrade(1903-1978) 에콰도르의 현대 시인. 하이카이 시형을 스페인어로 받아들였으며 동양 시, 즉 하이카이는 그의 감각 세계에 대한 새로운 인식을 제공했다.

호세 루벤 로메로 José Rubén Romero(1890-1945) 멕시코 시인이며 소설가. 해외에서 멕시코에 대한 애수를 노래함. 멕시코 혁명에서의 폭력과 피에 대한 아픔을 소설로 씀. 동양적 취향의 하이카이 시도 씀.

호세 마리아 곤살레스 José Maria González 멕시코 시인. 모더니즘의 동양취향의 시 하이카이를 씀.

호세 모레노 비야 José Moreno Villa(1887-1955) 모더니즘 계열의 영향을 받은 신경향의 시인으로 서정적 감상의 내면의 표현을 잘 정제하여 지적으로 표현하는 스페인 현대 시인.

호세 후안 타블라다 José Juan Tablada(1871-1945) 모데르니스모와 후기 모데르니스모(1916-1930)에 속하는 아방가르드적 시풍을 대표한 멕시코 시인. 특히 스페인어권 시에 하이구를 도입한 것으로 유명함. 시집《Florilegio》(1899),《Un dia》(1919),《La Feria》등이 있다.

호쿠사이葛飾北齋(1760-1849) 에도 후기의 유게요浮世 화가. 가츠시카파의 시조. 초기에는 배우와 미인을 주로 그렸으며 서양화 기법을 도입, 일가를 이루었다. 풍경화에 이채로움을 띠었다.

훌리안 데 카살 Julian de Casal(1863-1893) 쿠바시인으로서 R.Dario와의 운명적 만남 이후 로만주의자Romantist에서 모더니스트로 전향.

훌리안 마리아스 Julián Marías 스페인 현대 철학가. 오르테가 이 가세트의 계승자.

훌리오 코르타사르 Julio Cortázar(1914-1894) 아르헨티나의 작가. 그의 소설에서는 혁신적 서술수법, 풍부한 독서량을 종합하는 뛰어난 재능, 그리고 형이상학, 언어 및 현대 소설의 구조에 대한 그의 관심을 발견할 수 있다.

화사집Florilegio 1899년 Juan Tablada José의 시집.

활과 현금 El Arco y la Lina 옥타비오 파스의 평론집.

황인종 공포 Yellow Peril 20세기 초 '황인종이 세계를 지배한다네' 하는 시구에 퍼진 황인종에 대한 민간 신화적 공포.

후안 라몬 히메네스 Juan Ramón Jiménez(1881-1958) 모게르 출신의 스페인 시인. 내란 후 미국과 Puerto Rico에서 교수 생활과 詩作을 계속함. 초기에는 루벤 다리오, Bécquer 등의 영향을 받았으며 상징주의, 모더니즘 시를 주로 썼으나 차츰 감상주의로부터 완전히 탈피, 작가의 독자적인 시의 순수성을 개척함. 1956년 노벨상 수상. 주요 작품은《오랑캐꽃 영혼들*Almas de violeta*》,《갓 결혼한 시인의 일기*Diario de poeta recién casado*》,《아름다움*Belleza*》,《블라테로와 나*Platero y yo*》등.

후안 코보 Fray Juan Cobo 16세기 말경 필리핀에 가톨릭의 주교로 있었던 도미니크 파의 신부,《명심보감》을 번역한 것으로 유명한 마드리드 태생의 신부.

휘슬러James Whistler(1834-1903) 미국의 화가로 영국에서 활약. 로세티Rosseti의 영향을 받고 적은 빛깔과 선에 의한 화면을 만들었으며 판화 작품도 남김. 인상주의.

흄Thomas Ernest Hulme(1883-1917) 에즈라 파운드의 스승으로 이미지즘의 선구자. 영국의 철학자·시인. 이미지즘 운동의 선구자. 에즈라 파운드, F.S. 플린트와 함께 앙리 베르그송과 알베르 소렐을 번역.

히로시게Hiroshigué 1914년 José Juan Tablada의 작품.

히피즘Hippism 기성의 제도, 가치, 관념을 부정하고 직접적인 인간이나 자연과의 접촉을 추구하는 사람들로 1960년대 말기 미국에서 나타나 세계적 경향이 됨.

서양 문학 속의 동양

초판 발행 2010년7월5일
초판 1 쇄 2010년7월5일
지은이 민용태
펴낸곳 고려대학교출판부
www.kupress.com
kupress@korea.ac.kr
136-701 서울특별시 성북구 안암동
02-3290-4230, 4232
Fax 923-6311
찍은곳 경주문화인쇄

ISBN 978-89-7641-718-3 03870

값 20,000원